Marcel Prawy
erzählt aus seinem Leben

*Mit Beiträgen von Peter Dusek und
Christoph Wagner-Trenkwitz*

May 2003

*For Rosemary
to her birthday
and for some
entertaining reading
thereafter.
with love from
Juliane*

**WILHELM HEYNE VERLAG
MÜNCHEN**

HEYNE SACHBUCH
Nr. 19/660

ICH MÖCHTE DIR DANKEN

Kaiser Franz Joseph hat immer gesagt: »Ich bin der erste Diener dieses Staates.« Ich bin der erste Diener dieses Hauses. Ich möchte in dieser Funktion dir danken – für alles, was du hier geleistet hast, und was du getan hast!
Ioan Holender, Direktor der Wiener Staatsoper

Taschenbuchausgabe 5/2000
Copyright © 1996 by Verlag Kremayr & Scheriau, Wien
http://www.heyne.de
Printed in Germany 2000
Umschlagillustration: Interfoto/Ingo Barth, München
Umschlaggestaltung: Nele Schütz Design, München
Satz: Fotosatz Völkl, Puchheim
Druck und Bindung: Ebner, Ulm

ISBN 3-453-15239-5

Inhaltsverzeichnis

AUF DEN SPUREN VON MARCEL PRAWY
Christoph Wagner-Trenkwitz: »Glaub nie, was dasteht ...«   9
Marcel Prawy: Nur »der Prawy«   20

1. EIN AFFE AUF DEM NACHTTOPF   34
Mein Lebensmotto – Erste Kindheitserinnerungen – Ehescheidung der Eltern, dann zahllose Umzüge – Erste Begegnungen mit der Oper – Revue-Producer am Wasa-Gymnasium

2. ZWISCHEN DEN KRIEGEN: WOHNSITZ STAATSOPER   45
Stehstammplatz im Kipferl – Die Lehmann und die Jeritza – Der Gott meiner Jugend: Richard Strauss – Claque-Geheimnisse – Clemens Krauss, der »Frankfurtwängler«

3. MARIA, MARIA, MARIA!   57
»Wahnsinn, diese Jeritza!« – Wie sang die Jeritza? – Die Jeritza in Amerika – Comeback nach dem zweiten Krieg – Otto Schenk und die Jeritza – Das fünfte der »Vier letzten Lieder«

4. MEIN JAN KIEPURA   67
Noch ein C, und noch ein C – Schlager auf der Opernbühne – Glück in Krynica – Reisen um die Welt – Mit Jan und Marta – Broadway-Triumphe – Heimkehr nach Europa

5. ALS EMIGRANT IN AMERIKA   82
1938: die letzten Wochen in Wien – Unterwegs mit Kiepura – »Tosca«-Film in Rom – »New York, New York ...« – Richard Wagner als Friedensstifter – »Vienna in America« – Häftling in Albuquerque – God bless America

6. MR. OPERNSOLDAT   94
Soldatsein schafft neues Selbstbild – Zwischen »eight days problem« und »Banday« – Pariser Opernkarten – Im Irrenhaus

7. EIN AMERIKANER IN WIEN   105
Information and education – Deutsch für Besatzer – Die »Welt im Film« – Job verloren, Job bekommen

8. Erinnerungen an Erich Wolfgang Korngold   110
Der alte und der junge Korngold – Korngold contra Pergolesi – Korngold in Hollywood – Der »Ring«, gekürzt auf drei (vier) Minuten – Der neuentdeckte Korngold

9. Ein Interview über den Siegeszug des Musicals
   auf dem Kontinent   117
(Interview mit Dagmar Mayer)
Musical-Begegnungen – So singt Amerika – Weißer Smoking im Winter – Kiss me Kate – Wonderful Town – West Side Story – Annie, get your gun – Porgy and Bess

10. Volksoper – wohin?   155
Marboe, der Spiritus rector – Italienische Stagione – Die Entdeckung des Argeo Quadri – Neue Leute

11. Mehr als der »Otti«   163
Der Schauspieler – Corelli und der »kleine« Regisseur – Salmhofer und Schenk: ein Kammerspiel – Meistersinger: ein Dialog – Freude an Morgentelefonaten

12. Liebe lehren   173
Verhöre üben – Kosmos Theater – Lehrer an der Hochschule und an der Universität – Der Opernführer im Fernsehen – Lehrer in Miami – Unterricht in Liebe

13. Mit Bernstein   186
Nur ein Musiker – Wonderful Town – Absage bei »Porgy« – Nächtliche Gespräche im Atrium – »West Side Story«, ein Triumph – Bernstein in Ossiach – »A quiet place« – »Beschütze dieses Haus«

14. Die Operette ist tot. Trotzdem: Es lebe die Operette!   200
Österreich ist nicht Operetten-Spitze – Operette gehört in die Oper – Mögliche Stars einer neuen Operetten-Renaissance

15. Mein Freund Robert Stolz   208
Der kleine Schubert – Freiwillige Emigration – A night in Vienna – Der Kavalier der alten Schule – Die einzigartige Einzi – Trauer in Bad Ischl

16. Columbus der Stimmen   217
Vorsingen in Amerika – Der zu enge Pullover – George Londons Wiederkehr – Sensation Migenes

17. OPERNFÜHRER, OPERNVERFÜHRER 225
Es begann mit »Hoffmanns Erzählungen« – Über den Umgang mit
unseren Zuschauern – »Auf den Spuren von ...«

18. SINGEN ZUR SAGE: VON MEINEN 27 OPERNDIREKTOREN 238
Was wußte Weingartner von heute? – Der wissend-weise Clown
Salmhofer – Persischer Marsch, ja oder nein? – Gagenverhand-
lungen – Der wunderbare Moser – Gamsjäger sprang vom
Trampolin – Apropos Zeffirelli – Seefehlner, ein Direktor ohne
Freunde – Drese, der Parsifal – Holender und der Nachwuchs

19. KARAJAN 264
Strauss und Karajan – »Trovatore« als Publikums-Heraus-
forderung – Schumanns »fünfte« Symphonie – Meine Karajan-
Sendungen – Karajans »Meistersinger« ärgern Hitler – Karajan
wird vernommen – Karajan ruft mich in Amerika an –
Karajans Zauberwort: Schönheit

20. DIE DREI TENÖRE 276
Alle drei: spannend und amüsant – José Carreras lehrt mich
Catalan – Pavarotti und Miami – Stets verläßlich:
Placido Domingo – Amerika ist in zwei Lager geteilt

21. ÜBER DAS HÖREN VON MUSIK 288
Musik muß zu Herzen gehen – Das Orchester ist eine Gruppe
von Individuen – Es gibt viele Komponisten, aber nur wenige
Theaterkomponisten – Das Leitmotiv

22. REGIETHEATER, DAS GIFT DER OPER 292
Wie kam es zur Regiehölle von heute? – Nur schön und richtig ist
perfekt – Muß Fausts Margarethe eine Nonne sein? – Was macht
Madame Butterfly im Bordell? – Ist Aida die geborene Mumie? –
Sind Don Giovanni und Leporello Zwillinge?

23. DIE ZUKUNFT DER OPER 311
Oper muß eine Veränderung unseres Lebens bewirken – Original-
instrumente: nichtssagend! – Die Rolle Österreichs in der Operngeschichte – Leben wir nicht in einem geliebten Museum?

24. CARLOS KLEIBER 317
Kleiber und der Chrysler – Von der Quint zur Sekund: Tristan-
Aha-Erlebnisse – Wie Kleiber dirigiert

25. »JA, DAS STUDIUM DER WEIBER IST LEICHT ...« 323
Die Funktion des Radios in einer Beziehung – Wie verhalte ich
mich in der Oper einem Partner gegenüber – Begegnungen und
Konsequenzen

26. STUNDENHOTEL. OHNE DAMEN 335
Domizile in Wien und anderswo – Eßgewohnheiten – Meine
geliebten Stofftiere

27. Peter Dusek: DER QUOTEN-KAISER 340
Prawy widerlegt die Gesetze des Fernsehzeitalters – Er beherrscht
die Technik von heute und von morgen – »Wenn man älter wird,
muß man sich die Latte höher legen ...«

28. WAS MIR SO IM KOPF HERUMGEHT ... 350
Freuden in Gran Canaria – Ich und die Politik – Liebe zu Italien –
Dank an die Freunde

ANHANG

Zeittafel	358
Matineen in der Wiener Staatsoper und im Theater an der Wien	360
Matineen in der Wiener Volksoper	362
»Große« Prawy-Sendungen	363
Opernführer	366
Namenregister	371

Auf den Spuren von Marcel Prawy

Christoph Wagner-Trenkwitz:
»Glaub nie, was dasteht ...«

Elf Uhr nachts. Mein Telefon läutet. »Geliebtester, was hältst du von dem Baß?« Es ist die fidele Stimme Marcel Prawys, seine unverkennbare Anrede, die er nicht nur mir schenkt. Steigerungen sind möglich: »Allergeliebtester« nennt er einen, wenn die Zeit knapp wird. Er muß mich in der Opernvorstellung an diesem Abend gesehen haben. Wahrscheinlich im Saal, von seinem Stammplatz aus: Wie eingebaut in die äußerste Ecke der Direktionsloge horcht und herrscht er dort seit Ewigkeiten. Erst seit ich die Ehre habe, ihm in dieser Loge bisweilen Gesellschaft zu leisten, weiß ich, daß er ein recht unbequemer Sitznachbar sein kann. Er braucht Raum: für seine Beine, für eng beschriebene Notizfetzen, mehrere Exemplare des aktuellen Abendzettels, den Kalender, das unvermeidliche Plastiksackerl, aus dem er bisweilen Überraschendes zutage fördert: etwa Schokoladehasen am Ostersonntag, mit denen er die Belegschaft beschenkt. Er schenkt auch, noch willkommener, Kommentare, Hinweise: »Hier ist die Klatsch-Stelle ...«, zischt es, wenn den alten Herrn die Erinnerung an seine Claque-Kindheit übermannt – »... aber nur, wenn die Jeritza es singt.« Zumeist aber ist er ganz dem Klang hingegeben, scheint dabei manchmal einzunicken. Wenn es ums Applaudieren geht, ist er stets wach, wobei der Kopf oft tiefer liegt als die applaudierenden Hände. Er applaudiert sozusagen über seinen Kopf hinweg, schaut unter seinem Applaus durch.

Beschreiben wir ihn erst einmal so: Anerkennung spenden geht ihm über alles, darunter wachen scharfe Augen (der Fünfundachtzigjährige benötigt keine Brille) und Ohren (sein Werkzeug; als Beruf gibt er gerne »Zuhörer« an). Glauben Sie aber nicht, wenn behauptet wird, er sitze jeden Abend nur in der Staatsoper, der Doyen vom Opernring schleicht sich oft von diesem fort, manchmal mitten im Akt: zu einem Tina-Turner-Konzert etwa, wo er studiert, wie die Profi-Entertainerin das Publikum fesselt und warum; zu einer Jazzband irgendwo in den Außenbezirken, die er eventuell in seiner nächsten Show verwenden könnte. Vielleicht hat er mich auch vom Buffet im Marmorsaal aus wahrgenommen, als er zwischen dem vorletzten und letzten Pausenläuten zwei in Schokolade getunkte Erdbeeren mit Putz und Stingel verdrückt hat. Glauben Sie ihm übrigens nicht, wenn Marcel Prawy sagt, er esse nur drei Dinge. Er ißt alles, nur nicht gerne sitzend und schon gar nicht beim Heurigen; der ist ihm, inklusive der dazugehörigen Musik, *der Inbegriff des Entsetzens*. Manchmal ißt er auch nur die Hälfte, um abzuspecken. In seiner Sommerkur-Residenz, dem Vollererhof bei Salzburg, kann man regelmäßig halbvolle Suppenschüsseln mit halbierter Suppeneinlage und halbe Putenschnitzel mit halben Kartoffeln und halben Fisolen vom Prawy-Tisch in die Küche zurückwandern sehen.

Hat er mich beim Bühneneingang gesehen, als er sich dort durch die Menge kämpfte? Mein Gott, wie er manchmal geht, nein: schlurft. So, als würde er nur von seinem bejahrten Regenmantel zusammengehalten und von dem legendären Plastiksackerl vorwärtsgezogen werden. Als wäre er wirklich so alt, wie er ist, und nicht der »Zehnjährige«, als den ihn sein Freund Franco Zeffirelli beschreibt; so, als würden die (tatsächlich *bernstein*farbenen Augen) gar nichts mehr wahrnehmen können und wollen. Doch glauben Sie nicht den Leuten, die sagen: »Ich habe Prawy gesehen, es geht ihm schlecht« – das ist sein Energiespargang. Wozu dreinschauen wie ein Star (der er nach Jahrzehnten an der Seite von Stars fraglos geworden ist), wenn man im Moment nichts mitzuteilen, sondern sich nur von A nach B zu bewegen hat?

Marcel Prawy also.

Wissen wir nicht schon alles, allzu vieles über ihn? Hat es nicht rund um seinen 80er im Dezember 1991 Hommagen gehagelt, einige davon selbstinszeniert? Erscheint er nicht mit unveränderter Regelmäßigkeit auf Bühnen, Fernsehschirmen, in Fach- und Regenbogenzeitungen? Als Mister Opera hat er seinen Platz in der nicht sehr umfangreichen Bildergalerie lebendiger österreichischer Berühmtheiten, als Ikone des »Opernführers« gehört er uns, dient in unseren Musikzimmern, die Fernsehzimmer geworden sind, als Tapete, wird ständig gesehen und selten genau angeschaut. Der PR-Profi Prawy selbst hat die Gabe und das Bedürfnis, sich in adabeiformatigen Häppchen zu verkaufen, und verschleiert so sein großes Kaliber. Doch vieles, was man von diesem höchst populären Unbekannten lernen kann, ist zwischen den Zeilen, zwischen den Worten und Bildern zu suchen.

Mein erstes »offizielles« Zusammentreffen mit Marcel Prawy ging im April 1990 über die Bühne – das heißt, ich saß auf der Bühne, neben mir

Meine Sackerl- und Papierl-Wirtschaft: Sie werden es nicht glauben, aber wenn ich wirklich will, finde ich alles.

Anna Moffo, vor uns, im Publikum, der Meister. Ich fühlte mich wie ein Diakon, der seine erste Messe zelebriert, während der Papst aus der ersten Reihe zusieht. Im Laufe dieses Künstlergesprächs konfrontierte ich die Moffo mit biographischen Artikeln über ihre Person. Zum großen Gaudium des Publikums entlarvte sie die meisten der Angaben als unrichtig, so daß wir schließlich resümieren mußten: »Biographien sind immer falsch.« – »Das war«, sagte mir Prawy im Anschluß an das Gespräch, »der beste Satz des Vormittags. Glaub nie, was dasteht.« Dies also die erste Lektion, die er mir erteilte: nicht zu glauben, was dasteht, was gesagt wird, was alle zu wissen glauben.

Haben Sie jemals versucht, Marcel Prawys Biographie zu schreiben? Versuchen Sie es nicht. Dieses Leben bewegt sich immer noch zu schnell, um Zeit zur Bilanz zu lassen. Falls Sie es trotzdem versuchen, werden Sie feststellen, daß es unmöglich ist, Prawy zu »bearbeiten«, ohne seine Arbeitsmethoden anzunehmen. Bald werden sich in Ihrer Wohnung Plastiksäcke stapeln, die Sie als die einzige vernünftige Möglichkeit betrachten werden, Gegenstände aller Art aufzubewahren. Unversehens werden Sie beginnen, über das obskure Objekt Ihrer biographischen Begierde nachzudenken wie über eine populäre Oper, der man noch einige Geheimnisse entlocken muß, auch wenn sie sich sträubt. Sie werden sich dabei ertappen, daß Sie mit massiver gestischer Unterstützung und unter eindringlichem Wiederholen der Kernaussagen über Ihre Erkenntnisse zu Marcel Prawy referieren – wo auch immer, wann auch immer. Und Sie werden hoffen, daß dieser Mann Ihre Arbeit als neues Projekt und nicht als Schlußstrich unter alle Projekte betrachtet; damit werden Sie lange, lange zu kämpfen haben. Denn Marcel Prawy kann viel, aufhören kann er nicht. Fünf Jahre dauerte der Kampf in unserem Falle: Zum 80. Geburtstag hätte das Buch erscheinen sollen, zum 85er liegt es nun endlich vor.

Begonnen wurde die Arbeit in einem Moment, als der Unermüdliche fürchtete, von dem designierten Staatsoperndirektor Eberhard Wächter in den Ruhestand geschickt zu werden. In depressiver Stimmung schrieb Marcel Prawy zur Jahreswende 1990/91 in München, wenige Tage nach seinem 79. Geburtstag, ein Gedicht vom Abschiednehmen.

> *Nun sammle deine schwirrenden Gedanken,*
> *der Tag hat ausgedient, es naht die Nacht.*
> *Sie soll nicht zitternd durch die Türe wanken,*
> *ihr ziemt Trompetenglanz und Geigenpracht.*

Hast du dich vorbereitet auf ihr Kommen?
Hast du an den Besuch noch nie gedacht?
Wem soll das irrende Erstaunen frommen,
jetzt danke ab und übergib die Macht.

Du hast zu lange von den Bergeshöhen
kaum einen Blick hinab zum Tal gemacht,
nun kannst du sie aus jenem Tale sehen,
in dessen Tiefe keine Sonne lacht.

Du willst ein letztes Mal die Stelle sehen,
an der dein Fuß solang' gefestigt stand?
Es hat kaum einen Sinn da hinzugehen,
ein anderer steht dort; reich ihm die Hand.

Der ernste, poetische Marcel Prawy ist wohl nicht jedermann vertraut. Doch vom Aufhören sollte keine Rede sein. Wächter ließ Prawy zu seinem 80er am 29. Dezember 1991 eine großangelegte Show in der Staatsoper inszenieren, bei der Prominente von Agnes Baltsa bis Rudolf Kirchschläger, von Alfredo Kraus bis Franz Vranitzky dem Jubilar die Reverenz erwiesen. Und Wächters Amtsnachfolger Ioan Holender hat Prawy für die laufende Saison 1996/97 nicht nur mit drei der vier Premieren-Matineen betraut, sondern auch, zum 85er des Opernführers, wieder eine Matinee eingeplant; auf Wunsch des Geburtstagskindes allerdings in wesentlich bescheidenerem Umfang: keine Starparade, bloß Marcel Prawy – »Mein Leben«. Vom Aufhören ist also nach wie vor keine Rede.
Die Nachfolger kommen und gehen, der Vorgänger bleibt – in Bewegung. Aber wie ihn biographisch einfangen?
Einen Mann, der tatsächlich nicht gerne über sich selbst spricht, lieber sein Leben im Spiegel (oder Schatten) anderer referiert? Der, wenn er über sich erzählen soll, bei Strauss und Jeritza, Kiepura oder Bernstein landet und der, wenn er über einen der Genannten berichtet, unweigerlich sich selbst einbringt? Ihn, der nie zum Stillstand kommt, der wie ein Marathonläufer, der erst bei seinem Eintritt ins Stadion sichtbar wird, jeweils schon einen unsagbar langen Weg hinter sich hat, wenn er die Bühne betritt? Ihn, über den alle etwas, viele Verbindliches und keiner alles zu berichten weiß?
Wir haben ihm über Jahre zugehört, zugesehen, andere befragt. Ob sich

das schriftliche Ergebnis dieser Bemühungen zu einer »klassischen«, geschlossenen Biographie fügt, darf bezweifelt werden. Inmitten all des vielfältigen Stückwerks wird manches vermißt werden und eines jeden liebste Prawy-Anekdote noch Platz finden.

»Glaub nicht, was dasteht.« Welch entmutigender Satz für den Biographen, ebenso für den Leser. Wir dürften ihn unserer Spurensuche nicht voranstellen, wenn der, dem da nachgestellt wird, nicht selbst ein unglaublicher Mensch wäre.

Conférencier und Producer

1. Zeit ist Information
Er vergeudet keine Zeit. Er beginnt ein Telephonat nicht mit: »Grüß Gott, wie geht's? Ich habe dich in der Oper gesehen ...« Kommt er auf die Bühne, belästigt er uns nicht mit Erklärungen, wieso er und wir und der Anlaß hier sind. Er *geht* nicht in medias res, er befindet sich bereits dort. Prawy eröffnet seine Shows mit einer Information, als wäre der Diskurs zwischen ihm und dem Publikum nur kurz unterbrochen worden. »Es kommt auf die Sekunde an, bei einer schönen Frau«, tönt es im Schlager. Ein gespanntes Publikum ist nicht weniger kapriziös. »Die ersten zehn Sekunden entscheiden über Erfolg oder Mißerfolg«, sagt Marcel Prawy. Sein elegantester rhetorischer Trick heißt: »Bevor wir beginnen ...« – schon ist ein Anfang gefunden. Wenn er »plaudert« (dieses Wort liest er besonders ungern in Beschreibungen seiner Arbeit), dann dient es der Entspannung, der Hirnauslüftung; Information und Amüsement abwechseln zu lassen ist eine Technik, auf die sich unsere Schullehrer zumeist nicht verstehen. Er hat keine Zeit zu verschenken, nicht nur, weil er über Achtzig ist, sondern auch, weil es langweilt.

Nie werde ich die fulminante Kabarettnummer vergessen, die er vor dem Hotel Sacher geliefert hat: einen Fuß im Auto, den anderen auf dem Randstein, zwischen zwei Orten also, parodierte er die Moderatoren, die sich bei den Zuhörern endlos für ihre Anwesenheit entschuldigen. »Das geht so: ›Guten Tag, meine Damen und Herren, ich freue mich, daß Sie so zahlreich erschienen sind‹ – hast du schon einmal ein Publikum zahllos erscheinen sehen? – ›und das bei diesem schönen Wetter‹ – erinnere sie daran, und es leeren sich die ersten Plätze – ›wir werden uns heute über Puccinis Bohème unterhalten‹ – das wissen sie, dafür sind sie ja hergekommen! – ›Puccini und seine Bohème, ein weites Feld, es gibt so viel darüber zu berichten‹ – jetzt verunsicherst du sie, weil sie fürchten, sie können nicht alles aufnehmen – ›aber keine Angst, ich werde mich kurz fassen‹ – damit unterstellst du dem Publikum, daß es dir gar nicht zuhören will. Nein, es soll sich freuen, daß es dir zuhören darf! Dieselben Präsentatoren verabschieden sich mit den Worten: ›Leider reicht die Zeit nicht aus, um das Thema wirklich erschöpfend zu behandeln …‹ – jetzt glaubt das verbliebene Publikum endgültig, es ist betrogen worden, weil der Mensch da oben sich die Zeit nicht einteilen kann!«

2. Der Musik einen Raum

Musik ist schön, weil sie vorbeigeht. Das gerade macht es so schwierig, über sie zu sprechen, denn dies bedeutet, sie festzuhalten. Prawy hat seine eigene Technik dafür entwickelt: Er verortet Musik. Die Festwocheneröffnung 1991 auf dem Rathausplatz leitete er wie folgt ein: »Wenn Mozart zu seiner Zeit auf diesem Platz gestanden ist, dann sah er das Paradeisgartl, das Glacis …« – und schon fühlten sich die Zuhörer ein bißchen wie Mozart, hatten in mehrerer Hinsicht festen Boden unter den Füßen. Richard Strauss, wenn Prawy über ihn spricht, ist der geniale Schöpfer der »Elektra«, aber auch der Mann, der in der Jacquingasse gewohnt hat, am Pult stand und nach der Vorstellung aus dem Bühneneingang gekommen ist. Prawy selbst hat ein Raumgefühl, das einem Mittelfeldspieler der österreichischen Nationalmannschaft zur Ehre gereichen würde. Die Dramaturgie seiner TV-Reihe »Auf den Spuren von …« entwirft er an den Originalschauplätzen. »Erschnuppern« nennt er das. Er findet sich zurecht, nützt den Raum aus und bezieht den Zuschauer mit ein. Von Prawy geführt, ist man dortgewesen: beim Monument der Carmen vor der Stierkampfarena, an den Ufern des singenden Mississippi, bei der Zisterne, aus der Johannes der Täufer herausgesungen haben muß. Als ihn Verdis »Rigoletto« nach Venedig verschlug, ließ er es sich trotz hohen Wellengangs nicht nehmen, seine Conférence in der Gondel abzuführen.

Virtuos nützt Prawy auch den kargen Raum des überbauten Orchestergrabens, wo seine Staatsopern-Matineen stattfinden. Eines seiner Ausdrucksmittel erinnert frappant an das Partyspiel namens »Reise nach Rom«: Er beginnt am Ecksitz neben dem Tisch, wo er sich die *erste* Uhr abnimmt. Ein scheinbar zielloser Spaziergang führt ihn auf den Mittelsessel hinter der langgezogenen Tafel. Dort liegen gehäuft zahllose Dokumente, Noten, Fotos – mit einem Wort: Requisiten. Dort kommt auch bald die *zweite* Uhr zu liegen. (»Herr Professor, warum tragen Sie zwei Uhren?« – »Weil die dritte in der Reparatur ist.«) Erzählend schlängelt er sich irgendwann ans Klavier, wo er die unvermeidlichen sachdienlichen Akkorde hinterläßt, um sich dann wieder an den Tisch zu pirschen, wo er bald die Stargäste empfangen wird. Mit den berühmt-berüchtigten Logenbegrüßungen (»Ich glaube, da oben sehe ich, ja, es ist Kammersänger/in …«) spannt er den Raum auf und erkauft sich mit diesem ins Publikum geworfenen Zuckerl zugleich Aufmerksamkeit für ein neues Thema.

3. Die Technik herrscht im Hintergrund
»Die Liebe der Menschen erhöhen« – so lautet das Credo des Opernführers. Also nicht neue Lieben zu schaffen, muß man kritisch anmerken. Das meinte wohl auch Egon Seefehlner, als er hintergründig formulierte: »Marcel Prawy hat nicht unbekannte Werke popularisiert, sondern bekannte.« Die Liebe und Verehrung, die Prawy stets im Munde führt (große Namen nennt er am liebsten unter Hinweis auf ihr Emotionspotential: »der verehrte Richard Strauss«, »der geliebte Jan Kiepura«), ist gewiß echt gefühlt. Aus Musik, der Liebe Nahrung, speist sich dieses Perpetuum mobile der Opernwelt. Doch mit Liebe allein ist kein Staat und schon gar keine Show zu machen. Das eigentliche Rückgrat seiner Präsentationen ist eine Dreifaltigkeit der Technik: Ausdruckstechnik, Ablauftechnik und Bühnentechnik.

Die moderne Regisseurin Christine Mielitz sprach in Verbindung mit Theater von einem »Training der Emotionen«, nicht ohne hinzuzufügen, daß dies »ein häßlicher Ausdruck« sei. Obwohl Prawy moderne Regisseure gar nicht so gerne mag, bietet er genau das, was die Mielitz fordert. Seine Ausdruckstechnik (fast hätte ich geschrieben: Liebestechnik) ist genauestens ausgefeilt; er weiß, wie er amüsiert, überrascht und ergriffen aussieht. Dem TV-Profi saß die Kamera oft genug auf dem Leibe, er hütet sich vor improvisierten Emotionen, die ein Gesicht nur verzerren. Und doch ist geschniegelte Präzision nicht Prawys Sache. Sein suggestiver Vortragsstil ist, ebenso wie sein Smoking übrigens, alles andere als glattgebügelt. »Präzision zählt nicht, nur die Persönlichkeit, die ihre Fehler überwindet«, sagt Prawy über seine Lieblingssänger, und wen sonst sollte er sich zum Vorbild nehmen?

Höchstens einen Computertechniker (die Mathematik gehörte immerhin zu den Jugendlieben des Schöngeistes), legt Prawy doch zu jeder seiner Veranstaltungen genaue »Schaltpläne« vor. Und was keiner dem vermeintlichen »Plauderer« zutraut: seine Minutenlisten (im Falle einer Fernseharbeit sogar Sekundenlisten), die den Ablauf bis ins Detail regeln, werden stets eingehalten. Wird einmal durch die Plapperfreudigkeit eines Stars überzogen, weiß Prawy wenig später die kostbaren Sekunden wieder einzusparen. Und sollte es einmal schneller gehen als erwartet, zieht er einen Trumpf aus dem Ärmel, den er in seiner plastischen Privatsprache »Reservegedanken« nennt; irgendwo im Dschungel der Forschungsergebnisse, der sich auf dem Bühnentisch ausbreitet, liegt ein dichtbeschriebener Zettel, den der Altmeister im richtigen Moment hervorangelt, um Leerzeit zu überbrücken.

Was Prawys lockere Vorträge sonst noch zusammenhält, ist die eiserne, wenn auch unsichtbare Hand der Bühnentechnik. Sein Licht stellt er selbst ein und weiß auch, wie er sein schütteres Haar dafür zu schminken hat – diese Kenntnisse verdankt er, wie so vieles, seinem Lehrmeister Jan Kiepura (»Gott, wie der recht hatte!«). Die Tontechnik ist noch bedeutsamer: Es gibt nichts Gutes, außer man hört es. Falsche Tonzuspielungen können originell sein: So passierte es dem Wahlamerikaner bei einer Wagner-Soiree in Miami, daß statt dem angekündigten Abschied Wotans Frank Sinatras »Strangers in the Night« erklang. Wie wohl tut es Prawy, sich in die Obsorge des souveränen Staatsopern-Akustikers Wolfgang Fritz zu begeben, dem er auch einmal von der Bühne aus vertrauensvoll mitteilte: »Spiel jetzt die Arie, aber wenn du sie nicht findest, spiel was anderes. Es ist sicher auch schön.« Solches Laisser-faire ist aber nur die Ausnahme einer eisernen Regel: Wer die technischen Voraussetzungen der Unterhaltungsbranche ignoriert, scheitert – bei aller Liebe. Wer improvisiert, scheitert ebenso.

Muß es uns verwundern, daß Marcel Prawys Lebenslauf dagegen alle Merkmale der Improvisation zeigt? Die Schauspielerin Senta Wengraf, die ihm nun seit über vierzig Jahren verbunden ist, hat eine plausible, wenn auch nicht sehr schmeichelhafte Erklärung für dieses scheinbare Paradoxon: »Die eine Hirnhälfte ist bei ihm so voll, daß die andere leergeblieben ist.« (Marcel liebt übrigens Sentas schnoddrige Kommentare und zitiert sie selbst mit Wonne. Eine andere Charakterisierung aus der Zeit des Kennenlernens: >Eigentlich war an ihm nix dran, er war nur schön.<)

Bevor er selbst dieses improvisierte Leben beschreibt, wollen wir eine Charakterisierung des Bühnenmagneten versuchen: Im Zentrum seiner Shows stehen Prawys Conférencen. Dieser Satz mag uns selbstverständlich, ja banal erscheinen. Doch steht Marcel Prawys eigentümliches Talent genau im Spannungsfeld jener höchst unterschiedlichen Theaterwelten, deren Leitbegriffe hier genannt sind: Conférence und Show. Zum einen ist dieser Mann ein brillanter Conférencier und gehört somit einem ausgestorbenen Berufszweig an. Die Wiener Kabarettbühnen des ersten Jahrhundertdrittels haben diese Spezies von Alleinunterhaltern hervorgebracht, die »Arisierung« auch des österreichischen Kulturlebens hat sie ausgetilgt. Elegant-lässig im Auftreten, verbargen sie profunde Bildung hinter doppelbödigen Scherzen, servierten tiefste Erkenntnisse im nonchalanten Plauderton. Soll hier der Opernprofessor der Nation auf das Niveau eines Komikers heruntergezerrt werden? Keineswegs. Sein Turnierplatz, auf dem er sich virtuos und kenntnisreich bewegt, ist die Opernwelt. Gibt es vielleicht einige, die mehr wissen, so doch keinen, der mehr bringt. Prawy ist kein Kabarettist (wiewohl jeder, der seine Ausführungen über Wert und Wesen der Nudelsuppe gehört hat, seine Zweifel haben mag), doch in dem Wie, da liegt die große Gemeinsamkeit, um Worte Hugo von Hofmannsthals abzuwandeln.

Andererseits ist er ein Show-Producer, der ein beinhartes Geschäft akzeptiert und beherrscht: nämlich ein Publikum zufriedenzustellen. Der Broadway kennt nur eine Rechtfertigung: Erfolg. Und dortzulande schämt man sich dessen nicht. Unendlich viel Detailplanung, Koordination, Erfindungsreichtum und Zielbewußtsein verlangt der Beruf des Producers, von dem man sagen kann, daß er sich in Österreich noch nicht durchgesetzt hat – und wenn, dann durch Prawys Vorbild.

Marcel Prawy trägt, biographisch bedingt, Altösterreichisches und amerikanisch Modernes in sich. Eine bewegte Lebensgeschichte hat die beiden Seiten seines Wesens zu einer Einheit verschmolzen, die ihn zur unkopierbaren Persönlichkeit werden ließ.

Wie ihn also anders beschreiben denn durch seine eigenen Worte: »Ich bin einfach nur der Prawy«? – Glauben Sie ihm nicht. Er ist weder einfach noch nur.

Aber wie kann man diesem Menschen nicht glauben? Wer ihm zuhört, wird im Augenblick infiziert mit dem unheilbaren Virus des Zuhören-Müssens, des Sich-Anvertrauen-Müssens. Dietrich Fischer-Dieskau schreibt im »Präludium« zu seinem autobiographischen Werk »Nachklang«: »Die beste Art, das Meer von Entfallenem auf der Suche nach dem Bedeutenden zu durchqueren, bleibt, daran zu glauben: was einmal war, das ist.«

Vertrauen wir uns also dem erfahrenen Lotsen Marcel Prawy an, wenn er auf wohlvertrautem Meer ein ihm neues Gefährt handhabt: das der Selbsterforschung. Geben wir nur den Ausgangspunkt an.

Ein Fanfarenstoß eröffnet das Jahr 1911: Am 26. Januar feiert »Der Rosenkavalier« in Dresden seine Uraufführung. Im April wird das Werk in den Spielplan der Wiener Hofoper übernommen, die seit dem 1. März Direktor Hans Gregor leitet. Andere Opernneuheiten dieses Jahres sind »Herzog Blaubarts Burg« von Béla Bartók, Maurice Ravels »L'Heure Espagnole«, Pietro Mascagnis »Isabeau«, Riccardo Zandonis »Conchita«, Ermano Wolf-Ferraris »Der Schmuck der Madonna«, Modest Mussorgskis »Der Jahrmarkt von Sorotschinzy« sowie »Der Kuhreigen« von Wilhelm Kienzl. In diesem Sensationserfolg an der Wiener Volksoper singt auch Maria (damals noch Mitzi) Jeritza, der ebendort kurz zuvor mit Giordanos »Sibirien« der Durchbruch zur »Diva des Verismo« geglückt war. Im Theater an der Wien geht Franz Lehárs Operette »Eva« erstmals in Szene, eine weitere Uraufführung im Bereich der leichten Muse gilt »Alt-Wien« von Josef Lanner. Am Pariser Théâtre du Châtelet entfacht Gabriele d'Annunzios lyrisch-dramatisches Werk »Le Martyre de Saint-Sébastien« mit Musik von Claude Debussy einen Skandal, während die Erstaufführung von Strawinskis »Petrouchka« wenige Wochen später an demselben Haus bejubelt wird.

Gustav Mahler und der Dirigent Felix Mottl sterben 1911, geboren werden der Regisseur Günther Rennert, die Dirigenten Nino Sanzogno und Francesco Molinari Pradelli, die Sänger Leonard Warren, Hans Beirer und Jussi Björling, die Tänzerin Ginger Rogers sowie die Komponisten Nino Rota und Gian Carlo Menotti. Richard Wagners Autobiographie erscheint posthum, Arnold Schönberg publiziert seine »Harmonielehre«. Hugo von Hofmannsthal entwirft ein Szenario für »Ariadne auf Naxos« und skizziert erstmalig das Märchen »Die Frau ohne Schatten«, sein »Jedermann« wird uraufgeführt. Franz Werfel, später Biograph Verdis und Übersetzer seiner Opern, präsentiert seinen ersten Gedichtband mit dem Titel »Der Weltfreund«.

Am 29. Dezember dieses ereignisreichen Jahres wird im Sanatorium Fürth im 8. Wiener Gemeindebezirk ein Bub geboren; die Eintragung in den Akten der Israelitischen Kultusgemeinde lautet: »Name des Kindes: Marcell Horace, Sohn des Dr. Richard Ritter von Frydmann, Finanzkonzipist, geb. 21. Oktober 1882 zu Wien, ehel. Sohn des Dr. Marcell Ritter Frydmann und der Bertha geb. Wormser. Kindesmutter: Marie, geb. Mankiewicz, geboren am 7. Dezember 1889 zu Berlin, ehel. Tochter des Hugo Mankiewicz und der Ida geb. Landau.«

(Dieser Essay basiert auf einem Artikel, den Christoph Wagner-Trenkwitz für die Österreichische Kulturzeitschrift PARNASS, Ausgabe November 1992, verfaßt hat.)

Marcel Prawy:
Nur »Der Prawy«

Dieses Buch wäre ohne den Totaleinsatz meiner bezaubernden Freunde Christoph Wagner-Trenkwitz, Chefdramaturg der Wiener Staatsoper, Dr. Peter Dusek, Leiter des Archivs des ORF-Fernsehens und Präsident der »Freunde der Wiener Staatsoper«, und Leo Mazakarini, Verleger der Verlage Orac und Kremayr & Scheriau, niemals zustande gekommen. Sie verbanden ihr großes Wissen, meisterhafte Psychologie in der Behandlung ihres Opfers mit der Verwendung brutalster Methoden mittelalterlicher Wegelagerer, um es aus mir endlich doch herauszuquetschen.

Sie hatten einen Eisblock zu überwinden, den ich als wesentlich für mein ganzes Leben angesehen habe: Ich habe mich nie für mich interessiert. Ich wollte immer alles über Musik wissen, über das Wirken von Richard Wagner wie über den Bau einer Flöte, über Leonard Bernsteins Philosophie und die Schlager von Robert Stolz, über Herbert von Karajan und Richard Tauber, über die Geschichte des Applauses auf offener Szene (früher wurde mehr und an ganz anderen Stellen applaudiert) und über das Transponieren der Sänger von heute und gestern (durch die hohe Stimmung des Orchesters transponieren Sänger in Wien häufiger als anderswo). Nichts aber über mich selbst. Ich glaube, meine grenzenlose Verehrung für Richard Strauss, der in meinen Jugendtagen führend an der Wiener Oper wirkte, war schuld an meiner Überzeugung, daß meine einzige künstlerische Lebensaufgabe in dieser Welt der Titanen das Zuhören sein konnte. Und ich tat es, süchtig wie nach einer Droge, in der Oper, im Konzert, im Radio. Bis zum heutigen Tag ist Zuhören mein seelischer Hauptberuf.

Daß ich nichts von meiner Zukunft auf künstlerischem Gebiet hielt, zeigte sich schon in meiner Berufswahl. Die legendäre Figur unserer Familie war mein Großvater väterlicherseits, den ich nicht mehr persönlich gekannt habe. Dr. Marcell Frydmann war aus dem österreichischen Galizien nach Wien gekommen, wurde prominenter Jurist, Chefredakteur des »Fremdenblatt« – Lieblingsblatt des Kaisers – und erhielt von Franz Joseph I. den Adelsstand mit dem Prädikat Ritter von Prawy verliehen. Sein »Systematisches Handbuch der Verteidigung in Strafverfahren« (1878) ist ein bis heute gültiges Werk geblieben.

Aber auch mein Vater Dr. Richard Frydmann (Ritter von Prawy – in der Monarchie!) war fabelhaft begabt, spielte alle Opern auswendig, komponierte und konnte durch die Weite seines Horizonts über Ästhetik und Psychologie ebenso brillant schreiben wie über das Steuerrecht. Er war Ministerialrat im Verwaltungsgerichtshof. Ich denke oft daran, seine unpublizierten Werke modernisieren und veröffentlichen zu lassen.
Jura war das Normalstudium eines Normalbürgers aus sogenanntem gutem Wiener Haus. Ich habe mich im Jahre 1929 an der Universität Wien an der rechtswissenschaftlichen Fakultät inskribiert.
Es war damals so wie heute üblich, daß einem der Lehrstoff in Paukkursen eingetrichtert wurde. Natürlich war auch ich in so einem Paukkurs, habe ihn absolviert und an der Universität eine Reihe von Prüfungen sogar mit Auszeichnung abgelegt. Ich bedaure nicht, Jus studiert zu haben. Es hat mich gelehrt, logisch zu denken, und ich kann noch heute recht gut Verträge gestalten. Und man kann mich schwer »hineinlegen«.
Niemals habe ich nur einen Augenblick lang daran gedacht, im Bereich der Kunst hauptberuflich tätig zu werden. Ich habe auch (bis heute) niemals an Geld gedacht. Darüber wurde bei uns nicht gesprochen. Wir hatten genug, um bequem leben zu können – zum Traum eines Goldrausches wurde ich nicht erzogen. Daß ich damals auch Musik studierte (bei Professor Egon Wellesz), dem Musikstudium viel mehr Zeit widmete als den Rechtswissenschaften, hat mir nur das Leben verschönt. Egon Wellesz war ein phänomenaler Lehrer und ein wesentlicher Komponist aus der Schönberg-Schule. Von ihm habe ich auch gelernt, daß man sich nicht unbedingt an das Thema halten muß, wenn man einen Vortrag hält. Eine seiner Vorlesungen etwa hieß »Byzantinische Kirchenmusik«, aber gesprochen haben wir über die Direktionsführung des Wiener Opernchefs Clemens Krauss; nebenbei haben wir auch ein bißchen byzantinische Kirchenmusik gelernt. Beruflich wichtig wurde es erst sehr viel später. Nie hätte ich mir träumen lassen, daß ich auf dem Gebiet der Musik einmal ordentlicher Professor der Hochschule für Musik in Wien und Visiting Professor der US-amerikanischen Yale University werden würde.
Das einzige Hobby meines Lebens – über die Musik hinaus – waren von allem Anfang an Sprachen. Ich habe Italienisch gelernt, zunächst in Wien, dann lehrten mich bei einem Sommeraufenthalt auf der Insel Cherso (sie heißt heute Cres) Signora Pedrotti und ihre zwei reizenden Töchter italienische Grammatik nach dem Gebet aus Puccinis »Tosca«:

»Vissi d'arte« – ich lebte für die Kunst. Ich entging schon damals der Oper nicht. Unmittelbar nach meinem Studienabschluß war ich übrigens im Nebenberuf Sekretär des berühmten Filmregisseurs Carmine Gallone und konnte so mein Italienisch praktisch nutzen. Ich mußte bei ihm eingereichte Manuskripte lesen, aber auch alle Reden von Mussolini im Radio hören – Gallone war nämlich dessen Anhänger.
Übrigens gab es in der frühen Radiozeit glänzende Sprachkurse. Der Englischlehrer Mr. MacCallum und sein französisches Pendant, Professor M. Louis Rivière, waren echte Radiostars. Schon als Kind, als ich nach der Scheidung meiner Eltern bei meiner Großmutter väterlicherseits in der Rathausstraße 17 wohnte, hatte ich eine Französischlehrerin namens Sophie Kaufmann. Interessanterweise habe ich die englische Sprache als letzte gelernt. Mein Lernsystem dabei kann ich Ihnen gerne empfehlen. Als ich 1939 nach der Machtergreifung der Nazis in Österreich nach den USA emigrierte, spielte man auf dem Schiff englische Kinofilme. Ich habe mir jeweils den gleichen Film dreimal täglich angeschaut. Englisch wurde die Sprache, in der ich denke. Sagt man mir heute: »Ruf morgen um zehn an«, so notiere ich in mein Buch: »Call at ten.« Ich habe mich in der Emigration vollkommen amerikanisiert.
Ich bin ein ganz großer Bewunderer des amerikanischen Englisch, obwohl ich weiß, daß man das nicht laut sagen darf; ich bewundere diese Sprache, sie ist die lebendigste der Welt, die einzige, die mit der Zeit geht. Wenn man eine zehn Jahre alte amerikanische Zeitung liest, hat man das Gefühl der Begegnung mit einer Sprache von gestern. Denn jede Welle von Emigranten verändert das Land und auch seine Sprache, wir Hitler-Flüchtlinge genauso wie später die Emigranten aus Fidel Castros Kuba. Heute arbeite ich in sechs Sprachen. (Boshafte Zungen meinen, ich mache in allen die gleichen Fehler.)

Zurück nach Wien, in meine Jugendzeit: Im Frühjahr 1934 wurde ich zum Doktor juris promoviert, was deshalb nicht so einfach war, weil eben der Welttenor Benjamino Gigli an der Wiener Staatsoper gastierte, ich mich also aus Terminnöten nicht so gründlich auf die letzten Prüfungen vorbereiten konnte. Dennoch, ich hatte kein Problem. 1934, das schreckliche Jahr – die Februarunruhen, der Naziputsch, die Ermordung des Bundeskanzlers Dollfuß.
Nach dem Studium absolvierte ich meine Praxis an verschiedenen

Gerichten, im »Grauen Haus«, in der Schiffamtsgasse im zweiten Wiener Bezirk, dann am Handelsgericht in der Riemergasse.

Ich habe mir nie darüber den Kopf zerbrochen, was denn eigentlich aus mir werden sollte. Mag sein, daß man zu Hause für mich eine Anwaltskarriere geplant hatte. Als ich dann Sekretär meines geliebten Kammersängers Jan Kiepura und seiner Gattin Marta Eggerth wurde, sah ich darin die unerwartete Erfüllung eines nie geträumten Traums und meinen ersten schüchternen Eintritt in eine unbetretbare Zauberwelt. Ich war Doktor der Rechte, 25 Jahre alt und betrachtete meinen neuen Beruf als Selbstzweck, als Endstation, als Erfüllung und keinesfalls als Sprungbrett für andere Tätigkeiten.

Bis dahin hatte ich Sänger nur auf der Bühne erlebt, nun erlebte ich einen der berühmtesten seiner Zeit – und einen der besten aller Zeiten – zu Hause, beim Studium, im Privatleben, bei Verhandlungen über Oper und Film. Ich fühlte mich wie im Paradies. Ich durfte seine Briefe beantworten, Telefonate für ihn erledigen, so daß sich mir neue Horizonte eröffneten.

Nun konnte ich mit ihm reisen, Konzerte und Opern aus den Kulissen erleben, Opern in anderen Städten hören und war sehr stolz, wenn er gelegentlich meine aus der Erfahrung des Zuhörens entstandenen Ideen zur Interpretation ernst nahm. Es war das erste Mal in meinem Leben, daß man irgend etwas ernst nahm, was ich sagte.

Dieser Beruf schien mir die Spitze dessen zu sein, was ich überhaupt erreichen konnte. Heute erschauere ich, wenn ich denke, welche Möglichkeiten zu einer sogenannten Karriere ich damals überhaupt nicht beachtete, weil ich mir nichts zutraute. Da war ich plötzlich in ununterbrochenem Kontakt mit den bedeutendsten Persönlichkeiten der Kunstwelt und des Kulturbetriebes. Operndirektoren, Konzertmanager, Sängerkollegen, Regisseure, Show-Producer, Filmproduzenten gingen bei den Kiepuras ein und aus. Ich hörte und lauschte und war glücklich, wenn sich mein Horizont erweitern und ich etwas lernen konnte, ohne irgendeinen Gedanken an eine berufliche Verwendung für mich persönlich. Eigentlich überdenke ich all dies erst seit meine Freunde mich zu diesem Buch gebracht haben.

Jan Kiepura wurde in Amerika durch einen der bedeutendsten Impresarios unseres Jahrhunderts gemanagt, durch den legendären Sol Hurok, der insbesondere als Entdecker der größten Instrumentalvirtuosen unvergessen ist. Er faßte eine große Sympathie zu mir und besprach mit mir gerne und lange seine Ideen und Projekte. Ich erinnere mich,

wie sehr er an eine Zukunft der Operette in Amerika geglaubt und auf mich eingeredet hat, ich möge für ihn so eine Produktion in den USA durchführen. Der kleine Prawy als Producer? Undenkbar. Heute verstehe ich, daß dieses Projekt echte Erfolgschancen gehabt hätte. Auch für mich.
Wenn ich über mein jetziges Leben Bilanz ziehe und an die Dinge denke, die man heute an mir schätzt, dann fällt mir ein, daß ich erst durch meine Tätigkeit in der amerikanischen Armee entdeckt habe, daß ich »reden« kann. Ich war bei einer Organisation, die den amerikanischen Soldaten Europa näherbringen sollte. Das war als Vorbereitung für die spätere Okkupation gedacht, hatte aber einen durchaus positiven Grundcharakter – man sollte etwas über Europas Geschichte, Kultur und Geistigkeit erklären, und es stellte sich heraus, daß man mir gerne zuhörte, wenn ich sprach. Meine Freizeitvorträge waren gut besucht, und sie hatten natürlich Musik und Oper als Grundthema.
Es gab aber auch das »Verhör von Gefangenen« – das wurde in der Form von unter Kameraden für Kameraden gestalteten Shows durchgeführt. Man spielte einmal den verhörenden amerikanischen Offizier, danach den europäischen Gefangenen. Einmal gab ich den Verhöroffizier, und mein deutscher Gefangener in dieser Show war der wundervolle schwarze Bariton William Warfield, der viele Jahre später in meiner Produktion von Gershwins Oper »Porgy and Bess« an der Volksoper die Titelrolle gesungen hat. Damals dachte ich nicht daran, daß ein Producer in mir stecken könnte.
Selbstverständlich ist mir heute klar, daß ich die europäische Theaterlandschaft grundlegend verändert habe, weil ich die ersten Produktionen amerikanischer Musicals im Broadway-Stil in Europa geleitet habe. Wie fast alles, was ich tue, entsprang auch dies einem intuitiven Gedanken, dem ich überhaupt keine Bedeutung beigemessen habe. Es begann so: Nach meinen Jahren bei der US-Army kam ich nach dem Zweiten Weltkrieg als Zivil-Kulturoffizier der amerikanischen Besatzung zurück nach Wien, hauptsächlich, um meine Schwester zu finden, die als »U-Boot« den Krieg in dieser Stadt überlebt hatte. Meine Aufgabe war es hier, die alliierte »Wochenschau« zu leiten, die in jener Zeit vor dem Hauptfilm in den Kinos lief. Ich habe später im Auftrag einer amerikanischen Schallplattenfirma in Wien Platten produziert. Und immer noch habe ich keinen klaren Berufsweg vor mir gesehen. Immer bin ich in verschiedene Aufgaben hineingeschlittert, die mir Spaß machten, obwohl sie vorerst keine Spuren zu hinterlassen schienen.

Die amerikanische Besatzung in Wien hatte ein Theater, das »Kosmos« in der Siebensterngasse; es unterstand dem nachmaligen Burgtheaterdirektor Ernst Haeusserman. Dort sollte sich Amerika in Österreich als kulturelle Großmacht profilieren. Da durchsuchte ich Wien nach jungen amerikanischen Sängern, stöberte ziemlich wirr nach Noten und gestaltete im September 1952 einen von mir als Abriß der amerikanischen Geschichte konferierten Abend aus amerikanischen Volksliedern und Musicals – damals völliges Neuland in unseren Breiten.

So sah mich mein Freund **Ernest Bartolo,** Geiger der Wiener Philharmoniker und erfolgreicher Karikaturist.

Drei Jahre lang spielten wir mit unbeschreiblichem Erfolg wechselnde Programme, machten Tourneen und frühes Fernsehen in der BRD. Ministerialrat Ing. Ernst Marboe, der Vater des späteren Fernsehintendanten Ernst Wolfram Marboe, ein genial weit in die Zukunft blickender Visionär und Leiter der Bundestheaterverwaltung, sah eine solche Show, wünschte den Einsatz von Musicals in der Volksoper und machte mich zum Dramaturgen der Direktion.

So kam es im Februar 1956 mit meiner Produktion »Kiss me, Kate« zur ersten Großproduktion eines Musicals auf dem europäischen Kontinent. Da hatte ich diese fulminante Neuheit natürlich bereits begriffen – nicht aber das Drumherum. Mir schwebte ein österreichisch-amerikanischer Freundschaftsakt auf künstlerischem Gebiet vor, und ich wollte Paare aus beiden Nationen schaffen.

So spielte die Amerikanerin Brenda Lewis neben unserem Fred Liewehr, die von mir schon für das Kosmos Theater entdeckte bezaubernde schwarze Olive Moorefield neben Klaus Löwitsch, es dirigierte der zum Amerikaner gewordene Wiener Julius Rudel.

Mir fehlten gewisse Spezialisten im Orchester – so ließ ich u. a. die erste Trompete, die erste Klarinette aus der Band von Johannes Fehring gastieren, und Heinz Neubrand als Orchesterpianisten. In der heutigen Opernfachsprache heißt das natürlich, daß ich damit das bis dahin geltende Prinzip des Ensembletheaters durch die freie Besetzung aus allen

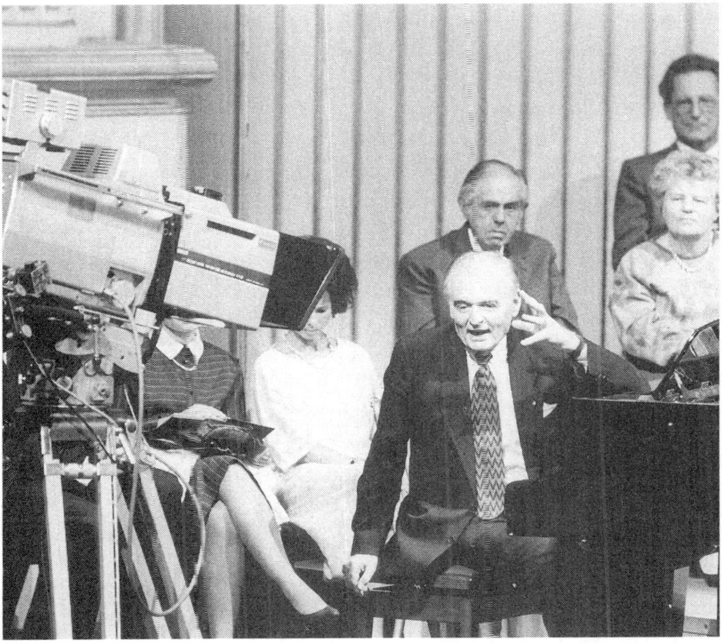

verfügbaren Künstlern durchbrochen habe. Ein Jahr später sollte Herbert von Karajan (als ebenfalls von Marboe installierter) neuer künstlerischer Leiter der Staatsoper das im größten Stil zum Prinzip seiner Opernproduktionen machen.

Ich bin davon überzeugt, daß für mich kein »gewöhnlicher« Beruf richtig gewesen wäre. Und wenn die Leute zu mir sagen: »Warum sind Sie nicht Operndirektor geworden?«, dann antworte ich: Ich wäre ein schlechter Direktor geworden. Ich war, ohne zu wissen wie nahe, ein- oder zweimal ganz nahe dran. Damals hieß es, einer von zweien wird es, entweder der Gamsjäger oder der Prawy. Das war 1971. Doch dann hat sich der Unterrichtsminister für Rudolf Gamsjäger entschieden. Der Leiter der Bundestheaterverwaltung, Dr. Gottfried Heindl, hatte meine Kandidatur sehr gefördert, auch der Betriebsrat des künstlerischen Personals der Staatsoper, Ewald Vondrak. Ich habe so wenig daran geglaubt, daß ich ihnen nicht einmal das erwünschte Curriculum vitae geschickt habe.

Es war dann Rudolf Gamsjäger, der mich als Chefdramaturg an die Wiener Staatsoper geholt hat. Und ich war an diesem geliebten Hause seither vielerlei: Dramaturg, Chefdramaturg, Leiter des Bildungsprogramms, Konsulent. Gemacht habe ich aber immer das gleiche. Ich sitze ja heute noch dort, und ich mache immer noch das gleiche, aber meinen derzeitigen Titel müßte ich im »Bühnenjahrbuch« nachschlagen, ich kenne ihn nicht. Ich mache meine Matineen. Das kann ich, glaube ich, sehr gut. Ich glaube auch nicht, daß es einen anderen Ort auf der Welt gibt, wo Einführungsmatineen ein Publikum von fast zweitausend Menschen anlocken, und zusätzlich oft ein Millionenpublikum bei den Fernsehübertragungen.

Es gibt kaum einen Weltstar der Oper, der in meinen Matineen und Shows nicht mitgewirkt hätte – Bernstein und Domingo, Solti und Pavarotti, Baltsa und Carreras, Schenk und Abbado. Wo soll ich beginnen, wo aufhören?

Den Job des Direktors hätte ich nie erfolgreich ausführen können. Ich bin viel zu emotional: Was ich liebe, schätze, verehre, für das gehe ich durchs Feuer. Und was mir nicht gefällt, das fällt unter den Tisch. Als Operndirektor aber muß man der Vater aller sein.

Wäre ich Direktor der Wiener Staatsoper geworden, so wäre meine Ära nur aus einem einzigen Grund sensationell gewesen – wegen ihrer Dauer. Ich hätte meinen Dienst um neun Uhr früh angetreten, und frag-

los wäre ich spätestens um zwölf Uhr mittags nicht mehr Herr des Hauses gewesen. Denn innerhalb dieser drei Stunden hätte sich mit Sicherheit etwas ereignet, dem ich nicht gewachsen gewesen wäre oder gewachsen sein wollte.
Unendlich gefreut hat es mich immer, wenn meine Freunde mich gefragt haben: »Warum bist du eigentlich nicht Berufsmusiker geworden? Du wärst doch sicherlich ein toller Dirigent, ein toller Pianist.« Mitnichten, denn wenn ich mich selber kontrolliere, wenn ich etwa den von mir gespielten »Lustige Witwe«-Walzer vom Tonband höre, merke ich sehr wohl, daß ich das Tempo nicht halte, merke, daß ich immer schneller werde. Das hat vielleicht damit zu tun, daß ich schnell denke.

Bei meinen eigenen Show- und TV-Produktionen nehme ich an der musikalischen Einstudierung intensivst Anteil. Wenn es also für mich einen großen Beruf gegeben hätte, den ich hätte voll ausfüllen können, so wäre es der des »Show Producers« gewesen. Eine Art Harold Prince also. Dafür habe ich wirkliches Talent. Und in Grenzen habe ich es auch geschafft. Die schönste Gelegenheit gab mir hierzu sehr oft der fabelhafte Karl Gerbel, mein Freund, Leiter des Brucknerhauses in Linz – ein echter Producer mit geradezu ansteckend visionären Ideen. Mein »Fest für Bernstein«, mit Fernsehen, vier Abende, das war sowas. Und vieles mehr. Das sind richtige Shows, mit Dekoration, einer raffinierten Lichtregie, auch die inszeniere ich. Und ich leite die musikalische Einstudierung, natürlich neben dem Dirigenten. Aber ich nehme lebhaftesten Anteil an der Gestaltung der Phrasen, der Tempi. Und bin stolz darauf, daß bisher kein einziger Dirigent sich gewehrt hat; keiner hat gesagt, daß ich ihm dreinrede, auch den großen habe ich gesagt: Ich fühle, ich höre diese Kantilene anders. Und oft sage ich zu Sängern: Ich erinnere mich, Jan Kiepura hat diese Stelle so gesungen, der Gigli so, und der Richard Tauber so ... Auch die größten Stars haben sich nicht beleidigt gefühlt, kein einziger hat gesagt, daß mir das nicht zusteht. Im Gegenteil.
Heute produziere ich immer wieder meine eigenen Shows in aller Welt, etwa über das Leben meines verehrten Robert Stolz, oder über Leonard Bernstein. Besondere Zentren meiner Tätigkeit als Producer waren immer die Oper von Wiesbaden unter dem Intendanten Carl Leininger, die Oper von Graz unter Intendant Carl Nemeth, das Theater in Lübeck unter Erich Wächter. Meine Shows über das Leben von Robert Stolz liefen oft viele Monate lang – im Jahre 1978 unter Intendant Carl Nemeth am Grazer Opernhaus, 1980 unter Direktor Rolf Kutschera am

Theater an der Wien; und im gleichen Jahr unter Intendant Karl Vibach im Theater des Westens in Berlin, 1995 am Metropoltheater Berlin. Und »Servus, du« von 1991 bis 1995 an der Wiener Volksoper unter der Regie von Robert Herzl.
Alle meine großen Fernsehproduktionen sind ja im Grunde auch Shows. Besondere Freude bereitete mir eine Idee von Staatsintendant August Everding: eine halbszenische Produktion der »Bohème«, nicht von Puccini, sondern von Leoncavallo im Prinzregententheater in München.
Was mich unendlich gereizt hätte: einmal eine *neue* Oper ins Leben zu rufen. So wie man dies in Amerika mit Musicals tut, wo der Producer über allen steht: Sein Wort beim Buch, bei der Musik, bei der Besetzung, bei allem, ist letzte Instanz.
Wie es hierzulande oft passiert, scheint mir total falsch: Daß man einem Komponisten den Auftrag »zu einer Oper« erteilt, und irgendwann tauchen Komponist und Librettist mit einem fertigen Werk auf. Ich finde, es muß eben einer da sein, der auch sagen kann: Das muß so sein, und das darf so nicht sein. Einer muß fragen, was mit dieser Nebenfigur, die auf einmal nicht mehr vorkommt, denn geschehen ist. Andere Einwände: Diese Melodie kommt zu selten vor. Oder: Hierher gehört eine Melodie. Es muß einen Kopf über allen Köpfen geben, den Producer. Und den hätte ich wirklich gerne und mit Leidenschaft gemacht. Bei meinen Musical-Produktionen an der Volksoper zeichnete ich als »Produktionsleiter« – doch das ist nicht dasselbe.
Es ist ja nichts Neues, daß Opern so produziert werden wie eine Broadway-Show. Wie groß war doch der Anteil der Impresarios und Verleger des vorigen Jahrhunderts an vielen Erfolgen!
Das wäre ein Traumberuf gewesen, neue Opern mitzuerfinden! Bei der Produktion einer neuen Oper würde ich von den Autoren verlangen, alles, was die Moderne gebracht hat, zu verwenden; aufgelöste Tonalität, elektronische Instrumente, Tonverstärkungen, alles das, und mehr; aber trotzdem singbare Melodien zu schaffen. Ich verfasse gerne viel gelesene Zeitungskolumnen, ich habe vier Bücher veröffentlicht, aber: Das geschriebene Wort ist für mich eine schwere Herausforderung. Wenn ich schreibe, dann rede ich. Nur eben schriftlich.
Jetzt, nachdem meine lieben drei Freunde erfolgreich versucht haben, mir jede Spur von Bescheidenheit auszutreiben, sehe ich einen gewissen, immer wiederkehrenden Rhythmus in meiner Arbeit: Eine unbewußt, intuitiv geborene Idee, der ein purer Zufall die Möglichkeit der Verwirklichung gibt, wird dann von mir mit präzisester Detailarbeit ausgeführt,

ohne dieser Unternehmung zur Zeit ihrer Durchführung irgendeine Bedeutung beizumessen.
1965 machte ich also den ersten Fernseh-»Opernführer« mit »Hoffmanns Erzählungen« – und vergaß das Ganze sofort. Als ich im April 1965 auf Besetzungssuche für meine Volksopern-Produktion von »Porgy und Bess« in Miami war und Glückwunschtelegramme aus Wien zu dieser Sendung bekam, wußte ich nicht mehr, wovon die eigentlich sprachen. Seit über dreißig Jahren läuft die mit der »Goldenen Kamera« ausgezeichnete Serie jetzt. Ebenso zufällig wurde daraus die Sendereihe »Auf den Spuren von ...«, in der ich den Hintergründen der Opern auf den Originalschauplätzen nachgehe: »Aida« in Ägypten, »Madame Butterfly« in Japan, »Bohème« in Paris, in Nürnberg den »Meistersingern«, »Salome« in Jordanien.
Geradezu grotesk waren die Anfänge meiner Einführungsmatineen zu Opern, die ich heute auf der Bühne der Staatsoper, meist mit Fernsehen, durchführe. Im Jahre 1963 hatte ich als Dramaturg der Volksoper ein Gespräch mit Direktor Albert Moser und sagte ihm, man wäre heute allzu ausschließlich auf Staranbetung eingestellt und wisse weniger über die Werke als zu meinen Jugendzeiten. Moser genehmigte sofort, daß ich informierend tätig werde; die gesamte Direktionsetage der Volksoper lachte mich aus. Ich begann 1964 im Palais Palffy am Josefsplatz mit der Einführung zu unserem Ravel-Abend. Ich glaube, es kamen 25 Leute ... Noch unter Volksoperndirektor Franz Salmhofer schlug ich aus denselben Gründen vor, man möge nicht, wie bisher üblich, Monatsprogramme drucken und den täglichen Besetzungszettel beilegen, sondern jedem Werk ein nur auf dieses Werk bezogenes Heft widmen. Ich begann mit »Madame Butterfly«. Heute sind solche Werkhefte eine Selbstverständlichkeit.
Seit meiner Kindheit war ich fest davon überzeugt, daß man den Texten der Opern mehr Aufmerksamkeit widmen sollte. In der Staatsoper begann ich unter Direktor Egon Seefehlner mit Lesungen von Operntexten auf der Bühne vor dem eisernen Vorhang, in allererster Schauspielerbesetzung. Auch diese Lesungen wurden, bevor sie noch stattfanden, verlacht, und machten dann großen Eindruck. Es war spannender als jeder Krimi: »Die Frau ohne Schatten«, »Meistersinger«, »Elektra« – in »Parsifal« las Michael Heltau den Amfortas, Paul Hoffmann den Gurnemanz und Erika Pluhar die Kundry. Erika wollte sich mit dem berühmten Kundry-Schrei am Anfang des zweiten Aktes nicht anfreunden: »Schreit der Hoffmann auch?« – »Nein« sagte ich, »der ist Gurne-

Wagner – gesprochen. Ich freue mich, daß Frau Emmy Werner, Direktorin des Wiener Volkstheaters, mir Gelegenheit zu diesen gesprochenen Vorstellungen von Opernlibretti gab. Es sind keine Lesungen, es gibt Gänge, Requisiten, Gesten, manches gelesen und manches auswendig, dazwischen meine Kommentare und Zuspielung von Tonbändern, alles in der Dramaturgie von Barbara Pluch. Die Mitwirkenden bei »Walküre«: Erwin Ebenbauer (1. v. l., Siegmund), Isabel Weicken (2. v. l., Sieglinde), Robert Hauer-Riedl (3. v. l., Wotan), ich, Andrea Eckert (1. v. r., Brünnhilde). Alle hielten ein gesprochenes »Hojotoho« für unmöglich, bis sie es bei Andrea Eckert erlebten, die es improvisierte: ganz leise, ganz schnell, und mit einem Schulterstups an Wotan.

manz. Es schreit nur die Kundry.« Als es bei der Lesung zu der ihr verhaßten Stelle kam, sagte Erika laut zum Publikum: »Hier, sagt der Prawy, soll ich schreien.« Ich saß neben ihr und schändete meinen geliebten Wagner durch meinen Schrei aus voller Kehle.
Auch der bisher größte Erfolg auf diesem Gebiet wurde vor der Realisierung von vielen verlacht; meine Lesungen der ungekürzten Dichtungen Richard Wagners: »Der Ring des Nibelungen« vor dem eisernen

Vorhang mit dem glänzenden Ensemble des Volkstheaters. »Wigalaweia« wollen Sie lesen lassen? Und »Hojotoho«? hieß es. Hier entwickelte sich während der Proben langsam die Novität – ungekürzte Lesung, nicht sitzend, sondern mit richtigen Auf- und Abgängen, angedeutetem Spiel (es wurde viel gemordet!), dazu meine Erklärungen mit Klavierbeispielen zwischen den Akten und Zuspielungen großer Orchestermusiken. Beim gesprochenen Schlußmonolog der »Götterdämmerung« durch Andrea Eckert und »Wotans Abschied« durch Robert Hauer-Riedl waren Birgit Nilsson und Hildegard Behrens im Zuschauerraum in Tränen.

Der Hörfunk übertrug alles. Ich hatte das Gefühl, endlich einmal Wagner danken zu können. Ich glaube, es hätte ihm Freude gemacht. Dies wurde im Volkstheater dank Frau Direktor Emmy Werner zu einer ständigen Institution – meist Wagner, aber auch »Salome«.

To make a long story short: So viele meiner Freunde sind unglücklich, weil sie sich für verkannte Genies halten. Bei mir ist genau das Gegenteil der Fall.

Ich weiß, daß ein gütiges Geschick aus meinem bescheidenen Talent alles herausgeholt hat, was herauszuholen war. Nur *»der Prawy«*. Mehr steckt nicht drin.

1. Ein Affe auf dem Nachttopf

»Fanget an!«
(Die Meistersinger von Nürnberg)

Geliebter Begleiter meines Lebens ist die Melodie »Glück, das mir verblieb« aus der Oper »Die tote Stadt« von Erich Wolfgang Korngold. Ich glaube, es gab und gibt bisher keinen Tag, an dem ich sie nicht gesungen, gesummt, gebrummt, gedacht hätte. Und das lange schon, ehe ich begriffen hatte, daß dies die letzte Melodie (1920) einer deutschen Oper ist, die Weltruhm erlangt hat. Wie groß ist eigentlich ihre künstlerische Qualität? Egal. Sie hat mein Leben verzaubert. Zum erstenmal hörte ich sie in meinen Schuljahren in der Lichtenfelsgasse, beim Wiener Rathauspark, neben der heutigen Konditorei Sluka, wo ein Schallplattenladen jeweils Opernkonzerte des Rundfunks (schon damals um 13 Uhr, ein paar Minuten Schuleschwänzen gehörte dazu) per Lautsprecher auf die Straße übertrug. Es war die heute legendäre Aufnahme unter George Szell mit Lotte Lehmann und Richard Tauber. Dann lief ich fast täglich in einen Schallplatten-Salon Ecke Graben und Naglergasse, wo heute der Meinl ist; da zahlte man, ich glaube, einen Schilling und konnte nach einem Katalog per Kopfhörer drei Platten anhören. Stets war unter den dreien »Glück, das mir verblieb«. Ein Motto, das sich durch mein Leben zog. Das Glück Oper.
Es fällt mir nicht leicht, in meiner Kindheit und Jugend zu kramen; zuviel habe ich da verdrängt. Ich habe ein manisches Gedächtnis für alles, was mich interessiert. Das merke ich mir über Jahrzehnte. Was mich weniger interessiert, verdränge ich. Wahrscheinlich habe ich unrecht, aber an Freuds Theorie von der prägenden Wirkung früher Kindheitserlebnisse glaube ich nicht.
Nicht, daß meine Kindheit und Jugend verdrängungswürdig gewesen wären; es gab viele wunderbare Erlebnisse. Meine Familienmitglieder waren meist großartige Menschen. Aber es gab damals den ersten großen Krieg, es gab die Ehescheidung meiner Eltern, Selbstmord der Mutter, es gab meine Umzugsodysseen von Wohnung zu Wohnung. Das, was andere als friedliches Familienleben abfeiern, habe ich selber nie kennengelernt. Mag sein, daß ich deshalb bis heute zu vielerlei Dingen keine Beziehung geknüpft habe, die anderen Menschen so wichtig sind. Etwa zu

Wohnungen. Wenn ich reich wäre, so würde ich mein Leben lang nur in Hotels leben; natürlich in vier Zimmern, wegen meiner zahllosen Plastiksäckchen für Bücher, Akten, CDs und Musikkassetten.

Ich lasse es mir von niemandem ausreden, daß meine erste Kindheitserinnerung in einer Zeit liegt, zu der ich entweder ein halbes Jahr oder vielleicht schon anderthalb Jahre alt war. Auch wenn andere behaupten, daß das menschliche Erinnerungsvermögen nicht so weit zurückreicht, ich weiß vom Gegenteil.

Meine Eltern waren mit mir zwei Sommer lang auf der italienischen Insel Brioni. Das war eine der Standardsommerfrischen der sogenannten guten österreichischen Gesellschaft. Auf dieser wunderbaren Insel vor der Küste Istriens hat später – als dieser Bereich bereits zu Jugoslawien gehörte – Tito residiert.

Aufregung gab es in der Wiener Gesellschaft, als mein Vater (2. v. r. hinten) in zweiter Ehe ein um zwanzig Jahre jüngeres Mädchen namens Marie Prokesch heiratete – noch dazu eine Christin! (Mitte, sitzend).

Ich erinnere mich an ein für mich unbeschreiblich bedeutsames Ereignis, nämlich an einen Affen im Zoo, der im Käfig auf einen Nachttopf gesetzt wurde. Ich habe zwar nicht genau gewußt, was ein Affe ist; und ich hatte nur wenig Ahnung von der Funktion eines Nachttopfs. Neu jedenfalls mag für mich diese Kombination gewesen sein. Da wir nur zweimal in Brioni gewesen waren, nämlich 1912 und 1913, ich selber aber am 29. Dezember 1911 in Wien geboren wurde, muß ich damals entweder ein halbes Jahr alt gewesen sein, oder anderthalb.
Mit dem Ausbruch des Ersten Weltkriegs, 1914, verbinde ich die Erinnerung an unsere überstürzte Abreise aus einem böhmischen Kurort. War's Marienbad, war's Karlsbad?
Und bald darauf mußte Papa Richard zu den Soldaten und an die Front. Was bedeutete, daß wir einander jahrelang kaum gesehen haben. Papa war später Ministerialrat im Verwaltungsgerichtshof und ein künstlerisch sehr begabter Mann, er war ein Opernnarr. Ich habe ihn sehr geliebt und vielleicht darum ein kleines Schuldgefühl, mich um ihn bisweilen zu wenig gekümmert zu haben. Er hat in seinen Tagebüchern die Direktionszeit Gustav Mahlers an der Wiener Hofoper in hervorragender Weise dokumentiert. Ich arbeite ständig an dem Gedanken, seine handschriftlich hinterlassenen Bücher »Ästhetik« und »Psychologie« überprüfen und veröffentlichen zu lassen. In den Nazijahren konnte ich ihn nach den USA bringen, wo er sein Hobby, die Graphologie, zu seinem Beruf machte und 1942 verstarb. Damals hatte ich kein Geld, und mich quält noch immer das Leid, daß ich ihm im Krankenhaus in seinen letzten Tagen kein besseres Zimmer verschaffen konnte.
Auch meine Mutter Marie, geborene Mankiewicz, Berlinerin, habe ich zunächst nur flüchtig gekannt, habe erst später, als ich zehn war, zu ihr eine innige Beziehung aufgebaut. Sie ist auf tragische Weise verstorben, sie hat sich im Jahre 1925 – ich war damals vierzehn – umgebracht. Meine Eltern waren bereits geschieden, und über die wahre Todesursache meiner Mutter habe ich erst viel später gehört. Sie hatte ihr Vermögen in französischen Francs angelegt, die dem großen Bankenkrach zum Opfer gefallen waren.
Mein Vater heiratete ein zweitesmal eine um vieles jüngere Christin aus Brünn. Sie starb ganz jung an einer entsetzlichen Krankheit – sie verweigerte die Nahrungsaufnahme und ist buchstäblich verhungert.
Zu meiner um einige Jahre jüngeren Schwester Edith habe ich ein inniges Nahverhältnis auf Distanz. Sie lebt mit ihrem Mann, John L. London aus Kassel, in Denver, Colorado. Sie hat den Krieg mit falschen

Papieren und von gutherzigen »Ariern« versteckt in Wien überlebt. Man nannte das damals »U-Boot«. Ich konnte ihr später zur Auswanderung nach den USA verhelfen.

Lebendig blieb in mir aus meinen ersten sieben Lebensjahren, also bis 1918, die Erinnerung an mein Kinderfräulein Lina Kastenhuber. Wir haben damals am Möllwaldplatz 4 gewohnt, einem idyllischen Flecken im vierten Wiener Bezirk, unweit des berühmten Theresianums. Dort habe ich als kleines Kind, auf einem »Holländer« (das war eine Kreuzung von Fahrrad und Trittroller) die Gegend unsicher gemacht. Am meisten beeindruckt aber hat mich damals der Hühnerhof, in den ich aus den Fenstern unseres Salons hinunterschauen konnte. Ich habe nie gewußt, wem diese Hühner gehörten. Aber ich beobachtete sie gerne bei ihren Kämpfen und Spielen.

Meine dicke Lina war nett, war reizend; ob sie mich ideal gepflegt hat, kann ich nicht sagen. Am 5. Dezember jedenfalls hat sie mich immer erschreckt, als sie, verkleidet als Krampus, eine Rute schwingend, nachts mein Kinderzimmer überfiel. Nie hätte ich damals hinter der Maske das Kinderfräulein Lina vermuten können.

Dieses Fräulein Lina vermittelte mir auch meine ersten musikalischen Erlebnisse, indem sie mir jeweils den Schlager des Tages vorsang. Ich glaube, 1915 war das »Ganz ohne Weiber geht die Chose nicht« aus Kálmáns »Csardasfürstin«. Damals konnte ich mir die »Weiber« wie die »Chose« allerdings nur sehr vage vorstellen. Die Musik trat also nicht in mein Leben in Gestalt Wagners oder Beethovens.

Später besang mich Fräulein Kastenhuber nach der Operette von Leo Fall mit: »O Rose von Stambul, nur du allein sollst meine Scheherezade sein«. Natürlich hatte ich das Wort Scheherezade nicht verstanden, ich hab' also nachgesungen »O Rose von Stambul, nur du allein sollst meine schönere Sarah sein . .« Melodie Nummer drei in meinem Leben entstammte der Erfolgsoperette nach Schuberts Melodien »Dreimäderlhaus«; inhaltlich überraschend für mich waren da die Zeilen »trägt am schwellenden Mieder den blühenden Flieder«. Was konnte ich mir schon unter einem schwellenden Mieder vorstellen!

Im Gedächtnis habe ich aus jener Zeit den Vertrag von Brest-Litowsk, 1916, weil damals viele bereits jubelten, der Krieg sei nun vorbei und Papa käme heim. Dem war aber leider nicht so. Von irgendeinem Fenster der Ringstraße aus habe ich 1916 den Trauerzug nach dem Tode Kaiser Franz Josephs gesehen.

Ich besuchte eine private Volksschule im vierten Bezirk, die von einer gewissen Frau Ujhely geleitet wurde. Auf meinem täglichen zehnminütigen Weg dorthin bin ich meist mit einem reizenden, ungefähr gleichaltrigen Mädchen gegangen. Dieser mein allererster Flirt hieß Heidi Ebenstein und galt später als eine der großen Schönheiten der Stadt. Sie war die Tochter des Starschneiders von Wien und wohnte mir unmittelbar gegenüber. Damals sollen sich regelmäßig drei Herren zu einer Skatpartie getroffen haben: Richard Strauss, der Komponist des »Rosenkavaliers«; der langnasige Komponist des »Walzertraums«, Oscar Straus (später mein enger Freund) und der Schneider Ebenstein. Da hieß es eben: Es spielen der Rosenkavalier, der Nosenkavalier und der Hosenkavalier.

Am Möllwaldplatz haben noch einige Verwandte gewohnt, etwa mein Onkel Edwin Seligmann, der im sogenannten »Dritten Reich« das tragische Schicksal so vieler Menschen teilen mußte. Vergeblich zu helfen versuchte ihm seine wunderbare »arische« Ehefrau, meine Tante Luise. Auch auf unserem Platz wohnte der sehr berühmte Kammersänger Franz Steiner, dessen Richard-Strauss-Liederabende oft vom Komponisten am Klavier selbst begleitet wurden. Dieser Meister des kultivierten Liedgesangs mußte später emigrieren; er wurde Direktor der Akademie der schönen Künste in Mexiko.

Nach dem verlorenen Ersten Weltkrieg kehrte mein Vater heim. Eines Tages nahm er mich in ein kleines Kaffeehaus in der Nähe des Theresianums mit und eröffnete mir: »Du wirst zu deiner Großmutter in die Rathausstraße ziehen. Denn deine Mutter und ich, wir lassen uns scheiden.« Was Scheidung bedeutete, war mir damals natürlich nicht klar. Aber daß ein Wohnungsumzug mit einem kleinen Abenteuer verbunden war, leuchtete mir ein. Also zog ich zu meiner Großmutter Berta, der Witwe unserer legendären Familienfigur Dr. Marcell Frydmann, den Kaiser Franz Joseph in Anerkennung seiner Verdienste zum Ritter von Prawy geschlagen hatte. Er erfand das Y in unserem Namen (ehemals Friedmann). Dieser im galizischen Jaslo geborene Altösterreicher war in einer deutschsprachigen Familie aufgewachsen, und er war ein typischer Selfmademan. Jung war er nach Wien gezogen, hatte hier Jus studiert und sich als Rechtsanwalt und Buchautor niedergelassen. Sein »Systematisches Handbuch der Verteidigung in Strafverfahren« (1878) ist ein – so höre ich immer wieder – auch heute noch lesenswertes Werk.

Frydmann wurde später Journalist, Chefredakteur des angesehenen Wiener »Fremdenblatts«. Das war das Leibblatt des alten Kaisers. Meine Großeltern wohnten damals in der Wiener Innenstadt, in der Hegelgasse. Ihr großbürgerlicher Salon war stadtbekannt. Dort verkehrte, was in

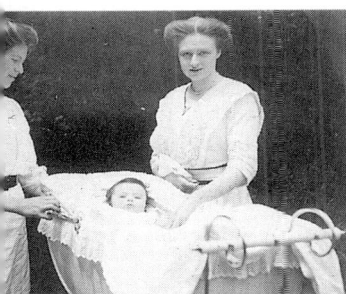
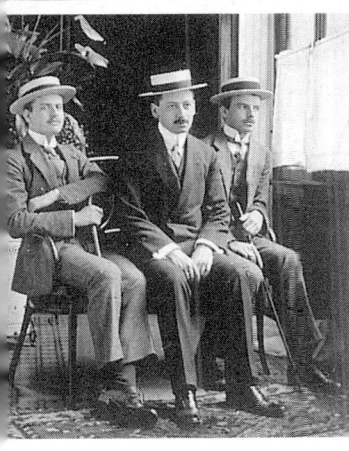

Mama. Marie geb. Mankiewicz, war eine große Opernenthusiastin, wie ich eigentlich erst nach ihrem tragischen Ende aus ihren Eintragungen in Operntextbücher entnehmen konnte. Ich wünschte, die Scheidung meiner Eltern und mein Verbleiben beim Vater hätten trotzdem eine nähere Bindung zugelassen (1889 bis 1925). Links oben – das bin ich in der Wiege vor oder nach meiner Erinnerung an den »Affen auf dem Nachttopf«. Meine Mutter ist auf diesem Bild rechts – ist die Dame links mein Kinderfräulein Lina? Ich hatte aber auch, wie es damals üblich war, eine Amme. Heute kenne ich diesen Beruf nur mehr aus der »Frau ohne Schatten«. Links unten mein Vater (l.) mit seinem Cousin, meinem Onkel Otto Seligmann, verschwägert mit Arnold Schönberg.

Wien Rang und Namen hatte. Zum Beispiel Johannes Brahms und Johann Strauß. Und in unserer Familie geht seither die Kunde, daß Carl Goldmark, der Komponist der Oper »Die Königin von Saba«, meiner Großmutter – die als Pianistin Kammermusikabende in ihrem Salon veranstaltete – einmal einen Heiratsantrag gemacht haben soll.
Ich selbst war nie in dieser Wohnung gewesen, da mein Großvater Fryd-

mann bereits im Jahre 1906 verstorben war und die Witwe bald danach in die Rathausstraße 17 übersiedelte. Das waren wunderbare Räume im obersten Stockwerk eines vornehmen Wiener Bürgerhauses. Einmal stand ein eleganter Herr am Fuß der Treppe und wollte unsere in Wien berühmte Mehlspeis-Köchin Agnes abengagieren. Sie blieb bei uns. Ich wäre an ihrer Stelle zu dem Herrn gegangen. Es war Richard Strauss. Mein Schicksal winkte früh.

Damals, Anfang der zwanziger Jahre, entwickelte sich ein neues Medium, das mich sofort in Bann schlug. Schon lange vor der offiziellen Erstsendung von »Radio Wien« 1924 gab es Versuchssendungen, denen ich mit meinem Detektor mittels gewichtiger Kopfhörer lauschte. Detektor, das war eine winzige Vorrichtung, bestehend aus einer Nadel und einem Kristall. Brachte man die beiden virtuos in eine sensible Beziehung, so konnte man – in nicht ganz erfreulicher Tonqualität – diese Versuchssendungen hören.

Als ich mich einmal über die schlechte Tonqualität beklagte, wurde ich eines Besseren belehrt: Eine über den Balkon der Wohnung gespannte Antenne würde diesem Übel abhelfen. Kriege sind ins Land gezogen und Revolutionen. Der von mir gespannte Antennendraht auf dem Balkon des Hauses Rathausstraße 17 überstand sie alle und wurde erst kürzlich liquidiert.

Noch habe ich das Eröffnungsprogramm der RAVAG aus dem Jahre 1924 im Ohr: die Stimme von Kammersängerin Rosette Anday, den Ton der Geige des Virtuosen Vása Přihoda. Da gab es endlich Konzerte in Fülle, Arien, ganze Opern. Ich habe das alles in mich aufgesaugt. Und mich die Woche über schon auf das Sonntagvormittagskonzert unter Dr. Ludwig Kaiser gefreut.

Zu alledem hatte es schon in diesen frühen Jahren bei uns ein Grammophon gegeben. Aus einem gewaltigen Trichter quoll die auf einer schwarzen Schellackplatte »eingeritzte« Musik.

Gerne denke ich an die Gespräche mit meinem opernkennenden Vater zurück. Wir hörten etwa das Gebet des Valentin aus Gounods »Faust«, gesungen vom unvergessenen Leopold Demuth: »Da ich nun verlassen muß mein geliebtes Heimatland ...« – »Diese Melodie«, erklärte mir Vater, »kommt auch in der Ouvertüre vor, ist also ein für das Stück sehr bedeutsames Thema.« Ich erhielt von ihm meinen ersten »Opernführer«. Wir hörten Leo Slezak mit der Erzählung des Assad aus der Oper »Die Königin von Saba«. Damals wurde noch auf der Platte angesagt: »Es singt Leo Slezak, Hofoperntenor«.

Papa. Dr. Richard (Frydmann von) Prawy, Ministerialrat im Verwaltungsgerichtshof, war meiner Meinung nach noch viel musikalischer als ich und spielte alle Opern auswendig am Klavier. Von ihm habe ich viel über die Gustav-Mahler-Zeit an der Wiener Oper gelernt. Ich bin glücklich, daß ich ihn in den schlimmen Jahren nach den USA retten konnte, wo er sich sehr wohl gefühlt hat (1882 bis 1942).

Als Kind galt ich als musikalisch wenig begabt. Meine Großmutter, selber eine hochmusikalische Pianistin, hat versucht, mir Musik einbleuen zu lassen, hat mir großartige Klavierlehrer verschafft. Ich habe sie alle zur Verzweiflung gebracht. Berühmt war etwa Valerie Weigl, Ehefrau des bekannten Komponisten Karl Weigl aus dem Umfeld der Wiener Schule Arnold Schönbergs. Auch sie war voll guten Bemühens, leider erfolglos. Denn ich wollte nicht üben. Deshalb habe ich bald soso lala nach dem Gehör gespielt (wie noch heute!).

Meine zweite Großmutter, Ida Mankiewicz, die Mutter meiner Mutter, wohnte am Brahmsplatz 7; in diesen Räumen lebt heute übrigens Kammersängerin Leonie Rysanek. Mutters Mutter war ungeheure Wagnerianerin und hat mir sehr viel von den großen Wagner-Zeiten in den neunziger Jahren des 20. Jahrhunderts und um die Jahrhundertwende erzählt, eine Zeit, in der Gustav Mahler zu den umstrittenen Newcomern zählte. So hat sie mir vom berühmten Heldentenor Hermann Winkelmann berichtet, dem ersten Parsifal in Bayreuth; und vom großen Bariton Theodor Reichmann, dem ersten Amfortas ebendort; das war ihr besonderer Liebling. Die philharmonischen Konzerte (unvergeßliche erste Begegnung mit dem Dirigenten Wilhelm Furtwängler) begannen damals um 12.30 Uhr. Nachher ging es immer zum späten Mittagessen bei Großmama – Brahmsplatz. Sie hat meine »Theaterkasse« – das Geld für den Besuch von Oper und Konzert – immer um zehn bis zwanzig Schilling bereichert. Das war damals viel.

Ihrer harrte ein grausames Schicksal. Und wie naiv ich damals war! In der amerikanischen Emigration freute ich mich über ihre Karte: »Es geht mir gut!« Die Karte kam aus dem Lager Theresienstadt, wo ihr Name auf der später veröffentlichten Totenliste erscheint.

Die Schwester meiner Großmutter, Alice Landau, wohnte mit einer pensionierten Altistin der Wiener Hofoper zusammen, Amelie Stahl, die mir ebenfalls sehr viel von alten Opernzeiten zu erzählen wußte. Sie war als Niklas in jener Vorstellung von Offenbachs »Hoffmanns Erzählungen« am 8. Dezember 1881 angesetzt, vor der das Ringtheater abbrannte.

Bald wurde ich auch in die Oper mitgenommen. Mein erster »Fliegender Holländer« war an der Volksoper mit Franz Höbling, einem Hofburgschauspieler, der in den zwanziger Jahren in der Wiener Volksoper auch Wotan und Hans Sachs sang. Felix von Weingartner, der Direktor der Volksoper, machte mit seinen Wagner-Zyklen der Staatsoper echte Konkurrenz.

Zum ersten Mal im Haus am Ring war ich im Jahre 1922: Richard Strauss dirigierte die Oper »Der Barbier von Bagdad« von Peter Cornelius und sein Ballett »Josephslegende«. Doch mein Leben wurde dadurch noch nicht verändert, denn Oper versteht man erst, wenn nach dem Besuch das Leben nicht mehr ist wie vorher. Ich habe damals noch nicht recht gewußt, mit Oper umzugehen, mit meinen elf Jahren.

Ich besuchte das Wiener Piaristengymnasium, eine katholische Schule, in der ich mich als Jude nicht wohl fühlte. Und als einmal unser Religionslehrer

Als Schüler: Ich wechselte früh vom katholischen Piaristengymnasium ins Wiener Wasagymnasium.

erklärte: »Auch unser Gott ist der Gott allen Fleisches«, da ergänzte ich ihn laut: »Außer des Schweinefleisches ...« Das war vielleicht eine taktlose Bemerkung, aber enthält sie nicht ein Körnchen Wahrheit? Jedenfalls empfahl man meiner Familie, mich schon am Ende des laufenden Semesters von dieser Schule zu nehmen, sonst würde ein Consilium abeundi wirksam werden, was, weniger vornehm ausgedrückt, bedeutet: Rausschmiß.

Damals, in den zwanziger Jahren, hat man von Nazistörmungen noch wenig bemerkt. Man war Österreicher, egal, ob jüdischer oder christlicher Konfession. Und als wir vom Zionismus hörten, standen wir dieser Idee verständnislos gegenüber, denn eine Bewegung, die uns in die Wüste, nach Palästina, schicken wollte, die mochten wir nicht. Wir waren ganz und gar in Wien zu Hause. Erst viel später wurde uns die Wichtigkeit Israels bewußt. Ein damaliges Witzwort lautete: »Ein Zionist ist ein Jude, der einen anderen Juden mit dem Geld eines dritten Juden nach Palästina schicken will.«

1929 – die Matura habe ich zwar mit Auszeichnung bestanden, sie war mir aber ganz unwichtig, denn Toscanini hat zum ersten Mal an der Staatsoper dirigiert.

Damals übersiedelte ich ins liberalere Wasagymnasium im neunten Bezirk und war dort von Anfang an ein begeisterter Schüler. Die Lehrer dieser Schule verstanden es nicht nur, uns viel Wissen zu vermitteln, sie brachten uns auch die schönen Künste emotional nahe. Literatur und Musik. Besonders eindrucksvoll waren die literarischen Fachgruppen bei Professor Alfred Nathansky. Professor Witzelhuber war Züchter edler Hunde. Als ich ihm einmal »zu seinem Erfolg« auf der Hundeausstellung gratulierte, drohte mir wieder ein Consilium abeundi. Es kam nicht. Ich machte 1929 die Matura mit Auszeichnung. Klassenstar war Heinz Politzer – er wurde ein berühmter Literaturforscher in den USA. Mit unserer Klassenschönheit Annie Wassing, jetzt Señora Ana de Weisz in Buenos Aires, habe ich immer noch Kontakt.

43

> ## Wie gut hat es ein Mädchen, das einen Drachen hat ...
>
> Marcel war schon als Schulkind der vierten oder fünften Klasse ein hochintelligenter Bub, auch immer einer der besten Schüler.
> Ich glaube nicht, daß unser Freund Marcy viel Zeit zum Lernen aufgewendet hat. Vor allem erinnere ich mich, daß er meist sehr beeilt war, um frühzeitig nach Hause zu kommen, weil er dann in die Oper ins Stehparterre rannte.
> Auch klimperte er nach dem Gehör auf dem Schulklavier etliche Teile eines für uns neuen Gershwin-Konzertes, was mich sehr beeindruckte. Er produzierte und schrieb (gemeinsam mit dem später berühmt gewordenen Kabarettisten Peter Hammerschlag) eine Revue, die wir Wasagymnasiasten gemeinsam mit den Kolleginnen der Schwarzwald-Schule dort aufführten; er komponierte auch die Lieder. Von der Revue erinnere ich mich sehr lebhaft, daß er sich sehr plagte, mit mir ein Lied einzustudieren: »Wie gut hat es ein Mädchen, das einen Drachen hat ...« Marcel Prawy hat hier in Argentinien unter den deutschsprachigen Leuten viele Anhänger und Bewunderer.
>
> *Ana de Weisz, geborene Annie Wassing, jetzt Buenos Aires, war eine Schulkollegin Marcel Prawys. Sie erinnert sich ...*

Fortschrittlich war auch, daß es sich dabei um eine gemischte Schule handelte, Mädchen und Jungen, Koedukation. Damals habe ich auch eine Schulrevue geschrieben und komponiert, die wir – unter Mitwirkung des unvergessenen Kabarettisten Peter Hammerschlag – erfolgreich aufgeführt haben. Mein erster Tango: »Wer sich in Sankt Pölten verliebt hat ...« Ob mich wohl die neue Landeshauptstadt dafür ehren wird? Wie viele Lieder gibt es schon über Liebe in Sankt Pölten? Die Revue bekam eine gute Kritik in der »Neuen Freien Presse«. Danach faßte ich trotzdem den weisen Entschluß, das Komponieren Würdigeren zu überlassen.

2. Zwischen den Kriegen: Wohnsitz Staatsoper

»Gäste kamen und Gäste gingen«
(Die Walküre)

Es mag uns schmerzen, aber mit Ausnahme von wenigen Wochen in den zwanziger Jahren hieß unser geliebtes Haus am Ring erst seit dem »Dritten Reich« Staatsoper, vorher: Operntheater. Im November 1924 demissionierte Richard Strauss als Direktor des Wiener Operntheaters, danach wurde es von seinem »Co« Franz Schalk weitergeführt. Meine Erinnerungen werden sehr dicht ab 1926, später umfassen sie fast jeden Tag, weil wir um diese Zeit unendlich viel Neues gehört

---

Blecherne Höhen

Marcel Prawy, damals noch Frydmann, war ein begeisterter und unerhört versierter Opernbesucher. Wenn er erzählte, sammelten sich schon damals um ihn aufmerksame Zuhörer. Er hatte Kontakte zu den Ausübenden und den Komponisten, war ständig beim Bühnentürl. Er hat die Fehler der Sänger erkannt und sie mitgeliebt. Wir haben zum Beispiel beide Richard Tauber verehrt. Einmal äußerte ich jedoch Vorbehalte, weil seine Spitzentöne nicht besonders gut kamen. Da sagte Prawy: »Aber Tauber hat doch so eine wunderbar blecherne Höhe!« Genauso war es bei der Jeritza. Ihr hohes Ges im Gebet der Elisabeth war immer zu tief. Aber wenn das eine Kollegin absolut richtig sang, hat uns etwas gefehlt. Sein Jus-Studium hat Marcel Prawy mit der linken Hand gemacht – was mich sehr verwunderte, wo er doch auf dem Stehplatz »gewohnt« hat. Die geistige Beweglichkeit und blendende Gescheitheit waren immer seine auffälligsten Charakterzüge. Auch körperlich war er immer in Bewegung. Wenn ich mich an ihn erinnere, so sehe ich einen flatternden Mantel vor mir.

Paul Hausner, Stehplatz- und Studienkollege

haben: »Intermezzo« von Richard Strauss, seine »Ägyptische Helena«; Ernst Kreneks »Jonny spielt auf«, Korngolds »Das Wunder der Heliane«. Ein populäres Werk nach dem anderen. Von dieser Zeit, in der man publikumswirksame Opern von Zeitgenossen bejubelte und niemand konservativ war, kann man sich heute gar keine Vorstellung mehr machen.

Und wie verlief so ein Premierenabend für uns alles Neue liebende, fanatische Stehplatzbesucher? Man prüfte einander in den Pausen und am Ende: »Was hast du dir gemerkt?« »Was kannst du davon nachsingen?« – Bei der »Turandot« war es »Keiner schlafe«, »Nessun dorma«, bei der »Ägyptischen Helena« war es Helenas Erwachen. Auch »Wozzeck« konnten wir voll nachsingen. Wir nannten »Wozzeck« die »Cavalleria der Zwölftonmusik«, obwohl es keine Zwölftonmusik ist, aber bei Änderung der Harmonien entstünde ein voll harmonisches Werk – sogar mit »Fast-Schlagern«. Und schon bald hatte der Pianist im Café Sacher diese Melodien im Repertoire gehabt.

Meine Heimat, mein wahrer Wohnsitz, wurde der Stehplatz. Nicht auf der Galerie – es gab Stehplätze auf der »dritten«, dem heutigen Balkon, und auf der »vierten«, dem sogenannten »Juchhé«. Ich »wohnte« im Stehparterre. Dort standen wir wirklich. Die Geländer von heute gab es nicht. Heute sind das keine Stehplätze, sondern Lehnplätze. Wir standen aufrecht, wie vertikale Sardinen. Ich hatte es besser. Wir alle hatten Stammplätze, und niemand hätte es gewagt, den Stammplatz eines anderen zu okkupieren. Mein Stammplatz war der dritte Platz, erste Reihe links, im sogenannten »Kipferl«, so hieß der enge Raum, begrenzt von der Rückwand und dem vorderen Geländer. Das heißt, ich konnte mich vorne anlehnen. Nicht hinten, da war noch ein Stammplatz besetzt.

Was wohl aus den Kollegen von damals geworden sein mag? Die Spitze des Kipferls »gehörte« Paul Singer, daneben war Gretel Deutsch, dann kam ich. Ganz nahe stand auch Gräfin Lola Hardegg, die bis zu ihrem Ableben vor wenigen Jahren immer an derselben Stelle stand. Und wo stand Fritzi Schlesinger, heute Sitzplatzbesucherin? Gehörte sie zur Galerie? Die Verräterin!

Stehplätze kosteten drei Schilling im Parterre, zwei auf der Galerie. Wenn man dies mit den heutigen Preisen vergleicht (Parterre 30 Schilling, Galerie 20 Schilling) und die Entwertung des Schillings bedenkt, so waren für uns die Stehplätze teurer. Beim Gastspiel der Mailänder Scala unter Arturo Toscanini kostete ein Parterrestehplatz zehn Schilling. Man stellte sich immer persönlich (mit kleinen Toilettenpausen) an. Es gab kein System

von reservierten Karten und Zählkarten, bei denen man sich heute nur periodisch melden muß, aber verschwinden kann. Wir standen. Bei großen Galaabenden – etwa der Premiere der »Walküre« unter Clemens Krauss mit Jeritza und Lehmann – standen wir ab dem Vorabend, bei normalen Vorstellungen kam man gegen 14 Uhr. Damals wartete man in der Kärntner Straße, und die Schlange der Wartenden, die sich bis zum Sacher hinzog, gehörte zum Stadtbild von Wien. Sie war die Heimstätte unserer Gespräche, die wir für sehr hochgestochen hielten.
Es gab verschiedene Wege, die Karten früher und billiger in die Hand zu bekommen: das Dekanat für Studenten und eine mysteriöse Organisation »Europäisches Jugendbündnis«, die wir nur dazu benutzten. Da mußte man gegen fünf Uhr früh kommen und erhielt die Karten um acht. Mein erstes großes Stehplatzjahr war 1926. Hätte ich damals einen Nachbarn gehabt, während einer so langen Zeitspanne, wie ich Stammgast war, also seit 1856, hätte er noch dreizehn Jahre das Kärntnertortheater vor der Eröffnung des neuen Hauses am Ring erlebt. Was für ein schauerlicher Gedanke.
Die grandiosen Sänger waren noch über lange Zeiträume an Wien gebunden. Die Jeritza! Maria Jeritza! Ihr widme ich das nächste Kapitel! Unsere Familie hatte einen ungewöhnlichen Berührungspunkt mit ihrer wundervollen Primadonnen-Rivalin. Lotte Lehmann hat meiner entfernten Tante Grete Krause den Mann, also meinen entfernten Onkel Otto Krause, ausgespannt, was damals Stadtgespräch war. Und dazu war es so gekommen: Mein Onkel war ein großer Lehmann-Verehrer. Was lag also näher als der Gedanke, die berühmte Sängerin zur Geburtstagsparty einzuladen. Die Lehmann sang und wurde bald Frau Krause. Lotte Lehmann war in vielem das genaue Gegenteil der Maria Jeritza: die Jeritza stets etwas skandalumwittert, die Lehmann galt als Inbegriff des Gütigen, die biedere Hausfrau fast. So schien es. Die Realität war anders: die gute böhmische Hausfrau war die Jeritza, und die Lehmann ein bißchen hart ...
Lotte Lehmann strahlte auf der Bühne viel menschliche Wärme aus, war ungeheuer intensiv. Und sie hatte eine merkwürdige Technik des Atmens. Aus ihren von ihr offen zugegebenen Atemschwierigkeiten hat sie ihre große Ausdruckskraft geholt. Denn gerade wegen dieser Schwierigkeiten mußte sie ganze Phrasen ändern, um sie zu kaschieren. Dann hieß es in der Strauss'schen »Ariadne auf Naxos« nicht »Ein Schöööööones war« (ohne Atem), sondern »Ein Schönes (Atem und Wortwiederholung), ein Schönes war«. Man mußte es gehört haben, um

Stehparterre: Da stand ich – linkes Kipferl, dritter Platz von links – erste Reihe. Niemand anderer hätte es gewagt, sich dort hinzustellen!

den ganzen Eindruck, den das trotzdem machte, zu verstehen. Problematischer war es, als Arturo Toscanini, der angeblich Unerbittliche, für die Lehmann, bei der Höhenprobleme einsetzten, 1936 die Arie der Leonore in »Fidelio« ab der Mitte um einen halben Ton hinuntertransponierte. Das gab uns schon einen »Riß« ...

Beide, die Lehmann und die Jeritza, sangen vielfach die gleichen Partien: Beide waren Sieglinde in Wagners »Walküre«; beide sangen Puccinis »Tosca«, beide waren »Tannhäuser«-Elisabeth und »Lohengrin«-Elsa. In manchen Opern traten sie als Partnerinnen auf, im »Rosenkavalier« war die Lehmann die Marschallin, die Jeritza Oktavian; in »Die Frau ohne Schatten« die Jeritza Kaiserin, die Lehmann Färberin.

Zu jener Zeit war der von uns vergötterte Leo Slezak aus der Gegend um Brünn noch glänzend bei Stimme; er hat, trotz seiner Leibesfülle, nie komisch auf uns gewirkt, er war eindrucksvoll überzeugend: als Stolzing in den »Meistersingern«, als Lohengrin, als Meyerbeerscher »Prophet«. Selbstverständlich war ich auch bei seiner Abschiedsvorstellung 1933 – »Bajazzo«. Slezak war ein großartiger Detailsänger: Das unterscheidet ihn

und seine Generation von so vielen der Heutigen. Sein Lohengrin-Monolog »In fernem Land, unnahbar euren Schritten ...« war eine ganz große Emphase auf das Detail. Er skandierte jede Silbe mit seinem so oft imitierten Akzent. Er »böhmakelte«. Das heutige Singen in der Ursprache statt auf Deutsch hat das Gefühl für das Essentielle des Wortsinns vernebelt.
Unerreichter König aller Absager war damals Kammersänger Alfred Piccaver, ein Lieblingstenor des Hauses am Ring. Auch er, wie Kammersängerin Rosette Anday, die wundervolle Altistin, wohnte am Brahmsplatz. Wenn ihm seine Frau Rita »Guten Morgen« wünschte, war die Antwort oft: »Rita, sag für heute ab.« Wenn er aber aufgetreten ist, war er sehr oft schwach bei Stimme. War er allerdings bei Stimme, so hatte sie ein unerhört schönes, reizvoll nasales Timbre. Seine große Stärke waren die elegischen Stellen in »Manon«, im »Werther«, im »Lohengrin«. Immer wieder war Piccaver als Stolzing in den »Meistersingern« angesetzt, aber es kam nie dazu.

Leo Slezak, als er noch jung und schlank war. Ich kannte ihn nur in seiner späteren »dicken« Zeit, wo er aber niemals komisch wirkte, außer, wenn er selbst Späße machte. Und er verstand sich auf Späße!

Alfred Piccaver. Wenn Wiens geliebter »Picky« einmal bei einer Arie eine Hand hob, sagten seine Verehrerinnen zu mir: »Was willst du immer mit deinem Kiepura? Schau, der Picky kann auch spielen!«

Seit es die Oper gibt, gibt es Opernskandale. Und noch mehr den Operntratsch. Das ist geradezu eine Bedingung. Allerdings waren die Skandale von einst viel effektvoller als heute, zumal die meisten betroffenen Stars hier gelebt und langfristig gewirkt haben. Den Slezak, die Jeritza, jedermann in der Stadt kannte sie: Ob man sie nun in der Oper gehört hatte oder nicht. Und man wußte nicht nur von den großen Auftritten, man kannte sich auch im Alltag der Publikumslieblinge aus. Man wußte, wann und wo Maria Jeritza spazieren ging. Man wußte, wann Elisabeth Schumann mit ihren Hunden im Volksgarten anzutreffen war. Eine Geschichte, die in Wien blitzartig die Runde machte, spielte am 12. Mai 1925 in Wagners »Walküre«, in der großen Szene zwischen Wotan und Fricka, gesungen von Emil Schipper und Maria Olszewska, die auch im Privatleben miteinander verheiratet waren. Damals raunte man in der Stadt, daß der fesche Dr. Schipper der feschen Jeritza mehr als gefalle. Nun, während einer Vorstellung also stand Sieglinde (Jeritza) in der Kulisse, und während sie auf ihren Auftritt wartete, kokettierte sie mit dem draußen agierenden Wotan. Fricka durchschaute sofort die Situation und spuckte kraftvoll über große Distanz in die Kulisse, traf aber nicht die Jeritza, sondern die Altistin Hermine Kittel, die im dritten Akt eine der Walküren mimte. Was sagten die Leute auf der Straße dazu? »Wie Österreich in der Weltpolitik! Wenn zwei große einander bespucken, trifft's die kleinen.« Die Olszewska wurde gekündigt, aber bald wieder engagiert.

Gott meiner Jugend war Richard Strauss. Wir liebten ihn, wir waren sein totaler Fanclub. Er war zwar bei manchen als Operndirektor umstritten, man warf ihm vor, sich allzu sehr um seine eigenen Opern gekümmert zu haben. Aber das hatten wir ja gerade gewollt. Und als es deshalb zu einem Konflikt zwischen Strauss und seinem Mitdirektor Franz Schalk kam, taten wir Fans uns zusammen, fuhren mit der Bahn in den Sommersitz Schalks bei Reichenau und haben geschrien: »Hoch Strauss, pfui Schalk.« Das Strauss-Ballett »Schlagobers« hatte im Jahre 1924 in Wien Premiere, seine Oper »Intermezzo« 1927. Und wie kommentierten die Wiener? Wenn schon Richard, dann Wagner; wenn schon Strauss, dann Johann; wenn schon »Intermezzo«, dann aus »Cavalleria«; wenn schon »Schlagobers«, dann vom Demel.

Am 15. Oktober 1926 sang sich Jan Kiepura mit der zweiten Vorstellung von Puccinis »Turandot« vehement in die Herzen des Wiener Opernpublikums und war ab sofort einer der drei großen Tenöre der Stadt. Kiepura, 24 Jahre alt, Inbegriff strahlender Jugend, begabt mit einer

Der Gott meiner Jugend.
Richard Strauss.

Stimme großen Volumens, mit einer hinreißenden, elementaren Höhe. Sein Kalaf in »Turandot« war eine weit vorausweisende Interpretation. Jan Kiepura wurde ein Star, wie ihn die Welt bis damals nie gesehen hatte. Denn er hat unabhängig voneinander eine unvergleichliche Opern- und eine unvergleichliche Filmkarriere gemacht. Dadurch erspielte er sich auch ein weltweites Publikum, das mit der Oper nichts zu tun hatte.
Mit Entsetzen bemerke ich, daß ich allzu modern von »drei Tenören« geschrieben habe. Wen habe ich gemeint? Slezak, Piccaver, Kiepura? Und wo bleibt der herrliche Richard Tauber? Seine betörend timbrierte Stimme war eigentlich eine Mozart-, und später – als er so viele Operetten sang – eine Lehár-Stimme. Seine unglaubliche musikalische Intelligenz ließ ihn auch großartig »über sein Fach« singen, Don José in »Carmen«, Kalaf in »Turandot«, »Bajazzo«. Er hatte ernste Probleme mit der Höhe und hat sich oft Opernphrasen so umgeschrieben, daß er die verlangten hohen Töne vermied. Er machte dies aber so hochkünstlerisch und so effektvoll, daß diese »Tauberismen« mit frenetischem Applaus bedankt wurden.
Ab 1929 war Clemens Krauss Direktor der Wiener Staatsoper, der ein kleines, sehr spezialisiertes Ensemble aufbaute, was uns damals nicht so

gut gefiel. Uns am Stehplatz hatte das ständige Kommen und Gehen unter Franz Schalk besser gefallen als die Ära Krauss, in der sozusagen vor allem seine fünf, sechs Lieblingssänger dominierten. Wozu man sagen muß, daß es da zum Teil um ganz exzellente Stimmen ging. Aber sie waren nicht immer richtig eingesetzt.

Viorica Ursuleac, die Frau des Clemens Krauss, hatte eine strahlend weiße Gletscherstimme, war eine phänomenale Kaiserin in »Die Frau ohne Schatten« des Richard Strauss. Aber als »Meistersinger«-Evchen und als »Figaro«-Gräfin, zwei Partien, die sie oft und oft gesungen hat, war sie eiskalt. Und Lotte Lehmann saß in der Loge ... Die Direktion Krauss hat eine Reihe von Programm-Innovationen gebracht, etwa den »mittleren« Verdi, den wir hier in Wien nicht gekannt hatten: »Simon Boccanegra«, und »Macbeth«. Und interessante Moderne, wie den von uns gleich verstandenen »Wozzeck« von Alban Berg.

Mein persönlicher Liebling unter den Krauss-Sängern war Wilhelm Rode, ein fabelhafter Hans Sachs. Daß er später aktiv politisch rechts von rechts stand, hat mir wehgetan. Hitler machte ihn zum Direktor der Oper in Berlin-Charlottenburg. Krauss hatte aus Frankfurt einen ehemaligen Bankbeamten, der erst spät zur Oper gekommen war, nach Wien mitgebracht: Franz Völker war ein strahlender Wagner-Tenor und bleibt einer ganzen Generation unvergeßlich. Ich denke auch gerne an die Mezzosopranistin Gertrude Rünger: Noch immer steht ihr Bild als Klytämnestra, als Eboli vor mir. Als sie sich zur hochdramatischen Sopranistin weiterentwickelte, war ich leider nicht mehr in Österreich.

Als Clemens Krauss 1934, im Jahr des Dollfuß-Mordes, am Höhepunkt des Konfliktes Österreich/Deutschland, mitten in der Spielzeit einem Ruf der Nazis als Direktor an die Linden-Oper in Berlin folgte und mit dem halben Ensemble abhaute, gab es bei seiner letzten Vorstellung (»Falstaff«) ein Buhkonzert gegen ihn. Ich war stolz darauf, mitgetan zu haben.

Danach kehrte für kurze Zeit mit Felix von Weingartner das Franz-Schalk-System wieder: eine abwechslungsreiche Zeitspanne.

Mit nostalgischer Liebe denke ich an die alte »Claque«, bei der ich zeitweilig mitgemacht habe. Niemand von uns war bezahlt, wir bekamen als Enthusiasten unseren Stehplatz für den halben Preis. Bezahlt waren nur die Claque-Chefs: im Parterre Otto Stieglitz, der später von den Nazis getötet wurde, auf der Galerie Josef Schostal, an dessen Begräbnis ich in der Emigration in New York teilgenommen habe. Dabei bot der Claque-Chef der Met, Mr. Bennett, dem Tenor Kurt Baum seine Dienste an! Er

wäre ebenso gut wie Schostal. Baum war der einzige Sänger beim Begräbnis. Nur er wollte seine Verbindung zur Claque nicht verheimlichen.
Claqueure mußten eine perfekte Werkkenntnis haben, um jeweils die richtigen »Einsätze« zu finden, bei denen auf Zusammenschlagen zweier Hände das ganze Haus mitgeht. Man mußte auch Verständnis für die Abendverfassung der Sänger haben, um zu wissen, welcher Applaus »heute geht«. Man klatschte stets nur für Sänger, die man liebte. Ehrensache!
Wir waren auch auf Komponisten spezialisiert – ich war der beste Korngold-Klatscher, weil ich die komplizierten Einsätze in der »Toten Stadt« kannte (»machen« hieß das claquetechnisch). Ich konnte »Glück, das mir verblieb« machen.
Der letzte künstlerische Leiter vor dem Anschluß an Hitler-Deutschland war der große Bruno Walter. Vieles war damals selbstverständlich, was wir uns heute vergeblich wünschen, etwa die Übernahmen von den Salzburger Festspielen. Unter Bruno Walter, der die Oper gemeinsam mit Erwin Kerber führte, gab Herbert von Karajan – damals Generalmusikdirektor in Aachen – sein erstes Gastspiel in Wien: »Tristan und Isolde«, 1937. Dieses Gastspiel hat nicht zum Engagement geführt, was zur Folge hatte, daß Karajan sich danach zwischen Aachen und Berlin geteilt hat.
In den dreißiger Jahren begannen die Nazidemonstrationen und Stinkbomben in der Staatsoper. Viel später, nach dem Zweiten Weltkrieg, als die wiederaufgebaute Wiener Staatsoper eröffnet werden sollte, gab es Diskussionen, wer das Haus führen sollte: Karl Böhm oder Clemens Krauss? Der letzte Direktor vor dem Anschluß, Bruno Walter, stand bezeichnenderweise nicht zur Diskussion, und er wurde auch nicht gefragt. Ob er so ein Angebot angenommen hätte? Österreich hätte es jedenfalls stellen müssen.
Ein prominenter Opernkomponist im Wien der zwanziger Jahre war Julius Bittner, mit dessen Sohn Otto ich übrigens im Wasagymnasium die Schulbank gedrückt habe. Daher war ich damals oft bei der Familie eingeladen, in der Dietrichsteingasse im neunten Bezirk. Die Mutter Ottos, Emilie, war eine sehr gute Sängerin. Bis heute schätze ich vor allem die wunderschöne Messe, die Julius Bittner (der im Hauptberuf Richter war) komponiert hat. Und mit großer Wehmut denke ich daran, wie sie den Komponisten zur Premiere seiner Oper »Das Veilchen« in den Saal getragen haben. Damals waren dem Zuckerkranken bereits beide Beine amputiert worden. Das gleiche Schicksal erlitt später der

Sohn Otto. »Das Veilchen«(1934) ist mir mehrfach in Erinnerung, auch deshalb, weil damit der große Kammersänger Richard Mayr (Wiens erster Ochs im »Rosenkavalier«) seine letzte Premiere hatte. Stolz war er noch in dieser Vorstellung hoch zu Roß über die Bühne geritten.
Eine frühe Erinnerung, Silvester 1927: Ernst Kreneks »Jonny spielt auf« (nicht ganz korrekt als erste Jazz-Oper bezeichnet) steht auf dem Programm. Ein Riesenskandal, den damals bereits die Nazirabauken inszeniert haben. Noch Wochen später gab es in Wien Demonstrationen mit wehenden Hakenkreuzfahnen, Plakate, auf denen Juden und Neger beschimpft wurden. Es war schrecklich.
Hauptdarsteller des Jonny war Kammersänger Alfred Jerger. Er berichtete mir, daß man in München seine schwarze Schminke für echt und ihn also für einen »Neger« gehalten habe, womit er beinahe Rassenunruhen ausgelöst hatte. Im Wiener Parlament schrie ein erboster Abgeordneter: »Wann hat man je einen Neger als Opernhelden gesehen?« Antwortschrei im Parlament: »Waren Sie schon einmal in ›Otello‹?« Für mich selber war der echte Skandal in diesem Stück der, daß Krenek in der Arie »Jetzt ist die Geige mein« eine Anleihe bei Puccini genommen hatte. »Da kommt die neue Welt gefahren übers Meer ...« Uns verschlug es den Atem im Stehparterre: – wörtlich »Bohème«! Staatsoperndirektor Franz Schalk, der »Jonny spielt auf« haßte, ließ bald danach die fast vergessene Oper »Der Widerspenstigen Zähmung« von Hermann Goetz mit der Lehmann neu einstudieren – nur um zu zeigen, daß Krenek daraus die Hauptzeile: »Jetzt ist die Geige mein« entnommen hatte.
Clemens Krauss war seit 1929 Staatsoperndirektor, ein allererster Dirigent, ein schöner, ein hochgeachteter, aber in Wien nie wirklich populärer Mann. Bevor er nach Wien engagiert worden war, hatte man allgemein gehofft, daß der Chefdirigent der Wiener Philharmoniker, Wilhelm Furtwängler, unser neuer Operndirektor werden würde. Dieser hatte eben mit »Rheingold« Triumphe gefeiert, aber dann doch mit Berlin abgeschlossen.
Krauss war vorher Direktor der Frankfurter Oper gewesen. Der unvergeßliche Kabarettist Hermann Leopoldi hat damals zur Melodie von »O Tannenbaum« im Kabarett gesungen: »O Furtwängler, o Furtwängler, wie hoch sind deine Gagen. / Erst gabst du uns dein Ehrenwurt,/ dann gingst du nach Berlin uns furt./ Und wir, wir holten flugs uns her/ aus Frankfurt den Frankfurtwängler.« (Dieser Frankfurtwängler war natürlich Clemens Krauss.)
Dann weiter zu Lehárs Melodie: »Da geh ich in's Maxim«: »Der schöne

Clemens Krauss, der paßt in's Opernhaus. Die Damen sagen: Nehmen S' doch nur den schönen Clemens! Der Künstlerhut sitzt schief, die Locke rutscht ihm tief – was immer er auch leistet, er wirkt dekorativ!« In den dreißiger Jahren begannen politisch motivierte Skandale. Bei Bruno Walter etwa gab es ein Stinkbombenattentat in einer »Tristan und Isolde«-Vorstellung am 22. April 1937, so daß Anny Konetzni nicht weitersingen konnte und das Orchester allein den Liebestod spielte.

Manchmal haben damals hochanständige »Arier« uns gewarnt, zu gewissen Stunden die Uni nicht zu betreten, weil dort »der Zorn explodieren werde und wir verprügelt würden«. Zu ihnen gehörte der zu einem Lebensfreund gewordene Robert Bauer, der freiwillig emigrierte und ein Direktor des Senders »Voice of America« in Washington wurde. Dann, 1934: das Jahr des Dollfuß-Mords. Das Jahr auch der deutschen Tausendmarksperre, die über Nacht den gesamten österreichischen Fremdenverkehr zerstörte. Damals haben die Nazis in Deutschland die Aufführung der Werke Paul Hindemiths verboten, was Furtwängler wieder dazu veranlaßte, seine Position als Chef der Berliner Linden-Oper zurückzulegen. Sein Nachfolger wurde wie gesagt Clemens Krauss, der Wiener Operndirektor. Opportunisten gibt es bei den kleinen und den großen Leuten. Im Falle Krauss kam hinzu, daß seine singende Ehefrau Viorica Ursuleac sehr gute Relationen zu den neuen Mächtigen in Deutschland geknüpft hatte.

Oft wird man gefragt: Was ist der Unterschied zwischen damals und heute im Hinblick auf unsere Oper? Man kann das Heute nur dann unbefangen lieben, wenn man versteht, daß von dem vertrauten Alten kein Stein mehr auf dem anderen liegt. Heute fehlen uns vor allem neue, beim Publikum populäre Opern. Es fehlen die internationalen Star-Dirigenten im Repertoire. Ein Beispiel: Für Wagners »Tristan und Isolde« erschienen neben den guten Hausdirigenten Franz Schalk und Robert Heger von 1927 bis 1938, ohne Premieren, kommend und gehend, als Gäste am Pult: Richard Strauss, Felix von Weingartner, Wilhelm Furtwängler, Egon Pollak, Karl Böhm, Bruno Walter, Josef Krips, Hans Knappertsbusch, Herbert von Karajan. Heute will man uns aufschwätzen, wie »schlampig« diese Vorstellungen gewesen seien.

Die Sänger von damals haben, es ist schwer zu beschreiben, »verschiedenartiger« voreinander gesungen. Ja, ich weiß schon, der Domingo singt auch anders als der Carreras, und selbstverständlich anders als Pavarotti. Aber diese Unterschiede sind nichts gegen jene, die zwischen Richard Tauber, Jan Kiepura und Benjamino Gigli lagen. Verursacher dieses aktuellen Umstands ist die große Verbreitung der Schallplatte und die Vielfalt der vorhandenen Aufnahmen. So studierte damals ein Sänger seine Partie ausschließlich aus dem Klavierauszug, und in der Regel kannte er die meisten Partien auch nicht aus anderen Interpretationen. Ein Sänger von heute hat die Gelegenheit, erst mal die bestehenden Aufnahmen durchzuhören, ehe er die Rolle einstudiert. Das verleitet zum Nachahmen.

Auch wir als junge Opernfans haben uns vor allem mit dem Klavierauszug auf Opernbesuche auch neuer Opern (in der Musiksammlung der Österreichischen Nationalbibliothek in der Albertina – uns noch heute heilig!) vorbereitet, stotterten uns am Klavier etwa die Motive der »Arabella« zusammen und erarbeiteten so eine große Literaturkenntnis.

So viel Schönes uns die Medienvielfalt heute anzubieten hat, sie brachte leider auch eine Respektlosigkeit der Hörgewohnheiten: »Meistersinger« beim Zähneputzen, große Oper als Tonberieselung. Schrecklich.

Doch das Rad der Zeit läßt sich nicht zurückdrehen, und wir sollten dabei auch das Positive sehen: Noch nie waren die Opernhäuser so gut besucht wie heute. Wenn heutzutage leider auch nur mehr ein relativ museales Repertoire übrig geblieben ist – in Ermangelung eben der fehlenden neuen Publikumsoper. Hat das neue Musical die neue Oper ersetzt? Meiner Meinung nach ja. »West Side Story« ist die »Tosca« von heute.

Damals standen wir in der »Frau ohne Schatten« im Stehparterre oft hinter einem halbleeren Haus. Wir waren stolz darauf, zu jener Elite zu gehören, die Strauss liebt und versteht. Heute ist fast alles »Abonnement« und voll.

Vielleicht ist auch das eine Schattenseite?

3. Maria, Maria, Maria!

»Ich preise dieses Wunder aus meines Herzens Tiefe«
(Tannhäuser)

Kunst läßt sich nicht in Zentimetern messen. Daher sind Fragen nach dem größten Komponisten, dem größten Dirigenten sinnlos. Wenn ich aber, auf ein langes Leben zurückschauend, sagen sollte, wer in meinem Leben die größte Frau auf der Bühne war, so würde ich ohne Zögern sagen: Maria Jeritza.
Ich werde immer wieder gefragt: Wie war denn die Jeritza? Darauf pflege ich zu antworten: Nimm die Marilyn Monroe, die Birgit Nilsson und die Paula Wessely zusammen, dann hast du ein Viertel der Jeritza. Die Jeritza damals, das war wie ein Rausch über Wien. Unvorstellbar heute. Natürlich war sie die erste internationale österreichische Sängerin, jährlich einmal in Amerika. Ich weiß noch genau, wie man damals orakelt hat: »Wahnsinn, diese Jeritza! Alljährlich in den Staaten! Das kann keine Stimme aushalten!«
Später hat man sie – in Verkennung aller Wirklichkeit – oft mit Maria Callas verglichen. Falsch. Die Callas hatte immer etwas von finsterer Größe, die Jeritza war ein Freude verbreitendes mährisches Dorfmädchen mit ungeheurem Stimmglanz, ungeheurem Sex-Appeal, ungeheurem Sinn fürs veristische Theater. Wie sie diese Stadt auf den Kopf gestellt hat, das kann man sich heute gar nicht mehr vorstellen.
Gewohnt hat Maria Jeritza in der Stallburggasse 2 in der Innenstadt, im selben Haus, in dem der unglückliche Bundeskanzler Engelbert Dollfuß sein Domizil hatte. Wenn wir ihr nach einer Vorstellung dort zujubelten und sich irrtümlicherweise Dollfuß zeigte, war es uns peinlich, ihm zu bedeuten, daß wir nicht ihn gemeint hatten.
Wir standen oft beim Bühneneingang, was nicht so einfach war wie heute. Man mußte schon wissen, wen man da erwartete. Denn die Herren kamen aus dem Tor Kärntner Straße, die Damen aus dem Tor Operngasse. Aber für die Jeritza, die nach gemeinsamen Vorstellungen mit Lotte (»Rosenkavalier« oder »Walküre«) die Oper nicht durch dieselbe Tür verlassen wollte wie ihre Rivalin, für die Jeritza gab es eine dritte Möglichkeit, das Haus zu verlassen, ebenfalls in der Operngasse.
Die Jeritza hat Freude, Jugend, Jubelklang ausgestrahlt, die mir bis heute

im Ohr geblieben sind: »Ich bin Salome ...« Sie war die Lieblingssängerin Giacomo Puccinis. Auf dem Schreibtisch des Maestro in seiner Villa in Torre del Lago – heute ein Puccini-Museum – stehen die Bilder jener Menschen, die dem Komponisten viel bedeutet haben. Da findet sich ein Porträt des von Puccini (nicht wegen der »Lustigen Witwe«, sondern wegen »Die blaue Mazur«) sehr verehrten Franz Lehár, und eines der Jeritza, sein »Mädchen aus dem goldenen Westen«, seine »Tosca«.

Berühmt ist die Geschichte des »Tosca-Unfalls« der Maria Jeritza, der zur Folge hatte, daß das Tosca-Gebet noch heute von fast allen Sängerinnen liegend gesungen wird. Von dieser Geschichte sind vielerlei Variationen im Umlauf; ich kenne vor allem jene, die mir die Jeritza selber erzählt hat. Puccini war wieder einmal nach Wien gekommen, nach der Premiere des »Mädchens aus dem goldenen Westen« (1913). Bald darauf fand auch eine Probe zur »Tosca« statt, bei der der Komponist anwesend war. Unmittelbar vor dem Gebet, Scarpia hatte schon seinen Part gesungen, tat die Jeritza, auf dem Sofa sitzend, eine ungeschickte Bewegung, fiel vom Sofa und lag auf dem Boden. Sie rief: »Scusi, Maestro.« Puccini: »No, via, va bene così!« (Weiter, weiter, gut so!) So ist das Tosca-Gebet im Liegen entstanden. Die Jeritza hat mir auch erzählt, Puccini wollte nicht, daß man das Gebet im Konzert singe, er hätte es nur für die Bühne geschaffen.

Ich war mit der Jeritza eng befreundet und habe nach dem Krieg oft und lange in ihrer Villa in Newark (New Jersey) gewohnt.

Maria Jeritza in »Walküre«. Der Glanz von Wagners »Hojotoho« lag sogar in ihrer Haltung und ihrem Lachen.

Die Jeritza war, wie viele berühmte Leute, die ich gekannt habe, nicht sehr vergangenheitsorientiert. Sie hatte auch nicht gerne, wenn man ihr Alter nachrechnete. Man mußte schon allerhand Tricks anwenden, um sie zum Erzählen zu bringen. In dem sehr guten Buch meines Freundes Robert Werba (später Opernchef beim Hörfunk) ist viel über sie nachzulesen. Am einfachsten konnte man sie noch zum Sprechen bringen, wenn man mit ihr Canasta spielte. Oder beim Fernsehen. Ihr Lieblingsprogramm war die Sonntag abends ausgestrahlte, von dem damaligen Star Ed Sullivan moderierte Werbeshow für Lincoln Motors.
Wie sang die Jeritza? Fern von jedem gewöhnlichen Begriff des Singens. Charakteristisch für sie war ein ununterbrochenes Portamento; also das Schleifen von einer Tonhöhe zur anderen. Das tat auch Caruso. Aber sie ging mit den Notenwerten unendlich frei um, was die Komponisten alle freute. Richard Strauss erlaubte es ihr, Puccini war geradezu begeistert. Heute dürfte sich ein junger Sänger diese Art der Interpretation nicht leisten. Doch wenn die Jeritza morgen wieder auftreten würde, man würde ihr abermals alles erlauben, wenn sie etwa als »Salome« singt: »Dein Leib ist weiß wie der Schnee auf dem Berge Judäas.« Da waren die Worte in einer merkwürdigen Weise ineinander verschlungen; es war stets so aufregend, daß man das gar nicht beschreiben kann. In ihrer Ausdruckskraft hat sie alles übertroffen, was ich in meinem Leben je gehört habe. Sie hat Notenwerte verändert, Phrasen endlos zerdehnt oder verkürzt. Präzision wollte sie nicht, und niemand wollte sie von ihr. »Mit der Melodei seid Ihr ein wenig frei«, wie es in der »Meistersingern« heißt. Frei war sie auch mit der Tonhöhe. Aber nur Banausen hätten gewagt, das als »Falschsingen« zu bezeichnen. Und das Publikum liebt Präzision weniger als die Schwächen seiner Lieblinge.
Unbeschreiblich war Maria Jeritza in jener Szene in »Cavalleria rusticana«, in der sie sich von Turiddu die Kirchenstufen hinunterwerfen ließ und im Fallen den Fluch »Auf dich die roten Ostern« (*A te la mala Pasqua*) ausstieß. Es gibt einen kleinen Mitschnitt dieser Stelle aus dem Jahre 1933, ihr Partner war damals Helge Roswaenge. Der Jeritza-Fluch ist der kürzeste aller mir bekannten. Ein dämonischer, fast gestotterter Schrei. »*A te la mala Pasqua*« kann bei manchen Sängern des Verismo bis zu 30 Sekunden dauern. Am längsten dauerte er, wenn der Komponist Mascagni selbst dirigierte. Die Jeritza erntete dabei tosenden Applaus, der auf dem Mitschnitt zu hören ist. Den gäbe es heute dort nicht mehr, denn all diese allzu emotionellen Stellen sind aus modernen Inszenierungen verschwunden, sind Opfer des Purismus unserer Zeit geworden.

Dieser Purismus ist aufgrund der Schallplattenmentalität entstanden. Früher haben die Sänger nur für das anwesende Theaterpublikum gesungen, sie haben nicht im mindesten daran gedacht, daß eine Aufnahme davon in zehn Jahren mit dem Auszug mitgelesen und mit der Callas verglichen werden könnte. Heute ist diese Mentalität im Hirn jedes Sängers etabliert: Alle singen sie so, als handle es sich um eine Schallplattenaufnahme, und das Publikum im Saal ist nicht mehr letzte Instanz. Zum Fluch habe ich der großartigen Agnes Baltsa bei ihrer ersten Wiener Santuzza gesagt: »Agnes! Hier mach, was du willst, schnell, langsam, laut, leise. Nur wisse, daß diese Stelle die Operngeschichte verändert hat. Sie war die Geburt des ›Verismo‹, des Naturalismus auf der Opernbühne.«

Ständige Reibereien gab es mit dem eher phlegmatischen, unendlich beliebten Wiener Haustenor Alfred Piccaver, den die Jeritza nicht ausstehen konnte (und vice versa). Wenn Piccaver gerade auf die Jeritza wütend war, hat er sie nicht gestoßen, worauf sie natürlich auch nicht fallen konnte und um ihren größten Effekt gebracht wurde. Die Jeritza hat sich auch stets bemüht, einen Nachfolger für Piccaver zu finden. Aus diesem Grunde war es letztlich 1926 zum Debüt von Jan Kiepura an der Wiener Staatsoper mit »Tosca« und »Turandot« gekommen.

Stiegen vor Kirchen hat die Jeritza geliebt. Als sie nach dem Zweiten Weltkrieg wieder in Wien auftrat, hat sie in der Volksoper vom Bühnenbildner Walter von Hoesslin die Stiegen verlängern lassen, damit sie effektvoller hinuntergeworfen werden konnte. Das war 1953. Sie war nicht weit der Siebzig ...

Vor dem Krieg habe ich Maria Jeritza noch nicht persönlich gekannt, doch ich habe sie sehr verehrt und manchmal in der Claque auch für sie geklatscht. Persönlich kennengelernt haben wir einander 1939 während einer Tournee meines Chefs Jan Kiepura durch die Vereinigten Staaten. Die Jeritza hatte sich bereits von der Bühne zurückgezogen, über Wunsch ihres dritten Ehemanns, des amerikanischen Filmproduzenten Vincent Shehan. Er war der Produzent großer Hollywoodfilme und Entdecker des Kinderstars Shirley Temple. Damals war ich bei ihnen zum erstenmal zu Gast. Sie bewohnten eine Traumvilla bei Hollywood, im Garten lustwandelte ihr importierter Lipizzaner. Sie ritt mit Leidenschaft. Mich beeindruckte sehr das große Hauskino im Souterrain.

Der Umstand, daß sich die Jeritza zurückgezogen hatte, war für Jarmila Novotna ein Glück: 1934 sang sie an der Wiener Staatsoper die eigentlich der Jeritza zugedachte Uraufführung von Franz Lehárs Operette

Wenn Maria Jeritza ihren importierten Lipizzaner in ihrer Villa bei Hollywood ritt, wurde sie in persona zu ihrer Glanzrolle »Das Mädchen aus dem goldenen Westen«. Als sie nach dem Zweiten Weltkrieg bei ihrer Rückkehr an die Volksoper auf das Reiten in dieser Oper bestand, zog sie sich eine Verletzung zu, von der sie nie ganz geheilt wurde.

»Giuditta«. Die Jeritza trat in den USA noch einige wenige Male auf, unter anderem in einem Konzert in der Carnegie Hall gemeinsam mit dem beliebten Radiotenor Joseph Schmidt. Und im Rundfunk, wo sie auch eine ganze Reihe von Operettennummern gesungen hat.
Mit der Operette war Maria Jeritza schon früher verbunden gewesen, sie war im Theater an der Wien »Die lustige Witwe«, sang dort »Graf von Luxemburg«. Und ihr größter Auftritt in diesem Genre war – vor ihrem Engagement an die Hofoper – 1911 die »Schöne Helena« unter der Regie Max Reinhardts in München. Meine großen Operetteneindrücke mit der Jeritza an der Wiener Staatsoper waren »Eine Nacht in Venedig« (1929) mit einem bezaubernden, aus Johann-Strauß-Melodien von dem dirigierenden Komponisten Erich Wolfgang Korngold arrangierten Auftrittslied, und »Boccaccio« von Suppé (1932).
Die Jeritza war raumverdrängend. In ihrer Anwesenheit gab es nichts außer ihr. Auch noch im hohen Alter. Sie hatte stets mehrere Abonnements an der Met und lud zu Opernbesuchen gerne Familie und Freunde ein. Die Jeritza, das waren immer zehn Personen, sie erschien »mit Chor«. Und stets, wenn sie den Saal betrat, jubelten ihr die Leute zu. Ein

Jeritza-Auftritt war auch damals noch ein Auftritt der Tosca. Wie verstand sie es doch, ihre Riesenhüte à la Sarah Bernhardt zu tragen! Ihre Sprache, die Jeritza-Sprache, war ein unkonventionelles Gemisch aus Englisch, Deutsch und Tschechisch. Sie legte Wert darauf, daß in ihrem Hause jeder Englisch sprach. Manchmal hatte sie Probleme mit der Aussprache von Sängernamen. Leonie Rysanek nannte sie »die Raisenik« und Regina Resnik »die Risenik«. Einmal saßen wir bei einer fabelhaften »Elektra« in der Met, die ihr irgendwie zu wenig grausam interpretiert wurde. Sie flüsterte mir während der Vorstellung zu: »Gott, singen die schön, die fabelhafte Nilsson, und die herrliche Raisenik! Und die großartige Risenik – nur, man fürchtet sich nicht!« Einmal war damals Bundeskanzler Leopold Figl Gast in ihrer Villa in Newark, New Jersey, und sagte bei seiner Tischrede: »Ja, die Jeritza! Eine Stimm' hat sie gehabt, spielen hat's können, und schön war sie!«
Sie hatte ein gesundes Urteil über Operninterpretation, war vollkommen neidlos auf die große neue Generation, aber Spuren der Rivalität mit Lotte Lehmann hat sie nie verloren.
Nach dem Zweiten Weltkrieg gab sie in Wien – zugunsten des Wiederaufbaus der zerstörten Staatsoper, für den sie viel gespendet hat – von 1950 bis 1953 Gastspiele. Sie war bereits hoch in den Sechzigern.
Sie hatte zum vierten Mal geheiratet. Irving P. Seery war ein bezaubernder Mann, den ich sehr gerne hatte und von dem ich viel gelernt habe. Ein Rechtsanwalt, der über Wunsch seines Vaters dessen Regenschirmfabrik übernommen hatte. In der Fabrik hat auch Maria gewirkt; was sie dort genau getan hat, habe ich nie begriffen. Sie war auch dort die Tosca, umgeben vom Chor der Schirmarbeiterinnen.
Ich hatte immer den Eindruck, daß der wahre Grund ihres Wiener Comeback war, ihrem neuen Gatten ihre ungebrochene Popularität in Österreich zu beweisen. Die Jeritza sang vor dem Salzburger Dom, im Wiener Konzerthaus, in den Exilheimen der Wiener Staatsoper, im Theater an der Wien »Tosca« und »Salome«, in der Volksoper ihre »Cavalleria« und »Das Mädchen aus dem goldenen Westen«.
Einen rührenden Augenblick vergesse ich nie. Bei der ersten »Tosca« am 29. Mai 1950 saß ich in der Loge neben Erich Wolfgang Korngold. Als die geliebte Interpretin seiner »Toten Stadt« und seiner »Violanta« erschien, noch immer groß, strahlend blond und schön, noch immer mit dem legendären Hut, packte Korngold in Tränen meine Hand und stotterte: »Prawy, die Jeritza ist wieder da!« Ihre Stimme hatte noch grandiose Momente. Wenn sie sich neben dem Tenor Karl Friedrich

zum berühmten Jeritza-Kuß beugte, hatte das mehr Erotik als alle heutigen Sexfilme zusammen. Beim »Mädchen aus dem goldenen Westen« an der Volksoper 1953 ließ sie sich das Reiten nicht ausreden. Bei der Probe stürzte sie vom Pferd und erlitt eine Verletzung, die nie ganz ausheilte.

Gewohnt hat sie damals im Hotel Ambassador am Neuen Markt. Bisweilen trat sie auf die Terrasse, um der stets unübersehbaren Menschenmenge (darunter der damalige Gymnasiast und mein jetziger Verleger Leo Mazakarini), die ihr immer folgte und auf einen Blick ihres unvergessenen Lieblings wartete, zuzuwinken, ein paar Blumen zuzuwerfen. Ab und zu auch einen Regenschirm aus der Fabrik ihres Mannes.

Damals habe ich mit ihr und den Wiener Sängerknaben ihre letzten Schallplatten produziert: »O, Tannenbaum« und »Stille Nacht«. Zur Eröffnung der neu aufgebauten Staatsoper 1955 kam sie nicht; offizieller Grund: Angeblich weil ihr Mann nicht eingeladen war. Ihre engen Freunde wußten, daß ihr das nicht leicht fiel – und glaubten, sie wollte nicht in den Ehrenlogen der Alten sitzen, neben der Lehmann, neben Piccaver, der sie die Stufen nicht heruntergestoßen hatte.

Zu Hause war sie eine bezaubernde Hausfrau. Sie hat ununterbrochen gearbeitet, war keine Sekunde ruhig. Sie leitete eine Reihe von Wohltätigkeitsunternehmen, sie verrichtete aber auch schwere physische Arbeiten. Es konnte schon vorkommen, wenn man nach ihr gefragt hat, wo sie denn eben wäre, daß man hörte: »Dort oben am Dach, sie repariert gerade die Dachziegel.«

Maria Jeritza wohnte wie gesagt in der Stadt Newark bei New York, in einem von Gittern umzäunten Villenkomplex: 200 Elwood Avenue. In der Hauptvilla lebten sie und ihr Mann; und ihre berühmte Sekretärin, Liesel Hilfreich, die ihre »Madam« seit 1930 rührend und verständnisvoll umsorgte.

In den anderen Häusern wohnte die unübersehbare Familie. Ihre Schwester Suse, einst auch Sängerin, deren Sohn Bibi, andere Neffen und vor allem meine lieben und teuren Freunde Leo Wachtel, der Neffe, dessen Gattin, die bezaubernde Hilde; manchmal auch Hildes Tochter aus erster Ehe, die schöne Designerin Claudia – und viele Jahre hindurch, alljährlich einige Wochen oder Monate, ich. Wie danke ich meinem Leo, meiner Hilde, für diese Gastfreundschaft. Hildes »Breakfast is ready« wird mir immer im Ohr tönen.

Vielleicht war ich nicht der angenehmste Gast. Ich hatte so meine

Zicken. Einmal kaufte ich en masse ein Lieblingsspielzeug der Amerikaner, lebende Zwergschildkröten. Zahllose. Alle setzte ich im Hause Wachtel aus. Konnten sie je gefunden werden? Armer Leo, arme Hilde. Heute, so viele Jahre nach dem Tod Marias, wurde der Häuserkomplex schon mehrere Male verkauft. Böse Zungen behaupten, es gäbe dort noch immer die Nachkommen meiner Schildkröten von 1958 ...
Die Jeritza war sehr religiös und hat die Kirche auch testamentarisch großzügig bedacht. Sonntag vormittags nahm sie alle immer zur Messe in die Newark Cathedral mit. Jedem von uns gab sie einen Dollar für unseren Beitrag bei der Kollekte.
Als Otto Schenk einmal an der Met inszenierte, sagte ich zu ihm: »Otti, du mußt unbedingt die Jeritza kennenlernen.« Wir waren also gemeinsam bei ihr, sie hatte so schnell großes Vertrauen zu ihm gefaßt, daß sie ihn in ihr Allerheiligstes führte, in einen Raum neben ihrem Schlafzimmer, in dem unzählige Bilder aufgestellt waren. »Schau dir das an«, sagte sie zu Otti, »da sind die Fotos meiner Teuren, die von uns gegangen sind. Die habe ich alle so lieb gehabt. Da ist meine liebe, verehrte Mutter. Und da mein Vater, ein wunderbarer Mann. Meine liebe Schwester Suse – sie hat auch eine gute Stimme gehabt. Und da ist der verehrte Kardinal, der ist so schwer krank, also hab' ich ihn auch gleich dazugestellt.«
Man konnte mit ihr so unendlich herzlich lachen. Ich erinnere mich einer politischen Diskussion zwischen uns beiden. Es ging um Österreich und darum, ob Republik oder Monarchie. Ich selber bin leidenschaftlicher Republikaner, Maria blieb eine alte Monarchistin. Die Habsburger waren ihr heilig. Unbestätigter Opern-Stehplatz-Klatsch deutete sogar eine Liaison mit Kaiser Karl an.
»Wie redest du denn!« hat sie mich gerügt. »Du willst nicht, daß die Habsburger wieder regieren? Wohin du in Österreich auch gehst, überall findest du die Spuren der Habsburger. Bist du schon einmal vor Schloß Schönbrunn gestanden? Und du sagst, die sollen nicht zurückkommen! Warst du schon in der Kapuzinergruft? Mir brauchst du nichts zu sagen. Ich habe ja eine Villa gehabt, in Unterach am Attersee, da waren sie doch alle bei mir zu Besuch. Die Deppen.«
In dieser Villa in Unterach habe ich sie öfters zur Zeit ihrer letzten Nachkriegsgastspiele besucht. Einmal war ich in Begleitung von Senta Wengraf, deren Filmruhm damals im Aufsteigen war. Die Jeritza nahm sofort Senta zur Seite und sagte ihr: »Se san a fesches Madel. I kenn in München an General, der is a Millionär, fahren S' zu ihm, sagen S', Sie kommen von der Jeritza, vielleicht heirat' er sie.« Nach einem zaudern-

Maria Jeritza (2. v. l.) um 1950, anläßlich ihres letzten Auftretens an der Staatsoper, vor ihrer Villa in Unterach am Attersee. Gatte Irving P. Seery (3. v. l.), Grete von Kralik, Frau des bekannten Musikkritikers Heinrich von Kralik (4. v. l.), ich (daneben), Agent Ernst Koller (1. v. r.)

den Blick von Senta sagte sie weiter: »Und wenn's mit dem net klappt, kenn i noch an Millionär, vielleicht klappt's mit dem.«
Noch im hohen Alter hat sie viel Stimme gehabt, sie hat zwar nicht mehr öffentlich gesungen, hat aber manchmal im Haus unglaubliche musikalische Schreie losgelassen: Wenn sie zum Beispiel nach ihrer Sekretärin gerufen hat: »Liesel«, dann war das Musik, ich glaube fortissimo – aufsteigende Quart. Das hat man sicherlich dreihundert Meter weit gehört. Und manchmal stieß sie auch noch mit Achtzig einen richtigen Walkürenruf hervor. Hojotoho in Newark.
Wenn ich dort gewohnt habe, mußte ich ihr am Morgen immer ihr Lieblingslied vorspielen, und das ihres letzten Mannes, den »Dritten Mann« von Anton Karas. Sie komponierte auch Lieder auf eigene Texte, aber nichts ist aufgeschrieben. Ich mußte ihr täglich ihr eigenes Lied singen und spielen, das ich mir nach dem Gehör gemerkt hatte: »Und soll ich dich nicht wiedersehen, so bleibt mir doch dein teures Bild ...« An

einem Takt habe ich immer an derselben Stelle am Klavier gepatzt. Da war sie so traurig. Das war im Salon im Erdgeschoß. Ihr Schlafzimmer war im ersten Stock. Wie sie die Stiege herabschritt! Da lernte man wieder den ganzen Verismo der Oper lieben. Was war sie eben? Tosca? Feodora? Santuzza?

Sie hat zwar nie unterrichtet, aber sie war eine geniale Vormacherin, sie konnte sehr gut zum Verständnis einer Rolle beitragen. Und sie konnte wunderbar erzählen, wenn man sie dazu nur überlistet hat.

Sie war mit der New Yorker Society auf bestem Fuß, kannte Gott und die Welt, vor allem die Leute von der Metropolitan Opera. Nur zu Sir Rudolf Bing, dem damaligen Direktor, hatte sie keinen idealen Draht. Sie hatte ihn Jahrzehnte vorher kennengelernt, als er sie als Angestellter in einem Musikladen bediente. Das war kein guter Beginn.

In Zusammenhang mit Maria Jeritza gibt es auch eine kleine Richard-Strauss-Geschichte. Nach dem Zweiten Weltkrieg ging es dem Komponisten nicht sehr gut, weil seine Gelder noch durch die alliierten Behörden gesperrt waren. Er lebte damals in der Schweiz auch davon, daß er seinen »Rosenkavalierwalzer« mehrfach abgeschrieben, signiert und immer wieder als Autograph verkauft hat.

In dieser Zeit hat Mr. Seery, der Mann der Jeritza, ihrem Freund Strauss ein paarmal hilfreich unter die Arme gegriffen. Strauss revanchierte sich, indem er ein Lied komponierte, »Malven«, das er der Jeritza schenkte: »Mariandl, nimm's, das ist für dich.« Eigentlich das »fünfte« der »Vier letzten Lieder«. Maria hat das Lied für sich behalten, hat es niemanden ansehen lassen. Da gab es gewaltige Streitereien, ob sie überhaupt das Recht hatte, der Welt dieses Strauss-Lied vorzuenthalten, der Komponist habe ihr ja nur das Autograph geschenkt, nicht aber die mit dem Lied verbundenen Aufführungsrechte. Erst nach dem Tod der Jeritza wurde das Autograph versteigert. Und Kiri Te Kanawa hat die Welturaufführung gesungen.

Mister Seery hat gut verdient, aber reich waren sie beide nicht. Und alles Ersparte ging für die schreckliche Krankheit auf, an der sie litt: ein Schlaganfall nach dem anderen. Die letzten Jahre waren unsagbar traurig gewesen. Maria hat uns 1982 verlassen. Sie liegt in einem Grab unweit ihres Hauses in Newark. Für mich ist Maria Jeritza unsterblich. Und ihr Name Maria bleibt ein unvergängliches, unvergleichliches Zauberwort ... *the most beautiful sound I've ever heard* ... In meiner Phantasie hat Leonard Bernstein für sie sein Lied in der »West Side Story« geschrieben: »Maria, Maria.«

4. Mein Jan Kiepura

»Schön war der Knabe«
(Das Wunder der Heliane)

Recht hat sie – das war unsere Reaktion im Stehparterre, als 1927 die Engelsstimme der großen Lotte Lehmann in Korngolds Oper »Das Wunder der Heliane« mit diesen Worten ihren »Fremden« beschrieb, samt ihrem stattgefundenen oder nicht stattgefundenen Sündenfall: Schön war der Knabe. Es war der damals fünfundzwanzigjährige Tenor Jan Kiepura, der bereits ein Jahr vorher, mit vierundzwanzig Jahren, in »Tosca« und »Turandot« Wien im Sturm erobert hatte.

Er war ein Bäckerssohn aus Polen, sein Freund Dr. Tennenbaum verschaffte ihm ein Vorsingen bei Operndirektor Franz Schalk, das – so rasch ging das in alten Ensembletheatern – wenige Tage später, am 21. September 1926, zu seinem Debüt in »Tosca« neben Maria Jeritza führte. Jan triumphierte mit dem Glanz seiner Stimme und auch mit dem niemals zuvor gehörten Kauderwelsch aus Polnisch, Italienisch und Deutsch. Die Gerüchte über sein sensationelles Vorsingen hatten sich bereits in der Stadt verbreitet. Man erzählte, er habe eine Arie mit hohem C gesungen, »Bohème«, oder die Stretta aus »Troubadour«. Schalk habe gesagt: »Sie haben eine unverschämte Stimme.« Darauf soll Kiepura in seinem polnischen Deutsch geantwortet haben: »Haben Sie gehört hohes C, wollen Sie noch eines?« Und sang ein C allein. »Noch eines?« Das führte zu einem Solo-C nach dem anderen und zu seinem sofortigen Engagement, dem bald der endgültige Triumph am zweiten Premierenabend von Puccinis »Turandot« am 15. Oktober 1926 folgen sollte. Ich glaube, ich war bei allen Kiepura-Abenden. Er besaß einen lyrischen Tenor großen Volumens, mit unglaublich schönem Timbre, einer umwerfenden Intensität des Ausdrucks und einer beispiellosen Höhe. Und er war eben ein schöner Knabe.

All dies zusammen bewirkte den Verlauf einer Karriere, wie es sie vorher und nachher niemals gegeben hat. Bald begann das Tonfilmzeitalter, und Sängerfilme waren sehr populär. Schon das erste Jahr des deutschen Tonfilms, 1930, brachte »Zwei Herzen im Dreivierteltakt« mit Musik von Robert Stolz, den ersten Film mit Richard Tauber »Ich glaub' nie

»**Herrn Dr. Marcell von Frydmann**« widmete Jan Kiepura im Jahre 1936 zum ersten Male ein Bild. In diesem Jahr lief ich bereits zahllose Male zu seinem Film »Die singende Stadt« mit Brigitte Helm.

mehr an eine Frau« und »Die singende Stadt«, den ersten Film mit Jan Kiepura als neapolitanischem Fremdenführer.

Viele Tenöre traten in jenen Jahren erfolgreich in Filmen auf: Tauber, Joseph Schmidt, Gigli, Tito Schipa u. a. Aber in deren Filme ging man, um seine Lieblinge aus einem anderen Medium – Oper, Operette, Platte – einmal im Film zu sehen. Jan Kiepura war der einzige Opernstar der Geschichte, der gleichzeitig Filmstar wurde für ein Publikum, das ihn aus keinem anderen Medium gekannt hatte. Er galt ihnen einfach als Filmstar wie die Großen aus Hollywood. Und neben seinen Auftritten an den führenden Opernhäusern Europas und später Amerikas – Wien, Paris, Mailand, Berlin usw. – liefen überall seine erfolgreichen Filme, in alle Weltsprachen oft von ihm selbst synchronisiert, monatelang in den Kinos aller Welt. Seine Popularität war in Sri Lanka, Argentinien, Sibirien genauso groß wie in Europa. Die meisten dieser Filme waren vom Inhalt her nicht besser und nicht schlechter als heutige Fernsehserien. Meist war es die Einheitshandlung: Armes Mädchen hat Liebhaber, der wird als Sänger entdeckt, wird ein Star, fällt in die Hände eines Vamps, kehrt zurück zum armen Mädchen. Die Schlager der Kiepura-Filme sind bis zum heutigen Tag Schlager geblieben, die heutige Stars im Repertoire haben. In »Das Lied einer Nacht« (1932, mit der 1996 verstorbenen Magda Schneider) war es »Heute nacht oder nie« von Mischa Spoliansky, und dann wurde Robert Stolz Kiepuras Hauskomponist. »Ob blond, ob braun, ich liebe alle Frau'n« in »Ich liebe alle Frauen« (1935), »Ich liebe dich« in »Zauber der Bohème« (1937). Er hat nicht viele Opernrollen gesungen – ich erinnere mich an alle –, etwa »Bohème«, »Tosca«, »Turandot«, »Rigoletto«, »Troubadour«, »Faust«, »Manon«, »Carmen«, »Aida«. In Polen und den USA auch »Halka« von Moniuszko. Wie herrlich wäre er als »Andrea Chénier« gewesen, oder als Lohengrin, oder ...

Da läutete bei mir zu Hause, Dürergasse 18, am Silvesterabend 1936 das Telefon. Eine vertraute Stimme meldete sich: »Hier Jan Kiepura.« Mein Herz fiel in die Hosentasche, es gab damals noch keine privaten Blutdruckmesser, mein Blutdruck war sicherlich auf 250 geklettert. Aus dem Telefon ertönte: »Sind Sie der, der gesagt hat, will werden mein Sekretär?« Ich stammelte: »... Ja ..., ja ..., ja ...« Er: »Also gut, kommen Sie.« Ich: »Wann soll ich denn beginnen?« Er: »Wann geht nächste Zug. Kommen Sie sofort nach Krynica«. Ich nahm »nächste Zug«, stieß mit mir selbst um Mitternacht im Coupé an, fuhr nach Krynica und war nun Sekretär von Jan Kiepura. Mein gütiger Vater freute sich zu neunundneunzig Prozent. Das fehlende eine Prozent hieß: »Eigentlich hat er eben seinen Doktor juris gemacht ... Arbeitet seit drei Tagen als Konzipient bei einem Anwalt. Aber, wenn es ihn freut ...« Es freute ihn. Die Vorgeschichte war, daß Kiepura mich nicht nur als Bühnentürlstammgast kannte, sondern als Assistent des Filmregisseurs Carmine Gallone, mit dem er in den Wiener Rosenhügelstudios 1936 den Film »Opernring« gedreht hatte. Dort hatte er mich gefragt, ob ich sein Sekretär werden wolle. Ich hatte bejaht, aber dann monatelang nichts mehr von ihm gehört. Meine interessanteste Aufgabe war die Überstellung von Teilen der Wiener Operninszenierung von »Turandot« in das Rosenhügelstudio, wo Kiepura in diesem Film aus der Puccini-Oper sang. Dieser Film wurde ein historisches Dokument, nicht nur, weil er uns Kiepura in Szenen aus »Turandot« herrlich zeigt, sondern auch, weil darin die Henkerchöre des ersten Aktes vorkommen – ich glaube, niemand von uns hat sie aufregender gesehen als dort, im Vor-Regie-Zeitalter, allerdings gestellt von unserem hochmusikalischen Opern-Hausregisseur Dr. Lothar Wallerstein.

»Wenn Sie denken an Familie, Sie denken an uns« schrieb mir Jan auf sein Bild als Herzog in »Rigoletto«, wo er, seine Spezialität, einen originellen Lacher einlegte.

Marta Eggerth traf ich in Krynica wieder, ich hatte sie schon 1936 am Rosenhügel kennengelernt, nun, 1937, war sie bereits die Gattin von Jan Kiepura und meine Chefin. Meine Chefin! Ich hatte vor lauter Respekt gar nicht erfaßt, daß sie noch keine fünfundzwanzig Jahre alt war … Ich hatte in Wien wegen der Aussicht auf diesen Job bei einem Lehrer Polnisch gelernt und kann diese schöne Sprache noch immer recht gut. Vor einigen Jahren habe ich an der Oper von Warschau auf polnisch einen Abend über Kiepura gegeben, auch Marta wirkte bejubelt mit. Mein Polnisch war sicherlich grammatikalisch nicht immer richtig, aber es lief alles gut ab.

Auch Marta hatte fleißig Polnisch gelernt, sie spricht diese Sprache heute noch recht gut. Sie hat ein fabelhaftes Sprachentalent, aber ich glaube, ein Hauptgrund ihres Polnisch-Lernens war Eifersucht auf Jan; sie wollte immer alles verstehen, was um ihn vorging. Noch heute habe ich Martas polnisches Weihnachtslied im Ohr: »Wsród nocnej ciszy« (Stille Mitternacht). Marta war damals ein strahlender Filmstar, und zwar der einzige große weibliche Gesangsstar des deutschen Tonfilms.

Nach meiner Ankunft in Krynica fühlte ich mich im siebenten Himmel.

Das sympathische Gesicht

Es war gegen Weihnachten 1936. Es war kalt, als Jan und ich aus der Wiener Staatsoper kamen. Am Bühnentürl warteten Hunderte Menschen auf ihren Liebling, darunter ein besonderer Enthusiast mit einem sympathischen Gesicht, das uns sofort auffiel.

Es waren hektische Jahre, und Prawyczku, wie wir ihn bald nannten, hat sich großartig bewährt und wurde unentbehrlich. Man sagt, daß heute Künstler zuviel herumreisen; für uns war es schon damals so. Kammersänger Kiepura und Prawyczku und Marta Eggerth in Paris, London und Rom, Mailand, Warschau, Wien und Prag, Stockholm, Berlin und Brüssel, New York, Rio de Janeiro und Buenos Aires, in Chicago, Los Angeles und Mexiko City. Verhandlungen, Verträge, Telephonate, Telegramme – mit, an und von Intendanten, Dirigenten, Komponisten und Sängern –, alles ging durch Prawys Hände. Sein Job dauerte 24 Stunden pro Tag.

Mein Jan hat immer gesagt: »Du wirst sehen, Prawy wird große Karriere machen. Er hat Talent, Wissen, Können, Phantasie und Fleiß.« Und so ist es auch geschehen. Prawy ist ein Mensch mit hundert Talenten, und für jedes einzelne hat er meine Bewunderung.

Aber: Der Apfel fällt nicht weit vom Stamm. Prawys Vater, Dr. Richard Frydmann, Ritter von Frawy, war ein Mann von höchstem Intellekt und voller Güte. Jan und ich haben ihn tief ins Herz geschlossen. Ach, wie wäre er glücklich über seinen Sohn.

Marta Eggerth-Kiepura

Ich hatte Kontakt mit den führenden Persönlichkeiten der Opern- und Filmwelt bekommen, führte Telefonate und Korrespondenzen. Ich glaube, ich war auch recht fleißig, aber Marta, die niemals eine Unwahrheit sagt, behauptet steif und fest, es gäbe noch von mir unerledigte Korrespondenz aus dem Jahre 1937 ...

Es war Winter, wir fuhren auf den wundervollen »sanki« (Pferdeschlitten) durch das verschneite Krynica. Berühmte Leute aus der Kunstwelt und der Politik gingen im Hotel Patria ein und aus, das sich Kiepura mit den Rieseneinkünften seiner Opernabende, Konzerte und Filme erbaut hatte. Schon im Frühjahr 1937 hatte sich Kronprinzessin Juliana der Niederlande zur Hochzeitsreise mit ihrem frisch angetrauten Gatten, dem Prinzen Bernhard, in Kiepuras Hotel Patria angesagt. Eine Delegation,

In Krynica trat ich am 1. Januar 1937 in diesem Jan gehörenden Hotel »Patria« meinen Dienst an. Er hatte vor kurzem Marta geheiratet. Wie schön war es für mich, wieder mit Jan und Marta gemeinsame Abende zu verbringen.

geführt vom Ehepaar Kiepura, ging zum Bahnhof, um sie abzuholen. Ich war auch dabei. Die ganze Stadt war beflaggt, mit Transparenten von einer Straßenseite zur anderen, mit dem Text: »Kolejka górska czynna« (Die Bergbahn ist eröffnet). Die königlichen Gäste aber glaubten, das wären Huldigungen der Bevölkerung und »Kolejka« hieße Königin ... Sie zeigten sich tief gerührt über diese Liebesbeweise. Ein eiliger Blickkontakt innerhalb der Delegation verbot uns, die wahre Übersetzung preiszugeben.

Prinz Bernhard hatte viel Humor. Doch das verursachte manchmal Probleme. Die ältere Generation erinnert sich sicherlich noch an die schönen alten Hotelzeiten, als man abends die Schuhe vor die Zimmertür stellte und sie morgens gereinigt wiederfand. Vor jedem Zimmer im Patria standen nachts Schuhe. Einmal machte sich Prinz Bernhard den Jux und vertauschte nächtens sämtliche Paare. In der Früh war das ganze Hotel voll von flüchtig bekleideten, verzweifelt ihre Schuhe suchenden Gästen.

Wenn Jan Kiepura in Wien sang, haben die Leute nicht nur in der Oper wild gejubelt, sondern auch noch auf der Straße draußen, wenn er aus dem Bühnentürl kam. Nicht selten bestieg Kiepura dann über Drängen seiner Fans das Dach eines Taxis und sang für die Menge einen seiner

Film-Schlager. Das hatte sich bald in Wien herumgesprochen, und es war also kein Wunder, daß nach Kiepura-Vorstellungen die Kärntner Straße bis zum Opernring schwarz vor Menschen war: »Ob blond, ob braun, ich liebe alle Fraun« erklang es da über den Platz, oder auch: »Heute nacht, oder nie ...«

Ich hatte später als sein Sekretär mit solchen Situationen umzugehen, was nicht immer leicht war. Denn Kiepura weigerte sich, das Dach seines eigenen Mercedes zu besteigen. Und es war nicht immer leicht, die jeweiligen Taxilenker von der Bedeutung dieses Ereignisses zu überzeugen.

Singen auf dem Taxidach war Jan Kiepuras Markenzeichen nach Opernvorstellungen und vor Filmpremieren. Hier bei der Premiere des Films »Opernring« (1936), bei dem ich bereits mitgearbeitet habe. Mein, wie in diesem Buch beschrieben, Lebensretter Robert Valberg ist unter den Mitwirkenden genannt.

In den dreißiger Jahren sang Kiepura an der Staatsoper den Herzog in Verdis »Rigoletto«. Vor den gewohnten Szenen draußen hatte irgendwer (ich?) schon beim Schlußapplaus ein Klavier auf die Bühne »gezaubert«. Auch einen Pianisten. Und der Star sang im Hause vor dem Vorhang seine Schlagerzugaben mit Klavierbegleitung. Das Debüt von Robert Stolz in der Staatsoper.

Danach fuhren wir in Kiepuras Wiener Mietwohnung in der Hietzinger Wenzgasse, die damals alternierend von Kiepura und Richard Tauber bewohnt war. Kaum waren wir angekommen, klingelte schon das Telefon. Direktionsrat Dr. Heinrich Reif-Gintl (der viel später auch Operndirektor war), rief entrüstet in den Hörer: »Was Ihr Chef da gemacht hat, ist indiskutabel. Man kann nicht in der Wiener Staatsoper nach einer Vorstellung Schlagerzugaben mit Klavierbegleitung auf der Bühne singen! Absolut unmöglich! Ich verbiete das!«

Nach der nächsten Vorstellung sprach Kiepura vor dem Vorhang zum jubelnden Publikum in seinem oft imitierten polnischen Akzent: »Herr Reif-Gintl hat gesagt, soll ich hier nicht singen Schlager mit Klavier. Bitte, werd' ich singen ohne Klavier!« Und sang die Robert-Stolz-Lieder a cappella. Reif-Gintl rief nicht mehr an, er hatte kapituliert.

Eher als ich dachte, kam mein erster künstlerischer Einblick in das Wirken von Jan Kiepura. Ich werde über Wunsch meines verehrten Verlegers Leo Mazakarini versuchen, diese Geschichte »jugendfrei« zu erzählen. Kiepura ließ zum Rollenstudium immer Kapellmeister zu sich kommen, deren Muttersprache die der jeweiligen Oper war. Als ich bei ihm meinen Dienst antrat, studierte er gerade »Carmen« für sein Wiener Debüt in dieser Rolle (1937). Er sang französisch, die anderen deutsch. Er arbeitete mit dem Pariser Kapellmeister Roger Pénault. Im Schlußduett des vierten Aktes steht die Stelle: »Mais ne me quitte pas, ô ma Carmen« (»Doch laß mich nicht allein, o meine Carmen«). Beim Studium dehnte und betonte Kiepura, der immer gerne seine strahlende Höhe zeigte, das Wort »ne« besonders lange. Es ist ein As. Roger Pénault protestierte energisch, das »ne« müsse blitzartig schnell vorbeigehen. Kiepura bestand auf seinem großen, betonten As bei »ne«. Es kam fast zum Krach zwischen den beiden, und Jan war der Meinung, Pénault kritisiere seine musikalische Interpretation. Da nahm mich Pénault verzweifelt zur Seite, pochte auf meinen anscheinend bereits bestehenden Einfluß auf Jan und sagte: »S'il vous plait, bitte ... erklären Sie Ihrem Chef ... ein stark betontes ›ne‹ ist auf französisch eine vulgäre Bezeichnung des männlichen Geschlechtsorganes. Wenn er also sagt: ›Ne me

Fiakerfahrt durch Wien. Ich blicke (links) sehr ernst drein, als Jan und Marta (1953) ihrem dreijährigen Sohn Marjan ihre geliebte Stadt Wien zeigen.

quitte pas«, so sagt er »verlaß mich nicht« nicht etwa zu Carmen, sondern zu seinem ...« Kiepura verstand blitzartig. Und sang sein Leben lang in allen »Carmen«-Vorstellungen unbekümmert »Ne me quitte pas« mit einer längeren Betonung auf »ne« als je zuvor.

Manche empfanden die Arbeit mit Kiepura als schwer, difficult, difficile. Nicht ich, ich habe ihn geliebt. Er wollte immer, daß geschieht, was er will. Und er wußte, daß fast alles geht. Nie werde ich seinen Rat an mich vergessen: »Wenn du triffst Mensch, der sagt, es geht nicht, ist nur faule Kerl, weil geht alles!«

Geht alles? Noch im selben Jahr fuhren wir zur Weltausstellung nach Paris, wo Jan ein Konzert geben sollte. Im Zug verlangte er von mir seine Noten zum Studium. Ich suchte – und hatte sie in München vergessen. Da sagte Jan seelenruhig zu seinem neuen Sekretär als höchste Bewährungsprobe: »Gehen Sie zu Lokomotivführer, sagen Sie, Noten von Kiepura vergessen, Zug soll umkehren zum Notenholen.« Wir fuhren gerade von München Richtung Straßburg. Wie erwartet, war ich erfolglos. Aber ein Stationsvorstand unterwegs stellte eine Lokomotive und einen Waggon zur Verfügung, und wir holten die Noten aus München. So populär war Jan.

Das Jahr verging zum großen Teil mit Reisen zu Konzerten und Opernabenden. Heute müssen Sänger an jedem Theater die Kostüme der jeweiligen Inszenierung tragen und werden so oft schon im Aussehen Opfer der Inszenierung. Kiepura, wie alle Spitzenstars dieser Zeit, reiste immer mit seinen eigenen Kostümen, die ich in riesige, schwere Schrankkoffer zu verstauen hatte, was ich mit Inbrunst tat. Sie waren zum größten Teil von Ladislaus Czettel, dem berühmtesten Wiener Kostümbildner, entworfen worden. Dadurch sah Jan überall in jeder Inszenierung blendend aus.

Sein Konzertrepertoire war ein Feuerwerk hoher Töne. Die als Einsing-Arie gefürchtete, am Beginn der Oper stehende »Holde Aida« war meist der Anfang. Er befolgte, was mir der große Bariton Piero Cappuccilli einmal über sein eigenes Konzertprogramm gesagt hat: In der Oper hören die Leute vielleicht zwei Arien von mir, im Konzert sollen sie zehn hören! Aber Kiepura brachte auch seltene Kostbarkeiten aus der polnischen, später auch der amerikanischen Literatur.

Er war ein gütiger Mensch, blitzgescheit (einige Semester Jus neben dem frühen Gesangsstudium) und sehr modern. Wie viel habe ich von ihm gelernt! Wie man das Podium betritt, wie man schaut, wie man geht. Er machte Lichtproben vor jedem Konzert; das wurde damals belächelt und ist heute allgemein üblich. Er hat auch in den Konzerten zu seinen Liedern oft gewisse Erklärungen gesprochen.

Eines Tages kam meine große Stunde. Ich durfte ihn bei einem Konzert am Klavier begleiten. Es war ein Recital in der berühmten Symphony Hall in Boston. Begleiter war der fabelhafte Otto Herz, ein Perfektionist. Am Schluß sagte Kiepura: »Als Zugabe Halka.« »Halka« aber war nicht unter den Noten. Da sprang ich auf das Podium und begleitete Jan auswendig, mit vielen Fehlern, wie es Herz nie getan hätte.

Manche von Kiepuras interessanten Vortragsnuancen sind mir in Erinnerung geblieben – ich habe sie vielen Stars von heute vorgesungen.

Auch bei den Filmen war er sehr modern. Wenn heute ein Star im Fernsehen singt, würde man etwas anderes zeigen als ihn? Nein. Nicht so zu Kiepuras Zeit. Die Filmproduzenten hielten das Gesicht eines singenden Sängers für nicht fotogen, und kaum hatte er zu singen begonnen, schon schweifte die Kamera auf Wiesen, Felder, Meereswogen, bellende Hündchen oder Regenwolken. Da hatte Kiepura harte Kämpfe zu führen. Bei seinen frühen Filmen leider nicht erfolgreich. Später wehrte er sich mit Erfolg, auch gegen musikalische Barbareien von Filmproduzenten. In dem Kiepura-Eggerth-Film »Zauber der Bohème«, der 1937 in Wien gedreht wurde – ich arbeitete schon mit –, wurde das hohe C der Tenorarie unter den Text jenes Arztes versteckt, der die kranke Mimi (Marta Eggerth) gerade in dieser Sekunde nach ihrem Befinden fragte. Das wurde nachher korrigiert.

In den Vereinigten Staaten sang Kiepura mit riesigem Erfolg an der Metropolitan und an anderen Opernhäusern, und er gab viele Konzerte. Er hat irgendwie, das habe ich nie genau verstanden, im Auftrag der polnischen Exilarmee den Alliierten durch Propaganda und Wohltätigkeit gedient.

In Amerika trat Kiepura, wie auch die Jeritza, immer »zu zehnt« in Erscheinung. Auch in Augenblicken, wo Marta lieber allein mit ihm gewesen wäre ... Wer waren diese »zehn«? Niemand kannte sie genau. Meist Polen. Er war sehr gutherzig. Ich glaube, er hat sie selbst nicht alle bei Namen gekannt. Es genügte schon, ein »biedny polak« (armer Pole) zu sein, und ein Mittagessen mit Jan im besten Restaurant war einem sicher. Wenn es um das Wohl der Polen ging, war ihm nichts zu schwer. Als man ihm erzählte, in Brasilien ginge es den polnischen Emigranten nicht sehr gut, sagte er dem »operator« (Telefonfräulein) des Hotel Savoy Plaza, in dem er stets wohnte: »Ich will Brasiliens Präsident Vargas ans Telefon!« Und so geschah es. Wenige Monate später begab er sich mit Marta auf eine polnische Wohltätigkeitstour nach Brasilien.

Manche Kiepura-Anekdoten klingen, als wäre er sehr eitel gewesen, was nicht stimmt. Ich habe ihn nie mit seinen Triumphen – und was waren das für Triumphe! – prahlen hören. Und er konnte unendlich komisch sein.

Ich erinnere mich an eine große polnische Wohltätigkeitsveranstaltung »Polish Relief« im riesigen Sportstadion von Chicago, als Europa bereits im Krieg war, 1940, Amerika noch nicht. Das »Polish Relief Committee« zur Hilfe für das von Hitler besetzte Polen stand unter Leitung des Expräsidenten Herbert Hoover. Hoover wollte die amerikanische Hilfe für die Polen an Hitler zur weiteren Verteilung geben, da Deutschland für Amerika noch neutral war. Ein Versprechen Hitlers sollte genügen. Der Pragmatiker Jan wollte es illegal zu den Polen hinüberschmuggeln lassen. Ich hörte Jan sagen: »Herr Hoover, was verlangen Sie für einen

Unsinn! Übrigens, bei den letzten Wahlen hat das amerikanische Volk gezeigt, daß es Sie nicht will, und hat Roosevelt gewählt. Aber ich, Kiepura, ich bin noch da!« All dies klang bei ihm entzückend und überhaupt nicht eitel. Einmal hörte ich ihn sagen: »Ich bin in Sosnowiec geboren. Das war damals die Drei-Kaiser-Ecke: deutscher Kaiser, österreichischer Kaiser, russischer Zar. Wo sind die drei Kaiser geblieben? Ich, Kiepura, bin noch da!«
Ein wundervolles künstlerisches Erlebnis der Tätigkeit Kiepuras für Polen in Amerika waren die von Polen in verschiedenen Städten, wie zum Beispiel Chicago, organisierten Spezialvorstellungen der polnischen Nationaloper »Halka« von Stanislaw Moniuszko mit einer Glanzrolle von Jan. Ich habe das Werk nach dem Krieg erstmals aus dem Polnischen ins Deutsche übersetzt und mit einer österreichisch-polnischen Besetzung an der Wiener Volksoper unter Direktor Albert Moser produziert. Das brachte mir einen hohen polnischen Orden.
Meine Liebe zu Kiepura hat mich vielleicht manchmal zu nicht sehr geschmackvollen Äußerungen verleitet. Als mein Freund, der Wiener Tenor Kurt Baum, an der Met als Sänger im »Rosenkavalier« debütierte – er hatte eine Weltstimme, aber nicht die geeignete Persönlichkeit –, stand ich in den Kulissen, und Kurt bat mich: »Spuck mich an, und bitte, sag mir was Nettes.« Ich spuckte ihn an und sagte dazu: »Vergiß nicht, Kiepura bist du keiner.«
Kiepura wollte unbedingt Broadway-Star werden, nicht mehr Opern und Konzerte singend von Stadt zu Stadt tingeln. »Oper ist Beruf für Bettler«, war sein Lieblingswort. Ich habe immer gesagt: »Der Kiepura will die Eggerth werden, und die Eggerth der Kiepura.« Daraus entstand dann das Traumpaar Kiepura-Eggerth, das sensationell erfolgreich war. Mir war jeder einzeln lieber.
Eines Tages, im Februar 1943, nach einer provinziell produzierten »Aida« im Mosque Theatre in Newark, New Jersey (wo ich Jahre später bei Maria Jeritza wohnen sollte), sagte er zu mir, das wäre die letzte Opernvorstellung seines Lebens gewesen. Sie blieb es auch. Am Höhepunkt seiner Triumphe, mit noch nicht einundvierzig Jahren, verließ er die Met. Ihn lockte der Broadway, ich kämpfte verzweifelt, aber vergebens.
Als es dann 1943 wirklich zu der Broadway-Produktion der »Merry Widow« (»Die lustige Witwe«) durch die New Opera Company mit Eggerth, Kiepura, Karl Farkas, Dirigent Robert Stolz, Choreograph George Balanchine kam und ganz New York ebenso kopfstand wie später andere Städte Amerikas bei der darauffolgenden Tournee, da mußte

Wiedervereint war das Freundestrio, als Marta Eggerth und Jan Kiepura nach dem Krieg im Wiener Raimundtheater Lehárs Operette »Der Zarewitsch« und »Paganini« sangen. Damals habe ich im Österreichischen Rundfunk die letzten gemeinsamen Tonaufnahmen des Künstlerehepaares produziert.

ich mich scheinbar geschlagen geben. Damit ersangen sie sich neuen Ruhm und ein schönes Vermögen.
Ein vergleichbarer Broadway-Erfolg kam nicht nach, aber sehr bejubelte Operetten-Tourneen von Kiepura und Eggerth nach dem Krieg: Paris, halb Deutschland, Triest, Wien usw. Ich habe mich für meine Freunde gefreut, mein Herz aber blieb bei dem Kiepura von »Turandot«, bei der Eggerth ihrer Filme.
Er führte das gesündeste Leben der Welt. Wegen der Abgase hielt er sich immer in Distanz zu den Autos, machte Spaziergänge in der freien Natur. Jeden Morgen »osiem śliwek«, acht Pflaumen zur Verdauung. Während der Vorstellungen mußte ich hinter den Kulissen stehen und eine Flüssigkeit aus der Apotheke für ihn bereit halten. Dieses Nugol stellte sich später als Gift für die Lunge heraus.
In seinem Haus in Rye in Westchester County bei New York hob er am 15. August 1966, vierundsechzig Jahre alt, den Telefonhörer ab und sank zusammen. Von seinem schweren Lungenleiden hatten mir weder er noch Marta erzählt. Ich erfuhr die Trauerbotschaft auf den Kanarischen Inseln, wo ich den deutschen Text zur »West Side Story« von Bernstein schrieb. Ich mußte am nächsten Tag nach Triest fahren und ließ eine Totenmesse in der Kirche San Antonio lesen. Auch für mich, denn ein Teil von mir war mit ihm gestorben.
Als Kiepura und die Eggerth in Rom ein Remake des alten Films »Zauber der Bohème« (unter dem Titel »Her wonderful lie«) gedreht hatten, kam Vater Kiepura angereist und gab seinem Sohn eine Schachtel: Darin lag polnische Erde. »Vergiß nicht, Janek, du gehörst dorthin!«
Marta besorgte Überführung und Begräbnis in Warschau.
Als ich in den ersten Septembertagen des Jahres 1966 nach Warschau kam, wo ich mich nicht mehr so gut auskannte wie vor dem Krieg, fragte ich den Straßenbahnschaffner, wo denn das Begräbnis Kiepuras sei. »Da, schauen Sie her ...«, sagte er. Und da war alles schwarz vor Menschen. Die ganze Stadt Warschau schien Jan auf seinem letzten Weg begleiten zu wollen. Bis heute ist sein Grab stets üppig mit Blumen geschmückt.
Er war ein großer Mensch, der gespürt hat, wenn und wann man ihn braucht; und dann war er auch für einen da. Oft hat man sich über ihn lustig gemacht; wenn er politische Aussagen getroffen hat, hat man gesagt: na ja, ein Tenor. Als im August 1939 der Vertrag zwischen Deutschland und Rußland abgeschlossen wurde, der die gemeinsame Vernichtung Polens im Krieg ermöglichte, gab er einer großen Zeitung in Boston ein Interview: »Der nächste Krieg ist der Deutschlands mit

Rußland.« Das allgemeine Lachen über die »Albernheiten eines Tenorstars« ist bald verstummt. Kiepura hatte recht gehabt.
Und Witze konnte er erzählen! Wenn auch manche davon nicht ganz salonfähig waren .. Sie wollen einen echten kleinen Kiepura-Witz hören? In einer polnischen Stadt sind Gemeinderatswahlen. Am Abend läuft einer durch die Stadt und ruft: »Unsere haben gewonnen! Unsere haben gewonnen!« Fragt ihn einer: »Wer sind Unsere?« Antwortet der Rufer: »Na, die, die gewonnen haben.«
Jan Kiepura verdanke ich übrigens auch meinen Namen, denn eigentlich wurde ich als Marcell Frydmann Ritter von Prawy geboren. In der Zeit der Republik verschwand der Adelsbeiname »von Prawy«, und ich hieß einfach Frydmann. Bis mir Kiepura einmal sagte: »Sie sind dumme Mensch, Sie haben schöne Wort Prawy weggeworfen – das heißt auf polnisch ›der Gerechte‹ – und dumme Name Frydmann behalten. Sie werden sich umnennen.« Also habe ich mich umbenannt.
Jans Bruder Władisław hatte eine schöne Stimme und eine Zeitlang in Europa als Władysław Ladis gewisse Erfolge. Er wurde später Grundstücksmakler in Florida.
Marta Eggerth ist ein Weltwunder. Einige Jahre über Achtzig, singt sie fast genauso wie eh und je, und ich bin stolz auf die Triumphe, die sie in diesem Alter in meinen Shows in der Wiener Volksoper, in Zürich, in Linz und anderen Städten gehabt hat. Michael Heltau, als Chansonnier nicht weit von Maurice Chevalier entfernt, hat zu ihr 1996 nach einem unserer Galaabende in Zürich gesagt: »Marta, ich habe noch niemanden das Wort ›Prater‹ so aussprechen gehört wie dich.« Zur Zeit arbeiten wir an einem gemeinsamen Programm zu dritt: »Die drei M«. Marta, Michael, Marcel.
Das Ehepaar Kiepura/Eggerth hat zwei Kinder. Beide Künstler mit guten Positionen in der Industrie: Jan junior, Jahrgang 1944, singt, und Marjan, geboren 1950, ist Konzertpianist. Wir verdanken Marjan die hervorragenden Neuausgaben zum Teil unveröffentlichter Aufnahmen seiner Eltern.
1996 hatte ich ein seltsames Erlebnis: Es gibt in Österreich eine Fernsehserie namens »Starlight«. Da imitieren bekannte Künstler andere Künstler optisch zu einem Playback des »Originals«. Ich sollte Jan nachmachen zum Ton von seinem »Ob blond, ob braun«. Ich als Kiepura? Unmöglich, nein. Dann habe ich doch zugesagt und sogar einen Preis der Jury gewonnen. Ich habe gefühlt, wie unähnlich ich Jan war. Wer könnte ihn imitieren? Und plötzlich, mitten während der Show, hatte ich ein seltsames Gefühl. Ja, ich bin ein Teil von ihm. Ich esse ihm zu Ehren sogar jeden Morgen *osiem śliwek*.

5. Als Emigrant in Amerika

»God bless America.«

Meine erste Begegnung mit Amerika hatte ich im Frühjahr 1939 als Sekretär Jan Kiepuras. Es hat aber einige Aufregungen gegeben, bis es endlich soweit gewesen ist. Das Schicksal wollte es, daß ich mich nach dem ersten anstrengenden Dienstjahr bei meinem Weltstar ein wenig in Wien ausruhen wollte. Es war zu Anfang des Jahres 1938, Kiepura trat sein erstes Engagement an der Met in New York an, und ich fuhr nicht mit. In Wien kriselte es bereits gefährlich an allen Ecken und Enden. Zu der Zeit, als Bundeskanzler Schuschnigg für den 9. März eine entscheidende Volksabstimmung angekündigt hatte (zu der es dann nicht mehr kommen sollte), befand ich mich einmal im Büro der dem Filmproduzenten Oskar Glück gehörenden »Projektograph-Film« auf der Ringstraße, gegenüber der Oper. Unten fand gerade ein turbulenter Naziaufmarsch statt, mit Rufen von »Heil Hitler« und »Juda verrecke!« Glück blickte melancholisch von seinem Fenster auf diese Menge und sagte leise zu mir: »Prawy, ich selbst und meine Sekretärin, Fräulein Schlesinger, wir beide stimmen sicher für den Schuschnigg. Aber bei denen da unten bin ich nicht so sicher ...«
So habe ich in Wien den 13. März 1938 erlebt, als Hitler mit seinen Truppen in Österreich einmarschierte.
In der Oper spielte man am 11. März »Eugen Onegin« mit der in Wien seit der Uraufführung von Lehárs »Giuditta« in der Staatsoper (1934) so populären tschechischen Sopranistin Jarmila Novotna. Sie erzählte mir später, wie sich während der Vorstellung bereits wilde Gerüchte verbreiteten. Nach der Vorstellung fuhr sie mit ihrem Gatten, Baron Doubek, nach Hause. Da wurde plötzlich ihr Auto von einem Wachmann energisch angehalten. Baron Doubek versuchte ihm klarzumachen, wer seine berühmte Gattin sei, er möge sie in Ruhe lassen. Da sagte der Polizist: »Aber ja! Ich habe gesehen, Sie fahren mit einer tschechischen Nummer, und ich wollte Sie nur bitten, mich über die Grenze mitzunehmen ...«
Zu den groteskeren Opernereignissen dieser schrecklichen Tage gehörte jene Vorstellung von »Tristan und Isolde« am nächsten Tag. Die »arische« hochgewachsene, super-germanische Mezzosopranistin Kerstin Thorborg war als Brangäne angesetzt; sie war eine leidenschaftliche

Nazigegnerin und haute in ihre skandinavische Heimat ab. Da rief man als Einspringerin unsere wundervolle Rosette Anday, die als Jüdin bald nicht mehr auftreten durfte. Karl Alwin hatte »Eugen Onegin« dirigiert – Amerika nannte ihn später »Austrias last conductor«. Ich wurde dort »Austrias last driver«, denn ich hatte noch am 9. März meine Führerscheinprüfung bestanden. Wieso bestanden? Es war an der Ecke Kolingasse nahe der Rossauerkaserne, ich chauffierte, meine beiden mitfahrenden Prüfer politisierten heftig. Als einer rief: »Unser Weg geht nach rechts! Nach rechts!« verstand ich nicht, daß das politisch gemeint war, fuhr nach rechts und streifte dabei eine Mauer an. Den Führerschein bekam ich trotzdem. So kündigte sich der Zerfall Österreichs an.

Mir war es bald klar, daß jeder weitere Verbleib in meiner Heimat undenkbar war. Ich wollte unbedingt nach Amerika zu Kiepura. Zu der damals noch nicht unmöglichen Einwanderung nach USA brauchte man ein sogenanntes Affidavit, das heißt, die Garantie eines finanziell abgesicherten amerikanischen Bürgers, daß der Neueinwanderer niemals der Öffentlichkeit zur Last fallen würde. Es gab damals eine Art Organisation, die auch Flüchtlingen ohne Bekannte und Verwandte in Amerika solche Affidavits vermittelte. Ein amerikanischer Bekannter, der Kindermodenhändler David Greenberg, wollte mir diese Bürgschaft durch einen mir unbekannten Mr. S. H. Scheuer verschaffen – aber das brauchte Zeit, und ich wollte weg. Auch meinem Vater verhalf Greenberg zu solch einem Affidavit.

Da ereignete sich ein Beweis für meine Theorie, daß es auf der Welt nicht nur Schwarz und Weiß gibt. Als 1937 im Filmstudio Rosenhügel der Film »Zauber der Bohème« mit Jan Kiepura und Marta Eggerth gedreht wurde, verkörperte der Schauspieler Robert Valberg eine kleine Rolle; in »Giuditta« war er übrigens nach dem Bruch Giudittas mit Richard Tauber der neue Liebhaber der Giuditta gewesen. Bei diesem Film hatte Valberg den Auftrag, neben seiner Aufgabe als Darsteller die deutsche Aussprache des Jan Kiepura zu korrigieren. Filmarbeit hieß damals: warten, warten. Zwischen jedem »Take« vergingen Stunden des Einleuchtens und der Schminke – deshalb schauten die Filmstars von einst immer so »schön« aus. Wir beide warteten, Valberg auf Fehler Kiepuras, ich auf Befehle meines Chefs, zum Beispiel aus dem Delikatessengeschäft gegenüber ein Paar Würstel zu holen. So freundeten wir uns sehr herzlich an.

Dann kam der 13. März, und mein Freund wurde von den Nazis plötzlich zum obersten Chef aller Schauspieler in Wien ernannt. Ich hätte in

ihm nie einen illegalen Nazi vermutet. Valberg ließ mich rufen und verschaffte mir die nötigen Ausreisepapiere. Sollten noch Verwandte meines Freundes leben, so mögen sie diese Zeilen als Dank hinnehmen.
Meiner Erinnerung nach war dies für mich die erste Gelegenheit, mich gedanklich mit meiner Beziehung zum Judentum auseinanderzusetzen. Die Mitglieder unserer Familie fühlten sich als Österreicher jüdischer Religion und waren nicht orthodox. Der Gottesdienst war hebräisch, das verstanden wir nicht. Wir hielten den Versöhnungstag, Jom Kippur, meist Mitte September – an dem man nichts essen darf. Ich halte ihn noch heute. In völliger Unkenntnis seiner späteren Bedeutung lehnten wir den Zionismus ab, weil wir nicht in Palästina leben wollten, sondern in Wien, mit der Oper.
In der Schule gab es eine geradezu sadistische Methode, uns die Freude am Religionsunterricht zu vergällen. Wir mußten die schwierige hebräische Schrift lesen und die Worte aussprechen lernen, ohne die Sprache zu verstehen. Das heißt: Wir hatten endlose Texte laut abzulesen, ohne eine Ahnung zu haben, was sie bedeuten. Alle haßten das.
Bis zum heutigen Tag habe ich ein gestörtes Verhältnis zum Bilderverbot, also dem Verbot, sich ein Bild Gottes zu machen. Arnold Schönberg behandelt dies in seiner Oper »Moses und Aron«. Was bedeutet das? Doch nur, daß wir eben die grandiosen Darstellungen Gottes und der biblischen Geschichte einzig und allein christlichen Malern und Bildhauern verdanken. Ist das sinnvoll? Ich verstehe es nicht. Hat die jüdische Religion nicht dadurch vor der Entwicklung der Kunstgeschichte kapituliert? Und sich der größten Propaganda beraubt?
Mir haben die katholische Kirchenarchitektur und die Kathedralen sowie das Showelement der katholischen Zeremonien immer großen Eindruck gemacht. Eine katholische Messe hat etwas von einer Oper. Ich habe mich trotzdem nicht taufen lassen – schon Hitler zum Trotz. Jetzt erst recht nicht.
Nachdem Kiepura aus Amerika zurückgekehrt war, verging der Rest des Jahres 1938 wieder mit Reisen und kurzen Ferien in Meran, Capri, Megève. Ein Stück Weltgeschichte erlebte ich in Rom. Kiepura und Eggerth waren als Stars in einem »Tosca«-Film engagiert, Produzent war Vittorio Mussolini, der Sohn des Duce, unterstützt von dem Verleger Rizzoli. Solche Filme konnten nur gedreht werden, wenn die Besetzung den rassischen Anforderungen des »Dritten Reiches« entsprach, denn man brauchte den deutschen Markt für den Verleih. Kiepura und Eggerth waren »Halbarier« mit polnischen Pässen, daher für Deutsch-

land tragbar. Als aber Kiepura, ein leidenschaftlicher polnischer Patriot, sich immer deutlicher und lauter gegen Hitler aussprach, traf ihn und seine Frau ein plötzliches Verbot Deutschlands. Die Dreharbeiten mußten abgebrochen werden – und dadurch entstand an dessen Stelle ein »Tosca«-Film ohne Musik, nach dem Drama von Sardou, mit Viviane Romance als Tosca

Mir brachte diese Zeit kostbare Begegnungen – Kiepura arbeitete bei seinen Musikprogrammen eng mit seinem Freund Giuseppe Adami zusammen, dem Textdichter von Puccinis »Turandot«, der mir viel aus erster Hand über den Meister erzählte. Kiepura und Eggerth sangen oft im Duett eine von Adami textierte Version von Mozarts »Marcia turca«. Nach Amerika fuhr ich dann auf einem italienischen Dampfer zu Anfang des Jahres 1939 von der französischen Riviera aus. Warum wir nicht gemeinsam, sondern getrennt den Atlantik überquerten, weiß ich heute nicht mehr. Aber noch spüre ich in mir das ungeheure Erlebnis, als ich erstmals die Freiheitsstatue vor uns auftauchen sah. Daß sie uns allen damals ein Symbol bedeutete, muß nicht eigens betont werden.

Bei der Einreise wurden auf Ellis Island vor allem unsere Augen genau untersucht; man konnte scheinbar alles haben, was es an Krankheiten gibt, nur um Gotteswillen keinen grünen Star. Abgeholt vom Hafen hat mich damals mein großer Freund Karl Alwin, geschiedener Mann der Kammersängerin Elisabeth Schumann, Operndirigent in Wien. Alwin war zu diesem Zeitpunkt bereits zum zweitenmal verheiratet. Wir hatten einander im Kiepura-Kreis in Wien kennengelernt, und später in den Staaten wunderbare Tage miteinander verlebt. Wenn er als Pianist Kiepura auf seinen Konzertreisen begleitete, wohnten wir immer in demselben Hotelzimmer. Morgens öffnete er erst die Augen, nachdem ich ihm mündlich einen Wetterbericht gegeben hatte. Der ausgezeichnete Dirigent und Pianist (er kannte alle Opern auswendig) starb später in Mexiko. Einmal traf ich ihn in unserem Zimmer – in einer »verfänglichen« Situation. Ich rief »Alwin! Was treibst du da? Dreh das Radio auf, man spielt ›Parsifal‹.« Er drehte das Radio auf – schon war die Dame weg.

Alwin hatte vorgesorgt, hatte mir bereits eine Stellung bei dem Anwalt Leo Taub verschafft, was nach den amerikanischen Gesetzen illegal war. Beim Ausländer Kiepura durfte ich zwar arbeiten, aber ich durfte mit meinem mir hierfür ausgestellten Touristenvisum keine andere Position annehmen. Doch zu dieser Anstellung kam es dann sowieso nicht, da sich der Anwalt umgebracht hat. Also arbeitete ich weiter für Kiepura, der ja nun auch selbst finanziell vor einem Neuanfang stand.

85

Jeder hielt es für einen Wahnsinn, aber ich fuhr 1939 noch einmal mit Kiepura nach Europa zurück. Damals, vor Erfindung des Jets, gab es in den Flugzeugen für die langen Reisen noch Betten (Zuschlag zum Flugpreis: 25 Dollar). Wir fuhren nach Polen, wo Kiepura noch unmittelbar vor Kriegsausbruch Wohltätigkeitskonzerte patriotischen Charakters gab, wobei er allein auf den öffentlichen Plätzen so viel Publikum hatte wie heute die drei Tenöre. Dann ging es nach Paris (der Schlager »J'attendrai« ist für mich heute noch musikalisches Symbol jener Tage). Den Kriegsausbruch am 1. September 1939 erlebten wir in Arcachon. Ich war in einer merkwürdigen Paßsituation. Die alten österreichischen Pässe hatten ihre Gültigkeit am 31. Dezember 1938 verloren. Man erhielt statt dessen bei der deutschen Botschaft (in meinem Fall in Rom) dafür einen mit dem ominösen »J« (für »Jude«) gestempelten deutschen Paß zweiter Güte. »J« oder nicht »J«, für die Franzosen galt man als Deutscher. An den Wänden las man Aufrufe, daß man sich in ein französisches Lager zu begeben hatte. Kiepura sagte mir, ich solle bloß nicht dort hingehen. Er fuhr nach dem neutralen Italien und nahm mich mit. Unvorstellbar populär, wie er war, verlief die Grenzkontrolle ausschließlich mit dem Schreiben von Autogrammen, auch für die Kontrollbeamten. So vergaßen sie, mich zu kontrollieren. Vom neutralen Italien fuhr ich diesmal endgültig nach den Vereinigten Staaten – ich verdanke also mein Überleben einem Nazi und einem von den Nazis Verbotenen.

Ich erinnere mich noch, daß ich – auf die Gültigkeit meines alten österreichischen Passes vertrauend – noch Ende 1938 nach Berlin fuhr, um das Gepäck Kiepuras aus seiner Berliner Mietvilla am Dietrich-Schäfer-Weg in Steglitz nach der Riviera zu bringen. Ich fuhr per Auto dorthin. Nahe bei München sagte unser Chauffeur: »Hier links liegt Dachau, mit dem Konzentrationslager des Führers.« Da sagte ich: »Fahren Sie rechts.«

Amerika begeisterte mich von Anfang an, es war Liebe auf den ersten Blick. Es gibt über die Liebe der Emigranten für alles, was mit Amerika zusammenhängt, zahllose Anekdoten. Nichts ist entsetzlicher als der brennend heiße, unerträglich feuchte Sommer in New York. Sitzt da ein Emigrant schweißgebadet im Central Park. Spricht ihn ein Amerikaner an: »Sind Sie hier wegen Hitler?« Darauf der Emigrant: »No na, wegen dem Klima ...« Es gab auch Emigranten, die alles an Amerika kritisierten und es »drüben bei uns« für besser befunden hatten. Man nannte sie »Mister Beiuns« ...

Ich fand und finde New York außerordentlich schön, meine sogar: Wenn das zwanzigste Jahrhundert irgendwo architektonische Schönheit gebären konnte, dann in New York. Große Kunst ist ja mit dem Leben und mit dem Zeitgeschehen eng verbunden. Als etwa Ludwig XIV. sein Schloß Versailles hatte erbauen lassen, hatte er wohl nicht vordergründig die Absicht, ein großes Kunstwerk zu errichten, sondern er wollte nichts als ein schönes, bequemes Schloß haben. Und wenn ein italienischer Fürst ein Porträt wollte, dann hat er vielleicht Tizian gerufen, nicht weil er damit unsterbliche Kunst schaffen wollte, sondern weil er ein schönes Bild von sich für sich und seine Nachkommen brauchte. Amerikanische Bankgebäude oder auch manche Arten von Hochbahnen sind meiner Meinung nach auch echte Kunstwerke von heute.

Jan Kiepura hat sich, obwohl seine Gelder überall in Europa blockiert waren, im Savoy Plaza Hotel eingemietet, einem der ersten Häuser am Platz, Ecke 59. Straße und 5th Avenue; seine Telefonnummer von damals habe ich bis heute im Gedächtnis – VO 52 600. Selbstverständlich konnte ich mir nicht annähernd Ähnliches leisten. Ich wechselte immer wieder meine kleinen Zimmer, habe stets gesucht, gewohnt, mich neu umgeschaut. Manchmal hatten die Räume Fenster, manchmal keine, manchmal spuckte die »EL«, die »elevated« (das war die [Straßenbahn als] Hochbahn), Kohlestückchen durch die Fenster. Egal, »New York, New York ...«

Von der Gegend des oberen Broadway zum Times Square bummelte eine Straßenbahn, die wahrhaft das langsamste Ding der Welt war. Und vielleicht eine überraschende Feststellung: New York kam mir insgesamt sehr langsam vor. Und ich finde bis zum heutigen Tag, daß Amerika eigentlich ein langsames Land ist. Die Straßenbahn hielt an jeder Ecke, und es dauerte immer unendlich lange, bis man sein Ziel erreichte.

Aber in einem besonderen Punkt ist Amerika schneller als jedes andere Land der Welt: An dem Tag, an dem Sie erstmals den Fuß auf amerikanischen Boden setzen, sind Sie einer von ihnen, *one of us*! Das kommt sicher aus dem Umstand, daß alle Amerikaner de facto Einwanderer sind. Jeder spricht »mit Akzent«, der eine mit griechischem, der andere mit texanischem. Das macht einem unglaublichen Eindruck, verglichen mit dem alten Europa, wo man in jedem Land Jahrzehnte leben kann, aber immer noch als Fremder gilt. Wir pendelten zwischen New York und Beverly Hills (Marta Eggerth filmte in Hollywood). Durch unsere Konzertreisen lernte ich in wenigen Monaten das ganze Land kennen.

Meine Arbeit für Kiepura war in den USA nicht anders geworden: Ich erledigte seine Korrespondenz, seine Telefonate, führte seinen Terminplan, begleitete ihn auf seinen Reisen, und ich lernte über ihn zahllose interessante Leute kennen. Zum Beispiel das Direktorium der Met, das aus einem Dreigestirn bestand: Edward Johnson (der als Tenor Eduardo di Giovanni eine gewisse Karriere gemacht hatte) – das war das Bild von einem Mann, der dem Haus Glanz gab und für die Beziehungen nach außen sorgte. Ihm zur Seite stand Edward Ziegler, der kommerzielle Direktor. Der dritte im Bunde war Earl Lewis, der die Einnahmen zu überwachen hatte. Er saß allabendlich in der Kassa und verhalf mir oft zu einem Stehplatz. Das war natürlich die später abgerissene »alte« Met, Ecke 39. Straße und Broadway. (Noch heute blutet mir das Herz, weil dort nicht einmal eine Gedenktafel angebracht ist.) Die Vorstellungen dieser Ära *vor* Sir Rudolf Bing waren musikalisch herrlich. Bing verbesserte sie optisch.

Damals haben wir Emigranten übrigens ein unschlagbares System entwickelt, wie man sich legal in die Vorstellungen der Met in das Stehparterre, das hufeisenförmig war und bis zur Bühne reichte, hineinschwindeln konnte. Das funktionierte so: Jeder, der eine Vorstellung vor dem Ende verließ, erhielt eine Retourmarke, die er bei seiner Rückkehr wieder abgeben mußte. Für jeden Tag der Woche hatten die Retourmarken eine eigene Farbe. Die Investition war also, daß man Retourmarken aller Farben zu ergattern hatte, indem man jeweils die Vorstellung kurz vor dem Ende verließ, aber nicht zurückkam. Am gleichen Tag der nächsten Woche kam man dann ein paar Minuten nach dem Beginn mit dieser Retourmarke in die Vorstellung. Einziges Risiko: Man erlebt nie das Vorspiel von »Lohengrin« und auch nie »Don Giovannis Höllenfahrt«. Ich glaube, dies geschah in stillschweigendem Übereinkommen mit Earl Lewis, der uns Opernnarren gemocht hat.

Ein weiteres Glück für mich war, daß Marta Eggerth am Broadway sang und es mir dadurch ermöglichte, als einer der wenigen Emigranten diesen Teil der von vielen verachteten amerikanischen Welt von innen kennenzulernen. Auf diese Weise bin ich etwa auch dem weltberühmten Komponisten Richard Rodgers persönlich begegnet, und vielen Großen dieser frühen Glanzzeit des Musicals. Als Marta in dem Rodgers-Musical »Higher and higher« mich mit dem Lied »Every Sunday afternoon and Thursday night« begeisterte, ahnte ich noch nicht die Bedeutung des Musicals für mein späteres Leben.

Amerikanisiert war ich ab der ersten Sekunde meines Dortseins. Natürlich ist es mir materiell nicht besonders gut gegangen, denn Kiepura bezahlte mich nicht fürstlich – doch ich vergötterte ihn. Ich empfand es schon als große Ehre, von ihm auch nur einen Dollar zu bekommen.

Gegessen hab' ich in einer der vielen Cafeterias, wie sie es nun auch in Kontinentaleuropa gibt. Das sind Selbstbedienungslokale, wo man, ehe man die Kasse erreicht, alles auf ein Tablett stellt, was man dann essen und trinken möchte.

Gleich am ersten Tag meines Amerikaaufenthalts war ich in solch einer Cafeteria gelandet und stand vor einem riesigen Haufen von hellen und dunklen Hühnerteilen. Ich bat den dort austeilenden Waiter: »White meat, please«, helles Fleisch. Darauf sagte der: »No choice«, keine freie Wahl, und schmiß mir dunkles Fleisch aufs Tablett. Meine Amerikaliebe war geboren. Otto Schenk hat mir später gesagt, sie wäre bei mir ein Stück Masochismus.

Da ich ja mit Kiepura gekommen war und in einem festen Arbeitsverhältnis stand, habe ich die schrecklichen Seiten des Emigrantendaseins nicht selbst miterlebt. Es gelang mir sogar, Menschen zu helfen. 1940 konnte ich meinen Vater hinüberholen und ihn so den Nazis entreißen. Er liebte Amerika, und ich besuche, wann nur immer möglich, sein Grab am Friedhof Beth-El in Oradell (New Jersey). Ich habe dort für das Grab *perpetual care* (Pflege für immer).

Meinen Beruf bei Kiepura habe ich so ernst genommen, daß ich gar nicht daran dachte, mich nach etwas anderem umzusehen. Wahrscheinlich hätte ich sogar große Möglichkeiten gehabt, zumal ich bereits eine ganze Reihe wichtiger Leute aus dem amerikanischen Kulturleben kennengelernt hatte, die wichtigsten Agenten, Operndirektoren, Manager. Vor allem war da Sol Hurok, der Kiepura zeitweilig vertrat, einer der ganz großen Impresarios unseres Jahrhunderts, mit dem ich bis zu seinem Ableben nach dem Krieg richtig befreundet war. »Prawy, wir müssen gemeinsam was machen am Broadway, eine große Wiener Operettensaison ...« Ich habe damals gar nicht hingehört, habe mir gedacht: Was soll eine Wiener Operette am Broadway? Heute weiß ich, daß dies ein Riesenerfolg hätte werden können und daß ich vielleicht sogar dem Job des Producers gewachsen gewesen wäre. Schade, vorbei. Ich verstehe erst jetzt die Größe der verpatzten Chance für mich.

Die Met hatte einen ständigen Vertreter in Europa, Eric Semon, mit dem ich bald auch sehr befreundet war. Später war ich gemeinsam mit seinem Sohn beim Militär und habe Lagerstraßen gekehrt. Gerald Semon ist heute Manager in New York und Florida. Er und seine Frau wurden die wahren Entdecker von Placido Domingo. Über den Schreibtisch des Vaters, Eric Semon in Paris, mußte jeder europäische Met-Vertrag, also auch der Kiepuras, gehen. Ein anderer Agent, den ich in dieser Zeit kennengelernt habe, war Albert Morini, Bruder der berühmten Violinvirtuosin Erika Morini, die beide aus Wien stammten. Er war aktiv tätig bei der Neuproduktion von Gershwins Oper »Porgy and Bess«, die 1942 in seiner fast als Musical gestalteten Fassung ein Triumph wurde – im Gegensatz zum lauen Erfolg der Opernfassung von 1935.

In meiner Freizeit habe ich das Kulturleben New Yorks aufgesogen, bin von Museum zu Museum gegangen, von Musical zu Musical, von Oper zu Oper, von Konzert zu Konzert, und hatte mit den Amerikanern mehr Kontakt als mit den Emigranten.

Zentrum von »Vienna in America« waren die Konzerte der New Yorker Philharmonie unter Robert Stolz. »Viennese lantern« und die Konditorei »Eclair« waren die Emigranten-Stammlokale.

In der Emigrationszeit war ich oft mit dem unvergessenen Wiener Schauspieler Hans Jaray beisammen. Ihm ging es ja relativ gut, er spielte im Rahmen einer deutschen Organisation Theater. Ich sah ihn als Egmont. Sonst waren die Schauspieler – deren Beruf ja unmittelbar mit der Sprache zusammenhängt – besonders arm dran. Auch dem großen Albert Bassermann soll es in Los Angeles nicht sehr gut gegangen sein.

Wien war immer wieder Mittelpunkt von Spezial-Veranstaltungen. Da gab es von Felix Gerstmann arrangierte »Viennese nights« in der Carnegie Hall, Silvester-Abende, oft mit Jan Kiepura, Marta Eggerth und Robert Stolz oder Oscar Straus als Dirigenten. Auch Paul Abraham habe ich immer wieder getroffen: Der Schöpfer von »Viktoria und ihr Husar« und anderer großer Werke der silbernen Operettenzeit verfiel physisch in schlimmer Weise. Oft gesehen habe ich auch Emmerich Kálmán, mit ihm zusammen war ich ja in die USA eingewandert.

Das rechtliche Grundprinzip der Vereinigten Staaten von Amerika ist der Eid. Was man auch immer tut, es ist unter Eid. Und daher ist das schlimmste Delikt der Meineid. Auch das Visum in den Staaten untersteht einem Eid. Wenn man mit einem Touristenvisum ankommt, ist man an den Eid gebunden, nicht ständig im Land bleiben zu wollen. Will man dann ein Einwanderungsvisum, so muß man erst ausreisen, um mit dem neuen Eid, bleiben zu wollen, als Einwanderer wieder einzureisen.

1941 erfolgte der japanische Angriff auf Pearl Harbour. Wir waren damals an der Chicago Opera, da gab es Kurioses wie den einzigen »Tristan«, den Giovanni Martinelli gesungen hat. Die welterste »Turandot« der Mailänder-Scala-Uraufführung von 1926, die Polin Rosa Raisa, wohnte mit uns im Congress Hotel und hat mir viel von dem denkwürdigen Tag erzählt, an dem Toscanini nach dem letzten von Puccini noch

Mit Emmerich Kálmán verband mich eine große Freundschaft. Wir wanderten gemeinsam aus Mexiko nach den USA ein, ich verbrachte schöne Stunden in seiner New Yorker Wohnung, 50 Central Park West (dasselbe Haus wie Robert Stolz!), und in Paris, Avenue George Mandel. Besonders schätzte er an mir, daß ich seine fast vergessene Lieblingsoperette »Die Herzogin von Chicago« ihm auswendig am Klavier vorspielen konnte.

selbst geschriebenen Takt (Tod der Liú) der unvollendet hinterlassenen Oper den Vorhang fallen ließ.

Amerika trat in den Krieg ein. Mein Einwanderungsgesuch lief, war aber noch nicht genehmigt. Gerade da verfiel mein Touristenvisum, mit dem ich bislang für Jan Kiepura arbeiten durfte – ich schwebte in einem gesetzlosen Zustand. Da hatte ich das Pech, daß der berühmte Eilzug »Super Chief«, mit dem ich von Chicago nach Los Angeles fuhr, von der Polizei kontrolliert wurde. Man fand mich ohne gültiges Aufenthaltspapier, entfernte mich aus dem Zug und warf mich ins Gefängnis von Albuquerque, New Mexico. Meine Zellenbrüder waren schwere Jungs und leichte Mädchen. Es gelang mir durch verzweifelte Telefonate mit Jan Kiepura und dem Rabbiner von Albuquerque, aus dem Gefängnis entlassen und außerhalb interniert zu werden. Der mir bestimmte Platz war nicht der ärgste: Es war das Hilton-Hotel, von wo ich mich zweimal am Tag bei der Polizei melden mußte. Hilton beschreibt in seiner Autobiographie das Albuquerque Hilton als das erste seiner späteren Hotelkette. Inzwischen arbeitete die darauf spezialisierte Rechtsanwältin Mrs. Bonaparte (!) in Los Angeles für ein Honorar von 300 Dollar an meinem Einwanderungsakt. Sie garantierte, daß alles in wenigen Tagen erledigt wäre und ich lediglich das Land verlassen und einen Tag in Tijuana, Mexiko, verbringen müsse, um von dort aus legal mit einem gültigen Visum einzuwandern.

Ich wurde aus meinem glanzvollen Gefängnis bald entlassen, fuhr nach Tijuana, und dort wurde festgestellt, daß bei mir ein Vorakt fehlte. Statt einen Tag blieb ich also zwei Monate in Tijuana, Hotel Caesar's Place. Ich studierte Spanisch, lernte die schönsten spanischen Lieder singen – Frenesí, Perfidia, Amapola – und verschaute mich un poco in eine reizende Schafhirtin. Als ich sie fragte, woher sie stamme (auf spanisch), antwortete sie (auf spanisch): »De Viena.« Auch sie war eine Wiener Emigrantin, die auf ihr Visum wartete. Der Film »Hold back the dawn« mit Charles Boyer gibt übrigens diese Atmosphäre in Tijuana fabelhaft wieder.

Endlich kam der große Tag, das Visum war bereit. Eine glanzvolle Gruppe hatte sich zur Erteilung in Tijuana versammelt. Auch Jan Kiepura, Marta Eggerth und Martas gütige Mutter, genannt Muni. Am Abend vor dem wichtigen Ereignis brannte der halbe Ort ab, in Mexiko nichts Unübliches. Ich erinnere mich noch an meine liebe Muni, wie sie, notdürftig bekleidet, nachts durch den brennenden Ort lief und rief: »Istenem, großer Gott, soll nur nicht verbrennen mein Visum!«

Die glanzvolle Gruppe vor dem Konsul am nächsten Tag bestand außer uns auch noch aus dem berühmten Geiger Joseph Szigeti und Emmerich Kálmán samt Gattin Vera und den drei Kindern Charles, Lilly und Yvonne. Der Konsul war ein Liebhaber von Wiener Operetten und sagte zu Kálmán, dessen Freundschaft zum Kollegen Lehár nie sehr warm gewesen war: »Meister Kálmán! Ich bin glücklich, Ihnen das Visum geben zu dürfen. Für mich sind Sie Ungarn. Wenn ich an die Puszta denke, höre ich Kálmán.« Dabei begann er zu singen: »Hör ich Zymbalklänge ...« Darauf Kálmán entsetzt: »Um Gottes willen, das ist doch vom Lehár!« Beruhigt der Konsul: »So what, ich höre auch den Lehár ...« Ende gut, alles gut. Noch am selben Tag betrat ich Amerika legal, meine neue Heimat. Ich liebe sie noch immer.

Sehr zur großen Ehre Amerikas – das heute oft so beschimpft wird wie kein anderes Land – muß man sagen: Die allermeisten Emigranten wurden Amerikaner und blieben drüben. Zurück kamen manche alten Leute zu ihren europäischen Gütern, Schauspieler, und andere aus privaten Gründen: Das sind jene einmal Amerikaner gewordenen, die jetzt wieder in Österreich leben und dieses Land aus ganzem Herzen lieben, die sich auch als Österreicher fühlen: Die verstehen, wie schön es jetzt hier

ist, weil sie hier wissend und sich heute erinnernd die bösen dreißiger Jahre erlebt haben. Zu denen zähle auch ich. Wie arg waren die Vor-Nazi-Studenten-Krawalle, bei denen Blut floß, aber die Polizei wegen der »akademischen Freiheit« ruhig zusah. Wenn wir heute lesen, »es kriselt in der Koalition«, hat man das Gefühl, am Abend sitzen sie alle gemeinsam beim Heurigen. In den dreißiger Jahren floß Blut.
Aber wir haben nichts von den Abertausenden gehört, die Amerika aufgenommen hat, die oder deren Nachfahren heute irgendwo in South Carolina oder in Alabama als glückliche Amerikaner leben. Sie kehrten nie zurück. Und würden auch nie zurückgebeten. Sie sind nicht nur echte Amerikaner geworden, sie wurden auch von den Amerikanern als solche angenommen. Meine in Colorado lebende Schwester Edith und ihr Mann John gehören zu diesen. Trotz aller »Anti-Bewegungen« in Amerika ginge nie ein Gesetz mit einer Rechtsbeschränkung für eine Gruppe durch. Man soll diesem großen und großzügigen Land dafür dankbar sein.
God bless America.

6. Mr. Opernsoldat

»Kein Schwert verhieß mir der Vater«
(nicht Walküre)

Hätte man mir je prophezeit, daß ich einmal Soldatenuniform tragen würde, ich hätte nur gelacht und diese Vorstellung für absurd gehalten. Und absolut unvorstellbar war es auch, daß ich mich je freiwillig zum Militär melden würde. Das brauchte tatsächlich besondere, nicht einplanbare Voraussetzungen.
Ich lebte also als Emigrant in den USA und arbeitete nach wie vor für Jan Kiepura. Die geliebte Heimat hatte man beinahe abgeschrieben und den raschen Abschied nicht in bester Erinnerung. Hitler eilte von Sieg zu Sieg. Wir Emigranten hielten es für durchaus möglich, daß er den Krieg gewinnen könnte. Die meisten Amerikaner waren hingegen anderer Meinung, sagten stets »don't worry about Hitler«, mit Hitler werden wir fertig. Wir alle wußten auch, daß die meisten von ihnen den Optimismus als Nationalcharakter hatten.
Ich verfolgte den beängstigenden Vormarsch der Nazis in Frankreich meist per Radio in der Wohnung meines Freundes Karl Alwin, des gleichfalls aus Wien emigrierten Dirigenten der Wiener Staatsoper und geschiedenen Gatten der Kammersängerin Elisabeth Schumann. Aus »Somewhere in France« (Irgendwo in Frankreich) meldete sich der Star-Radioreporter Raymond Graham Swing, der seinen wahren Standort nicht preisgeben durfte.
Einmal prophezeite mir ein amerikanischer Bekannter: »Sorgen Sie sich nicht. Bald werden Sie wieder auf der Kärntner Straße spazierengehen und einem einsamen Mann begegnen, dessen Gesicht Ihnen bekannt vorkommt. Plötzlich wird Ihnen einfallen: Wer geht da? Nebbich, der Hitler ...« Ich weiß, es ist unübersetzbar, aber ich erinnere mich an ein damals populäres Lied: »When der Führer says, we is the master race, than we Heil, Heil right in the Führer's face.« Es war alles für mich immer mit Musik verbunden.
Als Nichtamerikaner unterstand man, wenn man die der Staatsbürgerschaft vorausgehenden »first papers« hatte, während des Krieges so halb der Wehrpflicht. Man wurde einberufen und durfte ablehnen, aber man hat uns eingeredet, wer ablehnt, kann nie die amerikanische Staatsbür-

gerschaft erhalten. Für diese Behauptung gab es keine rechtliche Grundlage, sie hat unter uns Emigranten jedoch einige Dynamik ausgelöst: Was, wenn also Hitler siegen sollte? Hier in den Staaten als Fremder bleiben? Also wollten wir die amerikanische Staatsbürgerschaft. Kaum hatte ich das alles zu Ende überlegt, war ich auch schon »Freiwilliger« bei den Soldaten.
Einen Witz jener Tage behalte ich in Erinnerung: Ein Emigrant bekommt den Einberufungsbefehl und sagt: »Ich mache nicht mit. Ich gehe hin, melde mich, stelle mich aber stumm, taub, blind und verwachsen.« Sagt sein Freund: »Und dann willst du dein ganzes Leben stumm, taub, blind und verwachsen verbringen?« Meint der Emigrant: »Hast du noch nix gehört von Lourdes?«
Schon mein erster Dienstort hatte zum Glück mit Musik zu tun: Ich kam ins Camp Upton auf Long Island, wo im Ersten Weltkrieg der weltberühmte Broadway-Komponist Irving Berlin stationiert gewesen war und mit Soldatenamateuren und ihm selbst als Sänger seine legendäre musikalische Show »Yip, yip, Yaphank« produziert hatte.
In diesem Krieg wiederholte er seinen alten Erfolg mit einer Neuauflage unter dem Titel: »This is the Army«. Er selbst sang seine genialen Lieder über das Alltagsleben der Soldaten. In einem erzählte er, wie er den Trompeter ermorden wollte, der ihn allmorgendlich zum Dienst weckte. Und ich erinnere mich an die Hauptzeile: »This is the Army, Mr. Jones! No private rooms or telephones ...!«
Camp Upton war eine Art Auffanglager, wo man die Grundwehrausbildung erhielt. Zu diesem Zeitpunkt habe ich eine tolle Entdeckung gemacht: Daß ich nämlich genauso gut laufen, genau so gut springen konnte wie alle anderen auch. Ich hatte mich seit meiner Kindheit für körperlich nicht sehr leistungsfähig gehalten und habe mir den physischen Teil des Soldatendienstes nie zugetraut. Mein Selbstwertgefühl stieg sprunghaft.
In der Folge wurden wir bestimmten Tests unterzogen, über die herausgefunden werden sollte, für welchen Job man sich in der Army am besten eignete. Zunächst legte ich eine sensationell gute Prüfung in Maschinschreiben mit zwei Fingern ab. In sechs Sprachen war ich richtig gut und wurde einem harten Test unterzogen. Es kam ein dicker Sergeant und sagte mir: »Bonndschur«. Als ich antwortete: »Bonjour, Monsieur, je m'appelle ...«, wurde ich gleich unterbrochen und hatte meinen Sechs-Sprachen-Test mit Auszeichnung bestanden.
Jetzt, dachte ich, gehöre ich zur Elite, jetzt setzen die mich toll ein. Sie

schickten mich aber nach Fort Bragg, North Carolina, einem schönen Ort, der wunderbare Ausflüge in die Umgebung zuließ. Mein Dienst war Field Artillery. Leider waren die Kanonen widerspenstig und machten nicht, was ich von ihnen forderte. Und sie ertönten nicht so musikalisch, wie sie Puccini im ersten Finale von »Tosca« verwendete.
Keiner meiner amerikanischen Kameraden empfand Deutschenhaß, sie betrachteten den Krieg als einen notwendigen Job wie jeden anderen. Und es gab auch keine Rassenprobleme, schwarze Vorgesetzte und schwarze Kameraden wurden selbstredend widerspruchslos akzeptiert. Der Krieg war eine wichtige Vorstufe zur späteren amerikanischen Rassenintegration. Für mich war das Soldatendasein, so schrecklich das klingen mag, auch eine neue Dimension von Freundschaft.
Der große Freundschaftsstifter in der Kriegszeit war mein vergötterter Richard Wagner. Die Kriegsjahre waren große Wagner-Jahre mit phänomenalen Wagner-Besetzungen an der Metropolitan. Das Publikum war ein Spiegel des amerikanischen Schmelztiegels: gebürtige Amerikaner, deutsche Neueinwanderer, Nazisympathisanten und Kommunisten, jüdische Hitler-Flüchtlinge. Sie hatten selbstverständlich ihre ideologischen Konflikte. Ich kannte Hitler-Flüchtlinge, die sich weigerten, auch nur ein Wort deutsch zu sprechen. »Don't speak German!« Aber wenn an der Met die phänomenale Wagner-Sängerin Kirsten Flagstad sang (man sagte ihr starke Rechtssympathien nach, denn ihr Mann war ein sogenannter Quisling, wie die norwegischen Kollaborateure hießen) oder Erich Leinsdorf dirigierte, der jüdischer Emigrant war, da war jeder Haß verflogen. Es entstand ein Funke von »alle Menschen werden Brüder«. Wagner galt nicht, wie heute oft wahrheitswidrig behauptet wird, als Nazi-Vorläufer, sondern als Friedensstifter.
Nach einigen Wochen wurde ich nach Camp Ritchie in Maryland versetzt, Sparte Military Intelligence. Hier wurde die Führung einer künftigen Besatzung für Deutschland und Österreich geschult. Man lernte Geschichte Deutschlands und Österreichs, man setzte sich objektiv mit den Mentalitäten der Menschen dort auseinander. Und man lernte, Gefangene zu verhören. Ich war ganz stolz, nun zu den offiziell intelligentesten aller Soldaten zählen zu dürfen, doch: Schon am ersten Tag wurde ich beordert, während der nächsten acht Tage die Küche zu putzen, also die berüchtigte »kitchen police« zu treiben. Das ärgste hieß »pots and pans«. Geschirreinigung. Aber ich war in guter Gesellschaft. Da war der spätere Manager Gerald Semon und der bescheidene, bril-

lant gescheite Prinz Gaetano von Bourbon-Parma, ein naher Verwandter der Exkaiserin Zita.

Zu den origineller. Episoden militärischer Vorbereitung gehörte das »eight days problem«. Man fuhr auf einem Lastkraftwagen durch die Nacht und wurde plötzlich irgendwo ausgesetzt. Man bekam eine Landkarte der Gegend in die Hand, bei der die Orte in Erwartung einer zukünftigen Besatzung deutsche Decknamen trugen – sie hießen etwa Hildesheim, Magdeburg, Würzburg oder so ähnlich. Es war nun die Aufgabe, zu Fuß bei Nacht innerhalb einer vorgesehenen Zeit etwa »Aschaffenburg« zu erreichen. Man lernte dabei richtiges Landkartenlesen, Orientierung nach den Sternen und ähnliches, denn es war der lokalen Zivilbevölkerung strengstens untersagt, einem durch Preisgabe der richtigen amerikanischen Namen dieser Orte den Weg zu weisen. Ich unterstand damals einem hochmusikalischen Major John Bitter, der nach dem Krieg Chefdirigent des Orchesters von Miami wurde. Ich konnte der Musik nicht entkommen, war aber nicht ungeschickt im Finden der imaginären Städte. Ich kam also in das falsche »Aschaffenburg«, aber leider nie in das echte.

Einen bizarren Eindruck hat mir dort unser Oberst Banfield gemacht, der statt der Siebentagewoche die Achttagewoche eingeführt hatte, damit er bei seinen Vorgesetzten damit prunken konnte, in seinem Bereich würde mehr gearbeitet als anderswo. Die Achttagewoche bestand aus den bekannten Wochentagen von Montag bis Sonntag. Dann folgte ein nach Banfield benannter Banday. Und so ging es weiter. Nicht unoriginell. Banfield ist angeblich später in einem Irrenhaus gestorben. Die Abschaffung der Hölle des Wochenendes mit Ersatz durch gleitende freie Tage aber ist ein Teil meiner erträumten Weltreform geblieben.

Wir übten Verhöre, wobei einer immer den Amerikaner, ein anderer den Deutschen zu spielen hatte; und am nächsten Tag war Rollentausch. Damals wurde ich erstmals als Vortragender und Lehrer eingesetzt.

Die Wochenenden verbrachte ich in dieser Zeit, wann immer es möglich war, in New York, entweder in der »Merry Widdow« (»Die lustige Witwe«) am Broadway, wo unter dem Dirigenten Robert Stolz mein Jan Kiepura mit Marta Eggerth und Karl Farkas (letzterer in einer für ihn erfundenen Rolle als König von Pontevedro) Triumphe feierten. In derselben Straße machte das Musical »Oklahoma« Geschichte. Davon an anderer Stelle.

Die Habsburger ... Ich erinnere mich an eine Party des berühmten

Komponisten Emmerich Kálmán in Hollywood zu Ehren des Otto von Habsburg. Manche der operettenhaften Besucher verstiegen sich zu einem richtigen Hofknicks und zu Handküssen. Wir Emigranten verehrten Präsident Franklin Delano Roosevelt zutiefst, denn er war es, der uns die Emigration nach Amerika ermöglicht hatte. Das amerikanische Einwanderungsgesetz beruhte auf dem Quotensystem, das den Anteil der Nationen an der Bevölkerung stabil halten sollte. Aus jeder Nation durfte alljährlich nur eine bestimmte Anzahl von Menschen einwandern. Nun kamen unzählige Flüchtlinge aus Deutschland und Österreich, daher waren diese Quoten auf viele Jahre im voraus »geschlossen«. Aus England zum Beispiel wanderten hingegen kaum Leute nach den USA aus. Roosevelt ließ nun die nicht ausgenützten Quoten anderer Länder den Flüchtlingsländern zugute kommen. Man erzählte sich, der berühmte Wiener Komiker Armin Berg, der kein Wort englisch konnte, hätte vor dem Krieg den amerikanischen Konsul in Wien besucht. Als dieser ihn fragte, ob er ein amerikanisches Visum brauche, soll Berg gebeten haben: »Ja, bitte, Nordamerika!«
Da gab es in Amerika eine skurrile Episode. Manche Nationen der alten Donaumonarchie träumten von einem zukünftigen Staat ihrer Nation in Europa. Sie erreichten von Roosevelt hierzu eine Art von Nationalbataillonen: die Ungarn, die Polen, die Tschechen usw. Da gab es einen Plan, angeblich von Otto von Habsburg dem Präsidenten Roosevelt eingeredet, für ein österreichisches Bataillon unter seiner Führung. Ich erinnere mich nur an eine Unterschriftensammlung gegen dieses Projekt und habe mit Freude auch unterschrieben.
Bis ich eines Tages, Anfang 1944, nach England geschickt wurde (die Namen der verschiedenen Orte habe ich nicht mehr gegenwärtig, aber wir verwendeten damals ja sowieso nicht die richtigen geographischen Bezeichnungen, sondern nur die militärischen Decknamen) und im Orte Broadway (Worcestershire) landete. Dort gelang es mir, als meine Hauptaufgabe, Vorträge für Soldaten zum Thema Musik zu halten. Und kleine Shows zu produzieren. Mein Partner war der später so berühmte Kabarettist Georg Kreisler, der für uns phantastische Songs schrieb – die er alle verloren, vergessen hat. Nur in meinem Gedächtnis, da lebt noch viel von dem, was er damals an Köstlichem und Kostbarem kreiert hat. »Meine Mutter war eine Psychoanalytikerin« war eine tolle Nummer oder »Wie Oma ein Mädchen der Armee wurde«. Der Text bezog sich darauf, daß damals viele ältere Damen zum Militär gingen, weil sie mit jungen Soldaten Liebesabenteuer erwarteten. Die Sachen lassen sich

Georg Kreisler sang und spielte während des Krieges in gemeinsamer Soldatenshows mit mir seine blendenden Chansons über das amerikanische Soldatenleben.

nicht wirklich übersetzen, hängen unheimlich am englischen Wortwitz. Und bleiben mir unvergeßlich.
Ein äußerst originelles Kreisler-Lied nahm die Zensur aufs Korn: Ein Soldat schreibt seinem Mädchen, der Brief geht durch zahllose Zensurstellen, jede streicht ein paar Worte, bis der Brief mit dem gegenteiligen Inhalt ankommt.
Meist gestaltete Kreisler den halben Abend, in der anderen Hälfte produzierte ich eine Kurzfassung von »Die lustige Witwe« auf englisch.
1944 reiste ich dem nach England emigrierten und auch dort großen Ruhm genießenden Welttenor Richard Tauber nach und besuchte, so oft es nur möglich war, seine Konzerte in Evesham, in Cheltenham ... Er

---

EIGENTLICH KANN ER NIX

Für mich ist das Phantastische an Marcel Prawy, abgesehen von seinem phänomenalen Gedächtnis und seiner großen Intelligenz, daß er eigentlich nix kann und damit eine märchenhafte Karriere gemacht hat.

Georg Kreisler

hatte zu dieser Zeit mit großem Erfolg in London eine tolle Operette komponiert, »Old Chelsea«, mit dem Schlager »We are in love with you«. 1991 habe ich diesen Song zu Taubers hundertstem Geburtstag in meiner Tauber-Matinee in der Wiener Staatsoper von Thomas Moser singen lassen, in meinem Tauber-Abend in der Carnegie Hall, New York, von Jerry Hadley.
Zum letztenmal habe ich Tauber im Londoner Savoy Hotel gesprochen. Damals fragte ich ihn: »Herr Kammersänger, wie gefällt es Ihnen in England?« Tauber zeigte auf seinen Kaffee und meinte: »Schauen Sie sich das an: Blümchenkaffee.«
Nach der Invasion im Jahre 1944 kamen viele deutsche Soldaten aus der Normandie nach England. Sie landeten meist in dem Auffanglager Devizes, wo ich nie war. Sie kamen mit nur für Soldaten gültigem deutschem Militärgeld, das sie gleich abliefern mußten. Es hieß, dieses wäre außerhalb des Bereichs der Deutschen Wehrmacht nicht gültig. Ich weiß von amerikanischen Soldaten, die Wege fanden, das doch irgendwie einzuwechseln und viel daran zu verdienen.
Nach der amerikanischen Invasion auf dem Kontinent wurde ich nach Paris versetzt und in dem sehr eleganten Vorort Le Vésinet stationiert. Unsere Soldatenkantine war »Le Pavillon des Ibis«, heute ein sündteures Nobelrestaurant.
Ich habe mich – sehr im Gegensatz zu den vielen anderen – an keinem der üblichen Schwarzmarktgeschäfte beteiligt, außer daß ich meine amerikanische Schokolade gegen die herrlichen Kuchen eingetauscht habe, die es dort in der großartigen Konditorei »Lamesch« durch die Hintertür gab. Hoffnungsvoll wollte ich das Geschäft nach dem Krieg wieder aufsuchen; doch inzwischen gab es dieses nicht mehr.
Meine Haupttätigkeit bestand im Verschaffen von Opernkarten für die amerikanischen Offiziere (ich war Unteroffizier). Den Vizedirektor der Pariser Oper, Monsieur Decerf, kannte ich noch aus der Zeit vor dem Krieg, als ich mit Kiepura dort gewesen war. Das hatte für mich unerhörte Vorteile: Denn nichts war damals schwerer, als Eintrittskarten zu bekommen, sogar für Generäle. Unsere amerikanischen Mächtigen wußten aber: »Der Prawy wird's schon richten.«
Ich hatte auf Grund meiner freundschaftlichen Beziehungen täglich zwei Eintrittskarten zur Hand. Wenn ich also einmal zu einem Oberst oder einem General gerufen wurde und man von mir verlangte, Opernkarten zu beschaffen, so bedeutete ich: »Das ist außerordentlich schwer, dafür brauche ich mindestens drei freie Tage.« Natürlich habe ich sie stets erhalten.

Ich liebte die Pariser Oper jener Tage. Das französische Repertoire, das man heute kaum noch spielt, habe ich damals kennen und lieben gelernt – »Thais« von Massenet, »Romeo et Juliette« von Gounod und viele andere. Ich hatte auch dort angebetete Lieblingssänger: Mein Freund wurde der fabelhafte korsische Tenor José Luccioni, einer der besten Otellos meines Lebens, und die herrliche Sopranistin Géori Boué, blendend in Massenets »Herodiade«.

Eine köstliche Episode bleibt mir in Erinnerung. Man gab »La flute enchantée«, Mozarts »Zauberflöte«. Neben mir saß ein hoher amerikanischer Offizier, der in mir den Fachmann erkannte: »Who is she?« Ich erklärte ihm das grausame Schicksal der Königin der Nacht. »Who is he?« Ich erklärte ihm die romantische Liebe des Prinzen Tamino. »Jesus, what is this damned animal?« (Was ist dieses verdammte Vieh?) Ich erkläre ihm das frühe Ende der Schlange. Daraufhin fragte er mich: »Is the American government paying for that crap?« (Zahlt die amerikanische Regierung für diesen Schmarren?)

Und auch am Tag des Kriegsendes, am 7. Mai 1945, war ich in der Oper. In der Pause konnte man vom Balkon aus sehen, daß alle Straßen voller jubelnder Leute waren: Der Krieg ist aus, haben sie gesungen der Krieg ist aus. Und die »Marseillaise«.

Nach Kriegsende wurde ich nach Deutschland versetzt, nach Bad Schwalbach bei Wiesbaden. Uns war es strikt verboten, mit den Deutschen zu fraternisieren, was de facto hieß: Man durfte ihnen nicht einmal einen Guten Morgen wünschen.

Ich bin in Bad Schwalbach gleich beim Einmarsch durch den Hintereingang in ein Musikgeschäft gegangen, habe Guten Morgen gesagt und alle jene neuen Richard-Strauss-Klavierauszüge erworben, die man während des Krieges in Amerika nicht bekommen hat, »Capriccio« etwa, und »Die Liebe der Danae«. Ich arbeite noch heute mit ihnen.

Ende Mai '45 war ich also in Bad Schwalbach »einmarschiert«, allwo ich im feinen Hotel Quellenhof residierte. Kein Georg Kreisler war da, mit dem ich eine Show hätte machen können, mit einem Wort: Mir war langweilig. Und dann hörte ich, man könne sich für eine amerikanische Universität in Biarritz anmelden; dort lehrten Professoren aus den Staaten, deren Aufgabe es war, amerikanische Soldaten für den Wiedereintritt in Universitäten oder auf eine Heimkehr ins bürgerliche Leben vorzubereiten.

Ich habe damals in Biarritz irgend etwas inskribiert, ich glaube amerikanische Geschichte. Dann wurde es August, in Hiroshima war die erste Atombombe gefallen, und die erwarteten Professoren aus Amerika kamen nicht alle an. Und da wurde entschieden, daß ich in Biarritz nicht als Student, sondern als Lehrer wirken sollte. Ich unterrichtete auf dem Papier Deutsch, aber ich beschäftigte mich mit den Studenten natürlich nur mit dem Thema Oper. Gemeinsam machten wir Ausflüge in die verschiedenen Opernhäuser des Landes. Einmal waren wir in Bordeaux bei einem mir unbekannten Stück »Chanson d'amour«. Nach den ersten Takten stellte es sich als eine französische Variation vom »Dreimäderlhaus« heraus. Das war damals das Debüt des später so berühmten Baritons Michel Dens als Monsieur François Schubert.

In Biarritz habe ich mich das einzige Mal in meinem Leben an einem grotesken Schwarzhandelsgeschäft beteiligt, damit aber niemanden geschädigt. Wir Soldaten bekamen unseren in Dollars fixierten bescheidenen Lohn in französischen Francs zum offiziellen Kurs ausbezahlt, ich glaube 50 Francs für den Dollar. Im Schwarzhandel war der Dollar, glaube ich, bereits 5000 wert. Da fand die amerikanische Regierung, dies wäre unfair für die Soldaten, und gab ihnen einen Mittelkurs von, glaube ich, 2000 Francs. Wer der Kasse 50 Francs brachte, erhielt dafür 2000. Also mal vierzig. Da borgten wir uns in der ganzen Stadt von allen

---

UNSERE WEGE KREUZEN SICH NUR SELTEN

Es tut mir wirklich leid, daß ich zu Marcys Lebensgeschichte nichts beitragen kann. Wir sind nicht zusammen aufgewachsen: Er war in Wien und ich in einem kleinen Nest in den Alpen, über dem Wörthersee. Das hat ihn für alle Zukunft zur Musik und mich zu den Bergen gezogen. Ich war mir immer nur bewußt, daß ich einen größeren Bruder habe, der immer bereit ist einzuspringen, wenn ich Hilfe brauche. Dies hat er auch für lange Zeit getan, wofür ich ihm sehr dankbar bin.

Von meiner Kindheit und Jugendzeit gibt es keine gemeinsamen Photos und nur wenig Erinnerungen. Während Marcy nun seit Jahrzehnten Ruhm und Ehren auf der ganzen Welt einheimst, lebe ich still und zurückgezogen in Denver, voller Dankbarkeit, endlich ein Zuhause zu haben. So kreuzen sich unsere Wege nur selten.

Laut Marcel Prawy ist es »eine der wenigen glücklichen Ehen, die ich kenne«:
die Verbindung seiner jüngeren Schwester mit John London.
Edith London lebt seit Ende des Zweiten Weltkrieges in den USA.

Ein Irrenhaus war vor und nach dem Krieg mein Quartier als amerikanischer Soldat in Le Vésinet bei Paris. Als ich dort war, hauste zumindest ein Opernnarr dort.

Bekannten Geld aus – etwa tausend Francs, versprachen ihnen, die Schuld innerhalb einer Stunde mit 5000 Francs zurückzuzahlen, wir erhielten aber 40.000, und jeder war glücklich. Bis auf den amerikanischen Staat, der daran fast pleite ging. Nach wenigen Tagen wurde all dies eingestellt und der Umtauschbetrag auf den letzten Sold limitiert.
Mir passierte in Biarritz etwas, das mich den »Fall« Kurt Waldheim etwas anders sehen läßt. Eines Tages wurde ich zum Leiter der dortigen Militäruniversität, an der ich wirkte, gerufen, und man heftete eine Tapferkeitsmedaille auf meine Brust. Um Gottes willen, wofür? fragte ich. Da wurde mir bedeutet, daß ich noch immer zu meiner Einheit von Bad Schwalbach gehöre, die ich nur wenige Tage im Leben gesehen hatte. Diese bekam die Tapferkeitsmedaille. Wenn dies die Einheit erhält, wird sie jedem ihrer Mitglieder verliehen.
Es war – obwohl diese Zeit für das Land keine schöne und ich stets in Gedanken an meine Lieben in den alten Landen war – für mich ein erlebnisreicher Lebensabschnitt. Dennoch hatte ich den Wunsch, endlich wieder nach Wien zu kommen, um meine Schwester Edith wieder-

zusehen, die 1938 wegen ihres Verlobten dort geblieben war. Sie hatte überlebt, weil mein lieber »arischer« Onkel Baron Hans von Wurzian »bezeugt« hatte, sie wäre »Halbarierin« als uneheliches Kind von ihm mit meiner Mutter. Von »arischen« Freunden beschützt, hatte Edith diesen Krieg halbwegs anständig überdauert.

1946 habe ich also in Marseille abgerüstet, ging in das amerikanische Hauptquartier, das IG-Farben-Gebäude in Frankfurt, von wo aus es mir mit einigem Geschick gelang, als »military civilian« in der amerikanischen Besatzung in Wien unterzukommen.

Sentimental, wie ich nun einmal bin, wollte ich, als ich viele Jahrzehnte später in Paris eine Fernsehshow machte, noch einmal mein damaliges Quartier in Le Vésinet besuchen, Avenue Horace Vernet. Beim Eingang wurde ich merkwürdig verhört. Als ich erklärte, ich hätte hier einmal gewohnt und möchte die alte Stätte wiedersehen, kamen einige freundliche, weißgekleidete Herren und wollten meine Krankengeschichte aufnehmen: Le Vésinet. Es war vor dem Krieg und ist jetzt wieder ein Irrenhaus, und ich schien den freundlichen Herren durchaus würdig, wiederaufgenommen zu werden.

7. Ein Amerikaner in Wien

» Was war es dann, das Euch zurückgeführt?«
(Tannhäuser)

Als Soldat der US-Army habe ich in Marseille abgerüstet. Ich wollte nach Österreich zurück, um meine Schwester wiederzusehen, die den Zweiten Weltkrieg als sogenanntes U-Boot mit Hilfe christlicher Mitbürger überlebt hatte. Die Amerikaner hatten ihr europäisches Hauptquartier wie gesagt in Frankfurt am Main. Es war alles recht einfach: Ich habe dort deponiert, daß ich zur amerikanischen Besatzung nach Wien wolle; die haben sowieso Leute mit deutschen Sprachkenntnissen gesucht, und praktisch über Nacht war ich wieder in Wien.
Ich meldete mich bei der amerikanischen Militärbehörde in der Schmidtgasse und wurde dort ausführlich einvernommen.
»Sie sprechen deutsch?« fragte der amerikanische Offizier.

Wir Geschwister, Edith und Marcel. Ungleich, aber liebevoll.

»Ja, ich kann gut deutsch.«
»Wo sind Sie geboren?«
Ich: »Hier.«
»Was heißt hier?«
Ich erklärte ihm, daß ich wahrscheinlich in eben diesem Zimmer geboren wurde, in dem wir saßen. Denn 1911 war hier noch das Sanatorium Fürth, wo ich geboren wurde.
Ich wurde also zum Kulturdienst eingeteilt.
Meine Schwester hatte ich in akzeptablem Zustand wiedergefunden. Ich konnte sie sehr bald nach Amerika bringen. Sie hat sich später mit John London, einem ehemaligen Deutschen aus Kassel, verlobt, heiratete ihn in der Schweiz und lebt in glücklichster Ehe in Denver, Colorado, wo ich sie, wann immer es möglich ist, gerne besuche. Ich bin glücklich, daß ich ihr in die USA helfen konnte. Wir sind in guter Verbindung, haben einander sehr gerne, obwohl die Anzahl meiner Besuche drüben nicht mehr so groß ist. Es ist so kalt in Denver, und »eine Meile hoch« ...
Damals, unmittelbar nach dem Krieg, wurde ich also in Wien in eine Abteilung namens »I and E« gesteckt, »Information and Education«. Meine Hauptaufgabe war es, Deutsch zu unterrichten, und das im Radiosender der amerikanischen Besatzung – am Schreiberweg im neunzehnten Bezirk – »American forces network for Austria«. Mein Kursus hieß »German made easy«. Damals entwickelte sich bereits der spätere Prawy. Mein Chef nämlich, Sergeant Byron Sanders, hat sehr gerne gesungen. Daher habe ich den Kurs auf Musik aufgebaut, etwa auf Lieder von Robert Stolz. Unser blutjunger Pianist wurde später berühmt und blieb mein lieber Freund – Heinz Neubrand, Starpianist meiner »Kiss me, Kate«-Produktion an der Volksoper. Wir arrangierten eine englische Fassung von »Im Prater blüh'n wieder die Bäume ...« Amerikanischkurs mit: »In the Prater the trees are blooming again ...« Ein netter Druckfehler stand in einer Zeitung: Statt »German made easy« (Deutsch leicht gemacht) stand da »Germans, made easy« (Die Deutschen, leicht gemacht).
Selbstverständlich war damals Radio live, und meine Sendezeit war so ungeschickt angesetzt, daß ich es sehr schwer hatte, rechtzeitig ins Theater an der Wien zu kommen, wohin die kriegszerstörte Wiener Staatsoper ausgewichen war. Wenn also die 1996 verstorbene herrliche Ljuba Welitsch die Salome gesungen hat, kam ich zu spät, und es kann schon vorgekommen sein, daß meine Deutschstunde im Radio ein bißchen zu kurz ausfiel. Denn es wäre für mich unvorstellbar gewesen, ihr »Ich will deinen Mund küssen,

Jochanaan ...« nicht zu hören. Ich hoffe, daß diese Unterrichtsverkürzungen für meine Schüler kein allzu großer Schaden waren.
Ich war damals in der Wiener Rummelhardtgasse einquartiert, und mein Büro war im Keller des Hauses Friedrich-Schmidt-Platz 5. In diesem Haus residiert heute die Kulturabteilung der Stadt Wien. Nicht im Keller. Irgendwann einmal, auf einer Fahrt nach Salzburg, traf ich Ernst Haeusserman, den Sohn des berühmten Burgschauspielers Reinhold Häussermann. Haeusserman war, wie auch ich, in der US-Army gewesen, und nun, wie ich, Armeezivilist. Und bald auch mein Vorgesetzter. »Was machen Sie denn? Deutschunterricht? Kommen Sie doch zu mir in den ISB.« »Information Services Branch« hatte hier die Kulturmacht Amerika zu repräsentieren. Ich war ihm dort künftig unmittelbar unterstellt, und meine Aufgabe sollte es sein, die alliierte »Wochenschau« fürs Kino zu produzieren, »Welt im Film« hieß das gemeinsame Produkt der Amerikaner und Engländer. Ich war nun deren Redakteur, was zur Folge hatte, daß ich zwischen 1946 und 1950 über dieses Medium sehr viel Musik und sehr wenig Politik transportiert habe. Ich zeigte Herbert von Karajan, als er »Orpheus und Eurydike« von Gluck bei den Festspielen von Salzburg dirigierte. Ich zeigte die Heimkehr Emmerich Kálmáns, die von Robert Stolz, zeigte einen runden Geburtstag von Dr. Rudolf Sieczynski, den Schöpfer des Liedes »Wien, Wien, nur du allein«. In der Wochenschau feierten wir mit dem Operettenkomponisten Edmund Eysler – einem überlebenden Nichtarier – Geburtstag.
Und eines Tages war es vorbei. Die »Wochenschau« ging in österreichische Hände über. Mein Chef Ernst Haeusserman, der die Wochenschau nach außen hin repräsentierte, während ich sie wirklich machte, erfaßte, nun würde einer von uns den Job verlieren. Da erhielt ich von ihm die erste Laudatio als »Prawy, der Mann der Wochenschau«. Den Job verlor ich. Zu meinen Aufgaben zählte auch, in Österreich Filme der Zensur zur Zulassung oder zum Verbot zu empfehlen. Als Mitglied der Kommission habe ich mir also die in der Nazizeit gedrehten Propagandafilme angesehen, habe mir erzählen lassen, wie sehr sich manche Schauspieler sogar darum gerissen hatten, darin mitspielen zu dürfen. Wir waren mit vielen unpolitischen Leuten befreundet, die in dieser Zeit Filme machten, mit Willi Forst zum Beispiel, der eben damit beschäftigt war, seine »Weana Madln«, die er noch während des Krieges zu drehen begonnen hatte, fertigzustellen. Ein Problem war, daß die Verbotslisten der Schauspieler bei den vier Alliierten nicht gleich waren. Die Ameri-

kaner haben noch Filme mit Darstellern vernichtet, die bei den Russen am Rosenhügel schon wieder drehten.

Einer der vielen Filme, den ich damals zu begutachten hatte, war ein Nazi-Propagandastreifen, dessen Musik der Filmkomponist Willi Schmidt-Gentner, mein Vorkriegsfreund, geschrieben hatte. Eines Tages sagte er zu mir: »Hör dir die Musik aus diesem Vorspann an, was hältst du davon?« Mir gefiel sie. »Mir auch«, sagte er, »aber jetzt hör sie dir einmal von hinten nach vorne an.« Er spielte die Musik vom letzten bis zum ersten Takt. Was war da zu hören? Die »Alpensymphonie« des Richard Strauss! Wer bekam die Tantiemen?

In Wahrheit hat unsere amerikanische Verwaltung, wie immer in Amerika in Friedenszeiten, nicht so ideal funktioniert, wie man das geglaubt hat, sie war ein wenig schlampig, oft zum Nutzen der Sache und der menschlichen Beziehungen.

Mein Chef Ernst Haeusserman und ich hatten unser Büro in der Neubaugasse 1 im siebenten Bezirk. Eines Tages stürmte zu Haeusserman ein Herr, fragte: »Sind Sie der Chef? Ich will mich beschweren.« Haeusserman ist freundlich, bietet ihm einen Platz an und fragt: »Worüber wollen Sie sich denn beschweren?« – »Auf der Straße haben mich zwei amerikanische Soldaten angepöbelt, haben zu mir Faschist gesagt. Das ist eine Frechheit, ich erwarte eine Entschuldigung!« Haeusserman: »Bitte, ich bin ja der Leiter der Filmsektion, wer soll sich entschuldigen?« – »Ganz egal«, sagte der Mann, »ich wünsche eine Entschuldigung.« Worauf sich Haeusserman erhob und sagte: »Ich entschuldige mich!« Der Besucher war vollauf zufrieden, und damit war die Affäre erledigt.

Haeusserman hatte viel Humor. Einmal verbrannten durch unsere Nachlässigkeit zahllose Filme aus unserem Lager – bis auf fünf. Haeusserman meldete seinen Vorgesetzten: »Es gelang unserer Wachsamkeit, bei dem heutigen Filmbrand fünf Filme zu retten.«

Es gab wenig Haßgefühle zwischen der amerikanischen Besatzung und den Österreichern. Ich war als Filmoffizier weit weg vom Alltag. Ich widmete mich nach meiner Wochenschau-Tätigkeit dem USIS Kosmos Theater, wo ich – darüber wird an anderer Stelle zu berichten sein – erstmals in Österreich das Musical popularisierte. Meine Aufgabe war es vor allem, Amerika als kulturelle Weltmacht anschaulich zu machen.

Die hierarchische Struktur meiner Behörde durchschaue ich bis heute nicht ganz. Unser aller oberster Boß saß in Salzburg, war ein ehemaliger Schauspieler und hieß Pasetti. Ihm unterstellt war Ernst Lothar, vor dem

Krieg Direktor des Theaters in der Josefstadt und bekannter Schriftsteller. Ihm unterstellt war Ernst Haeusserman, zu dessen Mitarbeitern wiederum ich gehörte.

Ich habe damals auch die Filme betreffenden Verhöre mit ehemaligen Mitgliedern der NSDAP durchgeführt, vor allem mit Künstlern. Und es kursierte sogar das Gerücht, daß sich eine Reihe von »Ehemaligen« zusammengetan hätte, um unter der Regie von Karl Hartl Ernst Lothars Buch »Der Engel mit der Posaune« zu verfilmen. Damit war angeblich deren Reinwaschen von brauner Vergangenheit einfacher gewesen.

Als die Amerikaner und Engländer die »Wochenschau« wieder in österreichische Hände legten, übernahm sie der Chef des österreichischen Bundespressedienstes, Ingenieur Ernst Marboe, später Leiter der österreichischen Bundestheaterverwaltung. Wir haben einander kaum gekannt, aber wenige Jahre später berief mich Ingenieur Marboe als Innovator an die Wiener Volksoper. Einmal meinte mein »Entdecker«: »Einen Job haben Sie durch mich verloren, jetzt sollen Sie einen anderen durch mich bekommen.«

8. Erinnerungen an Erich Wolfgang Korngold

»Was du mir bist ...«
(Lied)

Am Anfang dieses Buches habe ich erzählt, daß Korngolds berühmteste Melodie »Glück, das mir verblieb«, Mariettas Lied zur Laute aus seiner Oper »Die tote Stadt« (1920), mein ganzes Leben wie eine Leitmelodie durchzogen hat. Lange vor unserer großen Freundschaft war er einer meiner Lieblingskomponisten.
Wie schön waren die Zeiten, als man die Melodien der Zeitgenossen nachsang und sich in deren Musik verliebte. Kulinarisch? Ja, Gott sei Dank. Heute haben wir ja eine lautstarke internationale Mafia, welche die Melodie bekämpft und verachtet. Es gibt in der ganzen Welt Organisationen zur Förderung zeitgenössischer Musik, die einem gefallen mag oder nicht. Dagegen ist im Prinzip nichts einzuwenden. In Wien ist es die sehr professionell geführte Serie »Wien modern«, deren geistiges Oberhaupt der ausgezeichnete Dirigent Claudio Abbado ist. Parallele Organisationen verschiedener Qualität gibt es auch anderswo.
Es ist wert, deren Prinzipien zu studieren. Was wird eigentlich als *modern* betrachtet? Überall hören wir dort zum Beispiel noch Musik von Anton von Webern, zu Recht, denn er war ein großer Pionier der seinerzeit neuen Musik. Aber »modern«? Wieso? Bald wird es ein Jahrhundert, seit man sein Wirken kennt! Er gehört in die Epoche unserer Großeltern. Hätte man im Jahre 1900 ein Festival »Wien modern« produziert, wäre darin Musik von Paisiello oder dem frühen Schubert vorgekommen? Es ist vielleicht zu sehr verallgemeinernd, aber die Melodiker sind aus derartigen Programmen total ausgeklammert. Wann hört man dort schon Musik von Leonard Bernstein? Von d'Albert? Oder von Korngold?
Korngold war der letzte große Melodiker der Oper. Auch er gehört zu den Opfern im Weltkampf gegen die Melodie. Es ist heute gar kein Mut mehr dazu notwendig, für melodielose zeitgenössische Kompositionen einzutreten. Die werden weltweit gefördert. Es gehört Mut dazu, für Bernstein einzutreten, für Meyerbeer, für Gounod, oder für Korngold. Also, auf in den Kampf!

Erich Wolfgang Korngold hatte es schwer, sich durchzusetzen, weil er es anscheinend so leicht hatte. Er war Jahrgang 1897, wurde in Brünn geboren, begann als Wunderkind mit etwa sechs Jahren zu komponieren und blendend Klavier zu spielen – sein Vater, Dr. Julius Korngold, war der in Wien allmächtige Nachfolger von Eduard Hanslick als Kritiker der »Neuen Freien Presse«.
Als sich das ungewöhnliche Talent des Kleinen in der Stadt herumsprach, war »der Papa wird's schon richten« der erste Kommentar. Bald erfaßte man, daß man es sich zu leicht gemacht hatte. Der alte Korngold, der junge Korngold, die ganze Stadt sprach über sie. Nun traten aber die bedeutendsten Figuren des Musiklebens für den Kleinen ein, Gustav Mahler war von diesem Talent entzückt und verschaffte ihm einen damals modernen Lehrer, Alexander von Zemlinsky. Bald befand sich Papa in der Zwickmühle. Wie weit durfte er seinen Sohn protegieren? Nahte da nicht eine Objektivitätsverletzung des Kritikers? Oder wäre es nicht genauso eine Pflichtverletzung, dieses unglaubliche Talent des Kleinen weniger zu fördern, als er es als Kritiker bei einem Fremden getan hätte?
Der entscheidende Durchbruch kam, als sich der Kleine, zwölfjährig, im Jahre 1909, bei seiner ersten Hofopern-Premiere in der Direktion Felix von Weingartners vor dem Vorhang verbeugen durfte. Es war bei der von ihm komponierten Ballett-Pantomime »Der Schneemann«. Hatte man eine Wiederkehr des Wunders Mozart erlebt? Das meinten manche. Rückblickend kann man sagen: nein – aber das Debüt eines großartigen, hochoriginellen jungen Komponisten.
Bald wurden sie Volksfiguren in Wien, der alte Korngold, der junge Korngold. Geschichtchen um beide durchschwirrten die Donaustadt. Der Vater galt als autoritär und doktrinär, ebenso die Mutter. Sie hatte einmal am Wiener Salzgries gewohnt, der Volksmund nannte sie die »Salz-Grisette«. Man erzählte sich, es würde ein neues Trio des zwölfjährigen Wunderkindes geprobt, in einer Traumbesetzung: Bruno Walter am Klavier, Arnold Rosé, Konzertmeister der Wiener Philharmoniker, am Geigenpult, deren Solocellist Friedrich Buxbaum am Cello. Bei der Probe saß der »Kleine« zwischen den Eltern. Sagt der Vater: »Die spielen zu schnell.« Die Mutter: »Die spielen zu langsam.« Der Vater: »Zu schnell.« Die Mutter: »Zu langsam.« Und der kleine Erich, der das Ganze ja komponiert hatte, meinte schüchtern: »Pappi, Mammi, mir gefällt das so, wie die es spielen.« Darauf beide Eltern unisono: »Du kusch.«

Bald wurden die Orchesterwerke des Knaben von den größten Dirigenten ins Programm genommen. Und es kamen die ersten Opern. Der Vater war klug genug, um dem Gerede den Mund zu stopfen, zu arrangieren, daß die Opern als Erfolge vom Ausland nach Wien kamen. Erich war neunzehn, als Bruno Walter 1916 in München seine ersten Opern »Der Ring des Polykrates« und »Violanta« (bald in Wien eine Glanzrolle von Maria Jeritza) aus der Taufe hob. Und er war dreiundzwanzig, als sein Meisterwerk, »Die tote Stadt«, nach einer gleichzeitigen Doppel-Premiere in Köln unter Otto Klemperer, in Hamburg unter Egon Pollak, in Wien 1921 mit Maria Jeritza Furore machte. »Glück, das mir verblieb« wurde zum richtigen Schlager, zahllose Bühnen, auch die New Yorker Met, spielten die Oper nach. Und seine nächste Oper, »Das Wunder der Heliane«, kam in Hamburg heraus, bevor sie in Wien 1927 Lotte Lehmann und Jan Kiepura zum Erfolg führten.

Damals war meine Familie bereits mit den Korngolds befreundet. Die Frau Erichs, Lucy, war die Enkelin des populären Burgtheatermimen Adolph von Sonnenthal. Erichs Hochzeitsgeschenk waren sehr schöne Lieder.

Und Erich war so komisch! Bei »Das Wunder der Heliane« waren ihm die Tempi des dirigierenden Staatsoperndirektors Franz Schalk zu langsam. Er hatte die Gewohnheit, auf seinem Logenplatz mit den Händen mitzudirigieren. Auch bei »Heliane«. Plötzlich, in der Mitte des letzten Aktes, senkte er die Arme und sagte: »Ich bin schon fertig!«

Eine andere Korngold-Story machte die Runde in Wien. Einmal gab ein reicher Mann in Döbling in seiner Prachtvilla eine Matinee mit dem kleinen Korngold. Der Gastgeber verstand nichts von Musik, gab aber solche Matineen in regelmäßigen Abständen. Vor der Korngold-Matinee hatte ihn die geschäftige Reklamebetriebsamkeit des alten Korngold zur Verzweiflung gebracht. Als er mit seinen Ratgebern das Thema der darauffolgenden Matinee besprach, riet man ihm zu etwas ganz anderem: etwa Barock, zum Beispiel nur mit Musik von Pergolesi. Wozu der Mäzen meinte: »Gut, unter einer Bedingung: Der alte Pergolesi bleibt zu Hause.«

Der Kompositionsstil von Erich Wolfgang Korngold kann als sehr persönlich und eigenständig bezeichnet werden (man erkennt Korngold beim ersten Ton, trotz starker Einflüsse von Richard Strauss und von Puccini). Bald hatte Korngold den nächsten Schock bereit: Ein unvergeßlicher Abend unter seiner Stabführung – er war ein sehr guter Dirigent – war am 23. Juni 1929 die Premiere seiner Bearbeitung der Ope-

Korngold: Wir waren Freunde. Meine Lebensmelodie ist »Glück, das mir verblieb« aus seiner Oper »Die tote Stadt«

rette »Eine Nacht in Venedig« an der Wiener Staatsoper. Korngolds intensive Beschäftigung mit der leichten Muse (was mir sehr am Herzen lag) wurde heftig kritisiert.

Schon vorher hatte er am Theater an der Wien durch seine Bearbeitung mit dem neuen Text von Ernst Marischka (1923) diese niemals zuvor erfolgreiche Operette mit Richard Tauber als Herzog zum Triumph geführt. Man spielt sie auch heute fast nur mehr in seiner Fassung. Aus kleinen, scheinbar unbedeutenden Phrasen machte er Meisternummern. »Sei mir gegrüßt, du holdes Venezia«, das Auftrittslied des Herzogs, gilt als ein Superschlager der Wiener Operette – es beruht auf einer kleinen Phrase aus der Johann-Strauß-Operette »Simplicius«, die dort niemals Eindruck gemacht hatte.

Viele Bearbeiter haben seither versucht, Korngold um die Tantiemen zu bringen, die Originalfassung zu spielen, oder, was Korngold gemacht hat, bis an die Plagiatsgrenze zu imitieren. Fast alle erlitten grausamen Schiffbruch. Korngold begleitete in Berlin am Flügel improvisierend seine von Max Reinhardt inszenierte Neufassung der »Fledermaus«. Er schrieb eine Operette nach Leo-Fall-Musik »Rosen aus Florida« und eine ganze Operette »Das Lied der Liebe« für Richard Tauber in Berlin nach völlig neu bearbeiteten, unbekannten Johann-Strauß-Melodien. All das führte zu einer Bewegung, die ihn nun als ernsten Komponisten nicht mehr ernst nehmen wollte.

Unsere Freundschaft wurde ganz intensiv in der amerikanischen Emigration. Korngold wurde in Hollywood der erste ernste Starkomponist des Films. Die meisten Errol-Flynn-Filme tragen seine Musik. Er arbeitete zunächst für die Firma Paramount, wo er einen Film »Give us the night« für Jan Kiepura schrieb. Darin kommt eine für diesen Film komponierte Oper »Romeo und Julia« vor. Jan Kiepura war Romeo, die populäre Mezzosopranistin Gladys Swarthout war Julia. Einmal war ich dabei, als Korngold Jan Kiepura ein neues Lied vorspielte. Kiepura, der echte Schlager wollte, immer mit polnischem Akzent, meinte: »Korngold, mit Ihre Musik ist Problem. Sie bringen Lied, man sagt: schlecht. Sie spielen zweitesmal, man sagt: ist ganz gut. Sie spielen drittesmal, man sagt: Lied ist Weltschlager! Dann singt man vor Publikum. Publikum hört wieder erstesmal und findet schlecht ...«

Korngold wurde dann Starkomponist der Firma Warner Brothers. Wieder rümpfte man die Nase. »Nun steigt er hinab in die Tiefe des Hollywood-Films.« Das Gegenteil ist richtig: Er hat die ernste Hollywood-Filmmusik erschaffen. Nicht wie früher seine Kollegen, die Lieder als Einlagen schrieben. Er komponierte Partituren, die jeden Augenblick der Story begleiteten und ausdeuteten. Aber nun fanden die, welche schon früher die populären Melodien seiner Opern über die Schultern ansahen, ein grausames Bonmot: Der Korngold hat sein ganzes Leben für Hollywood komponiert, er hat es nur nicht gewußt ...

Er liebte Hollywood, wollte aber doch immer wieder zurück zur ernsten Muse. Ich erinnere mich an seinen Eid in Hollywood, wo wir viel Zeit zusammen verbracht haben, an einen Eid, den ich nie verstanden habe: Er wollte, so lange der Krieg dauert, keine ernste Musik mehr schreiben.

Nach dem Krieg tat er es wieder ganz intensiv, obwohl er weiter in Hollywood lebte. Seine Filmmusiken wurden – ein großes Verdienst seines früh verstorbenen Sohnes George (der andere Sohn Ernst ist Lehrer in Hollywood) – als Orchesterwerke herausgegeben. Er schrieb neue, erfolgreiche Werke. Jascha Heifetz spielte sein neues Violinkonzert. Es gab auch ein Cellokonzert. Viel davon beruht auf Filmmusiken.

Korngold, während des Krieges: Es ist schrecklich, wenn man über so

grauenvolle Dinge Witze macht, aber einmal war ich dabei und habe mich krummgelacht. Es war die Zeit der »Wasserstoffblondinen«, wie Jean Harlow eine war. Jemand sagte, die Japaner hätten eine Wasserstoffbombe erfunden und drohten, sie abzuwerfen. Darauf Korngold: »Um Gottes willen, wir werden alle blond!«
Traurig war Erichs Rückkehr nach dem Krieg nach Österreich, in seine alte Heimat. Er war halb vergessen. Das Musikleben frönte dem durch die Nazizeit wichtig gewordenen Nachholbedarf an radikaler Moderne. Korngold galt als ein kaum bekanntes Relikt aus alten Tagen.
Ich war im Kulturdienst der Militärregierung und half, wo ich konnte. Ich brachte ihm die berühmte Sopranistin Christel Goltz in seine alte Wohnung in die Sternwartestraße. Ich wollte sie für »Die tote Stadt« interessieren. Niemand wollte die Oper mehr spielen. Es kam nur zu einer nicht sehr geglückten Produktion in München. Aber Korngold hatte noch eine bei uns nie gespielte Oper mitgebracht: »Die Kathrin«. Vor den Nazis für die Wiener Oper mit Jarmila Novotna und Jan Kiepura geplant. Durch die Nazis nicht mehr aufgeführt – außer in Stockholm.
Nun brachte die Volksoper 1950 das Werk. »Die Kathrin« wurde kein Erfolg, obwohl sie viel prachtvolle Musik enthält. In der Volksoper sangen Maria Reining, Otto Edelmann, die jung verstorbene Hilde Ceska – es schlug nicht ein. Korngold war tief gekränkt, er glaubte an diese Oper und witterte überall Nazigegnerschaft. Bei der Premiere saß ich neben ihm in der Loge. Er deutete wütend auf den Dirigenten: »Zu langsam, zu langsam ... Das ist sicher ein alter Nazi ...« Immer wartete Erich auf einen Applaus an einer bestimmten Stelle ... Sopranarie ... Ende ...: »Deine Kathrin ...« Jetzt zwei Pizzikatotöne, dann sollte er kommen. Ich ging in jede Vorstellung, es war immer um 20.35 Uhr, und ich »machte« in alter Claque-Professionalität den Einsatz. Es dirigierte Rudolf Moralt. Er ließ mir ausrichten, ich möge nicht in der vorderen Loge sitzen, der Einsatz mache ihn nervös ...
Korngold war zutiefst deprimiert. Einmal sagte er mir, er wünschte sich ein paar positive Berichte in Amerika über seine Rückkehr nach Wien. Ob ich nicht helfen könne. Ich sagte ihm, es gäbe da zwei Presseagenturen: AP, Associated Press, und UP, United Press. Ich brachte den Vertreter der AP in seine Wohnung. Der hatte keine Ahnung von Korngold, wollte auch nichts wissen, sondern trank und trank. Plözlich rief er: »I can smash the dishes.« (Ich kann das Geschirr zerhauen.) Und er tat es. Und weiter: »I can smash the window.« Ich kann das Fenster zerschlagen. Er

115

tat es. Endlich: »I can smash your wife!« Ich kann Ihre Frau niederschlagen. Und er warf Lucy auf den Boden. Da rief ich die Military Police und ließ den Randalierer abführen. Ich fuhr nach Hause. Gegen vier Uhr früh läutete das Telefon: »Prawy? Hier Erich. Ich wollte dir nur sagen, den von der anderen Agentur brauchst du mir nicht mehr zu bringen.«
Einmal ließ ich ihn vor dem Mikro stundenlang aus seinen Werken am Klavier phantasieren. Daraus wurde die Plattenrarität »Korngold by Korngold«. Ein andermal sagte er mir, er wolle eine endgültige Interpretation von »Glück, das mir verblieb« schaffen. Er studierte die Melodie mit Hilde Zadek und Anton Dermota ein, mußte dann verreisen, und so dirigierte Wilhelm Loibner. Ich habe diese unsterbliche Nummer nie schöner interpretiert gehört.
Damals arbeitete er in Europa an seinem letzten Film. Er hieß »Magic fire«, »Feuerzauber«. Es drehte sich um Wagner. Korngold bearbeitete die Musik und trat auch als Schauspieler auf. Er spielte Hans Richter, den Uraufführungsdirigenten von Bayreuth. Einmal fragte die Producerfirma aus Hollywood bei Korngold an, ob er für diesen Film den gesamten »Ring des Nibelungen« gekürzt auf drei Minuten bearbeiten könne. Korngold antwortete: Drei Minuten wären unkünstlerisch, er brauche vier. Und dieser »Ring in vier Minuten« wurde eine bezaubernd komponierte Köstlichkeit.
Es standen ihm keine guten Tage mehr bevor. Er starb, durch einen Schlaganfall gelähmt, 1957 in seiner Villa in Beverly Hills. Wie hätte er sich über die spätere Korngold-Renaissance gefreut. Sie begann mit meiner Produktion von »Die tote Stadt« an der Volksoper unter Direktor Albert Moser 1967 mit Marilyn Zschau, John Alexander und George London. Ein Jubelsturm des Publikums grüßte das Wiederhören mit »Glück, das mir verblieb«. Dann kam Götz Friedrichs Inszenierung mit Karan Armstrong an der Deutschen Oper Berlin und in der Folge auch an der Wiener Staatsoper. Korngold hat sich auf den Bühnen und im Konzert wieder einen Platz erobert – wenn auch noch nicht den, den er verdient. Ich bereite im Konzerthaus und im Fernsehen große Feiern für 1997 vor. Die hundertste Wiederkehr des Geburtstags, vierzigste des Todestages.
Erich Wolfgang Korngold war der erste große Komponist, den ich im Leben kennengelernt habe. Wenn er das Zimmer betrat, stürmte er zum Klavier und spielte sämtliche Opern und Operetten des Weltrepertoires auswendig, mit leidenschaftlich orchestralem Klang. Ich dachte, Komponisten wären so, das könnten alle.
O, wie habe ich mich geirrt ...

9. Ein Interview über den Siegeszug des Musicals auf dem Kontinent

»There's no business like show business«
(Annie, get your gun)

Interview Marcel Prawy mit Dagmar Mayer (Hainburg, NÖ), Studentin der Hochschule für Musik und Darstellende Kunst am 10. 8. 1996, Hotel Vollererhof bei Salzburg. Überschneidungen einzelner Themen mit anderen Kapiteln des Buches waren, um die Komplexität des Themas zu erhalten, nicht zu umgehen.

FRAGE: *Wann und wie kamen Sie zum ersten Mal mit dem Genre »Musical« in Berührung?*
PRAWY: Im Jahr 1939 ging ich in die Emigration nach Amerika, als Privatsekretär von Jan Kiepura, einem der berühmtesten Tenöre seiner Zeit, der an der Met gesungen hat, so daß ich die Welt der Metropolitan Opera in New York miterleben konnte. Seine Frau, Marta Eggerth, *der* große deutsche Filmstar der dreißiger Jahre (die sich wie durch ein Wunder ihre Stimme bewahrt hat und jetzt, mit über achtzig Jahren, noch immer triumphal auftritt) – Marta Eggerth sang im Musical. Dadurch war ich unter meinen Emigrationskollegen der einzige, der diese andere Welt kennengelernt hat.
Ich dachte, ich hätte die Weisheit mit dem Schöpflöffel gegessen, ein gescheiter, gebildeter Wiener, als ich drüben angekommen war, und war unendlich glücklich zu sehen, daß ich nichts davon wußte, überhaupt nichts! Ich habe dort also diese vollkommen neue Welt, die in den Kinderschuhen steckte, kennengelernt, und sie hat unbeschreiblichen Eindruck auf mich gemacht: die lebenden Autoren, die man am Telefon anrufen konnte, die am Nachmittag zum Tee kamen und nicht auf dem Zentralfriedhof lagen. Ungeheuren Eindruck machte auch das nicht subventionierte Theater, wo der Staat keinen Heller gibt, wo die Leute entweder Pleite machen oder Millionäre werden. Wo etwas Monate – damals war das sehr lang – oder ein paar Jahre lief, und alle entweder reich wurden oder das Theater am nächsten Morgen schon gesperrt wurde und die Leute ihr Frühstück schon nicht mehr bezahlen konnten, wenn die Kritik schlecht war.

Dadurch, daß ich für diese beiden Künstler gearbeitet habe, habe ich die führenden Persönlichkeiten dieser Welt kennengelernt, die Komponisten Irving Berlin, Cole Porter, Richard Rodgers und Jerome Kern, und wie sie alle geheißen haben. Im Jahr 1943 – ich war damals als US-Soldat eingerückt – hatten wir »Die lustige Witwe«, ich glaube, das war im New Yorker Majestic Theater, in einer Produktion mit Jan Kiepura und Marta Eggerth – eine Emigrantenproduktion: Robert Stolz hat dirigiert, der junge George Balanchine machte die Choreographie, Karl Farkas agierte in einer für ihn erfundenen Rolle des Königs von Pontevedro. Gegenüber hat »Oklahoma« eröffnet – das war einer der Markisteine der Geschichte des Musicals, von Richard Rodgers und Oscar Hammerstein.

Für mich war das symbolisch, wie das Bild zweier einander gegenüberstehender Wesen, denn mit »Oklahoma« hat die moderne Geschichte des Musicals eigentlich erst begonnen. Die Geburt des Musicals war früher, in den späten zwanziger Jahren, die Reaktion auf den Tonfilm: Das »Theater der leichten Muse« sollte den Tonfilm überleben – in Europa war das die Operette, die daran gestorben ist (außer zehn oder

---

EIN GEWISSER ANTISEMITISMUS?

Von der ersten Begegnung an, das war in einem Philharmonischen Konzert, wo Marcel Prawy sich uns selbst bekannt gemacht hat, hat mein Mann ihn nicht mehr aus den Augen gelassen. Prawy hat uns ins Kosmos Theater zu einer Musical-Show eingeladen, und ab dann hat mein Mann versucht, ihn in der Volksoper »einzubauen«. Die Schwierigkeiten waren groß; mit Juch, mit dem lieben, guten Salmhofer, der Angst gehabt hat, daß seine Musik zu kurz kommt. Manche Leute schoben die Ablehnung des Musicals und einen gewissen Antisemitismus vor, um sich nicht einen Konkurrenten hineinsetzen zu lassen.

1957, kurz vor dem Tod meines Mannes, waren wir gemeinsam mit Marcel Prawy bei Maria Jeritza in Newark, New Jersey, eingeladen. Für uns hat sie, was sie angeblich sonst nie tat, sogar einige Stücke gesungen, natürlich hat Prawy begleitet. Auf der Rückfahrt hat sich Prawy ständig verfahren, so daß wir erst um zwei Uhr früh heimgekommen sind. Aber man konnte Marcel einfach nicht böse sein.

Gertrud Marboe

zwölf Meisterwerken, die überlebt haben), in Amerika ist daraus die neue Kunstgattung Musical entstanden, ein bißchen intellektuell gepfeffert, moderne Tagesthemen, Einbau echter Weltliteratur – das setzte eigentlich mit »Show Boat« 1927 ein. Mit »Oklahoma« 1943 begann die große Zeit, die ich von »Oklahoma« bis »My fair Lady« 1955 und »West Side Story« 1957 rechne. »Musical« ist eine Abkürzung; erst stand sie für »Musical Comedy«, jetzt für »Musical Theatre«.
Ich bin ja dann bald eingerückt und daraufhin immer nach New York gependelt – aber die großen Sachen habe ich alle noch gesehen: »Oklahoma«, »Annie, get your gun«, »Carousel«, »Der König und ich«, »Street scene« von Kurt Weill, und wie das alles geheißen hat. Und der Gedanke, das nachher nach Österreich zu bringen, war schon damals in meinem Kopf. Nicht konkret, aber so halb. Und als ich dann als Mitglied der amerikanischen Besatzung nach Europa zurückkam, als »Kulturoffizier«, da gab es viele Programme, Musik, Vorträge usw., um zu zeigen, daß die USA mehr als Coca-Cola bedeuten. Diese Programme liefen in einem Theater in der Siebensterngasse, dem Kosmos Theater, am laufenden Band, Chef war Ernst Haeusserman, später Theaterdirektor an der Josefstadt, dann im Burgtheater und wieder an der Josefstadt, Professor an der Hochschule und Gründer des Instituts für Kulturelles Management, dem auch ich angehört habe. Ich bin dort emeritierter ordentlicher Professor.
Ich habe im Kosmos Theater Abende veranstaltet, das war von 1952 bis 1955. Im September 1952 gab es an der Volksoper ein ganz großes Ereignis: Ein Gastspiel von Gershwins Oper »Porgy and Bess«, in Amerika mit Hilfe des State Department produziert, quasi als »Amerika-Propaganda«, zwei Jahre auf Welttournee. Wir haben es so gesteuert, daß die Tournee an der Volksoper beginnt, das war Anfang September 1952. Mit dabei im schwarzen Ensemble war William Warfield, der berühmte Bariton, der mein Militärkollege war – wir waren in Amerika zusammen eingerückt –, und es war die Entdeckung der Leontyne Price, einer der größten Sopranistinnen unseres Jahrhunderts.
Der Abend schlug wie eine Bombe ein. Nicht bei allen. In einer Loge saß Clemens Krauss, der bald nach Anfang demonstrativ aus Protest das Theater verließ. Ich denke oft noch an die Premierenfeier im Hotel Bristol. Cab Calloway, der den Sportin' Life gesungen hatte, hielt eine nette Ansprache und erzählte, daß er in Wien so viele unbekannte Talente kennengelernt hätte. Er bat einen jungen anwesenden Pianisten, ihn

doch bei einem Song zu begleiten. Die beiden musizierten lange. Der Name des Pianisten war Friedrich Gulda.

Eine Woche später gab ich einen Abend, der »Von Show Boat bis South Pacific« hieß. Das war eine Blitzgeschichte des Musicals und der amerikanischen Volksmusik, von mir konferiert, im Kosmos Theater, mit wild zusammengefangenen jungen Amerikanern (»Was kannst du?«, »Hast du Noten?«, »Was kann man von dir ...?«, »Was machst du?«) – voll improvisiert, einen Abend lang. Das war ein solch beispielloser Erfolg, daß ganz Wien auf dem Kopf stand. Es gab Kritiken: »Größte Sensation in der Siebensterngasse im Kosmos!« Karl Löbl hatte sein Debüt als Kritiker mit einer Hymne auf das Kosmos Theater und meine Show. Es war auch meine »Entdeckung« als Conférencier.

Programme wie diese liefen drei Jahre, und zwar zwei- oder dreimal in der Woche. Und in diesen drei Jahren hatten wir nur drei- oder viermal Programmwechsel. Einfach waren auch die Titel: »So singt Amerika«, »Mit Musik durch Amerika«. Wir haben damit Tourneen durch ganz Österreich unter Leitung von Professor Heinrich Kraus, dem späteren Vizedirektor des Theaters in der Josefstadt, und schon im Jahr 1954 eine Fernsehsendung für den Hessischen Rundfunk in Frankfurt gemacht. Für das Publikum war das überall eine vollkommen neue Welt. Niemand kannte einen unserer Komponistennamen, keiner ein Musikstück. Dieses Programm hat einer der hervorragendsten Leute, die wir in Österreich jemals gehabt haben, Ingenieur Ernst Marboe gesehen, der Vater des späteren glänzenden Fernsehintendanten Ernst Wolfram Marboe. Ernst Marboe war zuerst Leiter des Bundespressedienstes, dann Leiter der Bundestheaterverwaltung. Er war auch Buch- und Filmautor, vor allem aber ein weit vorausblickender Visionär. Ohne ihn hätte es damals kein Musical in Europa gegeben, ich wäre nie in der Operndirektion gelandet – und nur durch Marboe wurde Herbert von Karajan künstlerischer Leiter der Staatsoper. Kaum achtundvierzig Jahre alt, erlag er 1957 einem Herzschlag. Ich bewahre ihm lebenslange Verehrung und Dankbarkeit, und ich freue mich über die Freundschaft seiner brillant begabten Familie – seiner Witwe Gertrud Marboe, genannt Susi, seiner Söhne Ernst Wolfram, der spätere Fernsehintendant; Peter, Leiter von Österreichs kulturellen Außenstellen im Außenministerium; Philipp, österreichischer Handelsdelegierter an verschiedenen Stellen im Ausland.

Marboe hat meinen Abend gesehen und gesagt: »Warum machen wir nicht ein ganzes Stück an der Volksoper!? Und *Sie* werden Direktor!« Er wollte mich zum Direktor machen, was ihm Gott sei Dank nicht

Weisser Smoking im Winter

FRAGE: Erinnern Sie sich an die erste Begegnung mit Marcel Prawy?
LÖBL: Das war im Kosmos Theater in der Siebensterngasse. Marcel Prawy hat dort in seinem berühmten weißen Smoking-Jackett Ausschnitte aus amerikanischen Musicals vorgeführt, die wir ja alle nicht gekannt haben. Er hat bei diesen Gelegenheiten immer Sänger mitgebracht, die wir ebenfalls nicht gekannt haben: Olive Moorefield, den damals noch nicht sehr bekannten Walter Berry, Norman Foster, der dann Staatsopernmitglied wurde, und so weiter. Und der Prawy hat uns auf eine hinreißende Art, die uns auch nicht geläufig war, weil er halt dieses Geschäft großen Entertainern in Amerika abgeguckt hat – sehr lebendig, sehr plastisch, sehr anschaulich, immer wieder mit Musikbeispielen unterbrochen –, über amerikanische Musicals Geschichten erzählt, deren Komponisten, deren Inhalt, deren Handlung, deren Stellenwert, und hat so sicherlich dazu beigetragen, erstens sich selbst populär zu machen. Es gab damals eine Gruppe von Leuten, die fast süchtig waren nach diesen Prawy-Vorträgen, so wie viele jetzt nach seinem »Opernführer« süchtig sind. Und zweitens hat er das Musical popularisiert, so daß es ihm dann Jahre später nicht schwerfiel, einem Marboe senior einzureden, daß man an der Volksoper Musicals spielen müsse. Er baute damals schon alles auf einer scheinbar lockeren Plauderei auf, aber bei mehrmaligem Besuch ist man draufgekommen, daß dahinter doch ein außerordentlich profundes Wissen steht. Und das ist etwas, was sich Prawy ja bis heute bewahrt hat: die Fähigkeit, die Menschen fast rattenfängerhaft zu ködern, und wenn das Publikum den Köder schluckt, dann hat es eine gute Portion Bildung mitgeschluckt.
FRAGE: Marcel Prawy begann diese Shows 1952. Waren Sie in der ersten mit Emanuel List?
LÖBL: Ich erinnere mich genau an ihn. Er hat sehr schön gesungen, es war nur optisch ein bißchen seltsam, denn er sah natürlich wie ein Gurnemanz aus.
FRAGE: Waren die Prawy-Shows Anfang der fünfziger Jahre gut besucht?
LÖBL: Es war so voll, daß man Beziehungen brauchte, um Karten zu kriegen.
FRAGE: Prawy wurde von Ernst Marboe senior versichert, daß er Volksoperndirektor wird. Und wurde es dann nicht auf vehementen Protest hin. Ist Ihnen das bekannt gewesen?

LÖBL: Also es ist mir neu, daß Marboe senior dem Prawy das fix versprochen haben soll. Ich weiß, daß Marboe den Prawy ungeheuer geschätzt hat, daß er sofort erkannt hat, daß das eine Figur ist, die für die Bundestheater ganz, ganz wichtig ist, um hier neues Repertoire, neue Ideen, neue Künstler und auch neue Leute für die Leading Teams heranzubringen. Ich persönlich kann mir Prawy als Direktor eigentlich nicht vorstellen, und ich glaube, daß er selbst heute nicht unglücklich darüber sein wird, daß er's zum Direktor nie gebracht hat. Nicht weil Prawy ein typischer zweiter Mann ist – er ist auf seine Art sicher ein erster Mann –, ich glaube nur, daß Prawy sich immer unglaublich konzentriert hat und konzentrieren wollte und konzentrieren konnte auf die Fernsehsendungen, Radiosendungen, Shows oder Bühnenproduktionen, die er als Producer betreut hat. Diesen Begriff hat er ja damals in den Bundestheatern eingeführt. Und ich kann mir nicht vorstellen, daß Prawy, wie es ja jeder Direktor können muß, in seinem Kopf auf zehn unterschiedlichen Gleisen parallel fahren kann. Also ich glaube nicht, daß das ein großer Verlust für ihn und für die Wiener Szene war und ist, daß er's zum Direktor nie gebracht hat. Ich weiß nur, daß er damals zwar sehr beliebt, sehr populär, sehr geschätzt war, daß es aber schon damals in Wien jenen latenten Antisemitismus gegeben hat, unter dem wir in Wien ja immer wieder leiden, wenn er hervorkommt, hervorkriecht aus seinen Schlupfwinkeln, und ich könnte mir vorstellen, daß das mit dazu beigetragen hat, daß der eine oder andere gemeint hat: »No, für an Bundestheaterdirektor an Jud, des kann i ma net guat vorstellen.« Es gab ja solche Leute, die – ohne daß sie Nazis gewesen waren –, einfach aus einem Gefühlsantisemitismus heraus, sich eine solche Besetzung nicht vorstellen konnten. Und warum sollte es dem Marcel Prawy besser gegangen sein, als es dem Ernst Lothar gegangen ist.
FRAGE: Wie würden Sie ihn in seinem Privatleben charakterisieren?
LÖBL: Der Prawy gehört zu jenen Menschen, die das Glück haben, daß ihr Hobby gleichzeitig ihr Berufsleben ist. Und solche Menschen, und ich kann das aus eigener Erfahrung sagen und definieren, reden sich dann ein, da das Hobby normalerweise das Privatleben ist, daß das Privatleben mit dem Berufsleben halt identisch ist. Und wenn man ein Einzelgänger ist, kann man das machen. Wenn man kein Einzelgänger ist, muß man das Glück haben, daß der Partner oder die Partnerin beruflich ähnliche Interessen, eine gewisse Nachsicht und eine gewisse Toleranz hat. Daß diese Toleranz beim Prawy sehr schwer aufzubringen ist,

> ist klar. Wenn man sieht, daß Prawy zwar nicht ein totaler Einzelgänger sein kann, aber trotzdem im Grunde seines Wesens der Prototyp des Junggesellen ist. Wenn man weiß, daß Prawy trotzdem eine lebenslange Freundschaft und eine lebenslange Gefährtin hat, die das halt zu ertragen sich angewöhnt hat, weil sie nicht immer nahe dabeisein muß, dann kann man wahrscheinlich annehmen, daß es sehr schwierig sein müßte, mit dem Prawy privat zu leben, auch deshalb, weil man in den Gesprächen mit dem Prawy sehr oft das Gefühl hat, er hört nicht zu. Das Interessante ist nur, daß er sehr gut zuhörer kann. Seine Reaktionen sind aber immer so ein Insistieren auf dem Selbstgesagten. Also wenn Sie mit dem Prawy ein Gespräch führen, dann sagt er: »... übrigens, übrigens ...«, wiederholt etwas, was er vor zehn Minuten gesagt hat – nochmals und nochmals –, in der Meinung, er muß es dem andern in den Kopf eingraben. Interessanterweise kommt er dann zwei Stunden, zwei Tage oder zwei Wochen später und reagiert genau auf das, was man selbst gesagt hat. Das heißt, das ist dann irgendwo gespeichert, seine eigenen Gedanken waren weiter vorn, die Speicherung funktioniert, und wenn er dann offenbar für sich selber Muße hat, beschäftigt er sich mit dem, was da im Hinterkopf abgelagert ist und reagiert darauf. Also wenn man das einmal akzeptiert hat, kann man mit ihm sehr gut umgehen. Beim Ehepaar Löbl gibt's hier einen ganz großen Zwiespalt. Meine Frau sagt immer: »Marcy, du hörst ja nicht zu. Ich halt' das nicht aus, mit dir kann man ja nicht reden.« Ich hab' mich dran gewöhnt und denk' mir, in zwei Wochen kommt er ja darauf zurück, wenn nicht schon in zwei Tagen.
>
> *Karl Löbl*

gelungen ist, ich halte mich nämlich nicht für einen Direktor. Aber ich wurde 1955 als Chefdramaturg engagiert, und wir sind darangegangen, in der Volksoper Musicals zu produzieren. Das waren die ersten Musicalproduktionen auf dem europäischen Kontinent. Vorausgegangen sind ein französisches »Annie, get your gun«, ein katastrophaler Durchfall in den ersten Jahren nach dem Krieg am Pariser Châtelet Theater, und zwei Zwergproduktionen von »Kiss me, Kate« in Deutschland mit einem Klavier oder drei Instrumenten, ohne Ballett, ohne Sänger – das war zwar sehr nett und reizend, aber zählt nicht. Was hingegen zählte, war der Pianist der Frankfurter Vorstellung von 1956: Christoph von Dohnányi wurde ein weltberühmter Dirigent.

Gertrud Marboe erinnert sich: »Auf diesem Bild stehen mein Mann und ich bei einer der Eröffnungsvorstellungen der Wiener Staatsoper im November 1955 mit Dimitri Schostakowitsch und dem Direktor der Moskauer Oper. Wenig später ging Marcel Prawy vorüber und pfiff eine Melodie aus der letzten Komposition von Schostakowitsch. Der hatte zuvor erklärt, daß er kein einziges Autogramm gibt. Doch in diesem Augenblick hat er sich umgedreht und meinen Mann gefragt: »Wer ist das?« Mein Mann hat sofort ein entsprechendes Statement über unseren lieben Prawy abgegeben. Und Prawy bekam als einziger ein Autogramm von Schostakowitsch.«

Wir waren die erste richtige, im amerikanischen Stil gemachte Großproduktion. Am 14. Februar 1956 haben wir mit »Kiss me, Kate« begonnen. Ich bin davon ausgegangen (Sie müssen wissen, daß ich eine andere Welt beschreibe als die heutige), daß das eine interessante Bereicherung des Opernrepertoires ist. Das Musical gehört in die Oper, mit einem operneigenen Stil, mit großen Stimmen gesungen, von großem Orchester gespielt, also ein Rausch von Musik. Wir haben darin (zum Unterschied von erfolglosen modernen Opern) ein Erfolgsschema einer modernen Oper gesehen – das war es, was wir machen wollten. Bei uns an der Volksoper wurde phänomenal gesungen. In meinen Musicalproduktionen haben die größten Sänger der Zeit mitgewirkt: Max Lorenz, Eberhard Wächter, Brenda Lewis. Bernd Weikl, der große Hans Sachs von heute, wurde in meiner Produktion von »Carousel« 1972 entdeckt, das war sein erstes Auftreten in Wien. Die größten bekannten Sänger und viele, die ich entdeckt habe, haben da mitgewirkt.

Ein anderes Prinzip war, daß ich Amerika und Europa mischen wollte.

»Ich schieße am besten von allen Frau'n im Westen« lautete in meiner Übersetzung das Auftrittslied der Annie in dem Musical »Annie get your gun« (I'm quick on the trigger), das Brenda Lewis von der Metropolitan Opera in meiner Volksopernproduktion von 1957 sang. Ihr Rollenfach umfaßte auch Carmen und Salome.

Es waren immer Amerikaner und Wiener einander gegenübergestellt. Das waren in »Kiss me, Kate« Fred Liewehr (als Petrucchio), der wunderbare Burgschauspieler, der eine Prachtstimme gehabt und als Opernsänger begonnen hatte, und Brenda Lewis, die zu jener Zeit auch die Salome an der Metropolitan gesungen hat. Nach Liewehr brachte ich neu den phänomenalen Peter Minich, der auch italienische Opern gesungen hat. Als Kate folgte Sonja Mottl, prachtvoll, ihr Fach reichte bis zu Rossinis »Wilhelm Tell«. Die Komiker waren Kurt Preger und Helmut Qualtinger, später Herbert Prikopa.

In Wien hatte das auch noch eine andere Bedeutung: Ich war der erste vor Karajan, der das Ensembleprinzip durchbrochen hat (bis dahin haben immer nur die gesungen, die fest engagiert waren). Ich bin auf eigene Kosten nach Amerika gefahren, habe Vorsingen organisiert und Sänger aus der ganzen Welt engagiert. (Ein halbes Jahr später kam Karajan an die Staatsoper und hat dort dasselbe auf höchstem Niveau gemacht.) Diese Auditions waren übrigens sehr professionell Wenn

Zu Cole Porter verschaffte mir mein Freund Albert Sirmai, Direktor des Chapell-Verlages in New York, in seiner Jugend als Albert Szirmay ungarischer Operettenkomponist der Vor-Kálmán-Zeit, das Entree. Welche Rollte sollte Cole Porter später durch meine Produktionen seines Musicals »Kiss me, Kate« an der Volksoper, in Triest, in Brüssel usw. einnehmen! Er war nicht nur ein bedeutender Songwriter – seine eigenen geistvollen Liedertexte gelten unabhängig von seiner Musik als Bestandteile der amerikanischen Lyrik, etwa im Stile von Kästner oder Morgenstern.

jemand kam und »Tosca« gesungen hat, und das war schlecht, ich aber hatte das Gefühl, der wäre gut fürs Musical, so habe ich gesagt: »Kennen Sie auch das?« – »Nein.« – »Probieren wir einmal! ... Die Lage ist zu tief für Sie. Versuchen wir einen Halbton höher.« Hier half, daß die amerikanischen Pianisten fast ausnahmslos vom Blatt transponieren können. Ich habe mit den Kandidaten intensiv gearbeitet. Olive Moorefield, die unser größter Musicalstar wurde, hatte nie je zuvor einen Ton Musical gesungen, sie hatte nur »Aida« und »Tosca« im Repertoire. Ich weiß nicht, ob man das bei den heutigen Massenvorsingen auch noch so macht, aber ich habe mich mit den Leuten beschäftigt, um aus ihnen etwas Neues herauszuzwicken, herauszukitzeln.

Maria Jeritza, die größte Opernsängerin unseres Jahrhunderts, hat 1967 mit mir gemeinsam die Vorsingen für Marietta in Korngolds »Die tote Stadt« abgenommen. Sie saß neben mir, sagte »Nimm die!«, »Mach mit der das!« ... So entdeckten wir Marilyn Zschau, die eine große Karriere gemacht hat, bei mir an der Volksoper auch »Show Boat« sang, oder Julia Migenes, die die vier letzten Lieder von Richard Strauss vorgesungen hat, so schlecht, wie ich sie kaum noch gehört hatte! Nach dem Vor-

Prawy ans Burgtheater

1955

19. II. Am Abend im Kosmos Theater, wo Prawy eine Show von Musicals entwickelt. Die Moorefield sehr nett. Viel Stimmung.

11. III. Unterredung mit Juch und Prawy. Endlich habe ich die beiden zusammengebracht. Prawy wird beauftragt, in den USA ein geeignetes Musical zu finden. Er wird die Bearbeitung übernehmen und durchführen und wahrscheinlich ab Herbst bei uns für Publikumswerbung, Presse, Publizität etc. eintreten.

5. V. Juchs wahrscheinlicher Abgang nach Düsseldorf/Duisburg heute in allen Zeitungen. Ich verhandle mit Salmhofer wegen Übernahme der Direktion ab 1. September.

21. V. Mit Salmhofer längeres Gespräch. Er nimmt VO-Direktion an, Bedingung allein und ohne Reif, jedoch schlägt er von sich aus Dr. Prawy vor.

1956

11. I. In Volksoper Probe von »Kiss me, Kate«. Der Dirigent Rudel und der Regisseur Rosen machen einen netten Eindruck. Die Probenatmosphäre ist gut, und es scheint, als ob ein frischer, jugendlicher Zug in die Volksoper gekommen wäre. Wollen wir hoffen, daß dieser Eindruck bestehen bleibt. Es kommen einige Arbeiter zu mir und sagen: Das ist etwas, wovon wir glauben, daß es dem Haus guttut.

18. I. Neuerlich bei Probe Volksoper »Kiss me, Kate«. Salmhofer-Prawy reiben sich. Salmhofer steht noch ganz unter dem Einfluß Paulik. Das geht nicht.

9. II. Nachmittags bei erster Orchesterprobe »Kiss me, Kate«. In der Volksoper mangelt es stark an Disziplin und Organisation. Prawy hat den Produktionsapparat zweifellos nicht in der Hand. Salmhofer vertritt eine rückschauende Linie und ist im Augenblick stark von dem Tenor Pichler sowie von Preger u. dgl., vielleicht auch vor Paulik beeinflußt.

14. II. Am Abend Premiere »Kiss me, Kate«. Großes Haus, blendende Stimmung. Ganz wenig Mißvergnügte. Frau Heilingsetzer findet Shakespeare beleidigt. Rott ist innerlich böse. Hoesslin sagt nachher, Rott kann nicht ertragen, daß ein anderer Erfolg hat oder daß er nicht recht hat.

16. II. Die Morgenzeitungen über »Kiss me, Kate« überwiegend ausgezeichnet.

17. II. Mit Salmhofer und Prawy konkrete Spielplanweiterarbeit. Prawy wird als Direktionsrat eingestellt.

25. II. Noch nie hat es so viele Autos rund um die Volksoper gegeben. Wir sind praktisch täglich mit »Kiss me, Kate« ausverkauft.
6. IV. In der Volksoper harmonieren Salmhofer und Prawy sehr gut. Wir müßten versuchen, Prawy für weitere Presseagenden heranzuziehen, vielleicht einmal für das Burgtheater.
1. VI. Das Unwahrscheinliche ist eingetroffen, del Monaco ist tatsächlich in Wien zu Gast eingetroffen. Er betritt die Direktion der Volksoper und ruft aus: »Kennen Sie schon die schlechten Kritiken der Callas?«
6. IX. Am Nachmittag Direktoren zur regelmäßigen Besprechung. Neuerlicher scharfer Zusammenprall Rott mit Volksoper, ein geradezu klinischer Haß gegen Prawy.
11. X. Mit Sittner und Prawy bespreche ich Sonderlehrgang Musical sowie Preisausschreiben Moderne Operette.
10. XI. Die Voraussetzungen für das Preisausschreiben Österreichisches Musical im Detail geschaffen.
11. XI. Nachmittag Unterredung mit (Louis) Bauer und Prawy. Wir fixieren den Vorgang für die Pressekonferenz am nächsten Tag hinsichtlich Österr. Musical.

Diese Tagebuchseite meines »Erfinders«, des Leiters der Bundestheaterverwaltung Ing. Ernst Marboe, betreffen seinen Plan der Umformung der Volksoper in Richtung Musical, bei dem ich als Chefdramaturg eingesetzt wurde. Aus dieser Seite, die ich bisher nie gelesen hatte, erfahre ich, daß ich am 17. Februar 1956, drei Tage nach der Premiere von »Kiss me, Kate«, zum Direktionsrat ernannt wurde. Danke schön! Mit wem soll ich jetzt die fette Gagen-Nachzahlung für über vierzig Jahre besprechen??
Kleines Lexikon der handelnden Personen: Olive Moorefield (meine Entdeckung als Musical-Star); Dr. Hermann Juch (scheidender Volksoperndirektor); Dr. Heinrich Reif-Gintl (damals hoher Beamter der Bundestheaterverwaltung); Franz Salmhofer (neuer Direktor der Volksoper); Julius Rudel (Dirigent, später Direktor der New York City Opera); Heinz Rosen (Regisseur und Choreograph); Anton Paulik (Operettendirigent); Alexander Pichler (Sänger und Regisseur); Mario del Monaco (Startenor, von mir an die Volksoper zum Wiener Debüt gebracht); Dr. Adolf Rott (Regisseur und Burgtheaterdirektor); Walter von Hoesslin (Bühnenbildner); Professor Hans Sittner (Präsident der Akademie für Musik und Darstellende Kunst); Louis Bauer (Freund und Berater Marboes, später Generaldirektor der ÖMV); Frau Heilingsetzer (Ministersgattin).

singen ging sie als ein potentieller Musicalstar hinaus. Sie war an unserem Hause beispiellos in »West Side Story« und ist heute ein Weltstar. Dazu muß man aber verstehen: Was steckt in dem Menschen drinnen? Was kann der? ... Ein Vorsingen darf auch nicht erst beginnen, wenn einer kommt und singt. Ein Vorsingen beginnt, wenn er »Guten Tag!«

sagt – da schaust du, wie er sich bewegt. Wenn er sagt: »Ich bitte um Entschuldigung, ich bin heute nicht gut bei Stimme«, achtest du darauf, wie er redet, wie er den Mantel ablegt – das alles gehört zum Vorsingen! Dann habe ich zum ersten Mal (was man nachher nie mehr machen konnte) Gäste in das Orchester geholt. Es gab nicht nur *das* Volksopernorchester. Dazu kamen Heinz Neubrand, ein berühmter Pianist, Trompete: Theo Ferstl vom Rundfunkorchester als Gast, Klarinette: Ottokar Drapal, der Bruder der im Lainzer Spital ermordeten Primaballerina Julia Drapal, Franz Cadek am Schlagwerk – mein Orchester war durchsetzt von Spezialisten. Dazu das gesamte Orchester der Wiener Volksoper – es haben achtzig Mann gespielt mit einem unvorstellbaren Klang, alles »Originalton« (also keine Mikrophone!)! Erst später habe ich ein einziges Mal Mikrophone verwendet, aber es war nur eine Show, bei der es nicht anders gegangen ist; alles andere war Naturgesang, echter Gesang! Alle meine Musicals waren Blitzproduktionen ohne Schließtage. Für »Kiss me, Kate« wurde der Regisseur und Choreograph Heinz Rosen am Weihnachtstag 1955 im Speisesaal des Hotel Regina engagiert; er kannte das Stück nur aus meinen Erzählungen. Sechs Wochen später war Premiere. Der Dirigent Julius Rudel war amerikanisierter Wiener wie ich, wurde bald darauf Direktor der New York City Opera, dann Dirigent der Metropolitan.

»Kiss me, Kate« hatte beispielloses Aufsehen gemacht. Es wurde gegen den Widerstand der halben Stadt produziert. Man sagte, der Schmarr'n vom Broadway gehöre nicht in ein Kulturtheater wie die Wiener Volksoper, ich sei ein amerikanischer Kulturspion – ich würde bezahlt dafür, die österreichische Kultur zu ermorden und die amerikanische zu propagieren – Zeitungen voll von solchen Sachen! »Küß mich niemals, Kätchen!« – Leitartikel in der »Arbeiterzeitung«, Proteste des Personals wegen der Gäste, Proteste vom Orchester wegen der Gäste. Aber unter dem Schutz von Ernst Marboe, der das Musical geliebt und die Situation verstanden hat (er sagte: »Mach, was du willst, kümmere dich nicht um das!«), haben wir »Kiss me, Kate« zum Triumph geführt.

Mein einziger Mitstreiter in der Volksoper war der wundervolle Bühnenbildner Walter von Hoesslin. Er wohnte damals in der Nelkengasse im sechsten Bezirk. An seinem Luster hing eine Kuhglocke. Er sagte, mit dem Musical begänne eine neue Theaterära in Europa – und läutete lang und lautstark die Kuhglocke. Wir hatten bei dieser »Kiss me, Kate«-Produktion auch zum ersten Mal Wochenschau und Fernsehen in der Volksoper.

> ### Er war der grosse Anzünder
>
> Die Zeit war reif für das Musical, mit guten Geschichten, origineller Musik, einem schlagkräftigen Team: Prawy ante portas. Bei Max Reinhardt habe ich gelernt, daß das Theater aus zwei Elementen besteht: aus Träumen und deren Verwirklichung. Prawy war im besten Sinne des Wortes ein Träumer; aber einer, der die Gabe hatte, Verwirklicher um sich zu scharen und zu begeistern. Und ich hatte das Vergnügen, einer der Verwirklicher zu sein.
>
> Direktor Salmhofer drohte mit seinem Rücktritt: »Entweder das Musical oder ich!« Die Betriebsräte habe ich noch heute im Ohr: »Hört's uns doch auf mit eurem blöden *Musnickl*!« – Ohne Ernst Marboes Einfluß wäre »Kiss me, Kate!« nie zustande gekommen.
>
> Prawy hat sich in alles – nicht hineingemischt, sondern hineingearbeitet: Übersetzung, Regie, Bühnenbild, Musik. Er war fähig, alle anzuzünden. Wir haben alle gebrannt für das Musical, und Prawy war der große Anzünder.
>
> *Walter von Hoesslin*

Danach fragten wir uns, wie wir weitermachen sollten, da wir ja nun vom Triumph belastet waren. Da hat Marboe gefragt, was »mit dem Bernstein« wäre. Leonard Bernstein hatte sich bereits als Dirigent einen Namen gemacht, als Komponist jedoch war er unbekannt. Von seinen Musicals, die er bis dahin geschrieben hatte, wie »On the town« oder »Wonderful Town«, hatte hier niemand etwas gehört. Wir haben beschlossen, im Herbst 1956 »Wonderful Town« von Bernstein aus dem Jahre 1953 als zweites Stück auf die Bühne zu bringen, wieder mit vollkommen freier Besetzung, von großer Oper bis zu Popsängern. Bruce Low hat darin gesungen, Olive Moorefield war wieder der Star, weiters eine glänzende schwedische Opernsängerin, Ulla Sallert.

Das war das erste Mal, daß Leonard Bernstein als Bühnenautor in Europa gespielt wurde! Damals begann meine Beziehung zu ihm, weil ich mich mit ihm bei der Produktion beraten habe, daraus entstand eine tiefe Freundschaft. Von da an hatten sämtliche Leonard-Bernstein-Stücke ihre europäischen Erstaufführungen in meiner Produktion und Übersetzung in Wien, Volksoper oder Staatsoper, der gesamte Bernstein – auch »West Side Story«!

»Wonderful Town« war eine künstlerische Novität. Hoesslin drehte in New York einen Film, der an die Bühnenwand projiziert als Dekoration diente. Der Kassenerfolg reichte nicht an »Kiss me, Kate« heran. Ein Gewerkschaftsführer der Volksoper meinte über Bernstein: »Wie der Name schon sagt, anscheinend irgendein Freund vom Prawy aus der Emigration ...«

Dann ließ ich mir ein bißchen einreden, daß man, mehr nach europäischem Geschmack, etwas Operettenähnliches bringen müsse, und produzierte »Annie, get your gun« von Irving Berlin, das reizende Musical um Buffalo Bill. Es war die dritte Regie von Heinz Rosen. Diesmal dirigierte mein späterer Freund, der grandiose Operettenkapellmeister Anton Paulik. Er hatte zu den größten Gegnern des Musicals gehört und wußte daher auch, wer ich war. Einmal öffnete ich eine Tür, da stand Paulik im Gespräch mit dem glänzenden Tenor und Komiker Kurt Preger. Bei meinem Eintritt verstummte das Gespräch, und Paulik

---

MEIN PRÄWY

Marcel Prawy ist aus der Emigration zurückgekommen, vollgefüllt mit amerikanischen Ideen. Das war mir zunächst nicht ganz geneuer. Für die Hauptrolle in »Kiss me, Kate« hatte er eine Bedingung: Es durfte kein Tenor sein – deswegen war er sofort gegen mich! Immerhin hatte ich alle großen Operettenpartien, vom Eisenstein bis zum Grafen von Luxemburg, vom Vogelhändler bis zum Danilo (noch unter Franz Lehár!) gesungen. Aber ich hatte noch Abende an der Volksoper abzusingen, also bekam ich die Rolle. Mit dem Regisseur Heinz Rosen konnte ich zunächst auch keinen richtigen Kontakt finden; er war eigentlich Choreograph und hatte für meinen Geschmack allzu genaue Vorstellungen, wie die Shakespeare-Szenen in »Kiss me, Kate« abzulaufen hatten. Erst mit der Zeit merkte ich, was der Fred Graham für eine wunderbare Rolle war, begann mich mit dem Regisseur zu verstehen – und wurde ein großer Prawy-Fan. Und Prawy war enthusiastisch für meine Darstellung. Das war das Ende einer Folge von kuriosen Mißverständnissen. Die verbissenen Feinde des Musicals verstiegen sich unter anderem auch zu folgender Kritik: »Es spielen lauter Amerikaner – der Liewehr ist auch dabei!« Das hat uns so amüsiert, daß ich ihn – als einziger – bis heute »Präwy« nennen darf.

Fred Liewehr

Beide mußten sich erst langsam an das Musical gewöhnen – in meiner Produktion »Annie, get your gun« an der Volksoper 1957 sang der große Wagner-Tenor Max Lorenz (r.) den Buffalo Bill, der »Operettenkönig« Anton Paulik (l.) dirigierte.

sagte: »Dich persönlich hab' ich nicht gemeint.« Was muß da gesprochen worden sein.

Das Thema in »Annie, get your gun« ist also die Geschichte von Oberst Buffalo Bill, dem Kämpfer in den Indianerkriegen, der nach diesen Kriegen mit seinen echten alten Mitkämpfern seine Wildwest-Show mit einer Darstellung seiner Kämpfe produziert hatte. Während unserer Produktion rief mich ein Herr an, stellte sich als Schmidhuber vor, sagte, er wolle mit mir sprechen: Er wäre Indianer in der Show Buffalo Bills gewesen. Ich zeigte mich über den wienerischen Namen des Indianers überrascht. Er erzählte mir, daß Buffalo Bild nach der Jahrhundertwende im Wiener Prater vor der Rotunde mit seiner Show gastiert habe. Die Einnahmen der Tournee waren schwach gewesen, er hatte nur wenige Indianer mit. Um sich in Wien besser zu präsentieren, ließ er Wiener Statisten rot schminken und sie die fehlenden Indianer spielen ...

Eberhard Wächter sang blendend den Frank Butler, und es gelang mir, allerdings nicht ganz leicht, den größten und schönsten Wagner-Tenor der Zeit, Max Lorenz, für die Rolle des Buffalo Bill zu gewinnen: Auf

In das Musical gehören große Stimmen – lautete mein Prinzip bei den Produktionen an der Volksoper. In »Annie, get your gun« 1957 wechselte Eberhard Wächter vom Wolfram zum Frank Butler.

einer Party in seinem Haus versuchte ich ihn zu überreden, während der große Paul Schöffler, der einmalige Hans Sachs, völlig dagegen war – diese Rolle sei eines Siegfried nicht würdig. Der Abend endete mit einem »Unentschieden«. Beim Weggehen flüsterte mir Paul ins Ohr: »Was hast du nur mit dem Lorenz? Ich wäre der richtige Buffalo Bill, laß mich das spielen!« Lorenz sang. Als er hoch zu Roß hinter einem von Hoesslin gemalten Vorhang erschien, gab es einen unendlichen Jubelsturm. Doch auch »Annie, get your gun« erreichte nicht den Kassenerfolg von »Kiss me, Kate«.

Daraufhin kam die Musical-Pflege an der Volksoper ins Stocken. 1965 folgte eine Riesenbombe: »Porgy and Bess«. Das ist eigentlich eine große Oper und kein Musical. Es wurde 1935 von George Gershwin auch als große Oper geschrieben, nur für Schwarze. Da die Metropolitan Opera keine schwarzen Sänger hatte, hat Gershwin abgelehnt, es dort aufzuführen, und es wurde am Broadway herausgebracht. Damals gab es noch keine Schwarzen, die klassisch sangen. Sie haben nur Spirituals und Volkslieder gesungen, und so konnte er also nicht einmal Vor-

»Bess you is my woman now«, Gershwins wundervolles Duett wurde an der Volksoper von Olive Moorefield und William Warfield fabelhaft gesungen.

singen machen. Darüber hinaus hatte er, da er ja ein Amateur im Opernschreiben war, nicht verstanden, was für außerordentliche Musik er da geschrieben hat. Er hat nicht erfaßt, wie schwer das zu singen war, was er da zu Papier brachte.

Ich danke eine tiefe Einsicht in das Schaffen von George Gershwin einem wunderbaren Mann, mit dem ich mich in New York sehr angefreundet habe. Dort hieß er Albert Sirmai, es war der emigrierte – in Ungarn noch heute populäre – ungarische Operettenkomponist Szirmay Albert. In den zwanziger Jahren nach den USA gekommen, war er zu meiner Zeit Direktor des berühmten Chapell-Verlages und früher engster Mitarbeiter von George Gershwin gewesen. Auf fast allen Gershwin-Klavierauszügen steht sein Name als Verfasser. Ich habe ihn zahllose Male nach den Bürostunden bei Chapell besucht und wurde nicht müde, seinen Erzählungen über George zu lauschen. Gershwin litt wegen seiner mangelnden klassischen Musikerziehung an Minderwertigkeitskomplexen, war leidenschaftlicher Wagnerianer, und Sirmai mußte ihm immer die Leitmotivtechnik seines Idols erklären. Er zeigte

mir einmal einen »Meistersinger«-Auszug mit Gershwins handschriftlichen Bemerkungen. Tatsächlich ist »Porgy« die von Leitmotiven am meisten durchsetzte Oper, die es überhaupt gibt.
Die Uraufführung im Jahre 1935 am Alwyn Theatre war nicht gut – außer den beiden Hauptdarstellern Todd Duncan und Ann Brown. Und als ich 1939 nach Amerika kam, sagte man mir noch – damals war Gershwin schon tot, er starb ja 1937 im Alter von nur 39 Jahren an einem Gehirntumor –, »Porgy«, der letzte Gershwin, wäre nichts, da gäbe es nur ein paar schöne Melodien wie »Summertime« ... Dann hat man »Porgy and Bess« umgemodelt, Sprechdialoge eingefügt (die gab's ja kaum im Original), die schweren Chöre gekürzt und ein Musical daraus gemacht. Nur die beiden Hauptdarsteller blieben die gleichen. Das war 1942 ein Riesentriumph, die Neuentdeckung von »Porgy and Bess«. Ich war dabei. Plötzlich gab es ein Musical, das mit Gershwins Oper wenig zu tun hatte, aber einen Siegeszug angetreten hat!
Ich war der erste, der zu Direktor Moser 1962 an der Volksoper sagte: »Was ist eigentlich mit dem Original, das nie gespielt wurde? Wir haben als Opernhaus alle Möglichkeiten – Gershwin hat sie nicht gehabt. Warum machen wir das nicht zum ersten Mal in Wien?!« Moser stimmte zu.
Und wir haben 1965 in Wien erstmals die Urfassung von »Porgy and Bess« produziert, als große, schwere Oper mit Riesenorchester, riesigen Chören, mit dieser phantastisch schwer zu singenden Sachen – zum ersten Mal auf der Welt, am 19. Oktober 1965 an der Volksoper. Die Moorefield war Bess, William Warfield der Porgy, und ich war sehr stolz

---

ER BRACHTE DIE AMERIKANISCHEN VOLKSOPERN

Prawys »Porgy«-Produktion hatte nichts mit der Musical-Version zu tun. Er spielte das Original. Manche Kritiker glauben, daß diese Wiener Produktion, die 1965 Premiere hatte, der direkte Vorläufer der Wiederaufführung der gesamten Oper war, wie sie endlich von der Met zwanzig Jahre später präsentiert wurde; daß also Prawys Produktion der Auslöser für einen Trend zurück zu den originalen Absichten der Autoren war. 1971 nahm er ein neues Stück in das Repertoire der Volksoper: eine deutsche Version von »Show Boat«. Prawy übersetzte selbst und ließ mich bei »Ol' Man River« ins Englische wechseln.

William Warfield

auf die Headline einer amerikanischen Zeitung: »Wien gab Gershwin, was Amerika ihm verweigern mußte!« Seit damals wird »Porgy and Bess« nur mehr so gespielt, die Musicalfassung ist gestorben. (Danach hat auch die Oper in Houston/Texas »Porgy« original gebracht und gemeldet, es wäre zum ersten Mal die Urfassung. Ich habe protestiert, daß das nicht wahr ist, und man mußte das berichtigen.)
Ich brachte am 1. März 1971 »Show Boat«, das Urmusical aller Musicals, wieder mit Warfield, der »Ol' Man River« gesungen hat, mit Julia Migenes und Marilyn Zschau, mit der größten Besetzung, die es überhaupt je gab. Es gab kein Mikro, alles war Originalklang, mit den größten, herrlichsten Stimmen. Nur »Wonderful Town« von Bernstein im Jahre 1956, mein zweites Musical, das eine Orchestration hatte, die eigentlich für Mikrophon geschrieben war, hatte ich mikrophoniert, bin aber dann davon abgekommen und habe alles nur mehr mit Originalstimmen ohne Mikro gespielt. Auch ohne einen Schließtag!
Am 15. Oktober 1972 machte ich »Carousel«, das ist »Liliom« von Franz Molnár als Musical. Das war die Entdeckung des heute weltberühmten Baritons Bernd Weikl (er war der Liliom), und auch Dagmar Koller war in meiner Produktion zum ersten Mal (seit ihren Ballettagen) Star der Volksoper.
Daraufhin wurde mir die Leitung des Theaters an der Wien angeboten: Stadtrat Hans Mandl hat mich zu sich gerufen und mir gesagt, ich mache das so fabelhaft mit den Musicals, er offeriere mir, als Direktor ans Theater an der Wien zu kommen. Ich antwortete, er möge mir doch drei Tage Bedenkzeit geben, und habe dann abgesagt, weil mein Herz der Oper gehörte, und ich bei der Oper bleiben wollte. Ich sagte ihm, für mich sei das Musical nur interessant als eine Ergänzung zur Oper. Ich wollte am Montag »Zauberflöte«, Dienstag »Kiss me, Kate«, Mittwoch »West Side Story«, Donnerstag »Fledermaus« … Ich weiß noch, ich habe abgesagt und Rolf Kutschera als Direktor empfohlen – nicht nur ich, aber er wurde es dann sofort, und er ist so anständig, in jedem Interview zu erklären, daß ich damals sagte, der Kutschera sei der richtige Mann. Rolf Kutschera hat uns in seiner großen Ära am Theater an der Wien mit zahllosen Stücken des Repertoires in glanzvollen Aufführungen bekannt gemacht und legte den Grundstein für die ausgezeichnete Arbeit seiner Nachfolger Peter Weck und Rudi Klausnitzer.
Wir wollten also »West Side Story« von Leonard Bernstein aus dem Jahre 1957 bringen – niemand hatte es vorher auf dem Kontinent angerührt. Ich war damals mit Bernstein durch meine Arbeit an »Won-

> IF I LOVED YOU, WORDS WOULDN'T COME IN AN EASY WAY...
>
> »... round in circles I'd go ...« Das singt der Billy Bigelow in Rodgers' und Hammersteins »Carousel«. Dr. Prawy hörte und engagierte mich. Dabei ging er auf der Probebühne in der Volksoper »round in circles« und machte sich Notizen. Das war vor 25 Jahren. Seither haben wir gemeinsam manche Matinee und viele TVs bestritten, und immer war es Marcellos schier unerschöpflicher Fundus an Fachkenntnis und Anekdoten, der das Publikum und uns alle begeisterte. Ich wünsche ihm von Herzen mehr als »the best that money can buy«.
>
> *Bernd Weikl*
>
> Die englischen Zitate stammen aus dem Musical »Carousel« – in meiner Produktion des Werkes an der Volksoper 1972 war Bernd Weikl zum ersten Mal auf einer Wiener Bühne zu hören.

derful Town« schon bekannt und sagte zu ihm: »Niemand traut sich an ›West Side Story‹ heran, ich möchte das machen!« Für mich war es als Musical das Meisterwerk aller Meisterwerke! Aber die Leute sagten mir: »Schau, was machst du mit den Tänzern!? Wie war das mit den Tänzern in New York!« Jeder hatte den Film gesehen! Bernstein: »Laß die reden, mach ›West Side Story‹. Ich will lediglich eines von dir: Tony und Maria müssen singen wie in einer Puccini-Oper. They must sing like Rudolfo and Mimi in ›La Bohème‹!« Das konnte er haben! Es war die Entdeckung der Julia Migenes in einem Massenvorsingen in New York. Sie war im Chor und kam dann für »West Side Story«. Überall habe ich einen Tony gesucht, wir hatten an der Volksoper den Adolf Dallapozza. Jeder hat mir den empfohlen, aber ich habe ihn abgelehnt, ich sagte: »Ein Stehtenor, kann nicht spielen.« Er hat dann phänomenal agiert, ich hatte unrecht, er hatte einen Triumph in »West Side Story«. Er war so gut, daß ihn Bernstein dann an die Staatsoper als Jacquino in »Fidelio« genommen und meine Vorstellung kaputtgemacht hat (das werde ich ihm nie vergessen!). Bernstein hat die Wiener Fassung geliebt. Er sagte, vieles an der Wiener »West Side Story« sei das Beste, was er je in dem Stück gesehen hat – durch den Gesang! Es wurde aber auch sehr gut getanzt. Ich hatte einen glänzenden amerikanischen Choreographen, Alan Johnson, und unser Ballett gab alles. Wir haben das Ballett und den Chor mit Gästen durchspickt.

Die »Porgy and Bess«-Familie an der Volksoper: Debria Brown (Maria, 1. v. l.), Archie Savage (Choreograph, 2. v. l.), der Familienvater (Mitte), Robert Guillaume (Sportin' Life, 2. v. r.), Olive Moorefield (Bess, 1. v. r.).

Wir haben »Porgy« mit 13 Schwarzen und 80 Mann Chor von der Volksoper gespielt. Um ihm ein bißchen amerikanischen »Pep« zu geben, haben wir den Chor mit in Wien lebenden Farbigen durchsetzt. Eine war tagsüber Telefonistin im Intercontinental Hotel und hat dann am Abend bei mir in »Porgy and Bess« gesungen! Die haben ein bißchen diesen »schwarzen Schwung« hineingebracht. Wie wir sie fanden, darüber gibt es unbeschreibliche Anekdoten: Nathaniel Merrill war der Regisseur von »Porgy and Bess«. Der sagte mir, man müsse für »Porgy« alle schwarzen Sänger aus Amerika herüberholen. Ich sagte: »Warte nur, es gibt jetzt so viele gute Schwarze in Europa, laß mich nur machen!« Ich habe überall angezeigt: »Vorsingen für ›Porgy and Bess‹ in der Volksoper, in München im Deutschen Theater.« Es war im Jahr 1965, an einem Sonntag um 11 Uhr. Merrill, der aus Amerika kam, um mit mir das Vorsingen abzunehmen, sagte: »Na warte, du wirst dich blamieren!« Als wir jedoch zum Deutschen Theater kommen, ist es umlagert von Schwarzen! Ich gehe zu ihnen und sage: »Guten Morgen! Es freut mich, daß Sie hier sind. Darf ich Sie bitten, mit mir hineinzukommen.« Die waren zuerst nicht sehr willig sind dann aber doch gegangen. Ich sagte: »Schauen Sie, es ist ein bißchen schwer, weil wir so viele Leute haben (es waren mindestens 100 dort!). Zuerst alle Damen an die linke Seite, alle Herren nach rechts.« Die waren ganz erstaunt und haben das schon nicht genau verstanden. »Und jetzt nach Stimmgattungen: bei den Damen Soprane nach vorne, Mezzo in die Mitte, Alt nach links, bei den Herren Tenor nach vorne, Bariton in die Mitte und Baß nach links.« Da steht einer auf und sagt: »Sagen Sie, was wollen Sie eigentlich von uns? Wir sind der Kongreß der afrikanischen Studenten der Staatswissenschaften in München.« Aber unter diesen hundert waren auch ein paar Sänger zum Vorsingen erschienen, und zwei oder drei haben wir engagiert.

Die »West Side Story«-Familie an der Volksoper bei der Vorstellung der Schallplatte am Premierentag: Der Familienvater (Mitte), Adolf Dallapozza (Tony, r. von mir), Julia Migenes (Maria, rechts von ihm), Arline Woods (Anita, 2. v. r., ihr tragischer Tod an einer Blinddarmentzündung während des Laufes hat uns erschüttert), Carmine Terra (Bernardo, 1. v. r.)

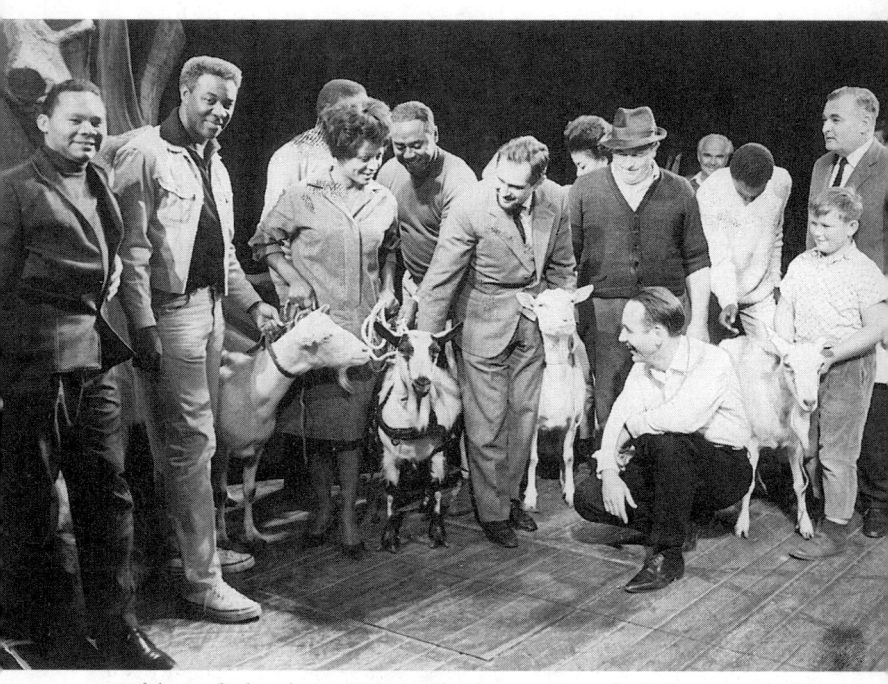

»**Welche ist die begabteste Ziege?**« Als ich annoncierte, die Volksoper suche für »Porgy and Bess« die als Zugtier des verkrüppelten Bettlers Porgy vorgeschriebene Ziege, erhielt ich die merkwürdigsten Bewerbungsschreiben, u. a.: »Mein Tier ist schön, etwas schwarz, etwas rot, im Grunde braun.« Auf der Bühne traf das Ensemble die Auswahl: James Randolph (Crown, 2. v. l.), Olive Moorefield (Bess, daneben), Lee Schaenen (Dirigent, Mitte, Hand auf der Ziege), Nathaniel Merrill (Regisseur der Metropolitan Opera, kniend), der Familienvater (r.), Albert Clipper (Mingo, 1. v. l.).

In »Porgy« wird eine Ziege gebraucht, die den Wagen des verkrüppelten Bettlers ziehen muß. Ich schaltete also eine Annonce, schrieb, daß die Volksoper eine Ziege brauche. Und bekam die komischsten Antworten: »Ich stelle Ihnen mein Tier zur Verfügung unter der Bedingung, daß Sie es nicht melken!« Oder: »Ich höre, daß Sie eine Ziege suchen und stelle mich gerne zur Verfügung.« Oder: »Mein Tier hat eine merkwürdige Farbe – etwas schwarz, etwas rot, aber im Grunde braun ...« Und nie werde ich die »Ziegenprobe« vergessen – alle Ziegen, die sich gemeldet hatten, stellte ich auf die Bühne, und die bezaubernde Olive Moorefield suchte mit den Sängerkollegen die geeignete aus. Unter den

schwarzen Gästen in »Porgy« und »Show Boat« befand sich auch eine junge Dame namens Donna Gaines. Sie sah ganz merkwürdig aus, weder schön noch häßlich. Sie sang weder gut noch schlecht und tanzte ebenso. Aber irgendwo fühlte ich in ihr eine starke Persönlichkeit. Sie war bettelarm, und ich hielt sie gegen den Protest von Regisseuren und Choreographen. Jahre vergingen. Im Wiener Konzerthaus gastierte ein großer Star, berühmt durch die Stimmen des Sex auf der Platte, namens Donna Summer. In einem ersten Interview erzählte sie ihre Verbundenheit mit Wien, wo »mir Marcel Prawy den ersten Job gegeben hatte«. Ich? Keine Ahnung. Ich ging ins Konzerthaus und fand, juwelenbedeckt, von Sekretärinnen umschwirrt, mit diesem neuen Namen meine gute Donna Gaines. Wir feierten ein rührendes Wiedersehen.
Ein ausgezeichneter schwarzer Künstler, Robert C. Battle, Darsteller des Mingo, starb kurz nach der Premiere. Die improvisierte Trauerfeier des Ensembles mit Singen von Spirituals hat mir tiefen Eindruck gemacht.

FRAGE: *Warum haben Sie sich zu Anfang gerade für »Kiss me, Kate« entschieden?*

PRAWY: Ich wollte mit etwas beginnen, was die Leute verstehen, und mehr als das, was ihr Herz anspricht. Das war das Manko an »Annie, get your gun«: Wer kennt hier Buffalo Bill?! Jeder Amerikaner liebt Buffalo Bill, den Kämpfer im Wilden Westen! Zunächst hieß es allerdings in Wien: »Sie können alles machen, Sie haben freie Wahl, nur bitte nicht ›Kiss me, Kate‹! Weil Shakespeare (das ist ja »Der Widerspenstigen Zähmung«) mit Broadway-Musik, das wird man in Wien nicht akzeptieren!« Ich war dann in Amerika. Dort gab es damals den sogenannten »summer stock«. Das heißt: Überall im Land waren Sommertheater, wo eine Gruppe von jungen Leuten für den ganzen Sommer engagiert war. Jede Woche ein anderes Musical, so daß Sie, wenn Sie herumfahren, die gesamte Literatur in einem Sommer studieren konnten. Und genau das habe ich gemacht, mit einem schrecklichen, billigen Oldsmobile, das immer wieder zusammengebrochen ist. Ich habe mir also alle Stücke angeschaut und mir dann gesagt: »Kiss me, Kate« – das verstehen sie! Ein Shakespeare, ein streitendes Ehepaar auf der Bühne, Eifersucht wegen der Soubrette, außerdem großartige Musik, ein wunderbares Stück, gescheit! Ich dachte mir immer, die können sagen, was sie wollen, für mich ist das das erste Stück!
Und dann war ich in Valley Forge in Pennsylvania und hatte einen Reifenplatzer. Da kam ein junger Schwarzer und fragte mich, ob er mir hel-

fen könne. Mit dem kam ich ins Gespräch. Er war Mitglied des Reise-»Porgy and Bess« von 1952, war in ganz Europa gewesen, konnte ein bißchen Deutsch und Tschechisch. Es war Hubert Dilworth, der später der Manager der Leontyne Price wurde. Ich fragte ihn, was er hier mache. Er antwortete, er spiele heute Abend »Kiss me, Kate«. Da sagte ich, ich käme mit. Und ich fuhr mit ihm in die Vorstellung, war davon begeistert, auch von ihm, und meinte dann: »Würden Sie jemals daran denken, nach Wien zu kommen und das auf deutsch zu spielen?« – »Ja, ich spreche ein bißchen Deutsch von Prag...« Er hat nie gedacht, daß das wahr werden könnte. Ich habe Hubert Dilworth nach Wien geholt, und er machte da Sensation! Ganz Wien hat gesungen »'s ist viel zu heiß...«. Ich hatte alles zur Auswahl, ich hätte machen können, was ich wollte, ich habe an vieles gedacht: an Kurt Weills »Lady in the dark«, an ein hier völlig unbekanntes Stück – »Finian's Rainbow«. Auch an die Werke von Rodgers und Hammerstein habe ich gedacht, aber die Autoren wollten aus politischen Gründen die Rechte für den deutschen Raum nicht vergeben. Ich habe kokettiert mit »Der König und ich«, weniger dachte ich an »Oklahoma« – wegen der Story. Aber »Carousel« hätte ich schon damals gerne gemacht, doch auch da war ein Problem: »Nicht im deutschen Raum!« – »Show Boat« wäre in Betracht gekommen, aber auch da gab es einen Haken: Was für die Amerikaner »der Mississippi« ist, interessiert die Wiener nicht! Die Geschichte von »Kiss me, Kate« hingegen war großartig, raffiniert – eine Musik auf drei Ebenen: die Ebene der »großen Oper«, der Operette und des Jazz in einem Stück dramaturgisch vereint! Und so kam »Kiss me, Kate«.

FRAGE: *Wie erwarben Sie jeweils die Aufführungsrechte für die Stücke?*
PRAWY: Für »Kiss me, Kate« hatte ein deutscher Verlag die Rechte, sonst immer von den Autoren. Es gibt in Amerika keinen Verlag, der die Rechte für ein Territorium wie Österreich zu vergeben hat. Man muß zu den Autoren gehen, die durch einen Anwalt vertreten sind. Das war oft sehr schwierig. Nach dem Triumph von »My fair Lady« 1956 wollte ich das Stück für die Volksoper haben. Ich hatte Lunch im Kursalon mit dem Komponisten Frederick (ehemals Fritz) Loewe, einem in Berlin geborenen Wiener, den ich gut kannte. Es war nichts zu machen. Er wollte die Rechte nur an ein Theater vergeben, das einen langen En-suite-Lauf garantieren konnte. Es wurde das Theater des Westens in Berlin, an dem ich – als Unterbrechung meiner Volksopernzeit – einmal zwei Jahre lang als Vizedirektor gearbeitet habe. Aus Rache an »Freund

Fritz« (das ist auch der Titel einer Mascagni-Oper) spielte ich bei einer Party in seiner Gegenwart am Klavier aus »My fair Lady« den Hauptschlager »I could have danced all night« so, daß man alle Anklänge bemerken mußte ... Da hörte man »Bohème«, aber auch das Lied »Fascination« usw.

FRAGE: *Wie sah die Finanzierung Ihrer Produktionen aus? Wer übernahm die Kosten?*

PRAWY: Wie bei jedem Stück die Volksoper – also der Staat. Es war genauso wie bei »Nabucco« oder der »Fledermaus«, nur war es teurer durch die Gäste, die nach heutigen Begriffen allerdings ein Butterbrot bekamen, inklusive der großen Olive Moorefield. Aber sonst war es wie jedes andere Stück, nichts fiel aus dem Rahmen. Auch nicht die Ausstattung – nicht teuer, überhaupt kein Bühnenzauber, ganz einfach. Das ist übrigens ganz wichtig: In der großen Zeit war das amerikanische Musical szenisch ein ganz einfaches Stück, alle Witze von sich drehenden Wänden, übereinanderstürzenden Spiegeln, fallenden Lustern, fliegenden Helikoptern haben in der Geschichte des Musicals nicht existiert. Was existiert hat, ist Musik, und die ist leider in den letzten Jahren daraus verschwunden. »Man geht heraus und pfeift die Ausstattung ...« Ich werde Ihnen sagen, wie die Regie von »Kiss me, Kate« war: Die Premiere war am 14. Februar 1956 an der Volksoper. Am Weihnachtstag, am 25. Dezember, hatte ich noch keinen Regisseur. Über Empfehlung von Otto Dürer, dem verstorbenen Leiter der Paula-Wessely-Film-Gesellschaft, kam ich auf Heinz Rosen.

Sechs Wochen später war Premiere! Es gab keinen Schließtag, die Ausstattung hat wenig gekostet – »Fledermaus« oder »Lustige Witwe« waren viel teurer! Auf der Bühne war in »Kiss me, Kate« fast nichts. Nur das »Nichts« mit dem fabelhaften Geschmack von Walter von Hoesslin, dem Bühnenbildner der Volksoper, später Leiter des Max-Reinhardt-Seminars, war phantastisch: Am Anfang war ein Vorhang, und von Hoesslin sagte: »Prawy, der Vorhang ... Ist das nicht arm, sollen wir nicht ein bißchen etwas auf dem Vorhang machen?« Ich sagte: »Ja, aber was?« Darauf von Hoesslin: »Du, ich habe eine Idee: Wir kaufen ein paar Zeitungen. Life-Magazine, die haben einen schönen Farbeinband!« Und er kaufte 30 Life-Hefte und klebte die Farbeinbände wild auf den Vorhang – das war eine Sensation, hat aber nichts gekostet! Unsere Produktionen waren nur herrliche Musik, herrliche Stories, Prachtstimmen und keine Mikrophone.

Ich habe übrigens noch etwas für Europa erfunden: den Producer. Ich mußte über dem Regisseur und dem Dirigenten stehen, quasi als allererster Kopf, wie der amerikanische Producer Harold Prince, der Starproducer der Welt (seinerseits ein sehr lieber Freund von mir, der oft bei meinen Hochschulklassen mitgetan hat). Oder auch Cameron Mackintosh. Das wurde mir zugebilligt, ich war die leitende Person, mußte immer konsultiert werden.

FRAGE: *Warum hat Heinz Rosen nach Ihren ersten drei Produktionen aufgehört?*

PRAWY: Eine entsetzliche, grauenvolle Krankheit, ich habe es nicht verstanden – er saß vor Ihnen und hat Sie nicht gesehen. Ich glaube, das war Alzheimer, er war wie eine lebende Leiche.

Er inszenierte auch »Wonderful Town«, sein bestes Werk, seine beste Arbeit, zum Teil hat er dafür in New York am Broadway photographiert. Er machte »Annie, get your gun«, woran wir alle nur halbherzig geglaubt haben. Er ging dann an die Oper, gestaltete »Eugen Onegin« an der Staatsoper, führte in München Regie, hat auch viel choreographiert (Ballett), aber dann mußte er wegen seiner Krankheit aufhören. Ein hervorragender Mann. Er hat mir oft etwas gesagt, was ich nicht wollte, sagte: »Bringen wir doch eine Wiener Operette nach unserem Produktionssystem auf die Bühne!« Das wollte ich nicht. Nie wieder habe ich einen Rosen als Regisseur gehabt – doch ja: Nathaniel Merrill war sensationell in »Porgy and Bess! Bei »Liliom« (»Carousel«) war ein ganz bekannter Europäer, und bei »Show Boat« ein Amerikaner, Lotfi Mansouri, der spätere Direktor der Oper in San Francisco (damals war er an der Oper in Toronto). Alles hat nicht viel gekostet, kein Aufwand. In »Show Boat« waren viel Ballett, viel Tanz, viele Kostüme. Aber es hat in keiner Weise das Budget belastet, nie flossen Extra-Millionen vom Staat oder von der Stadt Wien – nichts!

FRAGE: *Wie sah die Probenarbeit aus?*

PRAWY: Wie bei jedem Stück – mit der richtigen Besetzung auf der richtigen Bühne. Nur bei unserem ersten Stück, bei »Kiss me, Kate«, wo wir alle im Dunkeln getappt haben und gegen schrecklichen Widerstand im Haus anzukämpfen hatten, wo nur sechs Wochen Zeit vom Engagement des Regisseurs bis zur Premiere waren – da haben wir überall »schwarz« probiert: im Café Volksoper, im hinteren Saal vom Restaurant Falstaff gegenüber der Volksoper, im Speisesaal des Hotel Regina, unter dem Stadtbahnbogen haben wir einen Saal gefunden, in der Wohnung der Olive Moorefield, überall. Aber ich hatte einen wunderbaren Kapellmeister, der wie alle von der Oper kam und später Chefdirigent der New York City Opera wurde, Julius Rudel, ein amerikanisierter Wiener.

FRAGE: *Die meisten Stücke spielten Sie in deutscher Sprache, nach Ihrer eigenen Übersetzung. Welche Schwierigkeiten ergaben sich bei der Übersetzung der Texte?*

PRAWY: Die amerikanische Sprache ist unübersetzbar, weil die Amerikaner so rasch sprechen und rasch denken. Und das Broadway-Theater ist das Theater, das der amerikanischen Sprache zum ersten Mal ihre Entfaltung gegeben hat. Puccini-Opern auf englisch klingen italienischer, als wenn sie italienisch gesungen werden. Wenn Sie aber »Kiss me, Kate« auf deutsch übersetzen wollen, müssen Sie wissen, wo Sie Zugeständnisse machen müssen. Sie müssen die Reime an andere Stellen setzen, denn die deutsche Sprache verträgt so viele Reime nicht. Es ist also unvorstellbar schwer, doch ich habe da alle Preise gewonnen. Bernstein sagte mir, »West Side Story« sei auf deutsch besser als auf englisch. Das ist eine Schmeichelei. Nach meinem Gefühl habe ich bei meinen Übersetzungen 40 Prozent des Originals eingefangen, und das ist sehr viel!

FRAGE: *Heute hängt der Erfolg einer Produktion nicht zuletzt von Marketing und Management ab. Was war Ihre Werbestrategie?*

PRAWY: Ich hatte keine, warum auch?! Ich habe für die Musicals ebenso geworben wie für »Nabucco«. Die Tatsache, daß das Musical neu war, hat natürlich ein bißchen Wind in der Stadt gemacht. Es gab etwas mehr Interviews mit den Sängern. Aber ich dachte doch nicht im Traum daran, eine Werbemaschine in Gang zu setzen. Erst kam das Radio, später das Fernsehen, dann war einmal eine Pressekonferenz, doch das alles hat nichts gekostet, zum ersten Mal an der Volksoper.

FRAGE: *Welche Gedanken gingen Ihnen am Vorabend einer Premiere durch den Kopf?*

PRAWY: Bei »Kiss me, Kate«: Selbstmord! Ich habe nämlich – was man auch nur in Amerika gekannt hatte – zwischen Generalprobe und Premiere noch viel geändert, das war an der Volksoper ein Verbrechen – Aufstand! »Da kommt der blöde Prawy daher …!« Ich wurde als Amerikaner beschimpft – ich war ja amerikanischer Besatzungsoffizier, habe abgerüstet und war Österreicher wie immer, aber mir hing das noch nach. »Der glaubt, er kann hier machen, was er will!« Ich hatte wie gesagt Marboe als Schutz, einen phantastischen Mann, er hat in der Geschichte des Musicals die Spitzenstellung. Und es war ein Stück wie jedes andere. Es hat eben nur dadurch, daß es neu und anders war, etwas mehr Aufmerksamkeit erregt. Das heißt, der Journalist ist lieber gekommen, meine neuen Sänger zu interviewen, als einen alten von der Volksoper – so war das. Ich hatte es etwas leichter, wenn ich sagte: »Du, ich habe da eine nette, junge Dame aus New York, mach ein Interview mit ihr.« Vieles war bei mir neu. Ich hatte das erste Mal Fernsehen bei »Kiss me, Kate«, eine Reportage – es gibt im Archiv noch vier Minuten von meiner Originalproduktion.

Oft gab es Rechtsprobleme. Fernsehaufnahmen waren bei »Kiss me, Kate« möglich, nicht aber bei »West Side Story«. Da habe ich übrigens auch viel Neues eingeführt. Auf Grund eines Sondervertrages wurden für den Hörfunk Gesamtaufnahmen der Stücke mit Musik und Dialogen und meiner Originalbesetzung im Studio aufgenommen, die über alle deutschen Hörfunkstationen gingen. Bei »West Side Story« machten wir eine Platte vor der Premiere, die auch schon bei dieser Premiere verkauft wurde. Später bin ich davon abgekommen, weil die Stücke so »nicht eingespielt« wirken. Meine Rundfunkproduktionen der an der Volksoper bereits eingespielten Stücke sind viel wirkungsvoller als die vor der Premiere aufgenommenen Platten.

Es gab wie gesagt gewisse Beschränkungen der Senderechte, manches durfte man im Fernsehen nicht zeigen, wie eben »West Side Story«. Mit Bernstein habe ich viele Shows gemacht, sehr viel Fernsehen rund um ihn, wo ich auch Teile meiner Wiener Produktionen neu gestaltete. Wenn ich an die Milliarden denke, die heute ausgegeben werden! »West Side Story« war ein Stück wie »Fledermaus« oder »Zauberflöte«, es war nur richtig besetzt. Heute muß man natürlich die innere Schwäche der Dinge durch viel äußeren Humbug ersetzen. Die Schwächen liegen am Buch und an der nicht mehr existierenden Musik. Es wird doch kaum mehr ein Lied aus irgendeinem Stück berühmt. Wie viele Lieder sind aus »Annie, get your gun« bekannt! Aus »Kiss me, Kate« sind es zehn, aus »West Side Story« zwölf! Bei Andrew Lloyd Webber kennt man nur noch *zwei* Lieder aus zwei Stücken (»Don't Cry For Me, Argentina« aus »Evita«, »Memories« aus »Cats«); und jetzt gibt es sogar Stücke ohne Schlager.

Ich bewundere die Unternehmen sehr, die das machen, und auch die Mühe, die sie hineinstecken. Aber der Schwachpunkt daran ist, daß sie keine Ware zu verkaufen haben. Ich hatte Ware zu verkaufen, die Musik von Herrn Bernstein, von Cole Porter, von Irving Berlin, von Jerome Kern. Ich hatte eine Ware, fabelhafte Stories, fabelhafte Musik und herrliche Stimmen. Jetzt haben sie mit der Ware Schwierigkeiten. »Elisabeth« gilt als großer Erfolg im Theater an der Wien, eine glänzende Produktion, Hut ab – wunderbar! Fragen Sie aber einen Menschen in Wien, wer der Komponist von »Elisabeth« ist! Deshalb muß man viel Wirbel machen, weil wenig Substanz da ist. Es muß in »Miß Saigon« ein Helikopter landen, denn Musik haben sie keine, und die Story haben sie von »Madame Butterfly«. Im »Phantom der Oper« wartet auch fast jeder nur darauf, daß der Luster herunterfliegt. Das sind Events, Happenings – aber Stücke?

FRAGE: *Wie reagierte das Wiener Publikum auf Ihre Musicalproduktionen?*

PRAWY: Gigantisch, beispiellos – einstimmig! Die einzige Negativreaktion in manchen Zeitungen war der große Erfolg, den man als Einbruch des Kommerztheaters ansah. Wir hatten damals einen gigantischen Erfolg, ohne Nebenstimmen! »Annie, get your gun« war hingegen kein so großer Erfolg. Auch bei »Carousel« sagten sie, das Stück »Liliom« von Molnár sei besser. Die großen, »Kiss me, Kate«, »West Side Story« und »Porgy and Bess«, riefen jedoch einen Zeitgeisttaumel hervor. »Kiss me, Kate« hielten wir 17 Jahre im Repertoire, »Porgy and Bess« glaube ich sechs Jahre, das war alljährlich eine Porgy-Saison, da kamen die Schwarzen und gingen wieder. Und wir hatten einen Kulturauftrag zu erfüllen und bei Null begonnen – heute gibt es nicht ein Nest in Deutschland, das nicht eine eigene Musicalschule hat! Heutige Musicalproduktionen stehen und fallen mit dem Stück. Wir hatten noch für die Kunstform als solche zu kämpfen.

FRAGE: *Worin lagen die Unterschiede zwischen einer Musicalproduktion am Broadway und in Wien?*

PRAWY: Erstens: Alles, was neu ist, ist in Amerika oder in England ein Plus. Dort erwartet das Publikum das Neue. Bei uns sagt man von vornherein: »Die Fledermaus ist besser.« Bei uns ist die Aufgeschlossenheit des Publikums gegenüber dem Neuen nicht so groß. Sie müssen sich durch Ihren internationalen Erfolg durchsetzen.

Zweitens wird in Amerika besser gesungen. Die Erfindung des sogenannten »singenden Schauspielers« ist eine Erfindung des deutschen Theaters und mir zutiefst verhaßt. Ich kann Ihnen auch erzählen, wie das entstanden ist: Der berühmte Fall ist Rex Harrison in »My fair Lady«. »My fair Lady« war für Alfred Drake geschrieben, einen großen Opernbariton, der auch »Aida« gesungen hat. Alfred Drake ist kurz vor der Premiere erkrankt, ich weiß das, weil der Premierendirigent, Franz Allers, ein Freund von mir war. Julie Andrews war übrigens die erste Eliza in »My fair Lady« – eine echte Stimme! Für Alfred Drake wurde kein Ersatz gefunden, und Rex Harrison hat sich angeboten. Gegen den Widerstand aller Autoren hat man ihn in die Produktion genommen, und es wurde *der* Triumph. Nur – der Rex Harrison singt, wenn er spricht. Jeder Ton auf der Tonhöhe – Sie können Noten mitschreiben, wenn er spricht. Die Erfindung des deutschen Raums ist das »Nichtsingen« – für mich furchtbar! Echte Stimmen hatten und haben auch Schauspieler: Liewehr, Minich, Heltau.

FRAGE: *Nach Ihren ersten drei Musicalproduktionen kam es zu einer relativ langen Pause (1957–1965). Warum?*

PRAWY: Das hatte zwei Gründe: Der plötzliche Tod meines Protektors Marboe hat eine Rolle gespielt, er starb 1957. Mein großer Beschützer war also weg, und die Anti-Musical-Stimmen im Theater wurden lauter. Ich sagte nach »Annie, get your gun«, jetzt müsse eine alles überrollende Bombe her. Ich könne kein »Stückchen« mehr produzieren. Aber ich habe nichts Aufregendes gefunden, bis mir dann die Idee kam, »Porgy and Bess« zu machen. Da hatte ich ja auch den verrückten Einfall, Bernstein als Dirigenten einzuladen. Ich habe ihm geschrieben und bekam auch einen wunderbaren Antwortbrief, in dem er sagte, wie sehr er meine Idee bewundere und wie herrlich er das finde, was wir für Gershwin tun. Es sei einer der Träume seines Lebens, das zu dirigieren, aber er könne nicht, er dürfe mir nicht sagen, warum, aber: nein. Einen Monat später wurde sein Engagement an der Staatsoper mit »Falstaff« für 1966 angekündigt. Außerdem war ich von 1962 bis Anfang 1964 in Berlin am Theater des Westens unter Direktor Hans Wölffer als Vizedirektor engagiert, wo seit 1961 »My fair Lady« lief. Im September 1963 folgte »Annie, get your gun« mit Heidi Brühl. Ich habe mich dort jedoch leider derart gelangweilt, daß ich die meiste Zeit in der Oper zubrachte. Das waren also die Gründe dieser Pause, in der ich auch mit Radio und Fernsehsendungen usw. begonnen habe. Ich habe wieder viel in Amerika gearbeitet, bin hin- und hergefahren – es war eine etwas wirre Zeit. Ich lehrte zum ersten Mal an der Hochschule für Musik und an der Universität. Und erst mit »Porgy and Bess« wußte ich, daß ich wieder etwas in der Hand hatte.

FRAGE: *Wie sah bei Ihren Produktionen das Orchester aus?*

PRAWY: Wir hatten immer das ganze Volksopernorchester mit 70 bis 80 Mann plus manchmal spezialisierte Gäste in Spitzenpositionen, Jazztrompete, Jazzschlagwerk usw.

FRAGE: *Und die Wiener Musiker hatten keine Probleme mit dem Musikstil des Musicals?*

PRAWY: Ein guter Dirigent hat ihnen das in zwei Stunden beigebracht.
FRAGE: *Wie wählten Sie die Dirigenten aus?*
PRAWY: Das war nicht einfach. Ich habe mit Julius Rudel begonnen, weil ich mir gedacht habe: Wo könnte ich einen finden, der Wiener ist, in Amerika viel arbeitet, als Nebenjob im Sommer alle Musicals dirigiert hat, die ganze Literatur und Wiener Tradition kennt – und so kam ich auf Rudel, der mein erstes Musical dirigierte. Bei »Wonderful Town« hatte ich keinen sehr guten Dirigenten, einen Tschechen, Dalibor Brazda, empfohlen von Hubert Dilworth – er war nicht so gut, ich war nicht voll zufrieden. Bei »Annie, get your gun« habe ich viel vom Haus besetzt, da war Anton Paulik – ein bißchen Stil »alte Operette«, ich war nicht ganz zufrieden. »Annie, get your gun« war für mich überhaupt ein bißchen ein Tiefschlag, auch durch meine eigenen Fehler. Ich habe zu viel als selbstverständlich vorausgesetzt. Max Lorenz war ein großer Name, aber nicht wirklich ein Musicalexperte, auch nicht als Sänger. Er war ein großer Siegfried gewesen, aber seine Schmiedelieder hießen eben bei uns »There's no business like show business ...« Bei »Porgy« hatte ich wieder einen glänzenden Amerikaner als Dirigenten, Lee Schaenen, leider schon gestorben – und den fabelhaften amerikanischen Regisseur Nathaniel Merrill.
FRAGE: *Warum hörten Sie nach »Carousel« 1972 auf, Musicals zu produzieren?*
PRAWY: Ich habe aufgehört, weil ich an die Staatsoper engagiert wurde, da habe ich diesen Sektor fallengelassen. Inzwischen wurde auch schon Kutschera groß, und es kam ein etwas neuer Stil des Musicals. Außerdem sagte ich immer: »Die Oper ist meine Frau, das Musical ist die Geliebte.« Ich habe die Geliebte sitzengelassen, aber nicht die Frau. Ich habe mich immer nur für die Oper interessiert. Das Musical war mir lediglich so lange wichtig, als es in einen Opernbetrieb inkorporierbar war.
Als ich 1972 dann selber an die Staatsoper engagiert wurde, während an der Volksoper noch meine Musicalproduktion lief, kam ein musicalfeindlicher Direktor an die Volksoper, der berühmte Beckmesser Karl Dönch. Er folgte auf den phänomenalen Albert Moser. Der erste, bei »Kiss me, Kate«, war Franz Salmhofer gewesen, ein glänzender Komponist, glänzender Direktor, aber kein Musicalfreund. Albert Moser hingegen war ein phantastischer Mann. Er ging 1972 weg, wurde Generalsekretär im Musikverein, ich ging an die Staatsoper, Marboe war tot – so verlief sich alles! Außerdem wurde, wie gesagt, Kutschera im Theater an der Wien groß. Und ich hatte nichts, womit ich hätte sagen können:

»Jetzt schlage ich sie wieder alle!« Ich wollte ja nicht irgendwo hineinschwimmen, sondern wollte Bomben setzen. So habe ich mich dann nur mehr für die Oper interessiert und war glücklich an der Staatsoper mit Karajan und Bernstein.

FRAGE: *Und haben Sie später nie wieder das Verlangen gehabt, Musicals zu produzieren?*

PRAWY: Wahnsinnig gern – die alten Musicals, die man nicht mehr beachtete. Ich machte viele Abende in Linz, Tourneen, im Fernsehen, im Rundfunk, eine Tour in Deutschland – »Broadway Melodies«, mit ganz großen Sängern, die großen klassischen Musicals, wieder mit herrlichen Stimmen, sehr oft, mit Leidenschaft! Viele dieser Produktionen leitete ich für meinen fabelhaften Freund Karl Gerbel. Er ist ein Producer großen Stils und Leiter des Brucknerhauses in Linz. Zu den neuen habe ich nicht so eine Beziehung, es ist mir im Grunde genommen wurscht, ob der Helikopter landet – ich will wissen, was man dazu spielt und singt.

FRAGE: *Welche Ihrer Produktionen war für Sie persönlich die größte Bereicherung?*

PRAWY: Seelisch das größte Erlebnis war »Kiss me, Kate«, weil es das erste war. Auf der Bühne die größten waren »Porgy and Bess« und »West Side Story«.

FRAGE: *Wie denken Sie über Ihre Nachfolger Rolf Kutschera, Peter Weck und Rudi Klausnitzer bzw. deren Produktionen?*

PRAWY: Alle sind sehr gut. Nur: Ich mußte für die Sache *kämpfen*. Mir sagte man, Musical sei ein Schmarr'n, das gehöre nicht nach Wien, ein »Schmarr'n vom Broadway«, unter unserer Würde. Heute geht es nur um den jeweiligen Einzelerfolg. Es sagt heute niemand mehr, man solle keine Musicals spielen. *Die* müssen sich aus den Stücken beweisen. Kutschera war hochinteressant; durch ihn hat man eine neue Welt von Repertoirestücken kennengelernt. Seine Produktionen sind für damalige Zeiten oft lange gelaufen, drei bis vier Monate waren damals sehr viel. Man hat unendlich viel kennengelernt, und eigentlich ist in seiner Ära kein Stück wirklich durchgefallen.

Weck konnte sich in das von Kutschera gemachte Bett legen, er begann mit den langen Läufen. Und Weck – selbst ein ausgezeichneter Mann – begann mit »Freudiana«: Wenn ich Ihnen das Stück erzähle, würden Sie meinen, es sei eine Sensation. Wer es gesehen hat, weiß, daß es keine war. Man hätte daraus ein sensationelles Stück machen können! Trotzdem war es eine sehr gute Produktion. Auch »Elisabeth« ist eine sehr gute

Produktion – mit der Musik kann ich jedoch leider nichts anfangen. Die war viel schöner in der alten Operette »Sissy« von Fritz Kreisler – Paula Wessely spielte das wunderbar. Diese Sachen, die man heute so heruntersetzt, waren ja grandios. Diese alte »Elisabeth«, die Operette »Sissy«, die mit Paula Wessely und Hans Jaray Triumphe im Theater an der Wien feierte, vor dem Krieg, hatte die phantastische Musik von Fritz Kreisler und eine Handlung, von der mir Brigitte Hamann, die größte Fachfrau in Sachen Habsburger-Zeit, sagte, sie sei wirklich ganz gut.

Eine unvorstellbare Meisterschaft seit der Direktion Weck ist übrigens auch die Vermarktung – wirklich beispiellos. Ich kenne Leute, die haben schon viermal Karten für »Elisabeth« gekauft, ohne das zu realisieren. Sie buchten in Innsbruck ein Wochenende in Wien. Man sagte, sie bekämen das Mittagessen im besten Hotel, einen Abend in der Oper, einen Ausflug nach Schönbrunn, am Abend ein Musical – es war immer »Elisabeth«! Das machten sie viermal, und immer »Elisabeth«! Die Leute haben nicht gewußt, daß sie zu »Elisabeth« gehen! Manche luden dann Verwandte zum fünften Besuch ein. Ich mache mich darüber nicht lustig, ich bewundere das ehrlich!

Diesbezüglich sind natürlich Andrew Lloyd Webber und sein Erstproduzent, Cameron Mackintosh, Weltmeister. Er macht das in New York, in London, überall auf der Welt. Verstehen Sie, ich beuge mich vor jedem Erfolg, denn der ist nicht zu verachten. Es ist unvorstellbar, daß man diese Stücke jahrelang in neuerbauten Häusern spielt. Man darf auch die Leute nicht verachten, denen das gefällt, denn wenn Sie in einer Demokratie leben, dann müssen Sie die Stimmen des Volkes achten. Sie dürfen nicht sagen: »Du bist ein Trottel, wenn es um die Kunst geht, aber bei der Wahl ist deine Stimme staatsbestimmend.« Entweder erkennen Sie die Stimme des Volkes an, oder nicht. Jedenfalls ist es unglaublich, was die neuen Musical-Produzenten machen. Natürlich kommt ihnen etwas zugute: die totale Leere auf dem Feld der Oper. Es gibt kaum erfolgreiche neue Opern, und die Operette ist als schaffende Kunstform ohnehin schon ganz tot. 1911, als »Der Rosenkavalier« neu war, hatten sie es nicht so leicht gehabt.

FRAGE: *Wie beurteilen Sie den gegenwärtigen Stellenwert Wiens als Musicalstadt?*

PRAWY: Wien war immer allen voran, war immer richtungweisend. Wien hat einen unbekannten jüdischen Komponisten namens Gustav Mahler zum Hofoperndirektor gemacht, Wien hatte Richard Strauss als Staatsoperndirektor, Wien war vielleicht die erste große Richard-Wagner-

Stadt, war neben Dresden die erste Richard-Strauss-Stadt, Wien war immer voran. Und eigentlich ist es auch voran, was das Musical betrifft, wir haben jetzt vier Musicaltheater: das Theater an der Wien, das Raimundtheater, das Ronacher und die Volksoper. Also, ob Ihnen das gefällt oder nicht, Sie müssen sich vor dem Erfolg beugen – und Wien ist wieder voran!

FRAGE: *Wie sehen Sie die Zukunft Wiens als Musicalstadt?*
PRAWY: Das ist eine ganz schwierige Frage. Das Musical ist eine Eintagsfliegenwelt geworden, denn die großen alten Musicals kann man nur mehr in den Opernhäusern sehen. Schauen Sie sich die Programme an – nur in den Opernhäusern sehen Sie noch »Show Boat« und »Oklahoma«, die Eintagsfliegen sehen Sie nicht mehr. Sie sehen schon nicht einmal mehr »Evita«. Wie viel sich also davon halten wird? Ich glaube, nicht sehr viel. Ich glaube nicht, daß man von »Freudiana« etwas wissen wird oder später einmal von »Elisabeth« – dabei will ich den jetzigen Erfolg nicht schmälern. Dasselbe gilt übrigens auch für die Oper: Wieviel bleibt von den neuen Opern?! Ich weiß also nicht, wieviel von den neuen Musicals bleiben wird.

FRAGE: *Wie sehen Sie die allgemeine Entwicklung in der Geschichte des Musicals von den ersten Produktionen bis heute?*
PRAWY: Sie können der Weltinflation nicht entgehen, alles wird schlechter. Der Dollar von vor hundert Jahren war viel mehr wert als der Dollar von heute, der Schilling von 1965 war mehr wert als der Schilling von heute, der Schilling von heute ist mehr wert als der Schilling von übermorgen. Auch das Musical ist der Weltinflation nicht entgangen. Durch ein Geniewerk wäre das alles zu widerlegen, wenn einer kommt und etwas bringt – aber es kommt eben keiner! Es gibt auch nicht mehr das individuelle Schöpfertum, alles wird heutzutage von einer Gruppe gemacht. Da gibt es den Cameron Mackintosh, die Stella-Productions – 30 Leute! Haben Sie einmal die erste Seite eines Musical-Programmheftes gesehen, von wem das Stück ist? Bei »Lohengrin« stand: von Richard Wagner. Bei einem Musical sind es heute 35 Leute, und die schaffen weniger als einer!

FRAGE: *Könnten Sie nun noch einmal die wichtigsten Gedanken zu »Kiss me, Kate«, Ihrer ersten Musicalproduktion, anführen?*
PRAWY: Die Produktion war viel »gästedurchsetzter«. Der Helmut Qualtinger war einer von den Gangstern, Olive Moorefield und Hubert Dilworth wirkten mit, Anna-Luise Schubert, die jetzige Frau von Ernst Stankovski, war Solotänzerin. Das Prinzip: Vorher haben an der Volks-

oper die Fix-Engagierten gesungen, ich habe mit freien Leuten von der ganzen Welt besetzt.

FRAGE: *Wie sahen die Verträge aus?*

PRAWY: Schrecklich war die Rechtslage bei »Porgy and Bess«, weil der arme Gershwin ich glaube 30 Erben hatte, da mußten sogar Banken im Süden von Amerika zustimmen – das war fürchterlich! »Porgy and Bess« war übrigens auch das einzige Stück, das wir auf englisch spielten, obwohl es zwei deutsche Übersetzungen gibt. Trotzdem machten wir es auf englisch, weil ich das Gefühl hatte, daß das Stück unsagbar verlieren würde. Auf deutsch hätte man es mit Weißen mit prachtvollem Deutsch machen müssen. Das schlimmste ist gebrochenes Deutsch auf der Bühne. Wenn Sie Amerikaner engagieren wollen, die nicht deutsch sprechen können, ist das unerträglich! Entweder Sie machen das mit Europäern mit perfektem Deutsch oder mit Schwarzen mit perfektem Englisch. Und da, dachte ich, würde gerade »Porgy«, in dem eine ganz besondere Sprache verwendet wird, wahnsinnig verlieren – obwohl es oft auf deutsch gemacht wurde. Solch eine Produktion ist wirklich eine Wissenschaft: Es dürfen nie zwei Radebrecher miteinander sprechen. Es kann ein perfekt deutsch Sprechender mit einer radebrechenden Dame sprechen, das ist noch erträglich. Zwei Radebrecher sind jedoch unerträglich!

FRAGE: *Wie wurde Ihre erste Musicalproduktion international wahrgenommen?*

PRAWY: Gigantisch, es gab in der ganzen Welt Artikel darüber. Die Volksoper und ich waren Helden des Tages. Dieser erste Abend veränderte die ganze Theaterlandschaft Europas, plötzlich gab es überall Musicalvorstellungen und -schulen. Wobei es zuerst natürlich kaum Theater gab, die sich fast ausschließlich dem Musical verschrieben hatten, wie bei uns das Theater an der Wien. Die Opernhäuser hatten es zunächst übernommen, Musicals zu produzieren. Die Volksoper wies den Weg. Leonard Bernstein hat eine Prophezeiung gemacht: »Das Musical ist der embryonische Vorläufer einer zukünftigen amerikanischen Oper, die noch auf ihren Mozart wartet.« Vor vierzig Jahren habe ich fest daran geglaubt. Aber – hat ihm die neueste Entwicklung noch recht gegeben …?

FRAGE: *Haben Sie sich auch mit europäischen Musicalproduktionen außerhalb von Österreich beschäftigt?*

PRAWY: Ich habe auch die ersten Musicals auf italienisch und französisch produziert. 1959 war es »Kiss me, Kate« im Rahmen des von meinem späteren Freund Alfredo Sbisà aus Bari, Vizedirektor des Teatro Verdi, gegründeten Freilicht-Operetten-Festivals im Cortile (Hof) des Castello San Giusto in Triest. Die Übersetzung machte ich gemeinsam mit dem berühmten Operetten-Übersetzer Mario Nordio: »Baciami Caterina«. Der herrliche Opernbaß Italo Tajo war Petrucchio, von meinem Wiener Team sangen Olive Moorefield, Sonja Mottl, Hubert Dilworth – auf italienisch, die Komiker kamen von Giorgio Strehlers Teatro Piccolo in Milano. Heinz Lambrecht dirigierte glänzend 120 Mann der Triestiner Philharmonie. Da gab es eine lustige Panne. Als Heinz Neubrand als Pianist von der Volksoper ausschied, übernahm der dortige neue Hauspianist Hans Dokoupil; glänzend, leider jung verstorben. Um Dokoupil etwas zusätzlich verdienen zu lassen, legten wir für ihn zwei Takte Celesta ein. In Triest rief mich Lambrecht, der davon nichts wußte, an und sagte, er weigere sich zu dirigieren – er fände in ganz Triest keine Celesta ...

1971 kam Brüssel, »Kiss me, Kate«, »Embrasse-moi, Cathérine«. Die Übersetzung machte ich mit der Frau des Direktors des Théatre de la Monnaie, Monsieur Maurice Huismann; sie hieß Madame Ida de Becker. Ernst Pichler, der Wiener Assistent von Heinz Rosen, führte hier wie in Triest Regie. Ich war mit der Brüsseler Kate nicht zufrieden und durchsuchte ganz Brüssel Tag und Nacht nach Sängerinnen. Um Mitternacht fand ich eine gute und ließ sie gleich im Nachthemd vorsingen. Sie war da – mit ihrem Mann. Um ihre Persönlichkeit als Widerspenstige zu prüfen, ließ ich sie um Mitternacht im Nachthemd vom Herrn Gemahl verprügeln.

10. VOLKSOPER – WOHIN?

»Was ich mein', ist schon neu«
(Die Meistersinger von Nürnberg)

Die entscheidenden Besprechungen mit Ing. Ernst Marboe, dem Leiter der Bundestheaterverwaltung, fanden im November 1954 in Heidelberg statt, wo wir beide dem Begräbnis von Wilhelm Furtwängler beiwohnten. Marboe wollte mich zum Direktor der Volksoper machen. In Wien unterzog mich dann Dr. Heinrich Reif-Gintl, ein hoher Beamter unter Marboe und später Staatsoperndirektor, einer eingehenden Prüfung. Es war derselbe Reif-Gintl, der in den dreißiger Jahren von mir verlangt hatte, ich solle Jan Kiepura ausreden, nach Vorstellungsschluß Schlagerzugaben vor dem Vorhang zu singen. Bei der Prüfung fiel ich durch. Wahrscheinlich zu Recht.
Im September 1955 wurde ich als Chefdramaturg in die Direktion der Wiener Volksoper berufen. Was ich aber wirklich getan habe, ging weit über das hinaus, was Dramaturgen an einem Opernhaus zu tun haben. Mein Ziel war es von der ersten Minute an, die Volksoper zum interessantesten Theater der Stadt zu machen. Und das, obwohl mir vollkommen klar war, daß ich nicht als Direktor des Hauses angetreten war. Direktor wurde 1955 Franz Salmhofer, der zuvor Staatsoperndirektor im Theater an der Wien gewesen war, ein glänzender Musiker, ein hervorragender Theatermann und ein sehr guter Komponist, der heute zu Unrecht unterschätzt und praktisch kaum mehr gespielt wird. Ich lag sicherlich nicht auf seiner Linie, da es ja meine Aufgabe sein sollte, mit voller Deckung Marboes das amerikanische Musical in Wien heimisch zu machen.
Die Revolution der Einführung des Musicals auf dem Kontinent war nicht meine einzige Idee für die Volksoper. Zu den vielen anderen Dingen, die damals an diesem Haus großes Aufsehen machten: Man schrieb 1956, die Vor-Karajan-Zeit an der Staatsoper, es gab noch keine Vorstellungen auf italienisch. Damals habe ich Marboe erzählt, daß in meiner Jugendzeit immer wieder italienische Truppen an der Wiener Staatsoper gastiert hätten, *stagione italiana*. Das Mailänder Scala-Gastspiel 1929 unter Arturo Toscanini mit »Lucia« (mit der berühmten Koloraturdiva Toti Dal Monte) und »Falstaff« waren unerhörte Vorbilder.

Aber auch später kamen italienische Stagioni, wieder mit Toti Dal Monte, mit Tito Schipa. Organisiert hat das damals der Manager Max Sauter-Falbriard. Also schlug ich Marboe vor, wieder an diesen Impresario heranzutreten und gemeinsam mit ihm solch eine Stagione an der Volksoper zu etablieren. Dieses Gespräch fand nach dem Triumph des Musicals »Kiss me, Kate« im Februar 1956 statt. »Gut, machen wir das«, sagte Marboe, »aber am 11. Juni muß es aus sein.« Soviel ich ihn auch über die Gründe dieser Termingrenze fragte, er gab mir keine Antwort. Bald sollte ich wissen, daß am 12. Juni Herbert von Karajan mit einem Gesamtgastspiel der Mailänder Scala mit »Lucia di Lammermoor« sein Staatsoperndebüt dirigieren sollte – Maria Callas und Giuseppe di Stefano. Meine Stagione an der Volksoper lief vom 4. bis 9. Juni.

Ich habe mir damals in den Kopf gesetzt, den weltberühmten Tenor Mario del Monaco erstmals nach Wien zu bringen. Der Manager, Sauter-Falbriard, schaute mich mit großen Augen an: »Haben Sie eine Ahnung, was der verlangt? Können Sie ihn überhaupt bezahlen?« Bezahlen werden wir ihn nicht können, sagte ich, aber er muß kommen. Wir stellten fest, wann im Terminplan des Monacos überhaupt Platz für Wien wäre. Und eines Tages meinte Sauter: »Sie haben kein Geld. Bene, bene. Aber ich habe eine Idee: Mario del Monaco sieht seinen Namen gerne ganz groß auf den Plakaten gedruckt.« Wir sollten also auf das Plakat nicht »Don José – Mario del Monaco« drucken, sondern »Mario del Monaco in ›Carmen‹«.

Ich erklärte Marboe die Zusammenhänge, sagte, wir könnten del Monaco billiger kriegen, wenn wir solche Plakate druckten. Marboe willigte ein, verlangte nur, daß die Plakate eine andere Farbe als die üblichen Bundestheater-Plakate haben müßten, damit jeder gleich erkenne, daß das ganz aus dem Rahmen falle.

Am ersten Tag war »Carmen« mit del Monaco vorgesehen, dann »Traviata« mit Virginia Zeani. Auch dafür sollte es ein Plakat geben: »Virginia Zeani in …«; die Sängerin wurde dadurch nicht billiger, aber wir haben das Plakat trotzdem gemacht.

Als nächstes stellte sich die Frage, wer denn die Abende dirigieren sollte. Da empfahl uns del Monaco einen jungen Dirigenten der Mailänder Scala, mit dem er öfters Sensationserfolge gehabt habe: Argeo Quadri. Wir hatten Quadri nur für die Stagione engagiert, aber nach dem Triumph auf meinen Vorschlag ganzjährig als Leiter des italienischen Repertoires der Volksoper. Er hat dann aber auch einige deutsche und französische Opern dirigiert. Großen Erfolg hatte er etwa mit Salmhofers »Iwan Tarassenko«. Quadri ist für mich ein Lebensfreund geworden: ein großartiger Mensch, ein fabelhafter Dirigent und ein hervorragender Orchestererzieher. Wenn ich an diese Zeiten der Volksoper denke, Argeo Quadri für die Oper, Anton Paulik für die Operette, später Robert Stolz Gastdirigent ...

Aber es lief mit der Stagione nicht ganz problemlos ab. Mario del Monaco kam in Wien an und sah die Plakate. Da stand wohl: Mario del Monaco in ›Carmen‹; es stand aber auch da: Virginia Zeani in ›Traviata‹. Das war ihm nicht recht. Ich war damals in der Volksoper. Da wurde mir berichtet, beim Portier schreie einer wie wild in einer fremden Sprache etwas Unverständliches. Ich begab mich zum Portier. Dort wütete der Startenor.

Er wollte den Direktor sprechen. Del Monaco stürmte in das Büro Salmhofers: »Scandalo! Scandalo!« Es gäbe auch andere, ähnliche Plakate, nicht nur Mario del Monaco in ... »Io non canto! Io non canto!« Ich singe nicht! Salmhofer, ein Meister in der Sängerbehandlung, gab vor, nicht zu verstehen: »Der melodische Klang des Welschlandes in der Volksoper!« Del Monaco: »Scandalo, scandalo!.« Salmhofer: »Eine göttliche Stimme, auch beim Reden!« Nach zehn Minuten war del Monaco dessen müde, und am Abend hat er grandios gesungen.

Ich wurde ein Mann seines besonderen Vertrauens. Er hat mir gesagt: »Lei mi pare intelligente!« Sie scheinen mir intelligent zu sein. (Ich habe mich geehrt gefühlt.) Er wohnte im Hotel Ambassador, dort hat er mir vor der Vorstellung angedeutet, was er am Abend vorhabe: »Wenn ich hinter der Szene im zweiten Akt mein Lied ›Dragon d'Alcala‹ singe, komm' ich mit dem hohen A heraus, halte das A und gehe damit zweimal quer über die Bühne.« Und unter Jubel und Lachen der von mir zum Teil vorinformierten Besucher hat er in der Vorstellung mit seinem hohen A die Bühne sogar dreimal überquert.

Das war die erste italienische Stagione nach sehr langer Zeit gewesen, und ein Vorläufer dessen, was der große Karajan später an der Staatsoper gebracht hat.

Während der Zeit dieser Stagione saßen im Café Volksoper immer viele nette italienische Mädchen. Ich habe eine gefragt, was sie denn singe: »Die Gräfin Ceprano in ›Rigoletto‹«, antwortete sie. Ich fragte eine andere, die wieder antwortete: »Die Gräfin Ceprano ...« Die nächsten beiden waren Annina in »Traviata«. Am folgenden Tag fragte ich den Manager, ob sich das denn auszahle, für jeden Abend eine andere Besetzung mitzunehmen. Bald war mir klar, daß die Damen ihn dafür bezahlt hatten, daß sie an der Wiener Volksoper auftreten durften. Gerne erinnere ich mich an eine ganz besondere Künstlerin, an Jeda Valtriani, die damals Micaela gesungen hat – sehr gut, und *mit* Gage. Sie hatte nicht bezahlt.

Diese Stagione hatte weitreichende Folgen. Argeo Quadri hatte nämlich die Idee, 1957 Verdis »Nabucco« auf den Spielplan zu setzen. Die Reaktionen waren sehr skeptisch. »Da braucht man doch Weltsänger!« »Schau, jeder kennt nur den Gefangenenchor«, sagte Quadri. »Deswegen werden die Leute kommen und werden dann hören, wie herrlich dieses ganze Werk ist.« Quadri setzte sich durch, er war übrigens der erste Wiener Nabucco-Dirigent seit Verdi (1843). Das Stück war mit guten Sängern besetzt, jedoch mit keinem einzigen Star. Und »Nabucco« wurde – nach »Kiss me, Kate« – mit 126 (!) Vorstellungen das meistgespielte Stück.

Als wir danach diesen Erfolg 1958 mit Rossinis »Wilhelm Tell« kopieren wollten (jeder kennt die Ouvertüre), gelang das nicht mehr. Wieder sangen gute Sänger, aber kein einziger Star, außer Alexander Sved in der Titelrolle. Ansonsten waren die Quadri-Abende wie »Il Campiello« von Wolf-Ferrari, »Don Pasquale« von Donizetti, »Adriana Lecouvreur« von Cilea alles große Erfolge und eigentlich Resultat der Stagione. Ich habe mich auch um interessante Gastspiele gekümmert: Wir hatten gleich in meinem ersten Jahr den weltberühmten Pantomimen Marcel Marceau im Haus, wir zeigten Roland Petit mit seinem Ballett.

Es war die Zeit, als man mir noch nachsagte, Prawy will als »Mann des Musicals« die Oper wie die Operette abwerten. Dieser »Neue« sollte im Theater gar kein Büro haben, ich habe daher in einer Zelle unter einem Stadtbahnbogen »regiert«! Bald aber hat sich herumgesprochen, daß der Musical-Prawy die Oper über alles, aber auch die Operette liebt. Und ich habe alles getan, um in der Volksoper die Oper wie die Operette groß zu machen. Denn es war mir klar, daß 1955 mit dem Abgang des wichtigen Direktors Hermann Juch und der Verselbständigung der Volksoper als eigenes Bundestheater die großen Sänger der Staatsoper künftig trotz ihrer vertraglichen Verpflichtung kaum mehr zur Verfügung stehen würden. Deshalb mußte ein eigenständiges Opern- und Operetten-Ensemble aufgebaut werden. Daher holte ich schon 1956 aus Graz Peter Minich, der bei seinem Gastspiel als Petrucchio in »Kiss me, Kate« und danach als Eisenstein wie eine Bombe einschlug.

Ich weiß, wie viele man am Anfang fehleingeschätzt hat. Ich höre noch, wie eine Direktionsrätin nach dem großen Erfolg Minichs, aber im Hinblick darauf, daß dieser seine Karriere in St. Pölten begonnen hatte und in Graz zum Star geworden war, meinte: »Jetzt wird unsere Volksoper, die einmal Staatsoper war, jedem Provinzjockel ausgeliefert.« Das war schon nach dem unerhörten Publikumstriumph Minichs und richtete sich eigentlich gegen den Musical-Prawy.

Danach holte ich Erich Kuchar als Operetten-Buffo an unser Haus; ich hatte ihn in der Oscar-Straus-Operette »Bozena« in Salzburg gehört. Wir schlossen das Übereinkommen, als Kuchar in der Pause für wohltätige Zwecke absammelte. Kuchar wurde ein Publikumsliebling, er hat zahllose Rollen gesungen. Sein erstes Gastspiel war der Adam im »Vogelhändler«. Wie hat ein Mitglied der Direktion Kuchars Engagement kommentiert? »Kein schlechter Sänger, aber in unserem Repertoire gibt es keine einzige Rolle für ihn.« Er wurde einer der Meistbeschäftigten. Dann kamen über meinen Vorschlag Helga Papouschek, Guggi Löwinger usw.

Direktor Salmhofer war ebenfalls sehr bemüht, neue gute Leute ans Haus zu engagieren. Sein Freund war damals der 1996 verstorbene Regisseur Alexander Pichler, der bei ihm einen besonders großen Stein im Brett hatte. Pichler empfahl einen neuen Kapellmeister, den Salmhofer engagierte – Franz Bauer-Theußl. Sein erstes Probe-Gastspiel gab Bauer-Theußl mit Lehárs »Land des Lächelns«: »Der ist's«, sagte Salmhofer, mit dem ich damals in der Direktionsloge saß, schon beim ersten Takt. Bauer-Theußl war ein großer Gewinn für die Volksoper und jahrzehntelang sehr erfolgreich, ebenso wie Rudolf Bibl. Anton Paulik, König der Operettendirigenten, sprach die Namen seiner Kollegen nicht gerne aus. Bauer-Theußl war für ihn nur »der mit dem Bindestrich«. Dabei deutete er mit dem Daumen nach unten, denn Bauer-Theußl wohnte wie Paulik im Hochhaus am Matzleinsdorferplatz, aber in einem tieferen Stockwerk. Paulik bearbeitete gern (und gut!) Wiener Operetten mit Verwendung von Originalthemen. Einmal rief er mich spätnachts an, er habe durch einen Vortrag von mir gehört, daß Donizetti so viele Opern geschrieben habe. »Wie kommt man an die heran?« Er witterte, daß hier eine Fundgrube von für »Bearbeitungen« geeigneten Melodien läge. Und Tantiemen!

Dem Direktor Salmhofer folgte 1963 Albert Moser: Ein fachlich höchst kompetenter Direktor, phantasievoll, ein treuer Freund, mit dem man hätte Pferde stehlen können. Oder ist es im Ambiente Wiens zu jener Zeit leicht vorstellbar, daß ein Direktor sofort zustimmt, wenn man

Gershwins »Porgy and Bess« mit dreizehn Schwarzen und einem österreichischen Chor machen will?

Moser war ein großartiger Direktor, ist heute wie damals ein Herr von Graden, und eine Geste seiner Hand zeigte mir, ob ich bleiben durfte oder gehen mußte. Er war ein großartiger Hinausschmeißer. Sein Repertoire reichte von der »Spanischen Stunde« über die »Zauberflöte« bis zum »Land des Lächelns«, alles in sehr, sehr guter Besetzung.

Mich hat das frühe Ableben Ingenieur Marboes tief getroffen. Ich erfuhr davon, als ich 1957 in Newark, bei Maria Jeritza wohnend – trunken von der Uraufführung von Bernsteins »West Side Story« aus dem New Yorker Broadway-Theater Winter Garden herauskommend – von seinem Ableben in der »New York Times« las. Ich habe mich damals ins nächste Flugzeug gesetzt und bin nach Wien geflogen, um an seinem Begräbnis teilzunehmen.

Damals waren auch einige Freunde Marboes sehr einflußreich, zum Teil bedeutende Leute, etwa Louis Bauer, später Generaldirektor der ÖMV, ein sehr kunstverständiger, fast täglicher Besucher und wertvoller Berater unseres Theaters. Insbesondere bei der Auswahl der Musicals ist er uns immer tatkräftig zur Seite gestanden. Er war der Initiator des ersten Preisausschreibens für ein österreichisches Musical.

Damals haben wir versucht, Möglichkeiten zu finden, die Sommermonate attraktiv zu gestalten. Aber das erwies sich als nicht einfach. Denn selbst das sonst so erfolgreiche Musical »Kiss me, Kate« war im Sommer beim En-suite-Lauf kein Publikumsmagnet. Wir spielten oft »La Traviata«, Hauptdarstellerin war die sehr gute, unsäglich dicke Sängerin Luisa Maragliano. Ihre Tonhöhe war allerdings nicht immer perfekt. Ihr Mann, Maestro Tristan Illesberg, gab ihr aus der Kulisse heraus mit einem Pfeiferl die jeweiligen Tonhöhen an. Sie sah aus wie unsere beiden herrlichen, nicht eben mageren Schwestern Konetzni zusammen. Und dann hat sie zweimal abgesagt, irgendwer mußte einspringen. Damals habe ich mich erinnert: »Ich habe da jemanden gehört, in Kiel, oder in Lübeck. Die ist sehr gut und paßt vielleicht auch in das Kostüm der Maragliano.« Im Haus hat man gemeint: »Der Prawy bringt schon wieder seine Musical-Leute. Aber die sind ja schlecht...« Die Dame, die ich empfohlen hatte und die erfolgreich eingesprungen war, war damals noch völlig unbekannt und hieß Montserrat Caballé.

Die großen Stars an die Volksoper! Da war ich immer dahinter. Blicken wir heute zurück, so waren das wahrhafte Festspiele großer Stimmen. Bei uns sangen Alfredo Kraus (»Lucia«), Anna Moffo, Jan Peerce, Nico-

Den frühen Tod von Lucia Popp werden wir nicht verschmerzen.

lai Gedda (»Das Land des Lächelns«), Roberta Peters. Und über mein Drängen gastierte Johannes Heesters als Danilo in Lehárs »Lustiger Witwe«, war unzufrieden und sprang ab.

Unser besonderes Glück war es auch, daß wir eine Reihe von Staatsopernverträgen ausnutzen konnten. Denn Direktor Egon Hilbert hatte manchen Stars sehr großzügig Abende zugesagt, was er dann nicht einhalten konnte (eine stillschweigende Gagenerhöhung). Diesem Umstand hatten wir es zu danken, daß Giuseppe di Stefano in der Volksoper den Nemorino in Donizettis »Liebestrank« gesungen hat, mit Graziella Sciutti als Adina. »Pippo« sang die erste Tenorarie, einen Apfel essend ...

Heute ist das vollkommen anders. Die Volksoper hat jetzt eine neue, andere Struktur. Wir haben damals erstmals versucht, sie zum sogenannten interessanten, aber populären Theater zu machen. Wo sieht man, was es nirgends sonst gibt? An der Volksoper. Die Entdeckung von Otto Schenk werde ich im nächsten Kapitel beschreiben.

Wo beginnen, wo enden meine Erinnerungen? Als Nicolai Ghiaurov bei seinem ersten Vorsingen nicht engagiert wurde ...? Als die so grausam jung verschiedene Lucia Popp bei ihrem ersten Vorsingen in der nationalen Empörung des Studienleiters unterging, weil sie die Arie der Königin der Nacht slowakisch sang? Ich betrachte die Direktion Franz Salmhofer als meine Lehrjahre. Direktor Albert Moser erlaubte mir, alles zu geben, was ich zu geben hatte.

1996 übernahm der erfolgreiche Festwochen-Intendant Klaus Bachler nach Karl Dönch, Eberhard Wächter und Ioan Holender die Direktion. Ein herzliches toi toi toi!

11. Mehr als »der Otti«

»Das kann ich, und noch viel mehr«
(Der Zigeunerbaron)

Bei vielen der ganz Großen, die stets im gleißenden Rampenlicht stehen, hatte ich immer eine merkwürdige Empfindung. Es sind im Grunde einsame Menschen, und man weiß verteufelt wenig von ihnen. Zu den ganz Großen zähle ich auch Otto Schenk, und auch bei ihm habe ich das Gefühl: Er ist ein Einsamer, von dem man wenig weiß. Er ist ebensowenig nur »der Otti«, wie Bernstein nur »der Lenny« war. Die Parallele mit Bernstein entsteht oberflächlicherweise dadurch, daß man ihn von so vielen Seiten scheinbar kennt und liebt: als Schauspieler, als Regisseur, als Rezitator, als Theaterdirektor. Bernstein war immer wütend, wenn man gesagt hat, er mache so viel Verschiedenes, er betrachtete alle seine Tätigkeiten als eine Einheit. Irgendwie empfinde ich das auch bei Otto Schenk, in dem ich auch einen der geliebten großen Unbekannten sehe.

So wie bei Bernstein ist auch bei Otto Schenk schon das Vordergründige ein niemals dagewesenes Phänomen. Da kommt ein Schauspieler, den man in komischen Fernsehserien wie »Der Würstelmann« oder »Der Untermieter« kennengelernt hat, der in Farcen wie »Othello darf nicht platzen« in vielen Hunderten von ausverkauften Vorstellungen an den Kammerspielen für Lachsalven sorgte. Er ist dort wie auch am Theater in der Josefstadt bis 1997 Direktor. Und derselbe Mann durchschlägt den gordischen Knoten und damit alle arroganten Lächerlichkeiten modern sein wollender und belästigend gescheiteler Wagner-Inszenierungen und schafft den einzigen mit dem heute belächelten Wort »Werktreue« belasteten und weltweit als den echtesten angesehenen »Ring« an der Metropolitan Opera von New York, als Krönung zahlloser Operninszenierungen in der ganzen Welt.

Ich persönlich nehme mir die Narrenfreiheit heraus, auch Unsinn zu sagen, weil ich glaube, von Oper viel mehr als vom Schauspiel zu verstehen. Ich habe Schenk in der bisher ernstesten Rolle seines Lebens, als »Bockerer« von Peter Preses, in München gesehen. Seine Leistung blieb mir ebenso unvergeßlich wie der beispiellose Regenorkan, der nachher überall in München die Fenster zerschlug, auch die meines Wagens.

Nicht nur beim »Bockerer«, auch bei »Othello darf nicht platzen« dachte ich mir: Was wäre das für ein König Lear!
In zahllosen Städten bringt er als Rezitator mit seinem berühmten Programm »Sachen zum Lachen« die Leute zum Lachen – oder zum Lächeln, wie bei seiner köstlichen Interpretation von Franz Werfels Gedicht »Der Dirigent«.
Ich fand sein interessantestes, wahrscheinlich viel weniger populäres Programm, ein im Grunde todernstes, obwohl es auch zu einer anderen Form des Lächelns reizte. Da sang er Wiener Lieder, begleitet von den Philharmonia Schrammeln, in gespenstisch hintergründiger Weise, wie man sie nie erlebt und verstanden hatte. Es kam mir der groteske Gedanke, daß man Schenks Umdeutung der scheinbar oberflächlich heiteren Dinge in eine gewisse Profundität sogar mit neapolitanischen Liedern machen könnte. Seit Schenks Programm höre ich »O sole mio« anders.
Bernstein hat immer gesagt, sein Beruf wäre einfach »musician«. Daraus ergäbe sich alles weitere. Bei Schenk ist es der Schauspieler. Er ist Schauspieler, wenn er spielt, wenn er liest, und auch, wenn er inszeniert. Die Sänger lieben ihn als Regisseur, weil er sie selbst ihr Schauspieltalent entfalten läßt, weil er das an sich selbst erlebt hat.
Wie war das bei der »Tosca« in New York? Da waren alle Schenk-Freunde dabei, es war eine hervorragende Vorstellung an der Met. Schenks seltene Stärke: Er kann glänzend mit den Gesangsstars umgehen. Die haben sich alles von ihm sagen lassen, und haben ihn unendlich gern. Jedes Wort haben sie ihm geglaubt. Schenk ist ja einer jener Regisseure, wie man sie heute sehr selten findet. Er liebt nicht nur die Oper, sondern auch die Sänger, und er macht gerne Sachen, die Sänger gerne haben.
Die Besetzung an der Met: Da war Birgit Nilsson als Tosca, Gabriel Bacquier als Scarpia, Franco Corelli war Cavaradossi. Nachher gab es eine Premierenfeier, veranstaltet von den Sponsoren. In Amerika, wo es keine Staatssubventionen gibt, sind diese Sponsoren allmächtig. Und sie unterstützen in der Regel keine Institutionen, sondern Einzelproduktionen. Diese »Tosca«-Produktion etwa war von der Firma »Grandma Fisher« gesponsert. Bei dieser Premierenfeier saß ich neben Herrn Fisher und fragte ihn: »Ihre Firma heißt doch ›Großmama Fisher‹. Was hat die Großmama damit zu tun?« Seine Antwort: »I liked her so much!« Ich hab' sie so gern gehabt …
Dann folgte die große Festrede von Corelli: »Also, ich freue mich sehr, daß wir solch einen Erfolg gehabt haben. *Pubblico entusiasta, applauso*

Einer der Modernsten Menschen

Prawy war und ist mein ständiges Gewissen. Ich habe nie etwas inszeniert, ohne ihn zu fragen oder ohne mich zu fragen: Was würde der ekelhafte Prawy dazu sagen? Der Ohrenmann Prawy und der Augenmann Schenk haben immer kleine Schwierigkeiten miteinander gehabt. Aber er ist eine Fundgrube, kein Besserwisser, sondern voller Vorschläge, die subjektiv und mit Liebe durchsetzt sind. Mich interessiert kein Dramaturg dieser Erde, wenn er nicht brennt fürs Theater.

Mit Marcel Prawy ist ein Stück dämonische Magie in mein Leben getreten. Ich glaube ihm, ich habe die Clownerie, mit der er sein Herz verbirgt, sehr früh durchschaut.

Marcel Prawy ist so leidenschaftlich in den Menschen verliebt, daß er sich vielleicht manchmal eine altertümliche Umgebung eher gefallen läßt als eine Verpackungsindustrie, die den Menschen schwärzt. Prawy ist ein Überschätzer von Details, und das verbindet uns zu einer Blutsbrüderschaft. Erregende Details sind auch für mich das Theater schlechthin. Deshalb verehrt er eine Note von der Jeritza, eine Phrase von Kiepura, forscht da und dort, ist jederzeit bereit, jedem neuen Werk, jedem Pop-Konzert, jedem Schlager diese Kraft abzuluchsen. Er ist einer der modernsten Menschen, die ich je getroffen habe.

Er verteidigt das Ewige, nicht das Traditionelle. Manchmal hat er's verwechselt, aber man konnte ihn nie umgehen.

Er ist zutiefst bescheiden. Er sagt immer: »Ich bin ein Zweiter.« Aber er ist der größte Zweite, den es auf dieser Welt gibt. Er ist ein allererster Zweiter – und ich bin vielleicht ein allerzweiter Erster.

Es gibt zwei Sehnsüchte: Meine Sehnsucht ist, mit meinem ärmlichen Können herzustellen, was ich sehen möchte. Prawys Sehnsucht ist, daß das Vergangene so schön war, wie er möchte. Ich denke mir, er ist manchmal besser in seinem Wünschen und Wollen, als manches damals wirklich war.

Die Ehrlichkeit, nicht anders zu können als zu sagen, wie es einem ums Herz ist – das ist Fernsehton. Das Fernsehen bietet die Möglichkeit, Millionen Menschen persönlich anzusprechen. Und wer die Direttissima vom Herzen zum Hirn hat, der wird sie ansprechen. Marcel hat sie.

Otto Schenk

frenetico. Aber es ist eine große Ungerechtigkeit, daß die ganze Begeisterung sich nur uns Sängern zuwendet. Ich glaube, wir sollten unser Glas erheben auch auf jemanden, der wirklich die Seele davon war, daß der Abend so groß wurde. Auf unseren Regisseur! *Come si chiama?*« Wie heißen Sie? Der Name Otto Schenk ist ihm nicht eingefallen ...
Aber nicht genug damit, jetzt wollte er das wiedergutmachen und kam vom Regen in die Traufe. Corelli: »Ich habe eine große Nachricht zu bringen, ich werde jetzt auch Filme machen. Und hat man mir gesagt, ich kann mir aussuchen Thema, Stoff, Drehbuch, Musik, und auch Regisseur. Man hat mir gesagt, ich kann haben den größten Regisseur der Welt, wen immer ich will. Ich kann haben Zeffirelli, kann haben Strehler. Da habe ich gesagt: Was brauche ich einen großen Regisseur? Mir genügt ein kleiner wie der da.«
Ich bedauere unendlich, daß Otto Schenk sich von der Opernregie zurückgezogen hat. In Wien laufen noch seine alten Inszenierungen als Glanzstücke des Repertoires: »Meistersinger«, »Rosenkavalier«, »Fledermaus« usw. Als Krönung seines Lebenswerkes gebührt ihm unbedingt eine Inszenierung in Bayreuth.

Am 29. März 1992 gaben Otto und ich eine Matinee an der Wiener Staatsoper zu Gunsten der Hebräischen Universität in Jerusalem. Da staunten die Leute, als Heinz Zednik ein von Theodor Herzl textiertes Operettenchanson sang. Am Nachmittag desselben Tages starb Eberhard Wächter.

Warum er sich von der Opernregie zurückgezogen hat, weiß ich nicht. Ob er fürchtet, daß sein wirklich werktreuer Stil im wahrsten Sinne des so oft mißbrauchten Wortes von einer heute noch immer mächtigen Avantgarde-Clique verrissen würde? Ein dankbares Publikum wäre ihm jedenfalls sicher. Nichts ist altmodisch an Schenk. Zeitgenössische Opern waren immer seine größten Erfolge: »Baal« von Cerha, Gottfried von Einems »Dantons Tod« und dessen »Der Besuch der alten Dame« usw.
Schenk, Liebling der Gesellschaft und Liebling der Fernseh- und Zeitungs-Klatschspalten: einsam? Ja. Trotz seiner glücklichen Ehe mit Renée, auch einer Volksfigur in Wien, die als Schauspielerin im Fernsehen schöne Erfolge hatte. Ich denke an sie immer als Renée Michaelis, wie sie am Raimundtheater neben Jan Kiepura und Marta Eggerth reizend das »wilde« Mädchen im Schlußakt von Lehárs Operette »Der Zarewitsch« gespielt hat.
Bei großen Gesellschaften sitzt er oft melancholisch und schweigend in einer Ecke, bis er einen Ansprechpartner gefunden hat, mit dem es dann auch auf Parties zu einer kleinen Schenk-Show kommen kann. Aber ich glaube, er hat gar nicht so viele Ansprechpartner. Er ist auch ein Unbekannter – man kennt so viele Seiten seines strahlenden Äußeren, daß man nur schwer in das Innere dringt. Da wird man hinter dem Kasperl, dem Clown, dem Standard-Otti einen hochgebildeten, todernsten, bis ins letzte denkenden Mann profunder Tiefe finden.
Ich habe das Gefühl, und es macht mich stolz, daß ich so ein Ansprechpartner bin. Da er kaum zu Hause ist, muß man seine Telefonzeiten entdecken. Ich bin ein großer Entdecker von Telefonzeiten. Bei Karajan war es spätnachts. Bei Schenk am besten frühmorgens. Da kommt es selten, aber doch in regelmäßigen Zeitabständen zu Gesprächen, in denen wir beide Raum und Zeit vergessen, über die Musik, über die Kunst, über die Welt reden. Da wächst Schenk zu einer der breiten Öffentlichkeit unbekannten Größe.
Ich betrachte unsere Freundschaft als ein ganz wertvolles Stück meines Lebens. Und ich erinnere mich noch genau, wie alles begonnen hat. Da war zuerst ein Telefonanruf. Ich hatte 1958 an der Volksoper das erste Mal außerhalb des spanischen Kulturkreises eine spanische Zarzuela in deutscher Sprache zu produzieren. »Doña Francisquita« von Amadeo Vives. Immer wieder hatte ich gehört: Da ist ein gewisser Otto Schenk, ein begabter junger Schauspieler, der kann auch singen. Ich hatte die Rolle des Cardona zu besetzen. Da habe ich Schenk angerufen (immer auf der Suche nach neuen Talenten für die Volksoper), und er hat mir sofort

geantwortet: Er glaube, daß diese Tenorrolle gesanglich zu anspruchsvoll ist. Daraus hat sich dann nichts entwickelt.

Aber de facto kam es zu Otto Schenk als Regisseur an der Volksoper in der Direktion von Franz Salmhofer am 29. April 1961 bei »Don Pasquale«: Das war seine erste Wiener Opernregie. Vorher hatte er nur am Salzburger Landestheater eine »Zauberflöte« inszeniert.

Der Meisterdirigent Argeo Quadri, den ich für eine italienische Stagione geholt hatte, war schon fest bei uns engagiert. Salmhofer, Quadri und ich besprachen diese Produktion: Wer sollte inszenieren? Mir fiel sofort Otto Schenk ein. Um zu verstehen, was jetzt folgt, muß man wissen: Das waren damals die großen Zeiten des Adolf Rott, der hohe Verdienste als Regisseur hatte – sein »Bettelstudent« in der Ära Hermann Juch war wirklich eine epochale Erneuerung der alten Wiener Operette durch moderne Regie. Aber seine Inszenierungen waren ein wenig Routine geworden, eine Regie von Rott hat immer bedeutet: vollkommene Umänderung, Umarbeitung, die Szenen umstellen, Neufassungen. Das war auch immer mit fetten Tantiemen verbunden und erforderte außerdem einen ganz komplizierten Probenfahrplan. Als ich Schenk empfahl, hatte Salmhofer also Angst, daß damit wieder so etwas daherkommen könnte. Aber er sagte: »Gut, er soll kommen.«

Also habe ich Otto Schenk gebracht. In der Mitte thront Salmhofer an seinem großen Schreibtisch, vor ihm sitzt Otto Schenk. Ich irgendwo zur Seite.

Und Franz Salmhofer, ein richtiger Theaterpraktiker der alten Schule, sagte: »Also, Herr Schenk, ich glaube, Sie heißen so. Sie wollen da bei uns inszenieren?«

Sagt der Schenk: »Na ja, woll'n, was heißt woll'n. Ma' hat mi' ang'rufen, drum bin i da gekommen, ja, ja, ich sag' nicht nein.«

»Also, ein Regisseur«, sagt der Salmhofer, »muß bei mir zunächst auf Herz und Nieren geprüft werden. Auf seine Fähigkeit des Inszenierens und auf seine Beherrschung des Theaters. Herr Schenk, wenn Sie ›Don Pasquale‹ inszenieren, mit welcher Szene wollen Sie die Proben beginnen?«

Sagt der Schenk, mit verzweifeltem Blick auf mich, ratlos: »Na, i waß net, no ja, ich hab' mir gedacht, vielleicht mit der ersten.«

Darauf Salmhofer zu mir: »Der Mann ist ein Genie.«

Salmhofer prüfte weiter: »Also, Herr Schenk, jetzt frag' ich Sie: Am ersten Probentag, was für Sänger wünschen Sie, daß wir Ihnen bestellen?«

Sagt der Schenk, mit ängstlichem Blick auf mich: »Was für Sänger? Ich hab' mir halt gedacht, die in der Szene singen.«

> ER ZERHAUTE MEINE JUGENDSTILVASEN
>
> Ich habe »Carmen« hier nicht inszenieren wollen und können, ohne daß mir der Prawy den gesamten Don José vorgesungen hat. Noch dazu in meiner Wohnung. Ich sammle Jugendstilvasen. Die Darstellung seines Don José hat mich damals mindestens zwanzig- bis dreißigtausend Schilling an Vasen gekostet – durch die Sucht nach Wahrheit in seiner Darstellung dieser Rolle.
>
> Otto Schenk

Salmhofer, wieder zu mir: »Jedes Wort von dem ist Gold.«

Nun kam es zu dieser Produktion, für mich die erste, wundervolle, sehr enge Zusammenarbeit mit Schenk. Es war die Übersetzung von Otto Julius Bierbaum, die wir ein bißchen up to date gebracht haben, modernisiert, insbesondere für die Regie von Schenk. Schenk hatte damals einen Hang zum »Arme-Leute-Milieu«. Es mußte immer alles ein bißchen schäbig sein. Der Dirigent Argeo Quadri, ein stolzer, orgoglioser Italiano, hat es nicht so geschätzt, daß der ehrwürdige Don Pasquale im Armen-Milieu spielt. Es war eine wunderbare Vorstellung, Schenk hat als Regisseur zum ersten Mal in Wien seine Meisterschaft gezeigt.

Die Diener: Das war der Moment, die Anfangsminute des späteren Stils des Regisseurs Otto Schenk. Don Pasquale hat insgesamt nur drei Diener (Arme in der Oper haben immer Diener). Norina (man sang deutsch) fragte den mittleren der drei Diener (den Chorsänger Koch, der leider nicht mehr lebt): »Ihr seid in diesem Hause der Major domus?« Dazu machte der Koch eine unnachahmliche Bewegung beider Hände mit dem Gedanken: »Na, auch schon was.« Diese Sekunde war eigentlich die Geburt des Meisterregisseurs Otto Schenk.

Die Inszenierung hat mir übrigens in der Pause der Premiere eine Ohrfeige eingetragen, und zwar von einer von mir sehr verehrten Dame, die im Kulturleben eine große Rolle gespielt hat: von der Gattin des großen Kritikers Heinrich Kralik, von meiner lieben Grete Kralik, die empört war, daß »Don Pasquale« im Elendsmilieu spielt.

Ich war damals als Chefdramaturg der Volksoper als »der Musical-Mann« abgestempelt, weil ich mit »Kiss me, Kate« solch einen Erfolg gehabt hatte. Doch das hatte ja nicht geheißen, daß ich deshalb die Oper zugrunde richten wollte. Aber auch dafür bekam ich von der Dame im Foyer der Volksoper meine Watschen.

Nun begann eine wunderbare Zusammenarbeit mit Otto Schenk. Ich werde nie vergessen, wie herrlich es war, mit ihm zu arbeiten, damals, als er noch nicht so beschäftigt war, wie er es heute ist. Er gab mir auch immer die Ehre, die deutsche Übersetzung zu schreiben. In bester Erinnerung ist mir die »Spanische Stunde« von Ravel geblieben, eine Glanzleistung von Mimi Coertse in der weiblichen Hauptrolle. Wir saßen über jedem Satz, über jeder Silbe, wie es für die Regie notwendig ist, wie es dem Originalsinn entspricht, wie es mit den musikalischen Notenwerten übereinstimmt: Wir hatten eine ganz wunderbare Zeit. Und ich liebte unsere Arbeit bei »Il Campiello« von Wolf-Ferrari, ein Stück, in dem sich eine der schönsten Melodien findet, die in der italienischen Oper überhaupt vorkommen: »Leb wohl, Campiello …« Auch Quadri war in diese phantastische Melodie so verliebt, daß er ein Konzert beim Rundfunk gemacht hat, wo er aus lauter Liebe für »Campiello« am Programm drei Vorspiele aus dieser Oper gehabt hat: erster Akt, zweiter Akt, dritter Akt. Alle haben die gleiche Melodie. »Il Campiello« war eine bezaubernde Rolle von Renate Holm, insbesondere in der unvergeßlichen »Leb-wohl«-Szene.

Schenk hat ein besonderes Talent, die Bühnenbildner zu beeinflussen, und bei diesen Opern war Günter Schneider-Siemssen beim Realismus von Otto Schenk so groß wie in Salzburg bei der Abstraktion von Her-

---

ESELLIEBE

Du lieber Marcel,
Kennengelernt habe ich Dich während einer Tournee in Deutschland, als ich noch Schlagersängerin war. Du warst damals der Begleiter der hinreißenden Olive Moorefield. Ich hörte Deine liebenswerte Stimme zum ersten Mal in einer Hotelhalle, als Du laut über Deinen »monkey« schimpftest. So nanntest Du Olive. Am nächsten Tag schien wieder die Sonne bei Euch, und zwischen uns entwickelte sich eine Freundschaft, die sich Jahre später an der Volksoper fortsetzte. Du hast mich von meinen ersten Erfolgen an diesem Haus über die Staatsoper bis heute musikalisch beraten. Abgesehen davon, daß Du meine Eselliebe teilst, schätze ich mich glücklich, Dich als Freund zu haben.

Dein »Esel-Tier«
Renate Holm

bert von Karajan. Urkomisch war Schenk, wenn ich ihn wütend machte. Er hat in der Staatsoper 1975 grandios »Meistersinger« inszeniert. Und ich weiß noch, nach der Premiere habe ich gesagt: »Du, Otti, die ›Meistersinger‹ vor dir waren wirklich wunderbar.«
Sagte Otti: »Na ja, von dir freut mich das besonders, wenn du das sagst. Du bist ja die lebende Oper!«
»Ja«, antworte ich, »Otti, wirklich, es war wirklich wunderbar.«
»Ich danke dir, Marcello, mein lieber Marcello, du verstehst das ja wirklich!«
PRAWY: »Ottilein, eine ganz kleine Sache: Wenn der Ridderbusch als Sachs den Wahnmonolog beginnt: ›Wahn, Wahn, überall Wahn‹, da hält er das Buch so mit der Hand, daß man sein Gesicht nicht gut sieht. Es wäre schöner, wenn man sein Gesicht besser sehen würde.«
Schenk: »Du Depp, du Ochs, du dummer Kerl, was verstehst du überhaupt von der Oper. Du hast keine Ahnung! Nur weil du dem Kiepura nachgelaufen bist vor ein paar Jahrzehnten! Du hast deine Ohrwascheln immer über der dummen Musik! Du hast nie eine Oper gesehen! Gar nichts verstehst du!«
Also hat sich an solchen Kleinigkeiten unsere Freundschaft immer weiter und tiefer entwickelt. Denn Schenk ist einer jener großen Regisseure, die Musik wahrhaftig nicht »dumm« finden. Ich kann gar nicht erzählen, was wir alles erlebt haben. Da war dieser fabelhafte »Otello« 1965 im Fernsehen, eine der Pioniertaten von Wilfried Scheib als Leiter der Musikabteilung. Es war der vollständige »Otello« von Verdi, Gesamtaufnahme in deutscher Sprache, ohne Playback, Argeo Quadri hat dirigiert, das Orchester spielte live neben den Sängern, und Wolfgang Windgassen hat den Tod des Otello damals mindestens achtmal live gesungen. Es ist nur bei dieser »Otello«-Produktion ein kleines Mißgeschick passiert. Professor Scheib hatte einen hervorragenden Assistenten, den verstorbenen Josef Pechotsch. Der hat vor der Pause dem Orchester gesagt: »Also, ich danke Ihnen schön.« Das Orchester (es kam aus Baden-Baden) hat gedacht, jetzt ist die Aufnahme fertig, und zerstob in alle Winde. Nach der Pause war keiner der Musiker mehr da.
Dann, das war eine Meisterleistung von Wilfried Scheib, haben alle mitgeholfen, auch Schenk, der Regie geführt hat, Scheib und ich. Wir haben alle Tankstellen angerufen, ob irgend jemand, der orchesterverdächtig aussah und nicht Wiener zu sein schien, vorbeigekommen wäre. Das Radio meldete es pausenlos. Also, nach einer Stunde saß das Orchester wieder da. Die Chorszenen des ersten Aktes habe ich kaum jemals

großartiger gesehen als in dieser Fernsehinszenierung von Otto Schenk. Schenk steht heute im Zenit seines Ruhms. Ich weiß nicht, was ich ihm wünschen kann. Was ich ihm wahrhaft wünsche, entstammt eigentlich nur meinem Egoismus, weil ich es mir selber wünsche: Eroberung des ganz ernsten Faches als Schauspieler, »König Lear«, »Vor Sonnenuntergang«, »Baumeister Solness« – im Grunde die Rollen, die ich als junger Mann so sehr bei Albert Bassermann und Emil Jannings bewundert habe.

Und: seine Rückkehr zur Oper, die heute mehr als reif für seinen Stil geworden ist. Gesundheit, und noch viele schöne Morgentelefonate.

12. LIEBE LEHREN

»Die Liebe lerne kennen«
(Parsifal)

Nie habe ich gedacht, daß Unterrichten in meinem Leben eine Rolle spielen könnte. Vielleicht habe ich es später deshalb mit solch besonderem Einsatz getan. Ich erinnere mich, wie es zum allererstenmal dazu gekommen ist. Es war in meinen Emigrationsjahren. Ich besuchte in der US-Army eine Art Schnellsiedekurs zum Thema »Die Technik des Verhörs von Gefangenen«. Das war nichts anderes als eine Vorbereitungsschule für die künftige Besatzungszeit in Europa, wo die Soldaten auch mit dem kulturellen Hintergrund Österreichs und Deutschlands vertraut gemacht werden sollten.
Der Lehrgang bestand nicht nur aus Vorträgen, sondern auch aus kleinen theatralischen Showelementen. Wir übten Rollenspiele: Einmal mußte man selber den amerikanischen verhörenden Offizier mimen, gleich darauf im Rollentausch den deutschen Gefangenen, der verhört wird. Einmal also war ich wieder der Verhörende, der sich bei seiner Arbeit natürlich an die Regeln der Genfer Konvention zu halten hatte. Man durfte etwa den »deutschen Gefangenen« nicht zwingen, über seinen Namen, seinen Dienstrang und seine Dienstbuchnummer hinaus etwas auszusagen.
Später, im Krieg, als es mit den Einvernahmen ernst wurde, verhörte ich über Opernsänger – etwa: Ist die Maria Nemeth noch gut bei Stimme? Im Kurs »verhörte« ich einmal meinen deutschen »Gefangenen«, einen Schwarzen, und der wurde sehr bald mein großer Freund: William Warfield, dessen Weltruhm mit der »Porgy-and-Bess«-Produktion an der Wiener Volksoper 1952 begann.
So kam ich zum Unterrichten: Ich saß in einem dieser besprochenen Kurse der Army und hörte einen Vortrag über die Geschichte Deutschlands oder Österreichs. Der vortragende Offizier sprach mich danach an, fragte, ob ich nicht auch solche Kurse halten könne. Das wäre schon möglich, antwortete ich. Wann? »Now. Gehen Sie gleich und fangen Sie an.« Ich machte das, und es hat den Leuten anscheinend nicht übel gefallen. Von da an habe ich solche Vorträge vertretungsweise öfter gehalten. Eine gute Vorbereitungszeit jedenfalls für später, als ich (1952) mit mei-

173

ner dreijährigen Tätigkeit am Wiener US-Kosmos-Theater in der Siebensterngasse unter Patronanz der amerikanischen Besatzungsbehörden begann, öffentliche Abende zu veranstalten. Damals hatte ich den Auftrag, in einer Reihe von Shows den Österreichern Amerika als kulturelle Großmacht zu präsentieren. Also habe ich Storys aus der US-Geschichte und Kultur mit Musik verbrämt, mit Volksliedern von Stephen Foster etwa, oder ich zeigte Ausschnitte aus den hierzulande damals noch völlig unbekannten Musicals.

Ich hab' natürlich keine Ahnung gehabt, wie bedeutend diese Tätigkeit des Lehrens für mein weiteres Leben sein sollte. Wenn ich das, was ich damals gemacht habe, analysiere, so wird mir klar, daß es mich immer schon begeistert hat, verkleidet in Unterhaltung Wissen zu vermitteln. Mit Unterhaltung erkaufte ich mir die nötige Aufmerksamkeit. Heute nennt man das Infotainment.

Diese Kosmos-Abende, mit Wort, Musik, Tanz, waren also erfolgreich gemachte belehrende Unterhaltung, oder unterhaltende Belehrung. In Unterhaltung verkleidete Belehrung. Ich habe stets in meinem Leben das einzige gelehrt, was mir zu lehren wert schien: Liebe. Die Bereicherung des Lebens, die mich beglückt, auch anderen zu ihrer Bereicherung zu vermitteln.

Die Folge dieser drei Jahre war aber auch, daß der damalige Leiter der Bundestheaterverwaltung, Ing. Ernst Marboe, darin eine sehr gute Sache gesehen und mich deshalb zur Einführung der Kunstsparte Musical in Österreich im Jahre 1955 an die Wiener Volksoper engagiert hat.

Eine weitere Folge war, daß ich erst aus Österreich, in der Folge auch aus dem Ausland, zu zahllosen Vorträgen eingeladen wurde. Noch heute werde ich darauf überall von vielen Leuten angesprochen, die damals durch meine Tourneen mit dem Kosmos Theater zum ersten Mal die Welt des Musicals kennen und lieben gelernt haben.

Ganz früh schon habe ich damit auch Fernsehen gemacht, zum Beispiel 1954, beim Hessischen Rundfunk Frankfurt. Immer ging es um amerikanische Kultur. Und um das Musical, das damals neu war und als sensationell empfunden wurde. Mir hat es auch Riesenspaß gemacht, in den Amerika-Häusern, die es ja überall gab, zu sprechen: in Berlin, in Hamburg, in Hannover, in München, was weiß ich wo noch.

Und eine weitere Folge: Damals hat mich der Präsident der Akademie für Musik und Darstellende Kunst in Wien, der verehrte Professor Hans Sittner, eingeladen, an seinem Institut (heute Hochschule) über allerlei Bereiche des Musiktheaters zu referieren. Viele Jahre später wurde ich

Lernet Amerika lieben! Meine Shows im Kosmos Theater bedeuteten für mich die sogenannte »Entdeckung« als Conférencier, für das Musical durch das Interesse von Ing. Ernst Marboe, dem Leiter der Bundestheaterverwaltung, die Öffnung der Tore der Volksoper.

an dieser Hochschule – unter Rektor Professor Pirckmayer – ordentlicher Professor. Es war schön und inspirierend. Nur damals war ich, glaube ich, in einer Abteilung nicht sehr gut. Das Departement hieß »Institut für kulturelles Management« und war eine Idee des späteren Josefstadt- und Burgtheater-Direktors Professor Dr. Ernst Haeussermann, den ich seit langem gekannt habe, weil er bei der US-Army in Österreich mein Vorgesetzter gewesen war.

Kulturelles Management, das ist ungrammatisch, es sollte heißen: »Kultur-Management«. Ich habe dort gelehrt, ohne zu wissen, was das Ziel dieser Ausbildung sein sollte. Ich dachte, vielleicht bildet man hier Leute aus, die später einmal sowas wie der Sänger-Agent Ioan Holender werden, oder Viktor Vladarski, oder Erich Seitter.

Haeussermans Idee war aber profunder. Das sollte ein Ausbildungsplatz für Leute in künftigen Spitzenpositionen im Kulturleben sein – im Theater, in der Oper, im Rundfunk, im Fernsehen. Das aber habe ich erst langsam erfaßt, als ich schon einige Zeit dort war. Erst bei der Arbeit erkannte ich, wie gut der Gedanke Haeussermans wirklich gewesen ist.

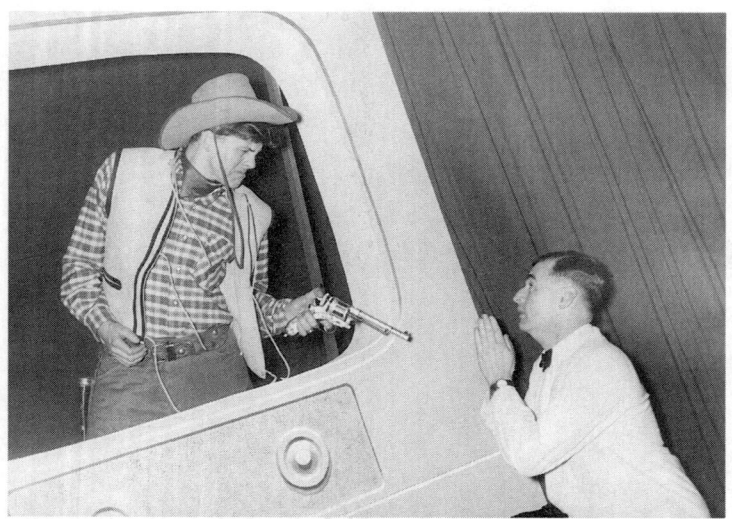

Lernet Amerika lieben! Während meiner Erklärung amerikanischer Volkslieder und Musicalsongs werde ich von dem damals blutjungen und später berühmt gewordenen Bassisten der Bayerischen Staatsoper, Keith Engen, erschossen.

Die künftigen Studenten mußten eine Aufnahmeprüfung ablegen, und in dieser Kommission saß ich. Die Kanditaten stammten aus verschiedenen Lebensbereichen, waren nicht alle Studenten, hatten völlig unterschiedliche Ausbildungen hinter sich; ich hab' mir jedenfalls ein bißchen schwer getan, damit umzugehen. Aber ich habe mich intensiv mit Musikunterricht beschäftigt, habe zum Kurs berühmte Persönlichkeiten gebracht, den Dirigenten Erich Leinsdorf zum Beispiel, oder Lord Harwood von der englischen Nationaloper. Und natürlich Leonard Bernstein, doch diesen mußten die Kursteilnehmer im Musikverein besuchen, wo er wundervoll mit ihnen sprach.
Ich habe diese Aufgabe aber, glaube ich, nach meinem eigenen Gefühl nie so ganz richtig in der Griff gekriegt. Ich hatte immer den Eindruck, es sitzen dort bei mir nur fünf Studenten. Aber nein, sagten meine reizenden leitenden Kolleginnen, Frau Leinfellner und Frau Ponzer, die den Kurs aufwerten wollten: »Sie müssen auch links und rechts schauen, und nach hinten, da sitzen sicher fünfzehn.«
No, ich hab' jeweils halt nur fünf gesehen.
Was ich sehr gerne gemacht und gemocht habe, und sicherlich auch gut,

Lernet Amerika lieben! In meinen Programmen im Wiener Kosmos Theater wirkten unter der Landkarte von Amerika auch die Sängerknaben mit. Einer von ihnen wurde berühmt, allerdings nicht als Sänger, sondern als deren Kritiker. Welcher auf diesem Bild mag wohl Franz Endler sein?

war mein Lehrauftrag am Institut für Theaterwissenschaften der Universität Wien, erst unter Prof. Heinz Kindermann, dann unter Prof. Margret Dietrich, endlich unter dem späteren Prorektor Prof. Wolfgang Greisenegger. Da hatte ich großen Zulauf, da war ich – ich sag' das in aller Unbescheidenheit – sehr beliebt. Und ich habe mich mit dem Unterricht engagiert beschäftigt, weil ich nicht in erster Linie Wissen als Selbstzweck, sondern wie stets, wenn ich unterrichte, Liebe vermitteln konnte.

An der Universität haben wir uns mit allen Bereichen des Musiktheaters auseinandergesetzt, auch mit den Problemen der Regie: Unterricht war bei mir immer Dialog, war Geben und Nehmen, ein durch Studentenfragen ständiges Korrigieren meiner selbst. Ich habe jedenfalls von den Studenten so viel gelernt wie sie von mir.

Und wir haben immer wieder das geübt, was im Kulturleben von heute so wichtig ist: den Faktor Zeit. Sie spielt eine unheimliche Rolle. Was auch immer Sie in diesem Kulturleben medial machen wollen, zuerst müssen Sie wissen: Wieviel Zeit habe ich dafür. Um das zu lernen, habe ich etwa Inhaltsangaben von Opern erzählen lassen. »Also, erzähle den Inhalt von ›Meistersinger‹, du hast zwei Minuten.« Und zu einem anderen: »Du hast fünf Minuten. Du darfst dabei nicht drei Sekunden überziehen, denn der Rundfunk, das Fernsehen wird dich unerbittlich abschalten.«

Damals habe ich auch meine Gedanken über Opernregie weiterentwickeln können. Wenn da so ein Junge kam und mir den Inhalt von »Rheingold« folgendermaßen zu erzählen begann: »Drei Nutten sitzen auf einem Stauwerk«, so wußte ich: der hat nie etwas von »Rheingold« gesehen, außer der Fernsehaufzeichnung aus Bayreuth von der Inszenierung durch Patrice Chéreau.

Ich habe mir viele Gedanken darüber gemacht, daß wir an einer ganzen Generation einen großen Fehler begehen, wenn wir bestimmte Inszenierungen unwidersprochen die Alleinherrschaft überlassen. Wir dürfen das nicht. Meine detaillierte Meinung dazu ist im Kapitel »Regietheater« in diesem Buch ausführlich nachzulesen.

In der Folge habe ich eine rege Unterrichtstätigkeit im Fernsehen entfaltet, deren bekannteste mein »Opernführer« wurde. Dieser begann 1965 und läuft noch heute. Aber auch da habe ich nicht gleich gewußt, welche Bedeutung diese Arbeit für mein Publikum haben könnte, und vor allem habe ich an die Bedeutung dieses Opernführers selber nicht geglaubt. Denn ich bin davon ausgegangen: Wenn einer im Fernsehen über Oper spricht, so wird das niemanden auf dieser Welt interessieren. Die Idee dazu stammte von Janne Ranninger, später Fernseh-Produktionsleiterin im ORF. Sie brachte mich erst zum Leiter der Hauptabteilung »Jugend und Familie«, Herbert Hauk. Der sagte: »Scheint mir gut zu sein, ich muß nur noch jemanden fragen.« Er drückte auf einen Knopf seines Telefons und sprach in den Hörer; »Geh, Helmut, bitte komm

---

Verbotene Phrasen

Es gibt gewisse, oft verwendete Phrasen, die jeden Vortrag kaputt machen. »Leider erlaubt mir die zur Verfügung stehende Zeit nicht ...« Wenn Ihnen die Zeit etwas nicht erlaubt, dann halten Sie eben den Vortrag nicht. »Ich freue mich, daß Sie so zahlreich erschienen sind!« Könnten Sie ein Publikum auch tadeln, weil es nicht zahlreich erschienen ist? »Ich werde mich kurz fassen ...« Sie haben sich so kurz oder so lang zu fassen, wie es Thema und Zeit vorschreiben. »Keine Angst, ich werde keine Rede halten ...« Warum suggerieren Sie dem Publikum Angst vor Ihrer Rede, auf die es sich freuen sollte?!

> ### Die »Entdeckerin«
>
> Der Marcello war eigentlich nie richtig zufrieden, mit nichts, was er gemacht hat. Immer wieder ist er aufgestanden und davongelaufen und wieder hereingekommen und wieder weggelaufen, wieder gekommen, hat immer gesagt: »Nein, das stimmt nicht!« Er war mit nichts zufrieden. Aber mit der Zeit hatten wir dann doch die ganze Sendung aufgezeichnet, der Schnitt war noch fällig, und Marcello fuhr nach Amerika.
>
> *Janne Ranninger*

herauf!« Dr. Helmut Zilk war damals Referent für Volksbildung beim Fernsehen. Als er die Idee genehmigte, war ich »drin«. (Danke, Helmut.) Zilk wurde später Programmdirektor beim Fernsehen, Unterrichtsminister und Bürgermeister von Wien – und mein verehrter Freund. Von der Abteilung Herbert Haugks übersiedelte ich in der Folge zur Musikabteilung, die unter der Leitung von Dr. Wilfried Scheib stand, dem großen Pionier guter Musik im Fernsehen. Diese meine neue Tätigkeit verlangte mir viele weitere Gedanken über die Technik des Unterrichtens ab. Worüber sagt man was, was sagt man nicht, in welcher Reihenfolge sagt man was, wo geht man ins Detail.

Ich gehe ja immer nach einem ganz genau nach Sekunden vorbereiteten Plan vor, sowohl in meinen Fernsehsendungen als auch an der Universität und auch bei meinen Shows. Und ich weiß genau, wenn ich eine sehr komplizierte Sache erklären will, wenn ich etwa eine Harmonienfolge von Akkorden bespreche oder eine Stelle des Kontrapunkts, so weiß ich, daß so und so viele Leute nicht wahnsinnig interessiert daran sind. Daher muß ich diese Leute in einem Augenblick höchster Rezeptionsfähigkeit packen. Dann ist es wunderbar, wenn man kurz zuvor einen geliebten Menschen sieht. Leider gibt es nicht allzu viele von dieser Klasse.

Zu meiner Zeit an der Hochschule habe ich auch am dazugehörigen Max-Reinhardt-Seminar unterrichtet. Das war für mich schon deshalb interessant, weil diese Studenten a priori nicht viel mit Musik zu tun haben. Um sie zum Musiktheater zu bringen, haben wir miteinander Platten angehört, angespielt, und danach habe ich die Leute gefragt, wie sie sich das szenisch vorstellen. Zugleich wollte ich ihnen die Bedeutung der Musik im Rahmen der Regiearbeit beibringen.

HOMMAGE AN EINEN SCHMETTERLING

Er ist ein Teil dieser Stadt, eine fleischgewordene Legende. Er gehört zu jenen außerordentlichen Menschen, die nicht ersetzbar sind. Ich bewundere und liebe ihn, weil er, als Altösterreicher mit all den Erfahrungen, Kenntnissen und Bekanntschaften in die Emigration geschleudert, als Kultur-Offizier zurückgekommen ist.

1965 kam ein Vorschlag von ihm, eine dieser Sendungen von der Art zu gestalten, wie er sie gemacht hat und macht. Ich hab' damals, sozusagen inoffiziell, den damaligen Programmdirektor, der schwerkrank und monatelang abwesend gewesen ist, vertreten. Prof. Hauk ist zu mir gekommen und hat gemeint, das wäre eine ganz gute Idee, man sollte das machen. Und ich bin damals mit beiden Füßen aufgesprungen, hab' ihn sofort eingeladen, sofort gesprochen. Und das war eigentlich der Beginn einer Bekanntschaft, die bis heute nicht geendet hat und sich wirklich zu einer Freundschaft im höheren Sinn des Wortes entwickelt hat – nicht im Wiener Sinn, daß man einander die Ohren küßt und per Du ist. Wir waren fasziniert: Er ist eine Naturbegabung, er ist ein Vulkan, er ist eine Enzyklopädie, eine eloquente Enzyklopädie. Der Charme der ganzen k.u.k. Monarchie steckt in ihm, auch der Mutterwitz dieser Zeit. Und das ist das Geheimnis, glaub' ich, seines Erfolges. Und die tausend Sendungen, die er gemacht hat, haben so seinen und damit den Ruf Österreichs weit über die Grenzen getragen, auch in ausländischen Sendungen wiedergegeben. Er gehört zu jenen, die auch in schweren und schlechten Tagen der letzten Jahre nie gezögert haben, sich vorbehaltlos und ohne Augenzwinkern zu Österreich, besonders zu Wien zu bekennen.

Er ist kein großer Ausgeher, er ist einer, der ununterbrochen arbeitet. Aber er ist gern Hahn im Korbe, wenn die Menschen rundherum sitzen und er was erzählen kann. Er trinkt auch keinen Schluck Alkohol. Von mir hat er einen Beinamen bekommen, der gelegentlich verwendet wird, den er auch gerne akzeptiert, weil er ja sehr vieles gleichzeitig macht: Dort macht er was, da schreibt er was, und da fahrt er nach Miami. Da macht er eine Sendung, da wird er interviewt, das geht ja nur so hin und her. Da hab' ich ihn einmal Schmetterling genannt. Er ist ein Schmetterling, der immer von einer Blume auf die andere wechselt und alle gleichzeitig liebt. Da ist auch das Liebenswerte drin, das Bunte, das Schillernde, das Sympathische. Ich habe in meiner Gesellschaft zwei Menschen kennengelernt, von denen ich nie ein negatives Wort über

> Dritte gehört hab'. Der eine war der Ferry Dusika, mein wirklich großes Vorbild als Mensch, der so eine väterliche Beziehung zu mir g'habt hat, und der zweite ist der Marcello.
>
> *Helmut Zilk*

Es gab da auch Mauern. Aber gegen Unbekehrbare ist man machtlos. Einmal sagte mir ein Schüler, er hasse Opern. Er kannte keine einzige ... Ich spielte ihm Pavarotti in »Bohème« vor, und das »Tristan«-Vorspiel – verlorene Liebesmüh. Er blieb bei seinem Haß.
Eine nette Geschichte aus dieser Zeit. Im Jahre 1993 inszenierte der Regisseur Heinz Kreindl in Darmstadt die Oper »Violanta« von Erich Wolfgang Korngold. Ich gebe hier eines unserer Gespräche wieder.
Kreindl: »Kennen Sie mich nicht mehr?«
PRAWY: »Ja, Ihr Gesicht kommt mir bekannt vor.«
Kreindl: »Sie haben meine Aufnahmsprüfung am Reinhardtseminar abgenommen. Damals haben Sie mich gefragt, ob ich Opern gerne hab'. Ja, so so, hab' ich gesagt. ›Und was ist Ihre Lieblingsoper?‹ Meine Antwort: ›Arabella.‹«
Da habe ich Kreindl, so erzählte er mir, aufgefordert, draus was zu singen. Er tat es: »Aber der Richtige, wenn's einen gibt für mich auf dieser Welt«. Ich stimmte für seine Aufnahme, sagte ihm aber: »Sie werden keine Karriere machen. Denn es ist heute nicht modern, daß Regisseure etwas aus einer Oper, die sie inszenieren, auch singen können.«
Ich unterrichtete vier, fünf Jahre lang (1972–1977) an der hochangesehenen Yale University/New Haven/Connecticut als Visiting Professor und fand dort ein mich begeisterndes, ungeheuer hohes Studentenniveau.
Schon am ersten Tag drückte man mir das Yale-Bulletin in die Hand. Dort steht alles drin, was sich so im laufenden Monat an der Universität neben dem normalen Studienbetrieb begibt. Und da fand ich: »Idomeneo von Mozart. Täglich, außer Freitag, 8 p.m.« Ich dachte: Ein Schallplattenabend. »Nein«, sagten mir die Leute, »die spielen täglich live, außer Freitag, die Studenten.« Und warum freitags nicht? »An diesem Tag arbeitet der Oboist bei einem Zahnarzt.« Es handelte sich bei den Akteuren also nicht um Berufsmusiker, sondern um »Undergraduates«, die sich noch gar nicht entschlossen hatten, was sie künftig wirklich studieren wollten. Ich fand es großartig, daß sich auf einer Universität Studenten mit so großer Begeisterung verschiedenen Fächern widmen. Das ist in Europa

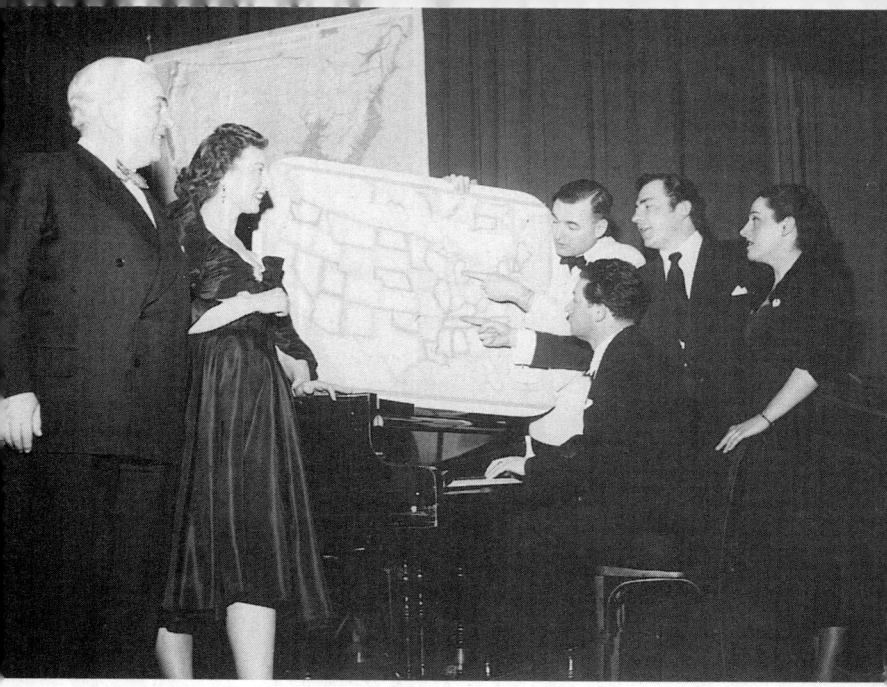

Lernet Amerika lieben! In meinen Programmen im Wiener Kosmos Theater brachte ich zum ersten Mal amerikanische Musical-Fragmente und Volksmusik in von mir konferierten Shows über amerikanische Kulturgeschichte. Seit damals blieb der weiße Smoking (3. v. r.) mein Markenzeichen. Wer hätte je gedacht, daß der berühmte Bayreuther Wagner-Baß Emanuel List in seinen Jugendjahren in Amerika mit amerikanischen Pop-Songs tingelte? Ich habe viel von ihm zur Sache gelernt.

anders. Eben erinnere ich mich an ein typisches Erlebnis in Yale: Ich habe über die Oper »Boris Godunow« von Mussorgski gesprochen. Es wurde nie vorher bekannt gegeben, worüber ich vortragen werde, es hieß immer: »Prawy über die Probleme des musikalischen Theaters«. In diesen Rahmen habe ich alles hineingequetscht, was ich zu sagen hatte. Das Thema Boris Godunow war mir selber erst am Vormittag eingefallen.

Ich habe den jungen Leuten erklärt, daß es von dem Stück mehrere Fassungen gäbe, von Mussorgski selbst, und andere, auch die Fassung von Rimski-Korsakow. Und habe erzählt, daß man am Anfang der Oper als Zuhörer die beiden Fassungen nur schwer auseinanderhalten könne, zumal sie sich nur durch einen verschobenen Taktstrich unterscheiden. Da steht ein Student auf und sagt: »Moment, das gilt nur für die ersten fünf Takte.«

> ## Ein vollendetes Kunstwerk
>
> Bonn, den 6. September 1991
> Verehrter Herr Professor,
>
> Meine Frau und ich, sehr verehrter Herr von Prawy, möchten Ihnen vielmals und aus vollem Herzen für die große Mühe danken, die Sie unseretwegen auf sich genommen, und für die so heiter-lehrreiche Lektion, die Sie uns haben zuteil werden lassen. Inmitten vieler schöner Veranstaltungen war die Ihre wohl von Art und Form die anmutigste, die das Schloß Bellevue in seiner Geschichte je gesehen hat. Zugleich war sie von höchstem Niveau, ein vollendetes Kunstwerk der scheinbar spielerischen und doch in Wirklichkeit schwierigsten Art. Wer das so meisterhaft vermag wie Sie, dem gebührt größte Bewunderung.
> Mit den allerbesten Wünschen und mit herzlichen Grüßen
>
> *Ihr*
> *Richard von Weizsäcker*
>
> Bei den Salzburger Festspielen 1990 stellte sich mir ein reizender Herr als Erich Milleker vor, künstlerischer Berater des deutschen Bundespräsidenten Richard von Weizsäcker. Er lud mich im Namen des Präsidenten zu einem Vortrag in Berlin in dessen Schloß Bellevue über Mozart für das Mozartjahr 1991 ein, und gleichzeitig als Zuhörer zum diesjährigen Bellevue-Vortrag, den Dietrich Fischer-Dieskau hielt. Ich sagte wohl zu, erwähnte aber, daß es bei der vorauszusehenden Mozartjahr-Schwemme ein für Berlin interessanteres Thema gäbe: den im gleichen Jahr geborenen Meyerbeer – Berliner Jude, Berliner Operndirektor, Wahlfranzose, über eigenen Wunsch in Berlin begraben ... was für ein Politikum in der Zeit der Wende! Ich gab also das Meyerbeer-Programm für den Bundespräsidenten im September 1991 vor einem erlesensten Zuhörerkreis in seinem Schloß Bellevue, unter Mitwirkung von Sängern aller drei Berliner Opernhäuser. Der Bundespräsident sprach so fachkundig einführende Worte, als wäre er zeitlebens Meyerbeer-Forscher gewesen.

Ich habe geantwortet: »Das weiß ich nicht auswendig.«
Das lieben die Amerikaner, wenn man zugibt, daß man etwas nicht weiß. Nur wenn man herumfaselt, wird man vor den Studenten brutal erledigt.
Der Mann hatte recht gehabt. Ich bin nachher zu ihm gegangen, habe gesagt: »Das war fabelhaft, daß Sie das gewußt haben. Sind Sie Berufsmusiker?«
»Aber, keine Spur«, sagte er. »Ich bin Deutschlehrer. Aber die Sache interessiert mich sehr.«

ORF-TV: In Franz Lehárs Villa in Bad Ischl, an seinem Klavier mit seinen Partituren.

Im Jahre 1973 hat Peter Weiser, damals Generalsekretär des Wiener Konzerthauses, in Zusammenarbeit mit mir über Empfehlung von Leonard Bernstein eine Produktion der Yale Universität seines schwierigsten Werkes »Mass« nach Wien geholt. Es spielte das sogenannte Yale Philharmonic Orchestra, das sind »Undergraduates«, keine Berufsmusiker. Was wir damals in Wien verschwiegen haben, weil wir sonst damit durchgefallen wären.

Dem Unterrichten verdanke ich auch eine meiner kleinen Niederlagen und eine der großen Stationen im Leben. In Miami hat mein Freund Professor Hans Hannau – Schriftsteller, Photograph, Träger hoher österreichischer und amerikanischer Auszeichnungen – vorgeschlagen: »Der Prawy aus Wien wäre ein guter Mann für euch.« Nun, ich kam (1974) erstmals an die Universität von Miami und habe mich dort gar nicht wohl gefühlt. Die wußten nichts mit mir anzufangen, und ich nichts mit ihnen.

Ich war nicht im Music Department eingesetzt, sondern in der Abteilung »Adult Education«. Man weiß ja, daß die Amerikaner der Erwachsenenbildung hohen Stellenwert beimessen.

Weder die Uni noch ich waren glücklich, doch es entwickelte sich – wieder über Anregung von Hans – in weiterer Folge eine so gute Beziehung

> ## Er hat den goldenen Schlüssel
>
> Seit über zwanzig Jahren besucht Marcel Prawy jeden Winter Florida. Man könnte auch sagen: Er kehrt heim, denn er ist Ehrenbürger und Besitzer des Großen Goldenen Schlüssels von Miami Beach. Er wird hier geliebt und geschätzt, und man sieht ihn oft auch in Wien mit der blauen Leinenkappe, auf der »Miami« steht.
> Bald konnte man ihn im amerikanischen Fernsehen erleben und im Radio hören. Er war Ehrengast bei vielen Veranstaltungen und Vortragender bei verschiedenen Vereinigungen, besonders Rotary und alljährlich vor der Alexander von Humboldt Society of the Americas. Bald dehnte er seine Vortragstätigkeit auch auf andere Städte aus, so Houston, Texas, sowie in Florida Sarasota, Fort Lauderdale und Palm Beach.
>
> *Hans Hannau*

zum Direktor der Oper von Miami, Robert Herman, der vorher Stellvertreter Sir Rudolf Bings an der Met in New York gewesen war. »Der Prawy könnte euch vielleicht nützlich sein.« Daraus wurde ein wundervoller Part meines Lebens, ein Teil, der einst mit meinem Nichteinsatz als Lehrer begonnen hatte. Die Folge: fast zwanzig glückliche, sehr erfolgreiche Jahre »Opernseminare« an der Oper von Miami ...

Im Jahre 1995 hatte ich eine schöne Bestätigung der Gültigkeit meines Systems in Italien. Der Schauspieler und Regisseur Gerhard Tötschinger, lange Leiter des Festes in Hellbrunn während der Salzburger Festspiele, lud mich zu einem von ihm gegründeten neuen Festival von Todi in Umbrien ein. Ich verbrachte drei Junitage in der interessanten alten Stadt, gab auf italienisch eine Matinee über Opernkunst in Spanien und reiste ab als Presidente Onorario (Ehrenpräsident) des Festivals.

Und in Ravenna: beim von der Gattin des berühmten Dirigenten Riccardo Muti geleiteten Ravenna Festival, gab ich 1993 (der Maestro wirkte mit) mit herrlichen alten Aufnahmen eine Analyse des heute fast vergessenen Wagner-Singens in italienischen Übersetzungen.

Alles, alles – Unterricht in Liebe ...

13. Mit Bernstein

»There's a place for us ...«
(West Side Story)

Es weckt in mir immer ein leises Mißtrauen, wenn Durchschnittsmenschen die Großen dieser Welt als ihre »Freunde« bezeichnen. Wo beginnt da die Hochstapelei? Rückblickend glaube ich, daß ich sein Freund war – sonst hätte er, der wahrhaftig nichts von mir gebraucht hat, nicht so herrliche Dinge mit mir gemacht. Die Überzeugung, daß er mich als seinen Freund betrachtet, entstand, als er mir einmal sagte: »Marcello, ich bin dir dafür dankbar, daß du mich nicht Lenny nennst.« Für mich war er immer der »Maestro«. Ich hatte niemals das Bedürfnis, Richard Wagner zum Dick, Herbert von Karajan zum Herbie oder Mozart zum Wolferl zu degradieren, um mich selber zu denen hinaufzukumpeln. Außerdem – auch Bernstein war ein großer Einsamer, der hinter Umarmungen und Küssen nur einen Bruchteil seiner Seele der Öffentlichkeit preisgab.

Es begann alles so langsam. Es war in der Saison 1943/1944, ich war bereits in den Vereinigten Staaten eingerückt, war Soldat, und kam an freien Wochenenden gerne nach New York. Einmal besuchte ich einen Ballettabend an der Metropolitan. Ich bin kein Ballettfachmann, aber ich liebe den großartigen amerikanischen Tanz. Man gab ein Ballett mit dem Titel »Fancy Free«. Es gefiel mir sehr. Die Story betraf drei Matrosen auf einem Landurlaub in New York. Ein Tänzer war besonders gut, es war der später als Choreograph und Bühnenautor zu Weltruhm aufgestiegene Jerome Robbins. Und mir gefiel die Musik blendend. Ich suchte auf dem Programm nach dem Namen des Komponisten. Leonard Bernstein ... nie gehört. Oder doch? Ja, war das nicht der Fünfundzwanzigjährige, der vor wenigen Wochen im ganzen Land Zeitungsschlagzeilen der Titelseiten durch sein triumphales Debüt als Dirigent und Einspringen für den erkrankten Bruno Walter bei der New Yorker Philharmonie mit »Don Quixote« von Richard Strauss gemacht hatte? Mir imponierte auch der fabelhafte Ballettdirigent. Wieder konsultierte ich das Programm. Dirigent – Leonard Bernstein.

Innerhalb eines Jahres wurde Bernstein der Stolz Amerikas als symphonischer Komponist, als Komponist eines Musicals, als symphonischer

Dirigent als Ballettdirigent – und was noch alles. Und bald kam noch so viel dazu, der Lehrer, der Buchautor, der Fernsehstar. Er selbst hat immer behauptet, all dies wäre eins – und sein Beruf wäre einfach »Musiker«. Wie niemand anderer wurde er ein Prediger der Einheit alles Musikalischen.
Niemals hätte ich mir träumen lassen, welche Rolle mir ein gütiges Geschick in seinem Leben zuteilen sollte. Ich sah ihn nach dieser ersten Begegnung als Zuhörer nur von ferne, als »Fan«, zu der einmaligen Position wachsen, die ihm in der Musikgeschichte der Welt zukommt. Einmalig – das ist eigentlich ein understatement. Sicher war Mozart der größere Komponist, aber hat er auch philosophische Bücher geschrieben? Sicher war Schopenhauer der bedeutendere Philosoph, aber er hat keine »West Side Story« geschrieben. Es hat niemals eine mit Leonard Bernstein vergleichbare Erscheinung gegeben. All das registrierte ich mit staunender Bewunderung aus der Ferne.
Die persönliche Beziehung begann 1956. Als ich bereits in der Direktion der Volksoper war und mit meiner ersten amerikanischen Musicalproduktion auf dem Kontinent, »Kiss me, Kate«, einen Triumph hatte und nach einem Nachfolgestück suchte, gab mir mein unvergeßlicher

Die Umarmungen von Leonard Bernstein (2. v. l.) waren ebenso berühmt wie sein Dirigieren und seine Kompositionen. Einmal wollte ich (2. v. r.) ihn nachmachen ... Links Willy Boskowsky, Konzertmeister der Wiener Philharmoniker und langjähriger Dirigent ihrer Neujahrskonzerte. Rechts: Staatsoperntenor Karl Terkal.

Chef und Protektor, Ingenieur Ernst Marboe, Leiter der Bundestheaterverwaltung, die Idee – wie wäre es mit Bernstein? Der war als großer Dirigent ein bewunderter Name aus der Ferne, als Komponist bei uns ein unbeschriebenes Blatt. Als wir uns gemeinsam entschieden, als zweites Musical, und als erstes Bernstein-Musical auf dem Kontinent, an der Volksoper sein »Wonderful Town« herauszubringen, die Premiere war am 9. November 1956, inmitten der Ungarnkrise, da trat ich mit Produktionsproblemen schriftlich an ihn heran. Musical-Verträge beinhalten stets die Verpflichtung zur Nicht-Änderung des Originals. Nun beinhaltet dieses Musical aber Parodien auf amerikanische Schriftsteller, die bei uns im Original unbekannt sind. Und da soll man eine Parodie darauf verstehen? Unmöglich. Dann fand ich ein Problem mit der Orchestration. Es ist eine sogenannte »Reed«-Orchestration, d. h. darauf beruhend, daß derselbe Musiker bis zu vier Instrumente spielt, er spielt aus ein- und demselben Notenblatt, wechselt aber zwischen vier Instrumenten. Das ist in den USA üblich, bei uns fast unbekannt. Da mußte man umschreiben und auch an der Instrumentation etwas ändern. Bernstein instrumentiert glänzend, hat aber, wie am Broadway üblich, nicht alles selbst instrumentiert. Der Komponist hatte, nicht zu Unrecht, denn er wußte ja nichts von mir, Angst vor einer Verballhornung seines Stückes und wollte mir keine Änderung erlauben. Ich wollte aber sein Werk zum Erfolg bringen und mußte auf eigenes Risiko gewisse Änderungen auf eigene Faust durchführen – der Maestro hat die Produktion nie gesehen –, ich hoffe, er hätte mir verziehen. Noch immer keine persönliche Bekanntschaft.

Dann plante ich für 1965 unter Direktor Albert Moser für die Volksoper die welterste Produktion von Gershwins Oper »Porgy and Bess« in der niemals gespielten ungekürzten Urfassung von 1935. Und ich hatte die Wahnsinnsidee, Bernstein einzuladen, dies zu dirigieren. Ich schrieb einen Brief an ihn 1964 in Triest, am Strande des Hotel Adriatico Palace liegend. Neben mir meine entzückende Begleiterin, die Schwedin Birgit; da ich aber beim Schreiben des Briefes mein Radio spielen ließ, Maria Callas mit der sehr langen Wahnsinnsarie aus Bellinis »Il Pirata«, fand ich am Ende der Arie und am Ende des Briefes keine Birgit mehr. Sie hatte die Flucht ergriffen, für immer. Sie war weg, und Bernstein sagte ab. Mit einem bezaubernden Brief und Komplimenten für dieses ihm sehr zusagende Projekt, aber er könne nicht. Warum? Bald stellte sich heraus, daß er in den Schlußverhandlungen für sein Debüt an der Wiener Staatsoper stand, 1966, Verdis »Falstaff« in der Regie von Lucchino Visconti.

Aber 1966, bei den Vorbereitungen zu »Falstaff«, fand in der Wohnung des damaligen amerikanischen Kulturattachés unsere erste Begegnung statt. Mich traf sie wie ein Blitz. Da stand ich nun wirklich und sprach mit IHM. Er erinnerte sich, was mir sehr schmeichelhaft erschien, etwas an mich – aha – der von »Wonderful Town« – der von »Porgy«. Nun durfte ich seine Größe von der Nähe erleben. Ich bin Antialkoholiker und hasse Night Clubs – aber da war eben der Abend im Nachtlokal »Atrium«, wo Bernstein uns so hinreißend über Beethoven erzählte. Es gehörte ja zur Weite seines die Einheit aller Musik umspannenden Weltbildes, daß man im Jazzclub von ihm über Beethoven lernte, und im Künstlerzimmer des Musikvereins nach einem Symphoniekonzert über Jazz. Durch seine unvergessenen volksbildnerischen Fernsehshows haben Millionen den Unterschied von Dur und Moll gelernt, bei den Wiener Klassikern und bei den Urmeistern des New Orleans Jazz. Wenn ich heute auch auf dem Gebiete unterhaltender volksbildnerischer Fernsehshows über Themen der Musik erfolgreich bin, so weiß ich in jeder Sekunde, daß ich gegen ihn ein Zwerg bin.

»Falstaff« wurde ein Triumph. Wir verbrachten viel Zeit zusammen. Auch mit unserer Freundin Regina Resnik, die Quickly sang. Sein engster persönlicher Vertrauter und Mitarbeiter war damals Mr. Schuyler Chapin, später kurze Zeit lang Direktor der Met und auch Präsident der Columbia University, wo er mich zu Vorträgen einlud. Oft halfen wir beide dem Maestro beim Wechseln eines verschwitzten Hemdes. Chapin wollte mich an die Met engagieren, aber diese Direktion, mit Rafael Kubelik als Musical Director, hielt nur sehr kurz, und es kam zu dem Projekt mit mir nicht, obwohl ich schon zu Vorbesprechungen nach New York eingeladen war. Jetzt faßte ich meinen ersten Großplan. 1968 nahte, das Jahr seines »Fünfzigsten«. Ich wollte es zum großen Bernstein-Jahr in Wien machen. Die Staatsoper hatte ihn für einen neuen »Rosenkavalier« engagiert, ich wollte gleichzeitig die erste kontinentaleuropäische Produktion seines unsterblichen Musicals »West Side Story« an der Volksoper machen. Seine »Rosenkavalier«-Proben verliefen sensationell. Es war unheimlich zu sehen, wie die »Rosenkavalier«-erfahrenen Wiener Philharmoniker seinen Ideen folgten. Dabei ist Bernstein kein »schneller Probierer«. Ich erinnere mich, wie er, ich glaube eine halbe Stunde lang, die zwei Takte der Einleitung vor der Arie des Sängers, bei dem er ein Decrescendo wollte, probierte. Er hatte Ausländer unter den Hauptdarstellern. Gwyneth Jones war Octavian, die schwarze Reri Grist die Sophie. Wo immer er die deutsche Aussprache

ausbesserte, hatte er recht. Er übte sogar mit unserem heimischen Walter Berry ein unnachahmliches Bernstein-Wienerisch bei »I woat auf Antwurt«. Und er nahm mir alle meine Bedenken bei »West Side Story«. Ich hatte solche Angst – wird das Ballett der Volksoper das schaffen wie in New York? Jeder hat den Film gesehen. Nur Bernstein meinte, egal, wichtig wäre ihm ein Gesang von Tony und Maria wie bei einer Puccini-Oper. Das konnten wir ihm mit Julia Migenes und Adolf Dallapozza geben, und er liebte diese Produktion, die am 28. Februar 1968 Premiere hatte. Der Maestro sah erst spätere Vorstellungen (einige), weil er damals noch nicht in Wien war. Er war so reizend, wenn er einen selbst auf Anklänge in seiner Musik aufmerksam machte. Da saß ich einmal mit ihm in der Loge bei unserer »West Side Story«. Julia Migenes und die blutjung während unseres Laufes an einer Blinddarmentzündung verstorbene Arline Woods sangen das Duett »I have a love«. Bernstein stieß mich: »Was ist das?« Ich sagte, was solle das sein, West Side Story! Und Bernstein: »Und du willst ein Opernfachmann sein? Jeder Ton aus Götterdämmerung.« Wenn man es weiß, merkt man es sogar, sonst nicht. Einmal rief er mich an: »Kommst du heute? Man spielt aus meinem Musical ›On the town‹.« – »Wieso? Wo?« fragte ich. Und er: »Weißt du denn nicht? Ich dirigiere Sibelius Fünfte Symphonie im Musikverein, der Anfang, die beiden Quartenschritte in den Hörnern, sind genau das Hauptlied ›New York is a wonderful town‹ aus meinem Musical!«
Die Volksoper gastierte mit unserer »West Side Story« erfolgreich am Opernhaus Zürich. Und ich ließ das gesamte Ensemble mit einer Bernstein-Gala den Fünfziger unseres Idols in der Stadthalle feiern.
Oh, diese unvergeßlichen Momente mit Bernstein. Einmal gab es im Schloß Schönbrunn eine Fernsehaufzeichnung eines Mozart-Klavierkonzertes, Philharmoniker, Dirigent und Pianist Leonard Bernstein. In der Pause begann er am Klavier zu improvisieren, es ging von Mozart über Wagner, zu Mahler, zu Bernstein und endete beim Rosenkavalier-Walzer. Ein Philharmoniker nach dem anderen vergaß auf die Pause und kam zu ihm und begann mitzuspielen, »zuwipassen« nennt man das in Wien. Und so erklang plötzlich der Rosenkavalier-Walzer mit Bernstein am Klavier plus den in der falschen, nämlich der Mozart-Besetzung, auswendig dazu improvisierenden Philharmonikern. Das hätte eine Sensations-Raubpressung ergeben!
Man ging niemals von ihm weg ohne einen Ausspruch, den man sich für das ganze Leben merkte. Während des Laufes der »West Side Story« 1968 leitete und konferierte ich im Konzerthaus für Generalsekretär

Peter Weiser eine konzertante Aufführung der Oper »Die Hugenotten« von Meyerbeer mit Nicolai Gedda unter Ernst Märzendorfer. Während meiner Conférence fiel mir die Ähnlichkeit auf – »Romeo und Julia« von Shakespeare – Liebe überwindet die Feindschaft der Familien – in »West Side Story« sind es die Puertoricaner und die New Yorker – in den »Hugenotten« die Katholiken und Protestanten – dasselbe. Als es Bernstein erzählte, sagte er: »Ja, ja. Es gibt überhaupt nur eine Story. Jeder haßt jeden, und zwei lieben einander.«
Ich habe viele neue Einsichten zu Musik in Gesprächen mit Leonard Bernstein bekommen. Er hat viel über die Beziehung von Musik und Sprache nachgedacht. Und er hat den Buchstaben bestimmte Bedeutungen zugeordnet. Das ist ein A, das schon ein H, und hier folgt das M, ein D. Aus den Buchstaben entwickelt sich ein Wort, wie aus den Tönen Musik. Er kam zu verblüffenden Gedanken. Wieso beginnt das Wort Mutter in so vielen Sprachen mit dem Buchstaben M? mother, mater, mère, madre, matka ...? Bei einem anderen Gespräch sagte er mir über atonale Musik: Musik besteht aus der Suche nach dem Grundakkord. Ohne ihn fehlt ihr die Spannung – es ist wie das »boy meets girl« im Buch und Film. In der Atonalität findet der *boy* das *girl* nicht ...
Wie bei fast allen Dingen, die sich um Musik drehen, fallen mir Gespräche mit Bernstein ein. Zu Unrecht wurde sein fabelhafter Ausspruch zu seinem Nachteil als eitel interpretiert, als er sagte, wenn er Beethoven dirigiere, hätte er das Gefühl, er habe es komponiert. »Warum habe ich hier F und nicht Fis geschrieben?« Einmal (als er in Wien 1970 »Fidelio« dirigierte) hat er etwa folgendes gesagt: ›Wenn ich Beethoven dirigiere, ist es mir egal, ob ich so dirigiere, wie Beethoven dirigiert hätte. Wichtig ist, daß ich der Überzeugung bin, daß das, was ich mache, im Geist Beethovens ist. Selbst wenn ich wüßte, Beethoven hätte das anders gemacht. Man ist nicht Sklave eines alten Werks, sondern auch Schöpfer von heute.«
Zu unserem Thema bleibt mir ein anderer Bernstein-Ausspruch unvergeßlich: »Verdi und Brahms waren nicht nur große Komponisten, weil sie große Komponisten waren, sondern weil das Gesetz von Angebot und Nachfrage von ihnen die neue Oper, die neue Symphonie verlangte.«
Dann kam die Wiener Produktion von Leonard Bernsteins so sträflich unterschätzter »Mass«, das wird in der Geschichte als sein bedeutendstes Werk gelten. Die von Staatsoperndirektor Rudolf Gamsjäger bei der Uraufführung in Washington 1971 angeregte Produktion an der Wiener Staatsoper kam nicht zustande, auch wegen des Zerwürfnisses zwischen

Gamsjäger und mir. Da gab uns Bernstein die Idee, eine Studentenproduktion der Yale University von New Haven, Conn. (USA), wo ich Gastprofessor war, nach Wien zu bringen. Es gelang Peter Weiser, die Finanzierung abzusichern, und die Produktion kam nach Wien. Der Yale-Dirigent John Mauceri ist seither prominent geworden.

Bei »Mass« gab es das Problem, daß orthodoxe katholische Kreise gegen das Werk Sturm liefen, weil darin ein Priester, allerdings ein Presbyterianer, während der Messe in Wahnsinn verfällt und sein Amt niederlegt, weil er auf die Frage, warum Gott keinen Frieden gibt, keine Antwort weiß. War das im katholischen Wien nicht auch ein Risiko? Es gelang Weiser, Kardinal Franz König davon zu überzeugen, daß dahinter sogar ein tief religiöser Gedanke stecke, mit dem sich auch jeder Katholik zu befassen habe. Der weitblickende Kardinal gestattete sogar Plakate in der Stephanskirche. Aber man durfte Bernstein nicht unterschätzen. Er kam einige Tage vor der Premiere nach Wien, aus Rom, mit Bildern seiner Segnung durch den Papst.

An der Staatsoper gelang die Eigenproduktion in meiner deutschen Übersetzung (nach »Wonderful Town« wurde mir die Übersetzung des gesamten theatralischen Lebenswerkes von Bernstein ins Deutsche übertragen) erst unter Direktor Seefehlner im Jahre 1981. Es gab Jubel und Buhrufe, der Maestro quittierte den gewohnten Jubel und die ungewohnten Buhs mit dem gleichen Lächeln. Oft denke ich an die Premierenfeier im Hotel Bristol. Bernstein phantasierte am Flügel (ich habe ihm so oft vergeblich zugeraten, dies auch öffentlich zu tun, die großen Pianisten der Vergangenheit brachten auch Improvisationen im Rahmen ihrer Konzertprogramme). Da begann der Bühnenbildner Günter Schneider-Siemssen, der die glänzende Ausstattung von »Mass« geschaffen hatte, zu singen – plötzlich entwickelte sich zwischen beiden der »Bajazzo«-Prolog. Um der Wahrheit die Ehre zu geben, Bernstein spielte virtuoser, Schneider-Siemssen sang präziser.

Ich habe die Bühnenwerke von Bernstein übersetzt, Peter Weiser die wunderbaren, manchmal schwer verständlichen musikphilosophischen Bücher. Einmal war ich anwesend, als man in der Wohnung von Peter Weiser und seiner hochmusikalischen, wild Lenny-begeisterten Gattin Elly über die deutsche Übersetzung seines Buches »The unanswered question« diskutierte – Bernstein, die Weisers, der Verleger Fritz Molden. Jemand schlug als Titel vor: »Die Frage ohne Antwort«. Bernstein war begeistert: »Blendend! Alle Fragen bleiben ohne Antwort!« Ein anderer Vorschlag lautete »Musik – wohin?«. Bernstein war begeistert:

»Blendend – jeder muß denken, wohin die Musik geht« – und sagte dann unvermittelt zum Verleger Fritz Molden: »Fritz! Welcher Titel verkauft sich am besten? Den nimm!«

Diese herrlichen Abende mit Bernstein im Hause von Peter und Elly Weiser! Im Jahre 1970 bereitete man »Fidelio« vor, Staatsoper im Theater an der Wien, zur 200. Wiederkehr des Geburtstages von Beethoven. Inszenierung Otto Schenk, Dirigent unser Maestro. Wir alle kennen unseren Otti Schenk als Meister der realistischen Opernregie. Er wollte den Minister im letzten Akt müde erscheinen lassen, staubig nach seiner Postkutschenfahrt von Sevilla. Bernstein widersprach. »Ich will den Minister anders, als einen vom Himmel schwebenden Engel!« Schenk: »Wieso vom Himmel, er kommt aus Sevilla!« Als Bernstein darauf bestand, der Minister müsse als Engel vom Himmel herabschweben, sagte Schenk: »Ich weiß nicht, wie ein Engel vom Himmel schwebt!« Und Weiser: »Lenny! Mach doch vor, wie du dir vorstellst, daß er vom Himmel schwebt!« Bernstein erhob sich, versuchte eine schwebende Bewegung zu machen, hielt aber gleich inne und sagte zu Schenk: »Okay, Otti, er kommt aus Sevilla!«

Der unvergessene Helmut Wobisch, berühmter Trompeter, Geschäftsführer der Wiener Philharmoniker, hatte mit Vorstand Otto Strasser und mir des Maestros »Fünfziger« 1968 in Brüssel erlebt – ich denke da auch an meinen Eissalon-Ausflug mit Bernsteins damals blutjunger Tochter Jamie, jetzt als Mrs. Thomas eine Pop-Komponistin von Talent.

Wobisch liebte Bernstein und Bernstein ihn. Da kam nun der Plan, im Jahre 1977 bei dem von Helmut Wobisch in Ossiach gegründeten »Carinthischen Sommer« eine Bernstein-Woche zu veranstalten, mit dem Maestro selbst im Zentrum und mir als Programmplaner zur Durchführung. Um Bernstein zur Zusage zu gewinnen, lud er ihn schon 1975 nach Ossiach ein und veranstaltete ein Bernstein-Konzert der Ungarischen Philharmonie mit dem guten, aber Bernstein-unerfahrenen Dirigenten Janos Ferencsik. Bernstein sagte zu beizuwohnen, aber nicht zu dirigieren. Er war bei der Probe, gab Kommentare und gute Ratschläge – ich hatte aber heimlich ohne Bernsteins und Wobischs Wissen als Zugabe die »Candide«-Ouvertüre einstudieren lassen, deren schwache Wiedergabe für Bernstein immer unerträglich war. Bei der Probe hatte Bernstein viel auszusetzen. Wieder betonte er, auf keinen Fall zu dirigieren. Und am Abend verbeugte sich Bernstein bei dem orgiastischen Beifall, verschwand, endlose Pause – Ferencsik kam zurück und sagte in gebrochenem Deutsch an: »Kommt Zugabe – Candide – dirigiert der –« und hatte den Namen vergessen. Bernstein kam heraus und leitete die Zugabe.

Die unvergeßliche Bernstein-Woche 1977 war bereits umschattet von der schweren Erkrankung von Bernsteins Gattin, der südamerikanischen Schauspielerin Felicia Montealegre, der sie ein Jahr später erliegen sollte. Bei der Bernstein-Woche war Bernstein immer präsent, es gab die österreichische Erstaufführung seiner dritten Symphonie (»Kaddish«) durch das Israel Philharmonic Orchestra, Bernstein sprach auch, ich hielt mit Fred Liewehr eine Dialog-Lesung aus Bernsteins Schriften. Was waren das für Tage! Dann wurde der »Fidelio« unter Bernstein aus dem Theater an der Wien an die Staatsoper überstellt, wir gastierten damit auch an der Mailänder Scala. Ich habe in derselben Woche also denselben »Fidelio« aus der Mittelloge in Wien und aus der Mittelloge an der Mailänder Scala gehört – und fand die Akustik der Scala besser. Wie großartig war die Akustik in den Häusern, die man baute, bevor man die Akustik zur Wissenschaft hinaufjubelte.

Heute will man uns sogar einreden, durch Verschiebung verschiedener Holzplatten müsse man laufend die Akustik von Konzertsälen je nach Programm ändern – von der Mahler-Akustik zur Mozart-Akustik. Oft denke ich an einen Ausspruch des großen Baritons Piero Cappuccilli, den man nach der Akustik eines neuen Konzertsaals fragte. Seine Antwort: »Ich habe Stimme. Wozu brauche ich Akustik?«

Bernstein und die Akustik ... als man die New Yorker Philharmonic Hall eröffnete, gab es richtige Probleme mit der von deutschen Fachleuten geschaffenen »modernen« Akustik. Da brachte einmal der berühmte Komiker-Pianist Victor Borge seine populäre Fernseh-Show aus der neuen Philharmonic Hall und sagte: »Ich spreche heute zu Ihnen aus dieser neuen Halle. Sie hat eine unbeschreibliche Akustik. Hier in meiner Nähe sitzt Meister Leonard Bernstein, er wird sie Ihnen jetzt erklären – Meister Bernstein! Meister Bernstein? Kommen Sie jetzt bitte? Meister Bernstein! ... Schade, er kann mich nicht hören!«

Über mein letztes Bernstein-Großvorhaben, die Erstproduktion der Neufassung von Bernsteins Oper »A quiet place« unter seiner persönlichen Leitung an der Wiener Staatsoper 1986 erzähle ich in diesem Buche im Rahmen der Direktion Seefehlner.

Die Kunde von seinem Ableben erreichte mich am 16. Oktober 1990 in Amberg in Oberbayern – wo ich einen Vortrag über ihn hielt. Wie hätte ich ihm je zurückgeben können, was er mir und uns allen gegeben hat. Jedenfalls habe ich mich in bescheidenem Rahmen darum bemüht. Ich

ORF-TV: Leonard Bernstein, häufiger Gast meiner Staatsopern-Matineen, hatte immer Interessantes zu sagen, mit Mund, Augen und Händen. Links Staatsopernsopranistin Patricia Wise. Rechts Sopranistin Reri Grist, die entdeckt wurde, als sie, damals noch im Chor, bei der Uraufführung des Musicals »West Side Story« 1957 in New York das unsterbliche Lied »Somewhere« kreierte. Später wurde diese schwarze Sopranistin Bernsteins Sophie im Wiener »Rosenkavalier«.

habe viele Fernseh-Shows um ihn gemacht – bei vielen hat er gerne und freudig mitgewirkt. Ich glaube, die originellste hieß »Lennys Wien« – er hat sie nicht mehr gesehen. Es war ein großer Spaziergang durch Wien, nur mit Bernstein-Musik, aber auf Wien umgedeutet – auf die Donau, auf Schloß Schönbrunn, auf den Belvedere-Garten. Man hätte glauben können, Bernstein wäre ein Sänger Wiens gewesen.

Manchmal hat meine Tätigkeit zum Konflikt mit Mr. Harry Kraut geführt, einem hervorragenden Mann, Leonard Bernsteins Manager, Freund und Partner. Meine Tätigkeit war ihm oft ein Dorn im Auge – erstens, weil ich sie immer direkt mit dem Meister persönlich problemlos vereinbart habe, zweitens, weil es legale Grenzen gab, die Bernstein und auch ich überschritten. Einmal bedeutete mir Harry Kraut, von seinem Standpunkt sicher berechtigt, Bernsteins Mitwirkung bei meiner Fernsehsendung wäre auf drei Minuten beschränkt zu halten. Ich wollte mit Bernstein den Ablauf dieser drei Minuten besprechen. Er hatte keine Ahnung von dieser Beschränkung und sagte mir: »Was? Bin ich nicht gut für vier? Für fünf? Oder für 20?« Und er redete und redete für die Kamera – sollte ich Bernstein unterbrechen? Das wäre wohl indiskutabel gewesen, oder? In der TV-Show »Wien Side Story« ließ ich das ganze Ensemble meiner West-Side-Story-Produktion der Volksoper über Bernstein reden und Bernstein-Musik singen. Und was nicht noch alles? Besonders glücklich bin ich darüber, daß meine Liebe für Bernstein viele bleibende Dokumente hinterlassen hat. Sein Musical »Candide« habe ich in der Stadthalle 1976 in der Fassung von Harold Prince produziert – viele Jahre früher habe ich aber im Hörfunk eine Gesamtaufnahme der ersten Fassung, ungekürzt, mit ersten Solisten, aber mit einem Ersatz der nicht sehr guten Dialoge durch den Originaltext von Voltaire gemacht. Von der »West Side Story« der Wiener Volksoper 1968 gibt es eine vor der Premiere gemachte Schallplatte in der Premierenbesetzung und eine Gesamtaufnahme in derselben Besetzung mit allen Dialogen im Hörfunk. Die vertraglichen Grundlagen verdankte ich seinem verstorbenen Anwalt Mr. Abe Friedman, der mir sehr gewogen war und dem ich hier posthum danken möchte.

Meine schönste Erinnerungen aber sind die vier Bernstein-Matineen in der Wiener Staatsoper. Am 15. Februar 1981 machte ich eine Einführung zu »Mass« vor der Premiere, das ganze Ensemble wirkte mit. Auch der Dirigent Maurice Peress, der schon die Uraufführung in Washington 1971 geleitet hatte. Der Maestro wollte bei der Matinee nicht dirigieren. Da verwendete ich einen kleinen Trick. Es war mit Peress ausgemacht, daß er den Choral dirigieren solle, aber scheinbar den richtigen Anfang nicht genau fände. Er spielte seine Ängste und Zweifel gut. Und schon war Lenny da, half aus – und dirigierte den Choral. Dann kam die Einführungsmatinee zu Bernsteins Oper »A quiet place« am 6. April 1986. Harry Kraut deutete mir an, daß der Maestro wohl reden, aber nicht musizieren dürfe, aus Gründen rechtlicher Exklusivität. Lieber Harry Kraut, ich wollte mich wirklich daran halten – aber Lenny stürmte auf die Bühne, sah ein Klavier und seine Sänger, rief alle zum Klavier und musizierte und musizierte. Und erklärte, klavierspielend, endlos lange, aber nicht zu lange, sein Werk. Was für ein historisches Dokument! Hätte ich unterbrechen sollen? Das wäre über meine seelische Kraft gegangen. In einer dritten Matinee feierten wir an der Staatsoper, etwas verspätet, am 25. September 1988, den »Siebziger«. Lenny war dabei,

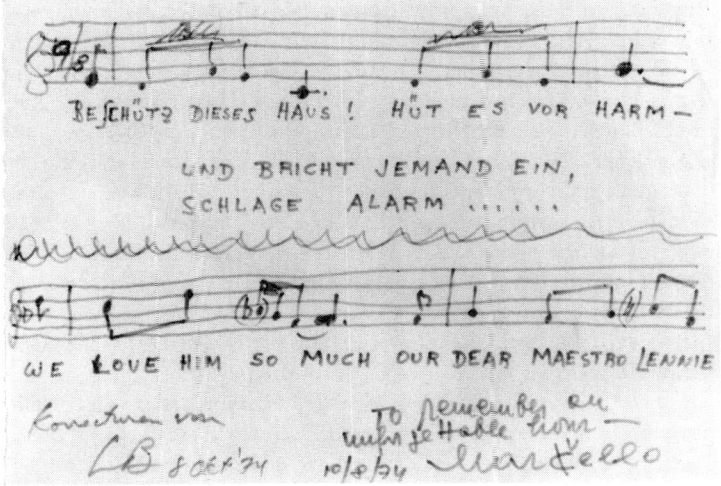

Im Jahre 1974 arbeitete Leonard Bernstein an dem für die 200-Jahr-Feiern der USA (1976) geplanten Musical »1600 Pennsylvania Avenue« über die Geschichte des Weißen Hauses. Er spielte mir seine eben geschriebene Melodie »Take care of this house« vor, ich schrieb sie nach dem Gehör auf, textierte sie als »Beschütz dieses Haus« und sandte das Blatt an den Maestro. Ich machte kleine Fehler bei der Niederschrift, Bernstein retournierte mir dieses Autograph, von ihm korrigiert, mit dem Vermerk »Korrecturen von LB, 8. Oktober 1974«.

musizierte nicht, ich hütete mich auch, ihn dazu zu animieren. Aber er las ein entzückendes selbstverfaßtes Gedicht, unser Staatsopern-Musikdirektor Claudio Abbado dirigierte den Choral aus »Mass«. Ich »sang«, wenn man es so nennen darf, ein selbstverfaßtes Couplet »Wenn unser Lenny Geburtstag hat« zur Melodie von »America« aus »West Side Story«. Am Flügel war Ronald Schneider, damals Studienleiter der Staatsoper, später selbst ein »Star« als Begleiter und Gast-Studienleiter verschiedener Opernhäuser. Ruggero Raimondi sang »Maria« im Baßschlüssel.

Bernstein war auch mit im Spiel, als ich zum einzigen Mal im Salzburger Festspielhaus (dem kleinen!) »sang«. Es war der 85. Geburtstag von Karl Böhm, 1979. Er und Bernstein schätzten einander. Böhm war sehr angetan von Bernsteins konzertanter »Tristan«-Aufführung im Herkules-Saal von München, verteilt über drei Abende. Und Bernstein schrieb an seinem Geburtstag, dem 25. August, ein Liedchen – später als »Piccola Serenata« veröffentlicht – für Böhms Geburtstag am 28. August,

Text und Musik von Leonard Bernstein. Als dieses Lied, verspätet, erst während der Geburtstagsfeier Böhms eintraf, sang es Christa Ludwig vom Blatt, am Klavier James Levine – und wir entdeckten, daß die »Worte von Bernstein« das ganze Lied hindurch nur »la, la, la« hießen ... Bei der traurigen letzten Staatsopernmatinee für Bernstein am 26. September 1993, verspätet zu seinem »Fünfundsiebziger«, weilte der Maestro nicht mehr unter uns.

Ich glaube, er wäre zufrieden gewesen. Die Philharmoniker spielten unter Ulf Schirmer, Mara Zampieri sang »Piccola Serenata«, Leo Nucci »Maria«, wir brachten Teile aus »Mass«, aus seinen Opern und Musicals. In diesen Gedenktag kniete ich mich mit voller Liebe hinein. Da war die Staatsoper, dann drei Abende produziert von meinem wundervollen Freund Karl Gerbel am Brucknerhaus in Linz – »Mass« vollständig, ein Abend der Gespräche mit Freunden und Kammermusik, ein Abend »Bernstein am Broadway« – dann kam Wiesbaden – und viel im Fernsehen und im Radio in Österreich und in der Bundesrepublik.

Sehr erschüttert hat mich das Miterleben von einem der ganz wenigen Mißerfolge seines Lebens, seines zur 200-Jahr-Feier des Geburtstages der USA für 1976 geschriebenen Musicals »1600 Pennsylvania Avenue«. Das ist die Adresse des Weißen Hauses, und es sollte die Geschichte Amerikas darstellen, gesehen durch die Geschichte des Weißen Hauses, diese wieder durch die Augen der Dienerschaft während eines Jahrhunderts. Eine an und für sich blendende Idee mit viel herrlicher Musik, aber irgendwie – wie man in den USA sagt – »it did not work«. Ich kam nach Philadelphia zu einer der in den USA üblichen Probe-Einspielvorstellungen vor der New Yorker Premiere. Bernstein sagte mir, er freue sich, werde aber für mich keine Sekunde Zeit haben. Ich wohnte im selben Hotel. Um drei Uhr früh rief er mich an und rief mich in sein Zimmer. Dort sah ich in gedrückter Stimmung drei Titanen des Broadway: Leonard Bernstein, den Textdichter Alan Jay Lerner (Kindermodenhändler, auch Textdichter von »My fair Lady«), den Regisseur Frank Corsaro. Ich sprach offen über meine Eindrücke, in manchem stimmte der Maestro mir zu. Die Dekoration zeige den Wandel des Aussehens des Weißen Hauses nicht, das hätte man sich erwartet. Das Orchester saß hinter den Akteuren auf der Bühne, wodurch kostbare Musik verschwommen klang etc. Ich liebe noch heute Teile der Musik und habe eine persönliche Erinnerung an das herrliche Hauptlied »Take care of this house« (Beschütze dieses Haus, gemeint ist Amerika). Ich lasse diese Prachtnummer immer in meinen Bernstein-Programmen singen.

Bernstein spielte sie mir lange vor der Premiere in Wien vor. Ich übersetzte sie ins Deutsche (»Beschütz dieses Haus«) und schrieb ihm die Noten mit der Übersetzung auf. Da ich nach dem Gehör niederschrieb, machte ich kleine Fehler bei den Noten. Bernstein sandte mir meine Noten, von ihm korrigiert, zurück – mit dem Vermerk: »Korrecturen von LB«. Ein anderes nettes Spiel zwischen uns hinterließ kostbare Spuren. Wenn ich einen von ihm in einer Symphonie besonders eindrucksvoll dirigierten Takt in der Partitur gefunden hatte, ließ ich ihn immer von ihm einringeln und unterschreiben. Manchmal fand er andere Takte bemerkenswerter und ringelte selbst einen anderen Takt ein.
Ich habe ihn sehr geliebt. Und ich würde ihn auch heute nicht »Lenny« nennen.

14. DIE OPERETTE IST TOT. TROTZDEM: ES LEBE DIE OPERETTE!

»Wär' es auch nichts als ein Traum von Glück.«
(Eva)

Eine häufig gehörte Banalität unter Musikfreunden lautet, es gäbe nicht »ernste« oder »leichte«, sondern nur »gute« oder »schlechte« Musik. Das ist falsch. Natürlich gibt es die leichte, gibt es die ernste Musik. Der Unterschied ist weniger ein musikalischer als ein geistiger. Die ernste Musik reicht in die Tiefen des Denkens, Fühlens, Erlebens. Bruckners Gottsuche, Mahlers Sich-Selbst-Suche, Wagners Weltweisheit, die seelischen Tiefen bei Richard Strauss.
Die leichte Muse begleitet uns durch die Gefühle und Gefühlchen des täglichen Lebens. »Gern hab' ich die Frauen geküßt«, »Ich hätt' getanzt heut' Nacht«, »Servus, du«.
Der Unterschied ist genau so groß wie zwischen den Dingen, die unser Leben aufwühlen – die große Liebe, der Tod der Mutter, die Auseinandersetzung mit der Religion – und denen, die unser tägliches Leben ständig begleiten – die kleine Liebe, ein elektrischer Kurzschluß, Freude oder Pein nach gutem oder schlechtem Essen.
Musikalisch nähern sich die beiden Welten oft frappant. Wir alle wissen von der köstlichen Tanzmusik der großen Wiener Klassiker der Symphonie und der Oper. Im Grunde ist der bedeutende Unterschied erst eine Geburt der Romantik des 19. Jahrhunderts. Aber in dieser Zeit kam das, was wir heute Schlager nennen, aus Opern: »La donna è mobile« aus »Rigoletto«, der Jägerchor aus »Freischütz«, das Brautlied aus »Lohengrin«.
Zum universalen Verständnis der Musik gehört ein profundes Verständnis der leichten Muse. Es erweitert das musikalische Weltbild. Manche große Sänger, die auch Schlager oder Operette singen, haben mir gesagt, daß sie dadurch bei Verdi und Wagner besser werden.
Und es ist interessant, darüber nachzudenken. Wie ist ein Schlager in einer Lehár-Operette gesetzt? Wie bei Johann Strauß? Wie im Musical? War Johann Strauß der größte Komponist der leichten Muse? Wahrscheinlich. Aber um wieviel weniger große Gesangsnummern hat er hin-

terlassen als Lehár! Die Stärke von Johann Strauß liegt nicht so sehr im vokalen Bereich; auf der Bühne war er nur genial, wenn er ein glänzendes Textbuch gehabt hat. Das war zu seinen Lebzeiten zweimal der Fall – bei der »Fledermaus« und beim »Zigeunerbaron«. Er war unbelesen und verschwendete oft blendende Musik an elende Texte. Deshalb sind ihm wirkungsvolle Gesangsnummern auf der Bühne viel seltener gelungen als den großen Vertretern der sogenannten »silbernen« Operette.
War vielleicht überhaupt George Gershwin der größte? Er wuchs, wie kein anderer, vom Schlagerkomponisten des Broadway zu den seelischen Tiefen seiner Oper »Porgy and Bess«. Kein anderer? Falsch. Auch Offenbach, der als Cancan-König der Pariser Boulevards begann und sich zu der Größe seiner Oper »Hoffmanns Erzählungen« steigerte. Erst damit verdiente er sich die Bezeichnung »Mozart der Champs-Elysées«. Ich halte es für völlig falsch, wenn man die Welt der Operette und überhaupt der leichten Muse ignoriert. Sie ist keine andere Welt: Sie ist die andere Seite derselben Welt.
Es ist faszinierend, in diesem Bereich der Kunst die Amerikaner zu studieren: Bleibt bei der Operette das »Gondellied« aus »Eine Nacht in Venedig« stets dasselbe Gondellied, so erlauben und wünschen die großen amerikanischen Komponisten bei Liedern wie etwa »New York, New York« oder »Night and day« zwanzig, dreißig möglichst verschiedene Bearbeitungen. Es ist die Welt des »arrangers«. Diese Melodien kommen sozusagen »nackt« zur Welt und erwarten die verschiedenartigsten Formen der Bekleidung.
Heute sagt man so oft, die Operette sei tot. In Wahrheit macht sie nach wie vor große Kasse. Aber nur mit etwa zehn Werken. Tot ist sie als schöpferische Kunstform. Es gibt kaum neue Operetten. Dieselben Argumente, die die Operette für tot erklären, könnten auch für die Oper gelten; aber es überleben doch rund hundert Opern. Für den Theaterbetrieb ist die Operette die am schwersten zu pflegende Kunstform. Operette ist schwer zu singen, schwer zu sprechen, schwer zu dirigieren und wird durch Regieverwirrungen und arrogante Bearbeitungen noch leichter getötet als die Oper.
Die Operette ist kostbares Kulturgut, wenn auch nicht ein typisch österreichisches. Daneben gibt es die Berliner Operette, es gibt die operettennahe spanische Zarzuela, die französische Operette, die englische, die altamerikanische, und es gibt – und das wissen viele von uns nicht – eine ganz bezaubernde italienische Operettenliteratur.
Österreich steht auch, was die Aufführungszahlen der Werke betrifft,

nicht an der internationalen Spitze. Von unseren Operetten leben weltweit zahllose Melodien, auf der Bühne fast nur »Die Fledermaus« und »Die lustige Witwe«. Durch die immense Beliebtheit in den angloamerikanischen Ländern halten die fast unübersetzbaren englischen Operetten von Gilbert und Sullivan, von denen bei uns fast nur »Der Mikado« populär wurde, die Rekorde der Aufführungszahlen.

In meiner Kindheit und Jugend, in den zwanziger und dreißiger Jahren, war wie der Glanz der Oper auch der Glanz der Operette das neue Werk. Das alte Repertoire war weniger wichtig. Interessant war: Was schreibt jetzt der Kálmán, was der Lehár? Was der Oscar Straus? Die sah man im Kaffeehaus, das waren Menschen unter uns. Man hat sich dafür interessiert, wann die nächste Uraufführung ist. Und ihre Stücke sind dann oft mehrere Jahre lang im Theater an der Wien gelaufen. Serien so lange wie »Cats« oder »Elisabeth« hat es damals noch nicht gegeben, aber im Gegensatz dazu war die Operette mit keinem Groschen subventioniert. In der Zeit meiner Jugend war dort Hubert Marischka auf eigene Rechnung Direktor; er hat in dieser Glanzzeit der Operette viel Geld verdient und ist erst in den dreißiger Jahren pleite gegangen, als der Tonfilm das Operettenschaffen ermordet hat.

Die Operette hat im kulturellen Leben eine große Rolle gespielt, und im Gegensatz zu unserer Gegenwart war sie kongenial besetzbar. Das ist heute ein Grundübel. Die Operette ist heute als museales Relikt abgewertet, weil es keine Neuheiten mehr gibt. Und so konnte es an den sogenannten Dreispartentheatern in Deutschland so weit kommen, daß junge Sänger schon im ersten Vertrag verlangen: »Keine Operettenverpflichtung«. Der Nachwuchs singt lieber »Aida« in Gießen als die »Csárdásfürstin« in Wien.

Ein völlig unorthodoxer, aber meiner Meinung nach einzig richtiger Vorschlag zur Verbesserung der Situation: Die gute Operette gehört wieder in die Staatsoper. In meiner Kindheit war ja die große klassische Operette (inklusive Lehár) sowieso dort, und die marktgängige neue hatte ihre Heimat in Wien nicht nur im Theater an der Wien, sondern auch im Carltheater, im Johann-Strauß-Theater, im Stadttheater, im Bürgertheater, im Kolosseum, wo man etwa »Das Sperrsechserl« von Robert Stolz gespielt hat.

In der Staatsoper hatten wir vor allem einmal das Johann-Strauß-Repertoire in der glanzvollsten Besetzung. Direktor Jahn hatte bereits im Jahre 1894 die »Fledermaus« ins Programm aufgenommen, Direktor Weingartner 1910 den »Zigeunerbaron«. Im Jahre 1929 – ich war dabei

Rose Pauly. Hier in der Oper »Die Bacchantinnen« meines Lehrers Egon Welesz. Ich glaube, sie war die größte Elektra meines Lebens. Die Pauly hat am Petersplatz gewohnt, ich habe sie oft nach Vorstellungen nach Hause begleitet.

– kam in der Direktion Franz Schalk »Eine Nacht in Venedig« dazu. Clemens Krauss holte als Direktor Heubergers »Opernball« (1931), Suppés »Boccaccio« (1932); und in seiner Ära wurde 1934 die Auftragsoperette »Giuditta« von Lehár zum unbeschreiblichen Erfolg. Auch die Verachtung des Clemens Krauss konnte daran nichts ändern. Er hatte einen Regierungsauftrag zu erfüllen, weil die Oper unter ihm schlecht ging. »Die Kasseneinnahmen haben meine schlimmsten Befürchtungen übertroffen«, war sein Kommentar zum Publikumsrenner »Giuditta«.
Als Bruno Walter die künstlerische Leitung hatte, wurde 1938 an der Staatsoper Wien Lehárs »Das Land des Lächelns« in das Repertoire aufgenommen. Diese Operetten waren so glanzvoll besetzt, wie das heute unvorstellbar wäre: »Eine Nacht in Venedig« mit der Jeritza, »Opernball« mit Lotte Lehmann, Leo Slezak und der Margit Angerer, der »Zigeunerbaron« mit Selma Kurz, »Giuditta« mit Jarmila Novotna und Richard Tauber. Meine Kollegen vom Opernstehplatz kritisierten mich, denn ich machte zwischen den Kunstgattungen Oper und Operette kei-

nen essentiellen Unterschied. Wenn ich an den Staatsopern-»Zigeunerbaron« meiner Jugend denke, so war Barinkay der Tenor Franz Völker, der »Walküre«-Siegmund; die Saffi dieselbe Rose Pauly, die wir alle als Elektra liebten; es war alles eine Welt. Und auch am Theater an der Wien haben große Stimmen gesungen: Betty Fischer, Mizzi Günther: Die letztere wollte Gustav Mahler an die Hofoper engagieren, aber sie wollte partout bei der Operette bleiben.

Ich habe Mizzi Günther, die erste »Lustige Witwe«, noch persönlich gekannt. Als ich 1955 an die Wiener Volksoper engagiert wurde, kam das fünfzigjährige Jubiläum der Uraufführung. Als jüngstes Direktionsmitglied hatte ich die Ehre, Frau Günther vor der Jubiläumsvorstellung in die Ehrenloge zu geleiten.

Damals in den dreißiger Jahren wartete man auf die neuesten Werke von Franz Lehár ebenso gespannt wie auf die von Richard Strauss. Und wir erlebten gigantische Erfolge ebenso mit wie gigantische Pleiten. Das gehört zum lebendigen Opern/Operetten-Betrieb dazu. So wie heute beim Musical.

Heute hält man vielfach die Libretti der Operetten für flach; ich bin nicht immer dieser Meinung. Das Libretto der »Gräfin Mariza« ist so gut, daß man es als Lustspiel ohne Musik spielen könnte – ein Libretto von Julius Brammer und Alfred Grünwald. Der blendende Autor der Gesangstexte Alfred Grünwald ist nach Amerika emigriert: sein Sohn Henry Anatol Grunwald war jahrelang Chefredakteur des »Time Magazines« und hat sich später als amerikanischer Botschafter in Wien zahllose Freunde erworben. Manche seiner Lieder sind beinahe kleine Dichtungen: »Wenn es Abend wird, wenn die Sonne sinkt ...« – »Warum soll eine Frau kein Verhältnis haben?«

Nach der Ästhetik unserer Zeit sind die Epochen des Jugendstils und des Expressionismus sehr aufgewertet. Die Operette gehört auch in diese Welt. Warum ist sie davon ausgenommen?

Die Hauptprobleme der Operette im Theaterbetrieb bleiben aber das Repertoire ohne neue Werke und die Besetzung. Wo sind die großen Persönlichkeiten mit großer Stimme, mit großem Schauspieltalent, mit großem Charme, wo sind die Persönlichkeiten geblieben, die weinen und lachen machen können! Und die Operette lieben ... Ein Operettentenor muß das Traumrendezvous jeder Dame, eine Operettendiva das jedes Herren sein.

Der letzte große Operettenstar in Wien ist Kammersänger Peter Minich; er hat viel Stimme, hat ja am Rande auch sehr gut Oper gesungen, wie

»Der Florentiner Strohhut« von Nino Rota. Aber seine Stimme hat für eine ganz große Opernkarriere nicht gereicht, worauf sich der kluge Peter sagte: lieber der allererste in der Operette als Nummer irgendwas in der Oper. Ähnlich war es ja auch beim unvergessenen Fred Liewehr, dessen Karriere in Graz mit dem Niklas in »Hoffmanns Erzählungen« begonnen hat. Er ist dann mit Recht ganz aufs Sprechtheater umgestiegen, wurde Star des Burgtheaters und später der Operette; war grandios als »Bettelstudent« und ebenso als erster Petrucchio in dem Musical »Kiss me Kate« in der Volksoper.

Ähnlich liegt es im Falle Michael Heltau, der ja sogar in der Wiener Festwochen-Produktion der Oper »Dantons Tod« von Gottfried von Einem unter Ferdinand Leitner hätte singen sollen und von jenem und

---

Er leuchtet von Musik

Er ist kein biographischer Mensch.

Er hat eine andere Zeiteinteilung.

Er überspringt Zeiten – sogar Kriege.

Er hebt die Zeit auf – durch Liebe.

Er denkt nicht über sich nach, auch nicht über seine Position oder seine Karriere.

Wenn Friedell eine Kulturgeschichte geschrieben hat, so lebt Marcel Prawy eine Musikgeschichte, in der es keine Grenzen gibt, keine Sperrgebiete.

Nichts Musikalisches ist ihm fremd.

Auf seinem Gebiet, dem musikalischen, herrschen wahrhaft paradiesische Zustände. Keine Zäune, keine Ghettos, ein grenzenloses Reich, in dem er lebt.

Ein Reich, das offen ist für das sogenannte Leichte.

In diesem seinem Reich ist Platz für groß und klein.

Er schaut sich nicht zu.

Er ist der einzige, der mich anrufen kann und ich sage sofort ja, weil das Vergnügen, mit ihm zusammenzusein, mir fast wichtiger ist als das Resultat. So viel Vertrauen zu haben war für mich nie gefährlich.

Arthur Schnitzler hat über Bruno Walter gesagt: »Er leuchtet sozusagen von Musik.«

Dasselbe gilt für Marcel Prawy.

Michael Heltau

von Regisseur Otto Schenk akzeptiert war. Er ist von selbst erst während der Proben ausgestiegen und hat dann am Sprechtheater seine sensationelle Karriere gemacht. Und im Musical: Als Higgins in »My fair Lady« feiert er Triumphe. Als Chansonnier ist er unser Pendant zu Maurice Chevalier. Ich danke ihm für den Glanz seiner Mitwirkung bei meinen Robert-Stolz-Shows im Theater an der Wien, an der Wiener Volksoper, im Berliner Theater des Westens, im Brucknerhaus in Linz, in Zürich – und wo noch überall ...
Fatal ist auch, daß Operette kaum mehr unterrichtet wird. Eine Ausnahme bildet das Konservatorium der Stadt Wien mit den Lehrgängen von Lilo Mrazek und Lucia Meschwitz. Junge Studenten, die auch nur ein bißchen zwitschern können, wollen alle zur Oper. Wie anders ist es doch in Amerika, wo jedes Schulkind tanzen, singen und spielen lernt wie Geographie oder Mathematik. Deshalb findet man dort so leicht großartigen Musical-Nachwuchs. Natürlich gibt es noch eine Handvoll großartiger Lehrer wie etwa Esther Réthy, die ja eine der allerletzten Operettendivas war, die von der Oper kommen. Und in den USA Marta Eggerth, die legendäre Filmdiva der dreißiger Jahre.
Ein Theater, in dem ganzjährig nur Operette gespielt wird, ist derzeit nicht mehr denkbar. Die Operette gehört in Wien an die Staatsoper. Dann machen wieder die interessantesten Leute der Welt mit, die großen Opernstars mit Talent für die Operette. Ich denke da an Nancy Gustafson, die bis zu ihrem zweiundzwanzigsten Jahr nur Musical gesungen hat. Oder an Thomas Hampson, der ein herrlicher Operettenstar sein könnte. Auch Catherine Malfitano hätte an solch einem Angebot vielleicht Interesse. Und Tenöre wie Thomas Moser oder der Operettenfachmann Jerry Hadley. Ich glaube sogar, Placido Domingo wäre dafür zu gewinnen, wenn es so läuft wie eben eine Staatsopernproduktion – etwa zehn Vorstellungen im Jahr. Und Dirigenten? Unter den Weltnamen könnte ich mir am ehesten Zubin Mehta vorstellen. Der Regie-Misere der Oper werden wir allerdings auch hier kaum entkommen.
Man muß grundsätzlich zwischen der sogenannten klassischen, der »goldenen«, und der »silbernen« Operette unterscheiden. Selbstverständlich ist die »Fledermaus« ein unerreichtes Meisterwerk, aber sie unterscheidet sich von einer Lortzing-Oper nur – so leicht dahingesagt –, weil halt viel mehr Walzer drinnen vorkommen. Die goldene Operette ist eigentlich keine eigene Kunstform, sie gehört in den großen Topf Oper.
Anders ist dies bei der »silbernen« Operette, die eine viel originellere

Kunstform ist und eine andere Art der musikalischen Betreuung braucht. Die »Fledermaus« können klassische Dirigenten meistern, wie es sie immer geben wird. Die »Csárdásfürstin« braucht einen auf sehr subjektive Interpretationen eingehenden Spezialisten. Die sind rar geworden. Die letzten Titanen waren Anton Paulik an der Volksoper und Robert Stolz.

Man sagt immer: Ein gutes Werk zeigt sich daran, wie gut es schlechte Vorstellungen aushält. Ein schlecht interpretierter »Andrea Chénier« fällt in sich zusammen, die »Tosca« übersteht auch eine schlechte Besetzung. Wagner übersteht alles. So ist es auch bei Operetten. Man braucht in unserer CD-verwöhnten Zeit die erste Garnitur.

Ich glaube nicht, daß wir die Operette auf ganz breiter Basis wiedererwecken können. Aber es wäre schon viel getan, wenn man die paar Leute, die es noch unter uns gibt und die noch profunde Sachkenntnis haben, bittet, ihr Wissen in Konservatorien, in Musikhochschulen, als offiziellen Teil des Lehrplans an junge, talentierte Leute weiterzugeben. Es gibt nur mehr wenige Plätze im Ausland, wo Operette wirklich gepflegt wird. Vor allem Italien: Triest (ich bin dort Träger des Preises »Premio Operetta«, mit seinem fabelhaft besetzten allsommerlichen Operetten-Festival – die Oper von Palermo, Teatro Massimo, bringt Operette als Teil der Opernsaison (1995 habe ich für eine TV-Dokumentation über Lehár dort seine »Eva« mit dem Opernstar Katia Ricciarelli aufgenommen).

Und bei uns natürlich die Volksoper, wie viele deutsche und österreichische Bühnen im gemischten Repertoire. An der Staatsoper plant man »Die lustige Witwe«, und Operette blüht auch bei den unter (dem berühmten ehemaligen Danilo) Intendant Harald Serafin an Bedeutung sehr gestiegenen Seefestspielen von Mörbisch. Ich finde, die Operetten-Festwochen in Bad Ischl mit Intendantin Silvia Müller reizend, weil ich dort Nicht-Repertoire-Operetten wie »Eva«, »Der Rastelbinder« ohne die Last dubioser Neubearbeitungen hören konnte. Eduard Macku, noch mit fünfundneunzig am Pult, hat sie jahrelang blendend dirigiert. Aber wird man je bei uns um die Besetzungsschwierigkeiten herumkommen? Eine zündende Operettensängerin ist schwer zu finden. Ein Operettentenor ebenso schwer. Fast aussichtslos ist die Suche nach einem tollen Gesangs- und Tanzbuffo. Operette als Hauptberuf halte ich für tot. Operette als Nebenberuf der großen Opernsänger und eventuell Tänzer und Schauspieler, darin sehe ich die Lösung, um das wertvolle Kulturgut Operette zu retten.

15. Mein Freund Robert Stolz

»Ich hab' mich tausendmal verliebt.«
(Lied)

Schon in meiner Gymnasialzeit war Robert Stolz mein Lieblingskomponist aus dem Reich der sogenannten »leichten« Muse, die in Wahrheit so schwer ist. Natürlich habe ich dazumals nicht geahnt, daß ich später einmal mit ihm befreundet sein werde. Ich hatte Lehár gerne, Oscar Straus, und natürlich Kálmán. Aber Stolz war für mich darüber hinaus etwas Besonderes. War Lehár ein kleiner Puccini, dann war Stolz ein kleiner Schubert. Ich liebte von allem Anfang an seine wunderbaren

Meine Revue »Robert Stolz – Servus du«, lief vier Jahre an der Volksoper. Links mein Freund und engster Mitarbeiter Michael Heltau, Österreichs Maurice Chevalier, in der Mitte die italienische Diva Milva, die gerne Robert Stolz auf deutsch singt.

Lieder. Er konnte in drei Minuten ein Menschenschicksal gestalten. Etwa in »Servus, du«, da wird ein Funke von Arthur Schnitzlers »Liebelei« spürbar.

Das habe ich ihm später, als ich mit ihm befreundet war, auch gesagt: »Robert, du bist ein Drei-Minuten-Genie.« Daher bin ich auch mein Leben lang für ihn eingetreten, habe in vielen Veranstaltungen über sein Leben erzählt, über seine Menschlichkeit, sein Künstlertum, über die Hintergründe seines Schaffens. Und ich habe sein Leben in zahllosen Produktionen, von mir konferiert, dramatisch dargestellt. Zunächst als »Robert Stolz und sein Jahrhundert« auf Schallplatten, und dann kamen die Bühnen: Über Einladung von Operndirektor Carl Nemeth (1978) viele Monate lang im Opernhaus Graz, über Einladung von Direktor Rolf Kutschera monatelang (1980) im Theater an der Wien, über Einladung von Direktor Karl Vibach monatelang (1980) im Theater des Westens in Berlin, einer Idee von Direktor Eberhard Wächter folgend von 1992 bis 1995 als »Servus du« an der Volksoper. Die Zahl der Fernsehsendungen, Vorträge und Rundfunkprogramme, die ich über Stolz gemacht habe, kann ich nicht mehr zählen. Auf der Bühne haben in meinen Stolz-Shows die Größten der Großen mitgewirkt: Marta Eggerth, Udo Jürgens, Peter Minich, Julia Migenes, die Kessler-Zwillinge, Caterina Valente, Iwan Rebroff, Karel Gott ...

Die berühmte italienische Chansonette Milva, die sehr gut deutsch singt, wirkte in vielen meiner Robert-Stolz-Shows mit. Sie hatte nur Schwierigkeiten mit dem Text seines Liedes »Schön war's heute abend« und wollte es nach Noten singen. Ich hatte die rettende Idee, sie »einen Brief« auf einem Tisch finden zu lassen, darauf der Text des Liedes, das auch ein Brief sein könnte. So geschah es. Die Kritik schrieb, Milva hätte nicht nur ausgezeichnet gesungen, sondern auch aus der »grandiosen Briefszene« ihre lange Zusammenarbeit mit dem Starregisseur Giorgio Strehler erkennen lassen.

Ich weiß genau, daß mich dafür eingefleischte Opernfreunde und auch manche Puristen verachtet haben, und wenn schon nicht das, dann waren sie wenigstens durch meine Stolz-Verehrung verunsichert. Solche Leute habe ich stets gefragt: »Wissen Sie, wie ›Die Frau ohne Schatten‹ von Richard Strauss beginnt? Sie wissen es nicht?« Also, ich kann es mir leisten, Robert Stolz zu lieben, denn ich kann »Die Frau ohne Schatten« auswendig.

Robert Stolz. Das waren große Schlager. Sie blieben nicht die üblichen Eintagsfliegen des Schlagerbetriebs. Viele sind heute noch genauso bekannt wie damals: »Salome«, »Zwei Herzen im Dreivierteltakt«, »Du sollst der Kaiser meiner Seele sein«. Manche hält man sogar für alte Volkslieder: »Vor meinem Vaterhaus steht eine Linde«, »Auf der Heide

Der Michi und der Udo, der Robertl und der Giacomo

Stets auf der Suche nach interessanten Interpreten für meine Robert-Stolz-Shows, habe ich Michael Heltau zunächst abgelehnt – zu »intellektuell«, zu sehr Jacques Brel. Als ich dann von ihm einmal im Mozartsaal des Wiener Konzerthauses das Leopoldi-Lied »In einem kleinen Café in Hernals« so volksliedhaft wie nie zuvor hörte, fiel ich ihm um den Hals, wir wurden unzertrennliche Freunde, er mein ständiger Star-Gast. Als Chansonnier ein deutscher Maurice Chevalier, als Burgschauspieler von Gnaden, als Sänger mit beachtlicher Stimme, hat er mit mir einen Akt ausgearbeitet, in dem er mit Stolz-Musik von der Schnitzler-Zeit des »Servus du« bis zum Grauen des Krieges bei »Adieu mein kleiner Gardeoffizier« führt. Er triumphiert damit nun schon fast zwanzig Jahre. »Warum machen wir immer dasselbe?« fragte mich Michi. »Tauber sang immer ›Dein ist mein ganzes Herz‹« war meine Antwort. Auch der große Udo Jürgens entging meiner Stolz-Klaue nicht. Hier begann es schwerer, denn Udo wollte mir immer erzählen, er wäre nur gut bei seinen eigenen Liedern. Dann glänzte er bei mir mit Robert Stolz am Theater an der Wien und an der Volksoper – obwohl er dem jubelnden Publikum sogar von der Bühne erzählte, er wäre kein Stolz-Interpret. Ganz bezaubernd war ein von ihm komponiertes Lied über Stolz »Ich möchte Lieder schreiben so wie du«, nur ein Takt Stolz, sonst alles Musik von Udo Jürgens.

Als ich 1926 bei meiner ersten Opernpremiere, »Turandot« von Puccini, begeistert war, als der Kinderchor sang »Fern hinter Bergen im Ost«, glaubte ich, diese Melodie sei von Puccini. Erst als ich viele Jahrzehnte später im Fernsehen erlebte, wie Udo in Peking mit einer jungen Chinesin ein chinesisches Volkslied sang, erkannte ich darin, total identisch, die angebliche Puccini-Melodie.

Dadurch inspiriert, habe ich (wiederum einige Jahre später) in einer großen chinesischen Fernseh-Show in Shanghai im Rahmen einer vom damaligen Fernsehintendanten Ernst Wolfram Marboe geleiteten »Café Central«-Reise die chinesischen Wurzeln der »Turandot«-Musik analysiert – das Original mit chinesischen Sängern, Puccini in einer Aufzeichnung aus der Wiener Staatsoper unter Lorin Maazel mit José Carreras.

blüh'n die letzten Rosen«. Wieviel entgeht ihm dadurch an nie bezahlten Autoren-Tantiemen! In diesen Melodien lebt ein Element der Welt von Arthur Schnitzler.

Ich habe Robert Stolz im Jahre 1936 kennengelernt, als ich Sekretär des Regisseurs Carmine Gallone war, der Filme mit Jan Kiepura gemacht hat. Damals wurde im Wiener Rosenhügel-Atelier der Streifen »Confetti« gedreht, mit Leo Slezak und Friedl Czepa als Hauptdarsteller und mit der Musik von Robert Stolz. Bei diesem Film erlebte ich die Geburt des Riesenschlagers »Oft genügt ein Gläschen Sekt …« Damals lernten wir einander kennen; unsere Freundschaft begann ein Jahr später, als Kiepura und Marta Eggerth in Wien 1937 den Film »Zauber der Bohème« drehten und ich bereits Kiepuras Sekretär war. Ich war oft und oft dabei, wenn Stolz seine größten Lieder geschrieben hat. Eines der schönsten aller Liebeslieder – die ernste Musik eingeschlossen – schrieb er für diesen Film, sein »Ich liebe dich«. Und ich habe ihn später als glänzenden Dirigenten erlebt; als solcher hatte er damals noch keinen Namen, er war nur der berühmte Schlagerkomponist.

Robert Stolz, der gebürtige Grazer, begann vor dem Ersten Weltkrieg als Wiener-Lieder-Komponist, als Schlagerkomponist, und setzte seine Karriere in den zwanziger Jahren, in der sogenannten ersten Pseudo-Jazz-Zeit, unerhört erfolgreich fort. Aber sein Weltruhm entstand erst durch den deutschen Tonfilm der dreißiger Jahre. Und als Dirigent wurde er überhaupt erst in den vierziger Jahren, in der amerikanischen Emigration, im großen Stil entdeckt.

Robert Stolz war fünfmal verheiratet. In die Emigration war er freiwillig gegangen, obwohl er den sogenannten Nürnberger Rassegesetzen entsprochen hat. Doch gefährdet war seine damalige vierte Gattin. Diese hat ihn aber unmittelbar nach der Flucht aus Wien sitzenlassen. Das sprach sich natürlich sofort herum, und die Hitlerleute begannen ihn zu umwerben, wollten ihn um jeden Preis »aus Paris heim ins Reich« holen. Stolz widerstand diesen Schmeicheleien, obwohl er damals in Paris festsaß und kaum was zu essen hatte. Er hat wohl ein bißchen komponiert, aber im Geldsack herrschte Ebbe. Als der Krieg begann, wurde er sofort in ein Ausländerlager verfrachtet. Aus diesem befreit hat ihn eine uns allen bestens bekannte Dame, Yvonne Louise, die dann seine fünfte, letzte und echte Gattin werden sollte, die berühmte Einzi, heute eine Volksfigur, damals frisch geschieden. Einzi ist in der Folge mit Clarissa, dem Kind aus der ersten Ehe, ihrem Robert nach Amerika gefolgt; und dort haben die beiden auch geheiratet.

In den Vereinigten Staaten war ich mit dem Ehepaar Stolz über lange Zeiträume ständig beisammen. Er war von all den Emigrantenkomponisten der einzige wirklich erfolgreiche, und zwar durch seine Dirigententätigkeit. Irgendwie war auch Oscar Straus sehr beliebt, aber Stolz wurde Zentrum der Musik-Emigration. Musikalischer Botschafter des von Hitler von der Landkarte ausradierten Österreich. Begonnen hat diese Dirigenten-Karriere – wie die von Bernstein – durch ein Einspringen für Bruno Walter bei einem Johann-Strauß-Konzert der New Yorker Philharmoniker. Robert Stolz und Leonard Bernstein, beide waren meine Freunde, beide schätzten einander. Beide hatten am 25. August Geburtstag: Die beiderseitigen Geburtstagstelegramme sandte heimlich ich. Beide erzählten mir dann immer freudigst vom Erhalt. Ich spielte mein Überraschtsein virtuos.

Der größte Triumph für Robert Stolz in der Emigration waren die phantastischen Freilicht-Sommerkonzerte der New Yorker Philharmonie unter dem Titel »A night in Vienna«. Im Publikum saßen stets zwanzig- bis fünfundzwanzigtausend Menschen; und ich war, wann immer es nur möglich war, einer von ihnen. Gespielt wurden Stücke von Johann Strauß, Franz Lehár, Emmerich Kálmán, Oscar Straus bis zu Robert Stolz; Solisten waren Jarmila Novotna, Jan Kiepura, Marta Eggerth und viele andere Größen der Zeit.

Stolz war eine große Persönlichkeit, er war blitzgescheit, ein ungeheurer Erzähler und ein ganz großer Musikkenner und Musikdenker. Man konnte mit ihm über Richard Wagner sprechen; er war ein großer Opernfreund und saß nach dem Krieg bis ins hohe Alter immer mit Einzi in der Oper, erste Reihe, ohne je Freikarten zu verlangen. Er liebte die neuesten Musicals, da war er ganz neidlos. Stolz wohnte in New York, 50, Central Park West. Welche herrlichen Stunden haben wir dort verlebt! Im selben Haus wohnte auch Emmerich Kálmán, bei dem ich oft zu Gast war und dem ich aus seiner (und meiner) Lieblingsoperette »Die Herzogin von Chicago« vorspielte. Ich nannte es »das musikalischste Haus von New York« – sogar die Hausbesitzerin hieß Mrs. Rossini … Meinen letzten Abend vor dem Eintritt in die amerikanische Armee 1943 habe ich dort bei Stolz verbracht. Mit ihren neuen amerikanischen Fast-Musicals waren beide trotz einzelner glänzender Lieder nicht wirklich erfolgreich. Weder Kálmán mit der Mayerling-Story »Marinska« noch Stolz mit »Mr. Straus goes to Boston«. Da ging es Oscar Straus besser, denn sein »Der tapfere Soldat« nach Bernard Shaw war in den USA als »The Chocolate Soldier« mit dem Hauptlied »My heroe« bereits seit Jahrzehnten populär.

»Frühjahrsparade«, die letzte Operette von Robert Stolz (2. v. l.). Bei den Proben an der Volksoper. Dr. Carl Nemeth (1. v. l., Leiter des künstlerischen Betriebsbüros, später Direktor der Grazer Oper), ich (2. v. r.), Volksoperndirektor Albert Moser (1. v. r.).

Als Dirigent war Stolz bewußt unrhythmisch; seine Religion war das Rubato: jeder Ton, jeder Taktteil, jeder Takt hat ein anderes Tempo, auch bei Märschen. Das ist auch der Grund, warum es heute so wenige wirklich gute Stolz-Interpreten und so unsagbar wenige Stolz-Dirigenten gibt. Denn Stolz ist unaufschreibbar, muß immer wieder angehört und improvisatorisch erfunden werden. Wenn man Johann Strauß spielt wie geschrieben, dann macht man entweder gut oder weniger gut Musik, aber es kann kaum was passieren. Stolz muß mit allen phantasievollen Freiheiten gespielt werden, wie Stolz dirigiert hat. Ansonsten kann man damit sehr abstürzen. Wird diese Musik aber richtig interpretiert, dann strahlt sie unerhörten Zauber aus.

Mit seinem gebrochenen Englisch, das kaum mehr den indogermanischen Sprachen zugehörig schien, verständigte er sich glänzend mit der New Yorker Philharmonie: »You this spiel muß like Schubert«, so erinnere ich mich an seine Instruktion für die »Kaiserwalzer«-Introduktion.

Was war er für ein Johann-Strauß-Dirigent! Wie schade, daß es nie zu einem Neujahrskonzert kam! Es besteht überhaupt kein Zweifel daran, daß Johann Strauß der größere Komponist war; aber wenn ich einen Strauß- und einen Stolz-Abend zu gestalten und zu konferieren habe, so ist der Stolz-Abend unvergleichlich interessanter. Stolz hatte das aufregendere Leben: Graz, Wien, Wiener Lied, früher Jazz, Tonfilm in Berlin, Musical, Emigration, Heimkehr, Alterskarriere, mit dreiundachtzig Debüt an der Wiener Staatsoper, ein Jahr danach Debüt an der Wiener Volksoper; im 95. Jahr verstorben, beinahe ein Jahrhundert alt, das er wissend und schaffend durchlebt hat. Und er hat eine sehr reiche Palette aller musikalischer Farben des Jahrhunderts auf seinem Sektor hinterlassen. Im Unterschied zu Johann Strauß oder Franz Lehár ist Stolz ein Komponist, dessen Musik jedes Arrangement verträgt, gleichsam jeden Anzug tragen kann: Seine Musik klingt großartig, ob nun gespielt vom philharmonischen Orchester, ob gesungen von einem Welttenor, von einer Jazzsängerin, gespielt von einer Band, einer Gitarre, einer Zither, Klavier solo. Die Bedeutung des Arrangements macht diesen Grazer zum Amerikaner unter den Meistern der europäischen Musik.

SCHLAFLOSE NÄCHTE

Sein wahres Ich ist das des Entertainers. Oft frage ich mich, woraus dieser Mann eine solche Kraft schöpft.

Marcel Prawy ist ein »music freak« (er wird mir diesen Ausdruck verzeihen), der drei Viertel seines Lebens in Theatern verbringt und das restliche Viertel auf Reisen dorthin. Vorurteilsfrei und mit einer Nibelungentreue verteidigt er, was ihm ans Herz gewachsen ist. Genauso wie Robert Stolz hat er die Grenze zwischen der »schweren« und »leichten« Musik nie akzeptiert; Musik ist für ihn ein Teil unseres Daseins, sie kann und soll viele Facetten haben, ist aber unverzichtbar wie die Atemluft. Vielleicht ist sie die einzige fühlbare Verbindung zwischen dem, was vor uns liegt, und dem, was uns nachfolgen wird.

Mit seinen die ausgetretenen Pfade überschreitenden Ideen dürfte Marcel Prawy schon Scharen kleinmütiger Kulturfunktionäre schlaflose Nächte bereitet haben. Zum Glück ist er ein Kämpfer für seine Projekte, der sich durch nichts entmutigen läßt.

Einzi Stolz

Robert Stolz war ein Kavalier der alten Schule. Wenn man ihn besuchte, hat er selber das Tor aufgemacht, obwohl er Personal hatte. Er wohnte in einer wunderbaren Wohnung, in der Elisabethstraße 16 im ersten Wiener Bezirk, die hoffentlich – und nach den innigen Wünschen von Einzi und allen Stolzianern – in ein Robert-Stolz-Museum umgewandelt werden wird. Es gibt nur ein kleines in Graz. Aber eine umfassende Ausstellung über sein Leben wurde 1996 im Wiener Palais Palffy gezeigt.
Oft wohnte das Ehepaar Stolz auch im eigenen Sommerhaus in Grinzing, Himmelstraße 69. Schräg gegenüber von der Paula Wessely.
Der Mann mit den fünf Frauen … Seine beiden ersten Ehefrauen waren bekannte Sängerinnen, die erste Operettendiva Grete Holm, die zweite Franzi Ressel, eine Chansonette, die, von ihrem Mann begleitet, viele Stolz-Chansons (auch »Salome«) kreierte. Beide habe ich noch gehört. Ehefrau Nummer drei war eine Tänzerin, für die Stolz in der Wiener Annagasse ein eigenes Theater gekauft hat, die Robert-Stolz-Bühne, die sehr bald völlig pleite war. Die vierte, Lilli, habe ich bereits persönlich kennengelernt; sie hat ihn nach der Emigration in Paris verlassen. Einzi, Ehefrau Nummer fünf, ist genaugenommen seine erste Frau. Einzis aktive Treue über das Grab hinaus beeindruckt sehr. Das Witwentum ist ihre Mission. Sie war wirklich ihr Leben lang nur für ihn da. Es gibt schon Leute, die sagen, daß sie zu viel »für ihren Robertl« macht. Ja, dafür machen andere Witwen zu wenig. Nein, Einzi ist eine großartige Frau, und es gibt davon nicht viele, die auch noch über zwanzig Jahre nach dem Tod ihres Mannes beinahe rund um die Uhr nicht nur für sich, sondern für ihn da sind. Sie hat unendlich viel für ihn getan. Und sie hat erfaßt, daß in Stolz ein Stück Weltgeltung steckt, seine Werke sind, auch durch Einzi, hier und drüben, in Amerika, in gleichem Maße bekannt, eingesetzt und beliebt. Und wie viele seiner Zeitgenossen sind vergessen! Stolz, ein wahrer österreichischer Patriot, wollte zum Unterschied von anderen Emigranten nie Amerikaner werden, er kehrte gleich nach Kriegsende trotz seiner Erfolge in den USA als Österreicher in das zerbombte Wien zurück. Er wurde Ehrenbürger von Wien, aber weder Direktor Hermann Juch noch Direktor Franz Salmhofer ließen den unterschätzten »Robertl« an der Volksoper dirigieren. Herbert von Karajan holte ihn 1963 an die Staatsoper, als seinen Nachfolger für die »Fledermaus«. Und Otto Fritz, Vizedirektor der Volksoper, nützte ein Direktionsinterregnum und inszenierte die Uraufführung der Operette »Frühjahrsparade« (1964) mit dem vierundachtzigjährigen Komponisten am Pult.
Einzi hat gleich nach dem Krieg Hunderte von Radiostationen kontak-

tiert, sie war hinter Neuorchestrationen her, war immer dahinter, daß alles Notenmaterial gedruckt vorliegt. Sie hat für das Stolz-Denkmal im Wiener Stadtpark gesorgt (Mahler und Karajan haben in Wien kein Denkmal), und für Stolz-Gassen und -Plätze, sogar Stolz-Schiffe, Stolz-Züge, Stolz-Parks und Stolz-Marken in aller Welt.

Unlängst ging ich im Berliner Grunewald spazieren, da steht plötzlich vor mir eine Tafel mit dem Text, daß Robert Stolz in Berlin glückliche Jahre verbracht und vielen Mitbürgern in schwerer Zeit geholfen habe. Im Grunewald schuf sie also auch einen Robert-Stolz-Park. Uns alle wird es nicht mehr geben, aber die Straßen, Plätze und Tafeln, die Einzi Stolz geschaffen hat, wird es sehr wohl geben. Sie hat phantasievoll bleibende Werte geschaffen. Das »Goldene Ehrenzeichen für Verdienste um das Land Wien« bekam sie 1996 zu Recht.

Das letzte Konzert von Robert Stolz, 1974, in der Hamburger Kongreßhalle, habe ich konferiert. Eher schwach und gebrechlich saß er mit Einzi in der ersten Reihe. Er sollte nur die Schlußnummer, die Ouvertüre zu seiner Operette »Frühjahrsparade«, dirigieren. Die Solisten Sylvia Geszty, Rudolf Schock und ich führten ihn hinauf zum Podium. Um ihm Mut zu machen, erinnerte ich ihn am Weg daran, wie toll er das Pauken-Crescendo des ersten Taktes an der Volksoper dirigiert hatte. Am Podium angekommen, hob er den Taktstock und wurde der alte Löwe. »No, ist dir's genug?« flüsterte er mir bei diesem ersten Takt zu. »Mir noch nicht«, meinte er. Und leitete den nächsten Takt noch toller.

Robert Stolz starb am 27. Juni 1975 in Berlin. Ich habe gewußt, wie es um ihn steht, und habe mir nicht viel Hoffnung gemacht. Die Todesnachricht hat sich am Nachmittag dieses Tages über die ganze Welt verbreitet. Ich war damals in Bad Ischl, durch Zufall war dort für diesen Tag ein von mir gestaltetes Robert-Stolz-Konzert der Ischler Operettengemeinde unter Eduard Macku angesetzt, das ich zu konferieren hatte. Heinz Zednik war unter den Mitwirkenden, und Ingeborg Hallstein. In der erste Reihe waren zwei Sessel freigehalten worden – für Robert und Einzi. Sollten wir absagen? Das wäre nicht in seinem Sinn gewesen. Die Veranstaltung fand wie geplant statt. Nur setzten wir vorher einen kleinen Trauerakt. Dann gab's »a Hetz, a Drahrerei« mit Stolz-Musik.

Ich hatte das Glück, in meinem Leben vielen außerordentlichen Menschen zu begegnen. Robert Stolz war mehr als nur einer von ihnen. In Österreich ist er noch immer etwas unterschätzt.

16. COLUMBUS DER STIMMEN

»Somewhere ...«
(West Side Story)

Was mich ein Leben lang immer wieder beschäftigt hat: Künstler zu entdecken, und in der Folge ein bißchen in die Nachwuchspolitik einzugreifen. Das ist anders in der heutigen vernetzten Gesellschaft als einst. Bei uns, aber insbesondere in den ehemaligen Oststaaten und auch in Amerika, gab es damals (und gibt es nach wie vor) viel zu entdecken.
Ich selbst habe, unter Einsatz von eigenem, nie zurückerhaltenem Geld, immer wieder weltweit Talente gesucht und gefunden. Besonders stolz bin ich auf eine Entdeckung – auf Olive Moorefield, diese herrliche farbige Sängerin, die heute als Ehefrau des Dermatologen Professor Kurt Mach in Wien lebt und meiner Meinung nach viel zu früh die Bühne verlassen hat.
Und das kam so: Ab dem Jahre 1952 habe ich im Wiener Kosmos Theater in der Siebensterngasse Shows geschrieben, inszeniert und moderiert, mit Musical-Fragmenten, damals in Europa eine unbekannte Welt. Dafür habe ich natürlich junge Spezialtalente gebraucht.
Bei einem privaten Besuch in Amerika habe ich damals in der Fachzeitschrift »Variety« inseriert, habe alle mir bekannten Agenturen informiert, und ich habe Vorsingen für meine Shows veranstaltet.
In den USA muß jeder der vorsingenden Künstler seinen eigenen Begleiter mitbringen, worin bereits hier, in Mitteleuropa, ein Problem besteht. Denn was in Amerika gang und gäbe ist, das läuft bei uns hier nicht wie selbstverständlich: daß der Begleiter ad hoc transponieren kann. Das heißt, wenn etwa die Noten auf A-Dur lauten, so muß der Begleiter nach Aufforderung sofort vielleicht in C-Dur oder F-Dur das gleiche Stück spielen können. »Spiel das Stück um einen halben Ton höher, spiel es tiefer«, das können sie drüben alle, alle. Verachtet mir Amerika nicht! Nur so kann man nämlich verstehen, wo die Stimme »liegt«. Wie wichtig ist das beim Musical!
Ich veranstaltete damals also Vorsingen im Speisesaal des Great Northern Hotel, nahe der Carnegie Hall, den ich für drei Dollar die Stunde gemietet hatte. In diesem nicht furchtbar noblen Hotel habe ich zeitweilig gewohnt, der berühmte Dirigent Dimitri Mitropoulos sogar

ziemlich lange. Und in diesem Saal habe ich nun Künstler zu entdecken begonnen. Was gar nicht so einfach war, denn nach jeder schnell vergangenen Stunde stand der Manager bereits abermals vor mir und forderte, in tiefem Mißtrauen, meine Zahlungskraft betreffend: »Three dollars, please, for the next hour.«
Vorsingen ist sehr ermüdend, zumal man stundenlang immer wieder dieselben Nummern hört. Mein erster Trick war also, die Leute zu bitten: »Singt doch eure Lieblingsnummer.« Es muß nicht immer das Tosca-Gebet sein, und auch nicht »Liebestrank«. Da konnte es durchaus

---

IHR PULLOVER IST ZU ENG...

Wir zwei waren berühmt dafür, daß wir dauernd stritten. Wir mochten einander, liebten einander, aber wir konnten kaum miteinander auskommen, unsere Temperamente waren so verschieden. Wir stritten in der Oper: Eines Abends waren wir in einer wundervollen »Elektra«-Vorstellung. Ich wandte mich zu ihm, wollte etwas sagen, da sah ich ihn schluchzend und heulend neben mir sitzen – es war im Moment der »Erkennungsszene«, und kaum war sie vorbei, war er wieder ganz der alte. »Das gibt es doch nicht«, sagte ich zu ihm, »daß man immer genau bei denselben 32 Takten heult.« Ich glaube ihm das bis heute nicht.
Wir stritten auch bei den Proben: Ich wollte konzentriert probieren, und er unterbrach mich, gab Interviews, präsentierte mich Journalisten – das konnte ich nicht ertragen. Ich fühlte manchmal eine moralische Verpflichtung, ihn die Dinge in einem anderen Licht sehen zu lassen.
Bei meinem ersten Vorsingen in New York kam ein offener, freundlicher, sehr energiegeladener Mann mit schwarzem Haar auf mich zu, fragte mich nach meinem Namen, und das erste, was er zu mir sagte, war: »Ihr Pullover ist zu eng.« Ich dachte, ich höre nicht recht! Er meinte wohl, mein Busen ist zu groß!
Ich glaube nicht einmal, daß ich damals besonders schön war. Ich war arbeitslos und recht verzweifelt. Jedenfalls sang ich »Vissi d'arte«, plötzlich, mittendrin, verließ Prawy den Raum. Da hörte ich auf zu singen, weil ich wütend war. Er kehrte aber gleich zurück, bat mich weiterzusingen und verlangte mehr von mir: »Porgy and Bess« und so weiter – das war die längste Audition meines Lebens. Schließlich sagte er: »Sie haben den Job.«
Nach wenigen Tagen in Wien habe ich beschlossen, nie einen Wiener

zu heiraten oder in die Nähe des Schwarzenbergplatzes zu ziehen, weil dieses Denkmal so häßlich ist – beides habe ich getan!
Marcel hatte eine unglaubliche Konzentrationsfähigkeit. Ich habe niemals jemand Ähnlichen getroffen: Er hat die Materie studiert und dann auf der Bühne frei vorgetragen. Und er hat sich vom Publikum inspirieren lassen. Was immer er tat, er glaubte daran.
Irgend jemand sagte mir einmal: »Marcel Prawy ist so ein Energiebündel, er wird noch einmal einen Herzinfarkt bekommen.« Ich antwortete: »Sie irren sich. Alle, die mit ihm arbeiten, werden den Herzinfarkt bekommen.« Wir haben das geschafft. Wir wußten nie, wie ein Abendessen mit uns beiden ausgeht – mit Gelächter oder mit zerschlagenem Geschirr.
An der Volksoper glaubte die Mehrheit überhaupt nicht an Marcel und seine Ideen. Die Musik, der Theaterstil, die Produktionsformen waren so neu. Unser Erfolg schließlich wurde von vielen beneidet und gehaßt. Das Musicalteam brachte amerikanische Präzision und Energie in die Volksoper. Wir wurden schief angeschaut, wenn wir in der Früh eine halbe Stunde vor Probenbeginn auf der Bühne waren und uns aufwärmten. Mitten in einer Probe von »Wonderful Town« kam plötzlich der Eiserne Vorhang herunter, weil die Probenzeit um war – das war lebensgefährlich. Wir wollten weitermachen, aber die Gewerkschaft erlaubte es nicht. Ich frage mich, wie Marcel überhaupt die innere Kraft aufbrachte, das alles durchzuhalten, gegen all den Haß anzukämpfen, der damals geherrscht hat. Zeitweise besaß er ja nicht einmal ein Büro im Haus, er hat in seiner Loge die Korrespondenz erledigt.
Wenn wir essen waren, stand er immer wieder auf um zu telephonieren; er war besessen von seiner Arbeit. So nahm ich mir immer Bücher mit, um mir die Zeit zu vertreiben, während er telephonierte. Einmal kam er zurück zum Tisch und hielt mir einen Vortrag, daß man bei Tisch nicht liest. Ich hörte geduldig zu, und als das Essen kam, warf ich den Tisch um und ging. Ich liebte es, ihm Szenen zu machen! Wenn er mich einmal in der Oper vergessen hätte, wie diese Dame, die da im Restaurant Falstaff stand, *I raised hell* – wie sagt man das? – »Ich hätte ihm die Hölle heiß gemacht.«
Er hat mich nie irgendwo vergessen. Und vor allem: In wichtigen Momenten meines Lebens, in den sehr schweren und den sehr schönen, stand er zu mir und war da für mich. Und das ist es, glaube ich, was eine Freundschaft ausmacht.

Olive Mocrefield

passieren, daß ich einer jungen Dame Isoldens Liebestod nicht abgenommen habe, sie aber als phänomenale Interpretin von »Wien, Wien, nur du allein« entdeckte.

Hat sich jemand für die ernste Muse beworben, wurde aber für die leichte quasi entdeckt, so ist nun der nächste Schritt zu tun: Man muß den Kandidaten ein paar Tanzschritte machen lassen, um zu sehen, wie er sich auf der Bühne bewegt. Viele spätere Stars haben mir damals vorgesungen, waren aber für meinen Spezialzweck ungeeignet.

Damals (1953) waren wir von eins bis fünf im Speisesaal gesessen und hatten stundenlang viel Gutes, viel Mittelmäßiges gehört, unterbrochen nur von den stündlichen »three dollars, please«. Eben wollte er zum fünftenmal kassieren, ich meinte zu meinem alten Freund Hans Wolf (später Dirigent der Oper von Seattle): »Den ganzen Nachmittag war für uns nichts dabei. Sparen wir uns doch die nächsten drei Dollar, und schicken wir die farbige Dame, die als einzige noch draußen auf uns wartet, nach Hause.« Sagte Wölfchen: »Zahlen wir doch die drei Dollar. Sie hat so lange gewartet.«

Die junge Dame hatte, wie sie uns berichtete, bis zu diesem Zeitpunkt erst in zwei Broadway-Produktionen winzige Chargen gespielt. Uns sang sie nun Tosca vor, und Aida. Aber beim Zuhören wurde mir klar: Das ist sicher ein phänomenales Musical-Talent.

Ich habe mit ihr dann ein paar Lieder erarbeitet und ließ sie noch 1953 im USIS Kosmos Theater in der Siebensterngasse auftreten: mit triumphalem Erfolg. Auch der strenge Kritiker, mein späterer Freund und Fernseh-Chef Karl Löbl, schrieb als eine seiner allerersten Kritiken eine Hymne auf sie.

Und am 14. Februar 1956 habe ich sie dann in der Volksoper als Bianca in meiner Produktion des Musicals »Kiss me, Kate« debütieren lassen. Olive Moorefield war an der Volksoper gleich eine Sensation. Sie wurde zur Legende. Später war sie eine grandiose Bess in Gershwins Meisteroper »Porgy and Bess« (1965), reüssierte in der großen Operette, bezauberte uns alle in der Menotti-Oper »Die alte Jungfer und der Dieb«. Sie sang in der ersten europäischen Bernstein-Produktion (1956), nämlich in meiner »Wonderful Town«. Bernstein hat mir gesagt, niemals habe irgendwer das Hauptlied »I am a little bit in love« so grandios gesungen. Sie war stets ein bezaubernder Mensch, eine großartige und sehr intelligente Künstlerin; ich bin glücklich, daß Olive Moorefield gleichsam durch mein Leben geschritten ist.

Der Sohn der Moorefield heißt übrigens Oliver Fidelio. Warum? fragte ich sie. »Weißt du, wir hatten den Lenny Bernstein so lieb. Und am Geburtstag unseres Sohnes dirigierte er Fidelio « Ich fragte sie, wie ihr Sohn heißen würde, hätte Lenny an diesem Tag »Die Meistersinger von Nürnberg« dirigiert.

Sie trat von der Bühne ab, als sie am Höhepunkt ihrer Karriere war. Ich habe das nie verstanden, aber respektiert. Vielleicht war die Familie für sie die größere Erfüllung. Sie hatte nie eine Career-Girl-Mentalität.

Für die Saison 1967 bereitete ich für die Wiener Volksoper zur siebzigsten Wiederkehr des Geburtstags und zur zehnten des Todestages eine Produktion meines geliebten E. W. Korngold vor: »Die tote Stadt«, die erste österreichische Nachkriegs-Wiedererweckung dieser einstigen Lieblingsoper der Wiener. Meine Leser wissen schon, daß mein Leben unter dem Arientitel »Glück, das mir verblieb« aus dieser Oper steht. Ich weiß noch, daß ich zu diesem Vorsingen aus Beirut, wo ich in einem arabischen Kino eine Wiener Revue spielte, nach New York flog. Böse Zungen behaupteten, nach dieser Revue war nie wieder Frieden im Nahen Osten.

Diesmal saß ich in der dem Management Columbia Artists gehörenden CAMI Hall in der 57. Straße – mit Maria Jeritza, die bei der Auswahl der Neubesetzung ihrer einstigen Glanz-Doppelrolle Marie/Marietta helfen wollte. Wir hörten uns etwa fünfzig Bewerberinnen an. Damals hat mir John Gutman, Vizedirektor und Dramaturg der Metropolitan Opera, gesagt, er habe in seinem Opernstudio ein junges Mädchen, die sollte ich mir unbedingt ansehen. Sie habe bisher noch nie etwas auf der Bühne gesungen, außer auf einer Studio-Tournee die Zwergrolle der Kate Pinkerton in »Madama Butterfly«.

»Wie werde ich sie erkennen?« fragte ich ihn. »Sehr leicht«, antwortete er, »sie ist weder schön noch häßlich.«

Ich fand sie. Sie war weder schön noch häßlich. Sie sang vor, kam in die engste Auswahl, die ich gemeinsam mit Maria Jeritza traf. Als wir der jungen Marilyn Zschau zuhörten, stieß mich die Jeritza immer wieder und flüsterte: »Die nimmst. Die nimmst.«

»Wir wollen Sie gerne haben«, sagte ich der jungen Dame. »Aber: Ich treffe nicht die endgültige Entscheidung, die trifft mein Direktor Albert Moser an der Wiener Volksoper. Also, fliegen wir morgen nach Wien, und alles wird schon klappen.«

»Ich kann erst übermorgen fliegen«, meinte die junge Dame. »Warum?« fragte ich. »Morgen muß ich heiraten«, sagte Marilyn. »Ist heiraten wichtiger als ›Die tote Stadt‹?« sagte ich als eingefleischter Junggeselle. Wir fuhren übermorgen.

Marilyn sang die Partie: Es war ein toller Triumph. Sie machte eine große Karriere bis zum schwersten Wagner-Fach – ihr eheliches Glück verblieb ihr nicht.

Diese »Tote Stadt« blieb überschattet. Es war der letzte Opernauftritt des großen George London. Ich war seit seinen Nachkriegstriumphen am Theater an der Wien mit London befreundet. Er war seit langem krank gewesen und sozusagen der Öffentlichkeit ein wenig abhanden gekommen. Damals traf ich ihn in der Cafeteria »Horn and Hardart« in der 57. Straße in New York. »George, ich habe eine wunderbare Idee für ein Comeback. Du machst ›Die tote Stadt‹ an der Volksoper. Da hast du die herrliche Arie: ›Mein Sehnen, mein Wähnen, es träumt sich zurück.‹ Du bist kurz auf der Bühne, räumst ab mit der Arie. Du mußt das machen! Und schon fertig.«

»Ja«, sagte George. »Ich werde das machen. Aber nur, wenn es dir gelingt, ein Comeback-Konzert zu verschieben, das ich Rudolf Gamsjäger, dem Direktor des Wiener Musikvereins, zu geben versprochen habe.«

Nun, das habe ich nicht geschafft, das Konzert fand statt, war aber nicht mehr der erwartete Erfolg. Und auch unsere Aufführungsserie in der Volksoper war nicht das, was sie mit einem gesunden George London hätte sein können. Wir konnten Londons Vertrag nicht verlängern. London bekam eine für Volksopern-Verhältnisse enorme Gage. Ich habe das diesem so kranken Weltstar liebevoll unter Vorgabe anderer Gründe mitzuteilen versucht. Seine Augen verrieten mir, daß er viel zu gescheit war, um sich bluffen zu lassen. Er hat es eingesehen. Danke, George.

1968 habe ich für eine tolle Erstaufführung an der Wiener Volksoper eine hochbegabte junge Dame gesucht. Denn wir planten die erste Aufführung von Leonard Bernsteins unsterblichem Musical »West Side Story« – in meiner Übersetzung – auf dem europäischen Kontinent.

Die Aufführung fand zu Lennys fünfzigstem Geburtstag statt, Premiere war im Februar, das Fest erst am 25. August. Also haderte Bernstein mit mir: »You are terrible, Marcel! You are a terrible man! You make me older …«

Wieder leistete ich mir eine Amerikareise. Ich habe die Maria für die Wiener »West Side Story« gesucht. Und war bei dem Agenten Jack Lenny, meinem großen Freund, der inzwischen gestorben ist. »Wir haben da ein junges Mädchen, schau sie dir an. Außer in ›Fiddler on the roof‹ (bei uns »Anatevka«) – wo sie eine kleine Rolle gespielt hat – hat sie bisher noch nichts getan.«

ORF-TV. Die von mir entdeckte Julia Migenes wirkte nach ihrem Volksopern-Triumph in »West Side Story« in meiner Franz-Lehár-Show mit. Links Professor Dr. Wilfried Scheib, Hauptabteilungsleiter Musik und Pionier guter Musik im Fernsehen.

Julia Migenes war damals Choristin. Beim Vorsingen erspürte ich sofort ihr außerordentliches Talent. Sie wurde eine unvergeßliche Maria in der »West Side Story« unserer Volksoper. Übrigens war ihr Partner Adolf Dallapozza, den ich erst abgelehnt hatte: »Wunderschöne Stimme, aber Stehtenor ...« Er wurde in dieser Rolle auch als Schauspieler entdeckt. Die Migenes hat dann eine sensationelle Karriere gemacht, hat in Wien an der Volksoper auch die Butterfly gesungen, hat an der Met in New York gastiert, war die Lulu Alban Bergs in der Wiener Staatsoper und Star einiger meiner Robert-Stolz-Shows. Und war – was manche sich gar nicht werden vorstellen können – eine köstliche Christl von der Post in Zellers »Vogelhändler«.

Als sie einmal ein anderes gleichzeitiges Angebot wahrnahm und eine Vorstellung der Volksoper platzen ließ, wurde sie fristlos entlassen. Steckte vielleicht das »clear«, die Freiheit von allen Bindungen, dahinter, die sie als Mitglied der Sekte »Scientology« erreicht hatte? Bald wurde ihr international so viel Geld angeboten, daß ihr Wiener Stammhaus für sie finanziell gar nicht mehr erstrebenswert sein konnte. Ich denke oft an die Anfänge meiner großen Julia.
Zahllose Male war ich Mitglied der Jury internationaler Gesangswettbewerbe. Jahrelang bei Carlo Bergonzi in Busseto, bei José Carreras in Pamplona, auch in Vercelli und Sulmona. Aber – wird mir noch einmal im Leben eine wahre Entdeckung gelingen?

17. OPERNFÜHRER, OPERNVERFÜHRER

»Der Name meiner ersten war Olympia.«
(Hoffmanns Erzählungen)

Da saß ich 1964 im Café Volksoper, in dem wir in den Stunden zwischen unserer Arbeit stets über unsere Arbeit geredet haben. Oft war da auch Janne Ranninger, Mitarbeiterin und später Produktionsleiterin des ORF, und meinte zu mir: »Du erzählst uns hier immer so spannend über Opern. Könntest du das nicht auch im Fernsehen machen? Nimm dir ein paar Gesangsstudenten, spiele einige Beispiele am Klavier. Das wäre doch was!«
»Meine Liebe«, antwortete ich, »erstens interessiert Oper im Fernsehen niemanden; und zweitens: Denke dran, was der Rocco im ›Fidelio‹ sagt: ›Wenn sich nichts mit nichts verbindet, ist und bleibt die Summe klein.‹« Wenn man Liebe zur Oper im Fernsehen einführen will, noch dazu für die Jugend, dann ist das Beste gerade gut genug.
Da ich aber stets auf Experimente aus bin, stimmte ich einem Versuch zu. Das Projekt landete – wie bereits im Kapitel »Liebe lehren« beschrieben – bei Herbert Hauk, dem Leiter der Abteilung »Jugend und Familie«. Doch was sollte ich zur Musik zeigen? Damals, 1965 gab es ja im Fernsehen kaum Opernaufzeichnungen. Mein erstes Thema lautete »Hoffmanns Erzählungen«. Nun, ich versuchte, gute Tonaufnahmen gut zu bebildern. Ich reiste, wie immer, auf eigene Kosten nach Deutschland, um über die Theater interessante Szenenbilder zu erwerben. Nachdem diese Sendung voraufgezeichnet war, vergaß ich sie sofort. Ich begab mich, wie oft seither, in mein geliebtes Miami, wo ich für meine für Herbst 1965 angesetzte »Porgy-and-Bess«-Produktion in der Wiener Volksoper schwarze Sänger suchen wollte.
Ich hatte im April 1965 in Miami eine Vorstellung des Werks mit Avon Long, dem letzten noch vom Komponisten George Gershwin trainierten Darsteller des Sportin' Life, gehört und kam in mein Hotel Roney Plaza nach Miami Beach zurück – da fand ich einen ganzen Haufen von Telegrammen, die mir zum Erfolg des »Opernführers« gratulierten. Im ersten Augenblick wußte ich gar nicht, was gemeint war; dann dämmerte es mir – der Fernseh-»Hoffmann«!
Das ist nun über dreißig Jahre her, den »Opernführer« gibt es bis heute,

(Seite 2)

Geliebter Rascel oder Marcello wie Dich
Deine Freunde auch nennen; was bist Du doch
für ein besonderer Freund – ein treuer Freund
Deinen Lieben; ein grosser Liebender, allem
Schönen aufgeschlossen und welches Wissen –
nicht nur um die Opern und deren Entstehung!
Liebender vieler Frauen: Mimi, Tosca, Aida...
Charmanter Träumer wie von einem anderen
Stern, der von uns normalen Menschen fast ge-
tötet wird und daher wie zufrieden scheint.
100 oder 1000 Ideen – besonders einer Idee,
die so unendlich wertvoll für Wien war:
Leonard Bernstein zu uns zu bringen!
Dir zu begegnen ist immer eine Freude –
Bleib' uns in Deinem Enthusiasmus noch
lange erhalten!
Deine *Christa Ludwig*

Ein Brief von Christa Ludwig: Um die von mir heiß verehrte Christa Ludwig habe ich eine ORF-TV-Personality-Show produziert, zum Teil in Paris, wo ihr Gatte – der bekannte Regisseur, Schauspieler und Hobby-Historicus Paul Emil Deiber – verzweifelt war, weil er seine weltberühmte Frau nicht für Details aus dem Leben von Ludwig XIV. interessieren konnte. Christa hat in einer anderen ORF-TV-Show für mich eine große Kuriosität gesungen: ein ernstes Lied des Operettenkönigs Franz Lehár.

und noch immer erfolgreich: Nur hat dieser »Opernführer« sich in diesen vielen Jahren völlig verändert. Er übersiedelte bald in die Musikabteilung von Dr. Wilfried Scheib, dem großen, unermüdlichen Pionier der Musik im Fernsehen. Ich habe begonnen, diese Sendereihe sehr ernst zu nehmen und die umfangreichen Vorarbeiten wissenschaftlich zu betreiben.

Und in diesem langen Zeitraum hat sich auch die Aufgabenstellung der Sendereihe völlig verändert. Ganze Opern konnte man damals im Fernsehen ja kaum sehen, deshalb faßte ich meinen »Opernführer« zunächst als eine fernsehgerechte, kommentierte Kurzfassung der jeweiligen Oper selbst auf. Ich wollte dabei Handlung und Musik so präsentieren, daß der Zuschauer auch in der verkürzten Form an den gleichen Stellen weinen und lachen sollte wie bei der Originalversion. Ich erklärte musikalische Motive und deren Funktion im Ganzen, Handlung, biographische und allgemeine Hintergründe. Es war mein Geheimnis, in der mir zur Verfügung stehenden Zeit von 30 Minuten Liebe für die Oper zu lehren. In der Presse wurde »Opernführer« mein ständiger Beiname, »Opern-Verführer« ein freundlicher Spitzname.

Lange habe ich überlegt: Wie verhindere ich, daß die Zuschauer auf einen anderen Kanal umsteigen? Ganz wichtig ist stets eine starke Einstiegsmusik: Sie muß eine Bombe sein, damit die Leute an den Bildschirmen bleiben. Die erste verbale Information muß ebenfalls knallen. Wenn die Zuhörer einmal warm geworden sind, kann man immer mehr in die Tiefe gehen; und man setzt wohldosiert zwischen leichter Kost weitere Bömbchen. Statt »Guten Abend, meine Damen und Herren« gab ich einen herzlichen Blick und ging sofort in medias res – etwa Klavier spielend, »das waren die ersten Takte, die Offenbach geschrieben hat ...«

Im Laufe der Jahre änderte sich das Anforderungsprofil, da ja immer mehr Opern übertragen und entsprechend kommentiert gesendet wurden. Weiters gab es auf dem Markt in zunehmender Zahl sehr gute und sehr preiswerte Videos. Jetzt erst wurde der »Opernführer« zur echten Einführung in die Oper.

Wir drehten viele Sängerporträts im Ausland für das Fernsehen – Christa Ludwig, Walter Berry, José Carreras. Einmal wühlten wir mit Alfredo Kraus in seiner Prachtvilla auf der kanarischen Insel Lanzarote in Bergen von Noten, um ein spanisches Lied für eine Aufnahme zu finden. Unter den Stößen fand sich »Tu es mi coraçón«, das Kraus nicht kannte. Wir ließen ihn vom Blatt singen. Was war es? »Dein ist mein ganzes Herz«, das Kraus so kennenlernte.

Einmal drehten wir einige Wochen lang ein Fernsehporträt von Mirella Freni. Sie lernte mit mir in ihrer Wohnung in Modena auf italienisch den

227

> ## A DONNA È MOBILE – AUTOR: KÖNIG FRANZ I. VON FRANKREICH
>
> König Franz I. von Frankreich (für die Oper von der Zensur in Venedig zum »Herzog von Mantua« reduziert), Feind Kaiser Karls V., Förderer der Künste und Wissenschaften, Erbauer prachtvoller Schlösser, darunter des Loire-Schlosses Chambord. Dort ritzte er mit einem Diamantring – anscheinend in einem Augenblick der Enttäuschung über eine der 27 ihm nahestehenden Hofdamen – sein dem Anlaß würdiges Gedicht in ein Fenster ein: »Femme souvent varie, bien fol est qui s'y fit« (oft ist das Weib trügerisch, ein Narr, wer ihm traut ...). Viele Jahre später kam Ludwig XIV. mit seiner Freundin, Madame La Vallière, nach Chambord, wo die Schöne sich über die Aussage des Gedichts so empörte, daß Ludwig mit seinem Ellenbogen das Fenster einschlug. Ein Stich vom Fenster mit Gedicht blieb in Chambord erhalten.
> Die Worte haben den Rhythmus der »Rigoletto«-Arie von Verdi, »La donna è mobile«, auch der deutschen Fassung »Ach, wie so trügerisch« – Victor Hugo hatte nämlich dieses Gedicht in sein der Oper zugrunde liegendes Drama »Le Roi s'amuse« übernommen.
>
> *(ORF-TV »Auf den Spuren des Rigoletto«)*

Walzer aus der »Lustigen Witwe« – »Tace il labbro« (Lippen schweigen) und nahm es (mit mir am Klavier!) auf. Die Freni war bereits von ihrem Gatten getrennt, und wir drehten mit ihr eine Szene in Modena vor einem großen Löwen am herrlichen Tor der Kathedrale. Ihr »Ex« war der bekannte Dirigent Leone Magiera – Leone heißt Löwe. Die Freni und der herrliche Bassist Nicolai Ghiaurov waren bereits ein glückliches Paar. Ich stand mit Nicolai in einiger Entfernung und sagte: »Ist unsere Mirella nicht bildschön mit dem großen Löwen?« Darauf Ghiaurov: »Sie hatte recht, sich von dem kleinen zu trennen ...!«

Ich habe einmal aus Jux gesagt, daß ich von meinen eigenen Fernsehsendungen gelernt habe, aber es stimmt, weil ich mich oft mit ungewöhnlichen Themen beschäftigt habe. Einmal widmete ich eine in Neapel gedrehte Sendung dem neapolitanischen Lied und seinen kaum bekannten Autoren. Ich hatte wirklich nicht gewußt, daß Ernesto di Capua, der Schöpfer des unsterblichen »O sole mio«, sein Lied in Rußland komponiert hat und als bettelarmer Stummfilmpianist gestorben ist. Daß die neapolitanischen Lieder Protestgesänge des Südens gegen die nach der Einigung Italiens im 19. Jahrhundert erfolgte Abwertung der Kultur Neapels waren. Ich wußte kaum etwas von der italienischen Operette und konnte dann im Rahmen meiner – von meinem lieben Freund, dem großen Producer Karl Gerbel, Leiter des Brucknerhauses in Linz, als »Festa Italiana« angekündigten Showfragmente italienischer Operetten bringen – Piero Cappuccilli sang, und die italienische Operettendiva Daniela Mazzucato. Der von mir in Neapel entdeckte, fabelhafte italienische Volkssänger Bruno Venturini eroberte Linz im Sturm. In Neapel hat er stets mit Chor gesungen: Das war für Gerbel kein Problem, wir stellten einen von uns »gli Italiani di Linz« genannten Chor,

---

»RIGOLETTO« VON DELIBES

In Paris entdeckte ich unter unsäglichen Mühen eine Bühnenmusik von Leo Delibes zu »Le Foi s'amuse« von Victor Hugo, dem Ur-»Rigoletto«. Der Raub der Blanche (= Gilda, bei Verdi ein berühmter Chor) ist hier ein frivoles Couplet, ungefähr so: »Als der Bourbonenkönig Marseille erobern wollte, bestieg er einen Berg mit vielen engen Pässen namens »Die Taube« (Symbol der Jungfräulichkeit). Der König drang mit seinen Getreuen ein und meinte: »Seht ihr? Wenn man die Jungfrau besteigt, ist der Durchgang noch eng. Alle sind draufgestiegen.« Der Hofnarr, zum Mitsingen gezwungen, erfaßt, daß auch seine Tochter gemeint ist. Ich ließ die Couplet-Szene durch Schauspieler der Comédie Française im Victor-Hugo-Museum darstellen – mein Debüt als Regisseur von Frankreichs Nationaltheater?

(ORF-TV »Auf den Spuren des Rigoletto«)

EIN SPASS DES UR-RIGOLETTO

Der Hofnarr, eine historische Figur, hieß Le Ferial; Spitzname: Triboulet (der Geplagte). Ein Original-Triboulet-Spaß: Er geht mit seinem König spazieren, links der König, rechts Triboulet. Der König sagt: »Ich kann es nicht vertragen, wenn ein Narr zu meiner Rechten geht...« Da schleicht sich Triboulet auf die linke Seite des Königs und meint: »Mir ist das ganz egal.«

(ORF-TV »Auf den Spuren des Rigoletto«)

> ### BERNSTEINFARBENE AUGEN
>
> Unvergleichbar als Verführer in die Welt der Oper ist allein Marcel Prawy.
> In den nach eigener Aussage bernsteinfarbenen Augen spiegelt sich – gleich, in welchem Erdteil Marcel Prawy anzutreffen ist – die Wiener Oper.
> Opernfreunde und andere kulturell Aufmerksame haben Marcel Prawy für das Bekenntnis seiner Leidenschaft zu danken.
>
> *Rudolf Scholten*

improvisiert aus Gästen des italienischen Restaurants von Silvano Niccolai, zusammen, probten auch im Ristorante.

Und wie viel habe ich selbst durch meine »Opernführer« beim ZDF gelernt – in Pesaro über den Komponisten Riccardo Zandonai, in Gardone über den dadurch zu meinem Lieblingsdichter gewordenen Gabriele d'Annunzio (wer weiß schon, daß er, der Nicht-Neapolitaner, Textautor neapolitanischer Lieder war?), in Livorno und Lucca (wo mich der amerikanische Dirigent Herbert Handt zu Vorträgen eingeladen hatte) über den Landsmann Pietro Mascagni. Und wie unvergeßlich war es, bei »Venedig – Singende Stadt« im Palazzo Giustiniani zu filmen, wo Wagner einen Teil seines »Tristan« geschrieben hat. Und in seinem Stammcafé Lavena am Markusplatz …

Ich bin sehr stolz, daß mich Präsident Oscar Luigi Scalfaro zum »Commendatore dell' ordine al merito della Repubblica Italiana« gemacht hat. Ich habe verschwiegen, wie stark mein Herz für den italienischen Süden schlägt. Wäre ich Politiker, würde ich meine eigene Lega Sud gründen.

Puccinis Wohnsitz lag in Torre del Lago, einem kleinen Nest nahe Viareggio. Faszinierend, daß die Post damals zwischen dem Nest und Mailand einen Tag brauchte, was anhand der Korrespodenz zwischen dem Verleger Ricordi und Puccini nachweisbar ist. Nicht anders funktionierte Verdis Post. Was damals einen Tag brauchte, dafür sind heute drei Wochen einzusetzen. Ich habe über Puccini und seine komponierenden Ahnen mehrere umfassende Dokumentationen gedreht, und für die erste habe ich auch mit der Gräfin Ginori gesprochen. In ihrem Gut verbrachte Puccini nach seinem Autounfall lange Zeit. Dort schrieb er »Madame Butterfly« im Rollstuhl. Leider ist die Gräfin inzwischen verstorben.

Meine Freunde haben nicht richtig goutiert, daß ich ein riesiger Verehrer von Mascagni war. Ich war damals in Wien oft und oft dabei, wenn er dirigierte. Auf der Hohen Warte in Wien hat er in den zwanziger Jahren »Aida« im Rahmen einer Freilichtvorstellung, und an der Staatsoper »La Traviata« und »Bajazzo« gemacht. Und ich gehöre zu den wenigen Überlebenden, die dabei waren, wie er auf dem Forum Romanum in Rom Beethovens 5. Symphonie dirigiert hat.
Ich jedenfalls bin sehr stolz darauf, der einzige Ausländer gewesen zu sein, der nach Livorno zur Eröffnung des Mascagni-Museums als Redner eingeladen war. 1996 hielt ich in der Oper von Rom eine Einführung zu seiner leider bei uns unbekannten Prachtoper »Iris«.
Wir erarbeiteten in der Folge auch Sänger-, Komponisten- und Dirigentenporträts. Mit »wir« meine ich unser Team, mit dem wir für meine jetzige Sendereihe »Auf den Spuren von ...« in vielen fernen Ländern unterwegs sind, auf der Jagd nach Spuren und Hintergründen einzelner Opern. Wochen in Ägypten für »Aida«, in Japan für »Madame Butterfly«, in Spanien für »Carmen«, in Paris für »Traviata«. Zu meinen verrücktesten Fernsehreisen gehört der Flug von Assuan in Oberägypten (mit einem dort gebrochenen Knöchel) zu einem Vortrag nach San Fransisco. Wir sind in unserem Fernsehteam zwölf, und keiner dieser zwölf darf fehlen. Wem soll ich hier danken? Auf jeden Fall meinen ersten Regisseuren, Dr. Jörg Eggers und Imre Csekö, besonders aber Frau Dr. Heidelinde Rudy, die jetzt Freuden und Qualen der Gesamtbetreuung von Prawy mit Phantasie und mitleidender Geduld trägt. Und natürlich dem ORF. Ich bin mir völlig bewußt, daß man so etwas nur in Österreich machen kann. Ich bin noch eine Erfindung des ersten Fernsehdirektors Gerhard Freund. Seine Nachfolger, Generalintendant Gerd Bacher, Programmintendant Ernst Wolfram Marboe, der neue ORF-Chef Gerhard Zeiler, zu mir waren alle wunderbar. Auch Kulturchef Wolfgang Lorenz und Dr. Haide Tenner, die den Musikbereich leitet. Danke!
Wir arbeiteten da einmal an einer »Bajazzo«-Sendung und wollten prüfen, ob die Behauptung aus dem Prolog stimmt, daß das Libretto auf einer wahren Begebenheit beruhe, die der Autor in seiner Jugend erlebt haben soll. Die Geschichte spielt in Montalto. Die italienischen Montaltos sind aber äußerst zahlreich, welches ist das richtige? Es stellte sich heraus, daß es Montalto Uffugo in Kalabrien war. Schön und gut, aber wer hilft einem dort? Ich machte mich an die Arbeit, saß in meiner Wiener Wohnung drei Tage lang am Telefon, fand durch die Auskunft den

> ## Prawy am Set
>
> *Gilt Prawy nicht als schwierig?*
> Ganz leicht ist es nicht, mit ihm zu arbeiten. Man braucht sehr viel Geduld, und man muß sehr flexibel sein. Etwas fix Geplantes hält sicherlich zwei Wochen später nicht mehr.
> *Prawy definiert seine Arbeitsweise so: alles fix planen, aber dann alles umstoßen.*
> Wobei er aber bei all dem Herumstoßen ein echter Profi bleibt. Er ist ein professioneller Chaot.
> *Das Chaotische, weil er so kreativ ist.*
> Professionell! Und das merkt man vor allem auch bei den Reisen. Er stellt sich auf den Drehplatz hin, läßt sich von seiner Umgebung, seien es jetzt Schulklassen oder Autos oder Würstelverkäufer, wirklich nicht abbringen, sondern er sagt seinen Text. Wenn man ihn bittet, daß er vielleicht um zehn Sekunden früher fertig ist oder das vielleicht noch hineinzuflechten, so kommt es wie aus der Pistole geschossen nach einer fünfminütigen Pause genauso, wie wir es brauchen. Man braucht einen Take von ihm höchstens ein-, zweimal wiederholen und hat's im Kasten. Das ist bei einer Reise sehr angenehm.
> *Wenn wir ihn interviewen, wird er ununterbrochen angerufen, von der Carnegie Hall zum Beispiel. Wie ist es bei den Drehs?*
> Nach den Drehs ist er meist zwei Stunden unerreichbar, weil er im Hotel telefoniert. Während der Drehs haben wir uns keine Telefonate eingeführt.
>
> *Gespräch mit Frau Dr. Heidelinde Rudy*

Bürgermeister, fragte mich telefonisch zu zahllosen Leuten in Montalto durch, arrangierte alle Termine, Gespräche, Kontakte. Ich suchte vor allem Leute, die von einem Mord während einer Vorstellung von Wanderkomödianten zur Zeit der Kindheit Leoncavallos gehört hatten. Das Ergebnis war zuerst mager, aber ich stieß per Telefon aus Wien auf meinen jetzigen Freund Ing. Caracciolo, der Fachmann auf diesem Gebiet ist und alles Wesentliche wußte. Auf der anschließenden Reise freundete ich mich mit dem ganzen Ort Montalto an. Nun eröffneten sich mir neue Welten für mein Fernsehprogramm.

Schon wieder hatte ich eine Idee, die, so bizarr sie klingt, sich als höchst erfolgreich erwiesen hat. Um mit möglichst vielen Leuten ins Gespräch zu kommen, dachte ich, wäre es lustig und nützlich, ein Volksfest zu arrangieren. Noch von meinem Wiener Telefon ließ ich mir Tanzkapellen, Tanzgruppen, Musikanten aus Montalto und Umgebung vorschlagen und kontaktierte sie. Und dann fand auf der Piazza in Montalto das von mir italienisch konferierte Fest statt, zu dem viele Menschen von nah und fern erschienen. Sie haben gesungen und getanzt. Manche hübsch, andere brachten keinen einzigen richtigen Ton oder Schritt heraus, aber alle waren sie wahrhaft entzückend. Ich hatte die ganze Wahrheit über Bajazzo erfahren in dieser einen wunderbaren Nacht mit wunderbaren Menschen.

Seit diesen wenigen Stunden weiß ich, daß in kaum einem Opernhaus das Programmheft von »Bajazzo« stimmt. Die Überlieferung und Leoncavallos Prologworte, die Oper sei nach einer wahren Geschichte geschrieben, sind falsch. Wahr ist, daß dieses Libretto ein Plagiat nach dem zeitgenössischen Stück »La femme du Tabarin« des Franzosen Catulle Mendès ist. Dorther hatte Leoncavallo den Stoff, inklusive Prolog. Es gab auch einen teuer ausgeglichenen Plagiatsprozeß. Der in der Oper so effektvolle Mord während der Theatervorstellung hat nie stattgefunden.

Amerikanische Freunde fragen mich immer wieder: »Warum zeigt man Ihre Opernführer nicht in Amerika?« Ich habe auch in Amerika (Miami) einige TV-Opernführer gemacht – die Übertragung der europäischen nach USA ist unmöglich, und zwar nicht nur wegen der Rechtsprobleme um die gezeigten Opernausschnitte. Die Voraussetzungen

---

DAS GROSSE LOB

Marcel Prawy ist der Mann, der zum Verständnis der Kunstgattung Oper und zur Einführung des Musicals (auch im Sinn von »Einfuhr« zu verstehen) in unseren Breiten mehr beigetragen hat als die meisten Operndirektoren und Musikkritiker zusammen. Er ist das Unikum des Fachmannes, der aus Liebe zum Missionar wurde. Bernstein nannte ihn ein Genie dieser Verkündigung.

Ich kann mich des Schmunzelns nicht erwehren, wenn ich höre und lese, wer angeblich die besten Showmaster, Moderatoren und Präsentatoren des deutschsprachigen Fernsehens seien. Mit Abstand ist unser Prawy auch da der Beste.

Gerd Bacher

> ## Verdi und -Verdi
>
> Wenn man Prawy zuhört, glaubt man, er hätte noch alle Verdi-Uraufführungen miterlebt. Nicht Giuseppe, sondern Monte- ...
>
> *Karl Löbl*

sind zu verschieden, weil das Wissensniveau zu verschieden ist, weshalb man ja auch keine amerikanische Sendung über das Musical wörtlich übersetzt bei uns präsentieren kann. Darüber habe ich bei einer Vortragstournee viel gelernt.

Im Jahre 1975 feierte man die 150. Wiederkehr des Geburtstags von Johann Strauß Sohn. Ich hatte damals über den Komponisten ein Buch geschrieben, ich kann sechs Sprachen: Also, dachte ich, warum soll ich nicht die Einladungen aus Italien, aus Frankreich, aus Deutschland annehmen, um über den »Walzerkönig« zu sprechen. Ich sprach zuerst, eine große Ehre, im Bonner Bundestag auf deutsch, nachher im österreichischen Kulturinstitut in Rom auf italienisch. Als ich dann im Flugzeug von Rom nach Paris saß und mich auf den französischen Vortrag einzustellen begann, merkte ich, daß ich mir mein Vorhaben zu leicht vorgestellt hatte. Denn mir wurde plötzlich klar, daß die Franzosen (ich sprach vor dem Senat im Palais du Luxembourg auf französisch) einen völlig anderen Zugang zum Thema Strauß haben als etwa die Italiener oder gar die Österreicher. Es mußten in Bonn, Rom, Paris grundverschiedene Vorträge werden.

Die Vorbereitung meines Pariser Vortrages war nur eine der zahllosen Zusammenarbeiten, für die ich meiner lieben Madame Jutta Périsson hier danken möchte. Ehemals Fräulein Waldmüller aus Wien, wurde sie die Gattin des auch an der Wiener Staatsoper erfolgreichen Dirigenten Jean Périsson und blieb unter vielen Leitern die wahre Seele des Österreichischen Kulturinstitutes in Paris. Sie war mir immer eine enthusiastische, unersetzbare und inspirierende Hilfe. Wie toll war es, als wir für meine Fernseh-Show über Wagner in verstaubten Pariser Archiven die Partitur des »Fliegenden Holländers« fanden – Text nach Wagner, Musik von Pierre Dietsch! Die Pariser Oper hatte dem jungen Genie seinen Text, aber nicht seine Musik abgekauft.

Johann Strauß war damals aber wenigstens nur eine Sprache an einem Abend. Einmal, ich glaube 1975, bat mich Bundeskanzler Dr. Bruno Kreisky um ein Husarenstückerl. Er gab einen Empfang für die neu

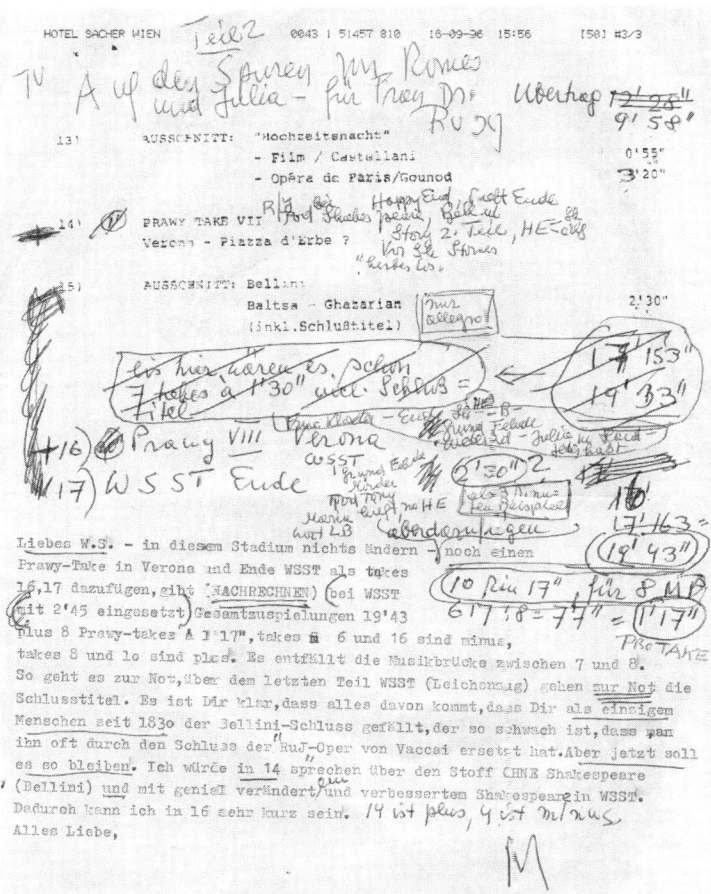

Instruktionen nach Sekunden: Mein Wunschzettel an die Redakteurin Frau Dr. Heidelinde Rudy für die Dreharbeiten zu ORF-TV (1996, England und Italien) »Auf den Spuren von Romeo und Julia« gibt nach Sekunden die Länge jedes Musikausschnittes und jedes Sprechaktes an. Auf Fernsehreisen aktualisieren wir das allabendlich unter Berücksichtigung der Ergebnisse des Drehtages.

akkreditierten Diplomaten im Schloß Schönbrunn, ich gestaltete das Festprogramm. In welcher Sprache sollte ich konferieren? Da vermengten sich Sprachen der Neuankömmlinge mit Fragen des Protokolls und des Taktes. Dr. Kreisky nahm meinen Vorschlag an: gleichzeitig in drei

Sprachen – deutsch, englisch, französisch. Aber keine Übersetzungen desselben Textes, sondern in jeder Sprache verschiedene Geschichten. Es spielte das Johann-Strauß-Ensemble der Wiener Symphoniker, dreizehn Mann, geleitet von Maestro Puschacher – es sang eine junge, noch nicht entdeckte, aber meiner Meinung nach toll begabte junge Anfängerin unserer Staatsoper. Sie hieß Edita Gruberova.

Ein Wort über den Unterschied zwischen Radio und Fernsehen. Ich selbst war viele Jahre lang mit zahllosen Sendungen ein Mann des Hörfunks, von dessen Entstehung ich ja auch Ohrenzeuge war. Ich fühle mich dort dem Publikum näher als beim Fernsehen. Ich habe mir natürlich innerhalb von dreißig Jahren das Fernsehen angeeignet. Beim Reden im Radio fühle ich mich ohne jede Barriere bei den Menschen, auch wenn ich für Compact Disk spreche – der ORF bringt die Serie »Marcel Prawy erzählt«, eine Produktion des Hörfunk-Opernchefs Robert Werba, heraus: meine Jugenderinnerungen, Oper, Operette, Musical. Im Fernsehen fühle ich mehr Distanz.

Der Redakteur keines Mediums, weder Funk noch Fernsehen, und auch nicht Print, darf mir sagen: »Machen Sie nur, es ist egal, wie lang es ist.« Ich denke in Zeit, denn die Zeit macht die Logik. Drei Minuten verlangen eine andere thematische Struktur als vier. Wenn ich schreibe, brauche ich genaue Vorschriften: So und so viele Zeilen zu so und so vielen Anschlägen; oder im Rundfunk und Fernsehen eine genaue Zeitangabe, etwa »eine Minute zwanzig Sekunden«. Dann teile ich ein: zehn Sekunden für dieses Thema, für das nächste zwanzig, für das dritte sieben. Ich überziehe oder unterschreite zeitlich niemals eine meiner Live-Fernsehsendungen. Neunundfünfzig Minuten werden weder 58 noch 60. Meine Arbeitsbasis ist totales Zeitgefühl. Wenn ich live eine Matinee in der Staatsoper mache, weiß ich, bei welchem Thema ich etwa in der 51. Minute angelangt sein muß. Wenn meine liebe Frau Dr. Rudy mir beim Fernsehen berichtet, die Sendung dürfe fünf Minuten länger dauern, ändert sich die Gesamtstruktur.

Zur Medienarbeit gehört meiner Meinung nach auch die ganz genaue Lektüre der Kritik. Natürlich freut man sich über Zustimmung, aber auch über konstruktive Auseinandersetzung. Wenn mir jemand erklärt, daß ich etwas falsch gemacht habe, und mir überzeugend auseinandersetzt, warum und wie, dann bin ich dankbar, weil ich wieder dazulernen kann. Und ich will noch immer lernen, lernen. Ich habe einen ehrlichen Wunsch, der niemals in Erfüllung gehen wird: einen auf dem neuesten Wissensstand beruhenden Blitzkurs auf allen möglichen Gebieten zu machen – noch einmal die Matura!

Nach meinen drei Sendungen zum 85. Geburtstag von Herbert von Karajan, 1983, habe ich derart viele Zuschriften mit interessanten, unbekannten Informationen erhalten, daß ich mich gleich hinsetzen wollte, um damit eine vierte Sendung über Karajan zu gestalten.
Das Leben mit ungefähr sechzig Briefen pro Tag ist aufregend, man freut sich darüber – aber bald wird mein System der Ablage in Plastiksäckchen nicht mehr ausreichen.
Wenn man mich fragt, wie lange ich mich für Sendungen vorbereite, antworte ich gern, mit leiser Übertreibung: sechzig Jahre und einen Tag. Die sechzig Jahre habe ich bereits hinter mir. Da ich in meinen Sendungen frei spreche und es gar kein Manuskript gibt, hält man mich für einen Improvisator. Das ist absolut falsch. Improvisiert ist nur der endgültige grammatische Ablauf der Worte. Die Themen, die Reihenfolge der Themen, die jeweilige Länge des betreffenden Themas sind mathematisch präzise im Detail vorbereitet. Bei Fernsehreisen entsteht nur der improvisierte Teil erst am Drehort, weil er mir Inspiration gibt. Ich habe die Erfahrung gemacht: Wer bei hochgestochenen Themen wirklich improvisiert, geht dabei meistens baden. Das schönste Resultat meiner Arbeit? Wenn man mir sagt, nach meinen Sendungen erlebe man die Oper tiefer.

18. Singen zur Säge:
Von meinen 27 Operndirektoren

*»Hier ruht la Roche, der unvergeßliche,
der unsterbliche Theaterdirektor.«*
(Capriccio)

Als Franz von Jauner im Jahre 1875 vom Direktor des Operettenhauses Carltheater zum Hofoperndirektor befördert wurde, hat er die Natur dieses Schleudersitzes klug erkannt und verlangt, daß er zu seiner Absicherung gleichzeitig sein Carltheater führen dürfe. In Wien war der am längsten im Amt bleibende Direktor Wilhelm Jahn (1880-1897). An der New Yorker Met wackelten die Direktorensessel langsamer. Sir Rudolf Bing blieb zweiundzwanzig Jahre (1950 bis 1972). Ich glaube, daß Giulio Gatti-Casazza mit seinen achtundzwanzig Jahren (1907-1935) Amtszeit noch immer den Weltrekord darstellt.

In Wien habe ich – je nachdem, wie man die wechselnden Doppeldirektionen und die etwas wirren Kriegsdirektionen rechnet – siebenundzwanzig Direktoren selber erlebt, vielleicht mit Ausnahme des mit der Monarchie verschwundenen Hans Gregor, den ich geistig noch nicht registriert habe. Nach so vielen Direktoren kann man sehr schwer über einen sagen: »schrecklich!« oder »sensationell!« Viele waren beides zugleich.

Der erste Wiener Operndirektor, den ich persönlich gekannt habe, war Felix von Weingartner. Die Tatsache, daß schon vorher Richard Strauss mir einmal beim Bühnentürl auf die Schulter geklopft und gesagt hat: »No, Klaner«, rechne ich wohl als kostbare Erinnerung, aber nicht als persönliche Bekanntschaft.

Felix von Weingartner war bereits (von 1907 bis 1911) Mahlers Nachfolger als Hofoperndirektor gewesen und hat Ende 1934 – als Staatsoperndirektor Clemens Krauss mitten in der Saison unter Mitnahme einiger der besten Sänger einem Ruf von Nazi-Deutschland an die Berliner Oper folgte – die Direktion zum zweitenmal übernommen. Dreiundzwanzig Jahre lang hat er bei jedem Direktionswechsel parat gestanden. Nun kam seine Stunde. Wir vom Stehparterre haben Weingartner, schon aus Wut über Krauss, mehr als herzlich begrüßt. Wir trugen Transparente »Zara 63« (sein Geburtsort und -jahr). Als Dirigent war er den Wienern und mir längst ans Herz gewachsen, denn er leitete ständig die Wiener Philharmoniker (1907–1927) und damit viele der Symphoniekonzerte, die ich in meinem damals erst kurzen Leben gehört hatte. Das erste Symphoniekonzert meines Lebens leitete Siegfried Wagner, Meister Richards Sohn. Der erste Witz meines Lebens lautete, Kaiser Wilhelm habe ihn geadelt, denn »Siegfried« von Wagner wäre ihm lieber als Siegfried Wagner. Siegfried dirigierte damals Musik des Vaters und eigene. Er hat dabei konferiert. Mein zweites Konzert war ein philharmonisches unter Weingartner. »Was ist das für ein Dirigent, wieso redet der nicht?« fragte ich Papa.

Oft und oft habe ich damals Weingartner nach Vorstellungen nach Hause begleitet, von der Staatsoper in die nahe Kantgasse 3, unweit des Wiener Stadtparks. Er lebte dort in einer großzügig angelegten Wohnung. Später hatte der Bruckner-Dirigent Kurt Woess im selben Haus sein Domizil. Da sprachen wir dann über Kunst, über das Dirigieren, über Orchester, über das Operndirektorendasein, auch über die Volksoper. Weingartner war als Operndirektor nicht wirklich beliebt, er galt nur als Notlösung.

Im Jahre 1911 hatte er zum ersten Mal als Wiener Operndirektor abgedankt, in der Folge war er auch Volksoperndirektor gewesen. Sein Vizedirektor war dort mein Freund Karl Lustig-Prean, später angesehener Kritiker und Direktor des Konservatoriums der Stadt Wien. »Der Weingartner«, sagte mir Lustig-Prean, »der war immer als Dirigent auf Reisen. Und zwischendurch dirigierte er ein paarmal an seiner Volksoper. Aber an den Details hat er nie Anteil genommen.«

1921 kam Direktor Weingartner wieder einmal ahnungslos von einer Reise zurück und fragte Lustig-Prean:

»Was haben wir denn in diesem Jahr gespielt?«

»Na, zum Beispiel ›Die Schwalbe‹.«

Weingartner: »Von wem ist das?«

Lustig-Prean: »Von Puccini.«

»Und wie ist das Stück?«

Lustig-Prean: »So so, la la.«

»Was haben wir noch gespielt?«

»›Die Lerche‹.«

Weingartner: »Von wem ist das?«

Lustig-Prean: »Von Mascagni.«

Weingartner: »Wie ist das Stück?«

Lustig-Prean: »So so, la la ...«

Darauf Weingartner (vorwurfsvoll): »Noch so ein Vogel, und wir machen Pleite.«

Weingartner hat über sich nur allzu gern als Komponisten gesprochen. Es war die Enttäuschung seines Lebens, daß er diesen Weg nicht bis ganz oben gehen konnte. Und seine Animosität Richard Strauss gegenüber rührte wohl daher, daß er selber einen Orestie-Stoff komponiert hatte, der aber keinem Vergleich zur Strauss-»Elektra« standhält. Seine besten Kompositionen sind aber zu Unrecht vergessen. Das Lied »Liebesfeier« war einst die Normalzugabe der Liedsänger. Ich habe, als ich 1995 den Ehrenring der Wiener Philharmoniker erhielt, angeregt, die Ouvertüre zu Shakespeares »Sturm« von ihrem einstigen Chef wiederzuerwecken.

Weingartner hat unendlich viel gewußt, er war ein begnadeter Erzähler und trat als solcher auch öffentlich auf. Und er hat an das Haus am Ring großartige Gäste gebracht, zum Beispiel Bruno Walter; er hat auch, zu unserer Freude, das Ensembleprinzip des Clemens Krauss praktisch aufgehoben.

Rührend war sein Verhältnis zu seiner sehr viel jüngeren Frau, der Dirigentin Carmen Studer. Er hatte sie mit einer deutschen Übersetzung des Carmen-Librettos beauftragt. Zu einer Aufführung kam es jedoch nicht. Ich konnte die Gerüchte nie bestätigen lassen, wonach das Auftrittslied des Escamillo (»Auf in den Kampf«) in dieser Übersetzung so lautete: »Es stürmt heraus bejubelt überall – der Stier aus dem Stall, der Stier aus dem Stall.«

In den dreißiger Jahren erfuhr mein Wiener Opernleben eine Zäsur, denn ab 1937 war ich ja bereits ständig mit Jan Kiepura auf Reisen zu seinen internationalen Opern- und Konzertauftritten, dann kam die amerikanische Emigration mit intensiven Erlebnissen in der vertrauten Welt der Oper und der neuen des Musicals.

Als ich nach dem Zweiten Weltkrieg im Kulturdienst der amerikanischen Besatzung nach Wien zurückkehrte, leitete Franz Salmhofer die Staatsoper (die, weil das Gebäude kriegszerstört war, in das Theater an der Wien ausgewichen war), Hermann Juch war der Leiter der Staatsoper in der Volksoper. Beide Herren *kannte* ich, aber daß ich eines Tages sehr intensiv mit ihnen zu tun kriegen würde, ahnte ich zu jener Zeit natürlich nicht.

Eine völlige Strukturänderung brachte mich 1955 als Dramaturg an die Volksoper. In diesem Jahr wurde die Staatsoper im teilweise neuen Gebäude wiedereröffnet. Direktor wurde Karl Böhm. Die Volksoper wurde ein unabhängiges, eigenständiges Bundestheater. Hermann Juch, hervorragend als Direktor, übernahm die Direktion der Deutschen Oper am Rhein in Düsseldorf. Er konnte dem Musical-Projekt, das mit mir einziehen sollte, nichts abgewinnen. Wir blieben bis zu seinem Ableben wundervolle Freunde. Er machte mich zu seinem Nachfolger als Präsident der Internationalen Richard-Strauss-Gesellschaft. In der Volksoper hielt sich ein unbestätigtes Gerücht, daß er gerne pünktlich um 13 Uhr sein Mittagessen hatte – und als man ihm einmal fünf vor eins im Büro der Staatsoper einen Brand in der Volksoper meldete, soll er gesagt haben: »Warum gerade jetzt?« 1955 wurde Franz Salmhofer Direktor der Volksoper, mit mir als Dramaturgen.

Franz Salmhofer war, wie schon erwähnt, ein sehr guter Komponist, er fiel zu Unrecht einer Fast-Vergessenheit anheim. Schon in den zwanziger Jahren hat er erfolgreich die Musik am Burgtheater geleitet: Ich habe noch die Stimme Raoul Aslans im Ohr, wie er Salmhofers Mephistolied im »Faust« sang. Dann schrieb er erfolgreich zum Teil sehr gute Opern und Ballette in österreichisch-volkstümlichem Stil. Sein »Werbekleid« ist guter, moderner Lortzing.

Salmhofer war als Mensch ein Österreicher, »wie's im Büchel steht«, war Raimund und Nestroy in einem, ein wissend-weiser Clown, aber ein Herr mit großer Autorität, und der letzte total ein-, nein durchgreifende Direktor.

Er saß in allen Proben. Kein Regisseur, kein Kapellmeister konnte etwas gegen seinen Willen tun. Im Jahre 1960 inszenierte Dr. Otto Fritz, sein Vizedirektor (ihm gebührt das große Verdienst, 1964 Robert Stolz als Dirigent der von Fritz inszenierten Operette »Frühjahrsparade« zum ersten Mal an die Volksoper geholt zu haben), Mozarts »Zauberflöte« – im ersten Bild ohne Schlange. »Schlange«, ertönte laut Salmhofers Ruf bei einer der Schlußproben. Entgegnete Fritz: »Für mich ist die Schlange ein geistiges Symbol ...« Salmhofer rief: »Schlange!« Fritz: »Die Schlange müssen wir uns denken.« Darauf Salmhofer: »Holt's den Xandl, den Xandl, den Xandl!!« Das war sein Lieblingshausregisseur Alexander Pichler. »Xandl, lauf, wohin du willst, aber bring eine Schlange!« Und am nächsten Tag war ein einer Schlange ähnliches Unwesen auf der Bühne. Otto Fritz, Vater des ausgezeichneten Chefs der Akustikabteilung der Staatsoper, Professor Wolfgang Fritz, hat sich als besonderer Kenner der Geschichte der Volksoper große Verdienste erworben.

Anderen Komponisten gegenüber konnte Salmhofer gefährlich sein. Im

Jahre 1955 dirigierte der berühmte Paul Hindemith seine Oper »Neues vom Tage«. Hindemith war bühnentechnisch unerfahren. Salmhofer ließ ihn rufen: »Herr Hindemith, Sie sind ein großartiger Komponist – vielleicht. Ab morgen dirigiert Michael Gielen ...« Sich selber war Salmhofer als Komponist eher gut gesonnen. Einmal inszenierte Hans Jaray Menottis Oper »Die alte Jungfer und der Dieb«, einen Einakter, dazu kam am selben Abend Puccinis »Gianni Schicchi« in der Regie von Otto Fritz. Als Jaray sich irgendwann nach der Premiere aus Kontrollgründen seine »Alte Jungfer« wieder ansehen wollte, war die Oper stillschweigend für immer und ewig durch das Ballett »Österreichische Bauernhochzeit« von Salmhofer ersetzt worden.

Einmal rief mich Salmhofer dringend zu sich: »Prawy, sofort kommen, sofort!« Ich eilte in sein Büro und fand ihn sehr aufgeregt: »Prawy, heut' früh bin ich aufgestanden, hab nachgedacht und mich überzeugt – mein Ballett ›Österreichische Bauernhochzeit‹ ist wirklich ein echtes Meisterwerk. Vom ersten bis zum letzten Ton.«

Im Jahre 1960 ließ er mich rufen: »Prawy! Seine Majestät, der Schah von Persien, Reza Pahlevi, kommt mit Gemahlin zur ›Fledermaus‹. Nach der Pause muß der ›Persische Marsch‹ von Johann Strauß eingelegt werden.« Ich arbeitete damals an Rundfunksendungen über den Walzerkönig und dachte ... und dachte ... › und da fiel mir ein, daß dieser »Persische Marsch« für einen König von Persien komponiert worden war, dessen Verwandte die Ahnen des jetzigen Schah »um die Ecke« gebracht hatten. Ich lief zu Salmhofer, der inzwischen in derselben Sache anscheinend vom Außenamt einen Wink erhalten hatte. Als ich eintrat, riefen wir beide einander unisono zu: »Kein Persischer Marsch.«

Der Schah kam zur »Fledermaus« samt Gemahlin. Wir waren in der Pause in der Ehrenloge mit der Instruktion, nicht zu sprechen, ehe der Schah das Wort ergriffen hat. Er sagte nichts. Da hatte ich die Kühnheit zu fragen, ob es ihn freuen würde, wenn ich die Sänger brächte. Er strahlte, redete, das Eis war gebrochen. In der nächsten Pause brachte ich ihm Lotte Rysanek, die Schwester der Leonie, unsere bildschöne und ausgezeichnete Rosalinde. Als der Schah sie mit »Bon soir, Madame« begrüßte, wandte sie sich verzweifelt zu mir und fragte: »Was hat er g'sagt?«

Salmhofer war unerreichter Weltmeister aller direktorialen Tricks. Einmal kam unser damaliger hervorragender erster Tenor, Kammersänger Rudolf Christ, zu ihm und bat um eine Gagenerhöhung, die Salmhofer nicht gewähren wollte. Er sagte, er müsse erst Dr. Karl Haertl, Marboes

Franz Salmhofer war als Direktor der Staatsoper mein Chef. Er hatte sich nach dem Krieg im Exilheim am Theater an der Wien große Verdienste erworben. Er war in der Volksoper ein guter, stets eingreifender Direktor, wir verstanden uns sehr gut, obwohl er für Musicals nichts übrig hatte. Ich bedaure, daß seine zum Teil ausgezeichneten Kompositionen kaum mehr gespielt werden.

Nachfolger als Leiter der Bundestheaterverwaltung, um Erlaubnis bitten. Er gab seiner alles verstehenden Sekretärin Maria Horinka den Auftrag, die Telefonverbindung mit Haertl herzustellen. Was man hörte, waren Salmhofers dringende Bitten, die Gagenerhöhung für Rudi zu gewähren. Es war sofort klar, daß sich Dr. Haertl am anderen Ende der Leitung widersetzte. Das »Gespräch« endete abrupt, als der Direktionsdiener, mein lieber Freund Schwindhackl, eintrat und meldete: »Herr Direktor, Dr. Haertl wartet im Vorzimmer und möchte Sie sehen.«
Eine echte Freundschaft zwischen Salmhofer und mir entwickelte sich aus einer schönen gemeinsamen Arbeit. Ich schrieb und inszenierte für die Stadt Triest im Schloßpark von Miramare eine »Son et Lumière«-Show über Leben und Sterben des unglücklichen Erzherzogs Maximilian, später Kaiser von Mexiko. Das war 1960. Die Show läuft noch immer jeden Sommer als Stolz der Stadt. Es ist, wie ich glaube, noch immer die einzige »Son et Lumière«-Show unter Einbeziehung des Meeres, ein richtiges Tondrama mit den Stimmen allererster Schau-

spieler – und mit einer wundervollen Partitur von Franz Salmhofer. Das Titellied »Märchen am Meere, Miramare« sang auf dem deutschen Tonband der 1996 verschiedene, ausgezeichnete Tenor Karl Terkal. Die Show wurde dann von mir mit englischen und italienischen Schauspielern nachproduziert. In der italienischen und englischen Fassung singt der große Giuseppe di Stefano das wunderbare Lied »Nasci dall'onda Miramare«. Als er am Morgen der Tonaufnahmen nach Wien kam, holte ich ihn am Südbahnhof ab. Da er das Lied nur mangelhaft studiert hatte, setzte ich ihn in ein Taxi, wo wir probierten und so lange um den Ring fuhren, bis er das Lied konnte; erst dann setzte ich ihn im Hotel ab. Bei den Aufnahmen ergaben sich Probleme. Das Lied geht nur bis zum hohen A, das ist nicht hoch, aber di Stefano hatte bereits Probleme in der Höhe. Er lehnte die von mir vorgeschlagene Transposition des Liedes um einen Ganzton hinunter ab. Als es aber zu den Aufnahmen kam, ging er heimlich zu den Orchestermusikern und bat sie »un tono giù«, einen Ton hinunter. So spielten sie, aber Giuseppe kam nicht wirklich in Form. Da ging ich heimlich zu den Musikern und flüsterte ihnen zu: Bei den nächsten Aufnahmen spielen Sie im Original, nicht transponiert. »Pippo« hatte nichts bemerkt – jetzt sang er blendend.

Salmhofer demissionierte 1963 und wurde durch Albert Moser abgelöst, unter dem ich die herrlichsten Jahre meiner Operntätigkeit erleben sollte. Der Grazer hatte den Steirischen Musikverein geleitet, war dort führend im Rundfunk tätig und wurde von Herbert von Karajan als Leiter des künstlerischen Betriebsbüros an die Staatsoper geholt.

1963 übernahm Moser also die Volksoper. Gentleman vom Scheitel bis zur Sohle, ließ er mich rufen, sagte mir, wie sehr er meine Arbeit schätzen gelernt hatte, in seinem Konzept aber habe er keine Verwendung für mich. Ich ging nach Berlin, wo ich eine Art Vizedirektor am Haus des von Hans Wölffer geleiteten Theater des Westens wurde (es waren die Jahre von »My fair Lady« und »Annie, get your gun«). Ich bekam dort Heimweh. Karajans Sekretär und Freund André von Mattoni wollte mich unbedingt zu Karajan an die Staatsoper bringen – aber Moser und mein Freund, der Agent Martin Taubman, fädelten meine Rückkehr an die Volksoper ein. Damit begannen meine schönen Moser-Jahre.

Ich durfte mit ihm ein wunderbares Wegstück gemeinsam gehen. Manche haben ihn völlig falsch eingeschätzt, hielten ihn für einen nur schönen, nur eleganten Direktor bloß zum Repräsentieren. Otto Schenk hat einmal gesagt: »Immer, wenn ich zum Moser ins Büro komme, sitzt er

Lieblingsdirektor und grosser Verscheucher

Ich hatte den Minister angefleht, mir nicht die Volksoper zu geben; nichts gegen meinen väterlichen Freund Franz Salmhofer, aber das Haus war in den letzten Jahren seiner Amtszeit ein Sauhaufen gewesen. Die meisten Premieren sind danebengegangen, außer den Produktionen, die Prawy persönlich betreut hatte.

Er brachte Ideen zu Stücken und Besetzungen. Sehr bald tauchte die Idee auf, »Porgy and Bess« an der Volksoper zu produzieren. Das Werk war ja 1952 als Gastspiel an der Volksoper gewesen, mit Leontyne Price und William Warfield. Und wir brachten es mit großem Erfolg im Jahre 1965 wieder heraus

Eines Tages fiel uns ein Darsteller wegen Krankheit aus. Prawy und ich standen vor der Volksoper und überlegten, wer die Rolle kurzfristig übernehmen könnte. Da gehen zwei Schwarze vorbei, wahrscheinlich Studenten der Bodenkultur, und ich sage zu Prawy, im Spaß natürlich: »Fragen Sie doch die beiden.« Er setzt sich wirklich in Bewegung, verfolgt die beiden, redet gestikulierend auf sie ein. Schließlich kehrt er zurück und sagt ganz niedergeschlagen: »Sie sagen, sie können nicht singen.«

Prawy hat nicht nur Musicals betreut. Wir haben viele ausgefallene Werke produziert: etwa Ravels »L'Enfant et les Sortilèges« oder seine »Spanische Stunde«, »Halka«, »Rusalka«, »Werther« – übrigens stilgerecht, nämlich jung besetzt – ebenso »Die Nachtigall« von Strawinsky. Zu diesen Werken wollte ich Einführungen anbieten, und damit habe ich Prawy zu etwas gebracht, von dem er heute noch zehrt.

Wir begannen das Experiment im Palais Palffy. Ich saß in der ersten Reihe, und jeder Vortrag war für mich eine nervliche Tortur: Entweder er hat eine Lampe umgeworfen oder eine Schallplatte runterfallen lassen oder ein Kabel aus dem Plattenspieler gerissen. Außerdem hat er immer schreckliche Socken angehabt, was ich ihm sehr angekreidet habe. Aber er war einfach brillant. Und bald darauf, Mitte der sechziger Jahre, begann seine Fernseharbeit.

Prawy war ein glänzender Mitarbeiter, der einem sehr auf die Nerven gegangen ist, was zu seiner Taktik gehört hat. Er hat das Recht gehabt, jederzeit in mein Büro zu kommen, nur habe ich mir auch das Recht genommen, ihn hinauszuschmeißen, wenn er zu sehr störte. Ich mußte nur mit einer Hand winken, und er ging. Dafür hat er mich den »großen Verscheucher« genannt

Albert Moser

da wie ein Direktor.« Doch auch Schenk wußte: Moser war all das und noch unendlich viel mehr: Er war ein starker Chef.
Ein hochgebildeter Mann mit Haltung, mit Autorität, ein gütiger Freund. Ich konnte mit ihm nicht nur Pferde stehlen, sondern auch von allen Fachleuten für unmöglich erklärte Dinge machen wie die kontinentaleuropäische Erstaufführung der »West Side Story« von Leonard Bernstein oder, zum ersten Mal auf der Welt, Gershwins »Porgy and Bess« in der fast dialoglosen Urfassung von 1935 als große Oper. Was gab es nicht alles an Raritäten unter ihm: »Il Campiello« von Wolf-Ferrari, »Die spanische Stunde« von Ravel – und blendende Operettenabende. Robert Stolz, Argeo Quadri, Anton Paulik waren während Mosers Direktionszeit am Pult. Er entschied schnell, und wenn man irgendwo Schwierigkeiten hatte, gab er freundschaftlich Schützenhilfe. Er war witzig und humorvoll.
Alle meine späteren Innovationen hätte ich ohne Albert Moser nicht verwirklichen können. Auch meine Einführungsmatineen entstanden unter ihm. Und dafür bleibe ich ihm dankbar. Auch für seinen unnachahmlichen Wink mit der Hand, mit dem er einen so wirkungsvoll aus seinem Büro entfernen konnte. Seine Frau ist auch eine großartige Sängerin: Hanny Steffek; sie bleibt in Richard Strauss' »Intermezzo« unvergessen. Die herrlichen Moser-Jahre!
1972 wurde ich als Chefdramaturg an die Wiener Staatsoper an den Ring geholt, ich weiß bis heute nicht, warum mich gerade Staatsoperndirektor Rudolf Gamsjäger, der mich später nicht ausstehen konnte, dorthin engagiert hat.
Alles begann wild und ungewöhnlich. 1971 wurde ein Direktionswechsel in der Staatsoper vorbereitet. In engster Wahl standen Rudolf Gamsjäger, sehr erfolgreich als Generalsekretär der Gesellschaft der Musikfreunde. Und ich, stark gefördert durch die Gewerkschaft des darstellenden künstlerischen Personals der Staatsoper unter Ewald Vondrak und durch den damaligen Leiter der Bundestheaterverwaltung, Dr. Gottfried Heindl, ehemals Leiter des österreichischen Kulturinstituts in New York und erfolgreicher Schriftsteller. Unterrichtsminister Leopold Gratz entschied sich für Gamsjäger. Angeblich war eine gemeinsame Reise von Rudolf Gamsjäger mit Leopold Gratz an die Adria vorausgegangen. Gamsjäger sprang von irgendeinem Trampolin ins Meer und sagte zu Gratz: »Das soll mir der Prawy nachmachen!«
Im September 1971 kaufte ich Toiletteartikel in meiner Stammparfümerie »Edith« in der Döblinger Hauptstraße, zum selben Zweck trat

Gamsjäger ein. Wir stellten fest, daß wir beide in wenigen Tagen nach Washington reisen wollten, wo das neue Kennedy Center for Performing Arts mit dem neuesten Werk unseres geliebten Leonard Bernstein eröffnet werden sollte, »Mass«. Dort trafen wir einander wieder und saßen in einer Reihe. Ich machte schon während der Uraufführung dieses sträflich unterschätzten Meisterwerkes Pläne, es an die Wiener Volksoper zu bringen, als Gamsjäger mich während der Vorstellung anstieß und mir zuflüsterte: »Das machen *wir* an der Wiener Staatsoper, geh' am Schluß hinter die Bühne und triff die Vorbereitungen.« Das tat ich. Nach der Premiere, die darunter litt, daß so viele sich immer nach Jackie Kennedy in ihrer Loge umsahen, statt dem schwierigen Werk zu folgen, waren wir in irgendeiner Wohnung zu dritt: Gratz, Gamsjäger, ich. Da wurde ich engagiert. Als Chefdramaturg von Staats- und Volksoper. Es gab damals ein kurzlebiges Projekt einer gemeinsamen Leitung beider Häuser. Ich war auf dem Gipfel meines Glückes, fuhr nach Los Angeles zur dortigen Premiere des Musicals »Candide« von Bernstein und von dort nach Wien.

Später gab es einmal eine Sommerproduktion von »Mass« von Sol Hurok an der Met in New York. Ich saß fast täglich neben Hurok bei den Proben. Sein Mitarbeiter Martin Feinstein, später Direktor der Oper in Washington, kam täglich mit trüben Meldungen über den mehr als schwachen Kartenvorverkauf zu seinem Chef. Da flüsterte mir Hurok ins Ohr: »Prawy, ich glaube, das Schreiben von Messen soll man den Goim überlassen!« Bernstein war gläubiger Jude. Übrigens – nach der New Yorker Premiere wurde »Mass« ein Kassenschlager.

Gamsjäger hatte große Meriten als Chef des Musikvereins, aber in der Oper war er doch etwas fachfremd. Unsere ersten Gespräche haben stets im Musikverein und nicht in der Oper stattgefunden. Dann zeigte er auf die Laden links in seinem Riesenschreibtisch und sagte: »Da drin sind die Namen und Adressen aller Tenöre, die besser sind als dieser ..., wie heißt er, der Spanier oder was immer der ist. Und schauen Sie, in der rechten Lade, da sind alle Bässe, die besser sind als der Bulgare, oder was immer der ist.« Gemeint waren offenbar die neuen Sterne Domingo und Ghiaurov.

Natürlich hat auch das einen gewissen Eindruck auf gewisse Leute gemacht, und ich will die Verdienste Gamsjägers um das österreichische Musikleben nicht schmälern. Aber die Krise zwischen uns lag in der Luft. Einmal hat er zu mir gemeint: »Ich brauch' ein Wagner-Ensemble; ich brauch' ein Mozart-Ensemble; ich brauch' ein Strauss-Ensemble. Du

> ## Und in dem Wie, da liegt der ganze Unterschied…
>
> In einem Land, das dem Vernehmen nach von sieben Millionen Operndirektoren bevölkert ist, sollte ein Mann von den Fähigkeiten eines Marcel Prawy – nach logischen Gesichtspunkten betrachtet – nicht weiter auffallen. Daß Marcel Prawy nicht nur aufgefallen ist, sondern ohne Zweifel zu den weltweit bekanntesten Österreichern unserer Zeit zählt, erklärt sich nicht daraus, was er tut, sondern wie er es tut.
>
> Es gibt nicht viele Menschen, die annähernd so viel über Oper wissen, über ihre Geschichte, Aufführungspraxis, ihr Umfeld und ihre Existenzbedingungen, wie Marcel Prawy. Häufig ist eine solche enorme Menge von Wissen gerade das Moment, das die Vermittlung eines solchen Schatzes unmöglich macht: Während der Meister sich in endlosen Erklärungen ergeht, gähnt das Auditorium. Das ist bei Prawy selbstverständlich undenkbar; was er vermittelt, ist nicht das Wissen eines Gelehrten – der er ist –, sondern die große Liebe eines vollen Herzens, dessen Anruf sich kaum jemand entziehen kann. Mit dieser Kraft könnte der Jubilar die Musikanlage jeder Diskothek abdrehen und zu den jungen Tänzern von »Parsifal« und »Don Giovanni« sprechen – natürlich mit Musikbeispielen. Wer möchte daran zweifeln, daß er nach wenigen Minuten die ungeteilte Aufmerksamkeit der Anwesenden hätte?
>
> *Bundeskanzler Franz Vranitzky*

fahrst nach Bayreuth und fragst den Wolfgang Wagner, welche Wagner-Sänger er hat und welche er mir borgen kann.« Jeder Opernfreund weiß, daß Bayreuth kein fixes Ensemble hat, sondern alljährlich freie Leute engagiert.

Es kriselte immer mehr. Wir beide waren schuld. Freunde und Feinde des Alkohols vertragen sich nur selten. Gamsjäger öffnete täglich um punkt 18 Uhr ein Kästchen und holte »es« heraus. Ich selber trinke keinen Tropfen. Heute verstehe ich den Anteil meiner Schuld tiefer. Ich habe 1971 noch meine letzte Musicalproduktion an der Volksoper vorbereitet, »Carousel«, das Wiener Debüt von Bernd Weikl, das Volksoperndebüt von Dagmar Koller. Vielleicht habe ich mich in diesem Vorbereitungsjahr zu viel darum gekümmert und zu wenig um Gamsjägers Wünsche. Für mich war es schwer. Gamsjäger wollte, daß ich bereits 1971, vor seinem Antritt als Direktor (1972), in das Haus am Ring als sein Vertreter einzgehe und dort alles vorbereite. Der damalige Staatsoperndirektor Dr. Heinrich Reif-Gintl jedoch wollte das auf keinen Fall zulassen. Ich war nicht sehr glücklich mit der Aussicht, mitten in einem hausinternen Machtkampf zu sitzen, und machte da nicht mit – was meiner Volksopernproduktion zugute kam. Dann aber beging Gamsjäger den entscheidenden und irreparablen Fehler: Er hatte groß meine Ernennung zum Chefdramaturgen beider Häuser verkündet, mit einer nicht glanzvollen, aber akzeptablen Gage. Nun erklärte er, ich wäre nie von ihm engagiert worden – lediglich auf Probe zur Produktion von »Mass« (die erst viel später, in der Direktion Seefehlner, gelang). Gamsjäger beschritt den Rechtsweg, um mein Nichtengagement festzustellen. Die Finanzprokuratur, damals unter Leitung von Dr. Gerhard Sailer, erklärte sofort, daß ich im Recht sei und rechtliche Schritte gegen mich unmöglich seien. Das Verfahren wurde eingestellt. Ich wurde pensioniert, und es wurde mir noch vorher bedeutet, daß ich nicht auf demselben Gang wie Gamsjäger sitzen dürfe. Damals war ich völlig gebrochen. Heute erinnere ich mich daran als ein groteskes, skurriles Intermezzo. Nach dem Ausscheiden von Gamsjäger hat mich der neue Direktor, Egon Seefehlner, 1976 total reaktiviert.

Dennoch – blicke ich heute auf Gamsjägers Direktorenzeit zurück, so muß ich zugeben, er hinterließ ein gutes Erbe: Otto Schenks »Meistersinger von Nürnberg«, sein prachtvoller »Boris Godunow«, seine grandiose »Così fan tutte«. Und ich muß daher gestehen: Diese Ära dünkt mich heute viel besser als damals, als unsere Zusammenarbeit durch persönliche Spannungen getrübt war.

Gamsjäger war oft im Haus und tauchte auch oft hinter der Bühne auf. Er war ja früher selber Sänger gewesen. Es gibt noch Programme, die ausweisen: »Arie des Wolfram aus Wagners ›Tannhäuser‹, gesungen von Rudolf Gamsjäger, Bariton.«

Mein geliebter Freund Adolf Koller, Oberinspizient der Staatsoper, mußte während der Vorstellung immer in der Partitur mitlesen, um die Sänger zum richtigen Zeitpunkt auf die Bühne zu schicken. Da stand also oft Gamsjäger hinter der Szene neben Koller und blätterte in den Seiten der Partitur um, vielleicht um zu zeigen, daß er Noten lesen konnte. Einmal blätterte Koller aus Höflichkeit nicht weiter, damit Gamsjäger glänzen könne. Aber Gamsjäger pfauchte: »Was glauben S', was ich bin, ein Umblattler? Sie sind der Inspizient, Sie haben umzublättern. Ich bin der Direktor, kein Umblätterer.«

Er hatte einen vielleicht mir nicht ganz geläufigen Charme, aber er war ein Direktor, den ich damals wahrscheinlich nicht gerecht beurteilt habe. Heute lache ich über einen blendenden Ausspruch von ihm, der mich damals tief gekränkt hat. Meine Werkeinführungen in der Volksoperndirektionszeit von Albert Moser hatten immer im Palais Palffy stattgefunden. Es war die Idee vom Generalsekretär des neuen Bundestheaterverbands, Robert Jungbluth, sie auf der Bühne der Staatsoper abzuhalten. Für Gamsjägers Eröffnungs-Premiere »Don Giovanni« in der Regie von Franco Zeffirelli (1972) hatte ich bereits in der Oper geprobt. Gamsjäger verbot die Matinee mit den Worten: »Ich brauch kan, der mir erzählt, was im Don Giovanni vorkommt und Platten von besseren Sängern spielt, als sie bei mir singen.« Ich verlegte meine Matinee in den Musikverein – dessen neuer Leiter war bereits Albert Moser. Eine hielt ich sogar im Südbahnhotel am Semmering.

A propos Franco Zeffirelli. Er war wie gesagt unter Vertrag, Mozarts »Don Giovanni« als Eröffnungs-Premiere der Ära Gamsjäger für Herbst 1972 zu inszenieren und auszustatten. Lange Zeit war es nicht möglich, Dekorations- und Kostümentwürfe von ihm zu bekommen. Gamsjäger schickte mich mit den technischen Leitern, Ing. Langer und Ing. Stangl, Anfang 1972 nach Rom, aber Zeffirelli empfing uns nicht. Als wir abermals kamen, lud er uns zu einer seiner tollen Parties ein, gestopft voll mit Schauspielern und Statisten, wie seine berühmten Inszenierungen. Kein Wort von »Don Giovanni«. Er schien Wien vergessen zu haben: »Che Don Giovanni?« Als ich ihn um Mitternacht mit äußerster Dringlichkeit erinnerte, ließ er sich aus der Küche eine unendliche Menge von rohen Spaghetti kommen und baute in einer Stunde, nur aus Spaghetti, perfekt, mit allen Verwandlungen, sämtliche Bühnenbilder. Wenn man die noch jetzt gezeigte Prachtinszenierung mit ihrem phänomenal geflochtenen Stabwerk sieht, erkennt man noch die Struktur des ursprünglichen Spaghetti-Giovanni.

Der Gamsjäger 1976 folgende Direktor war nicht nur ein Freund, er war der Initiator einiger der schönsten Opernjahre meines Lebens: Egon Seefehlner. Ich glaube, wir haben einander sehr geschätzt, sehr geliebt. Ich höre noch seine berühmte Antrittsrede von 1976, die er auf der Bühne, vor versammeltem Personal, gehalten hat: »Ich habe kein Bedürfnis nach Macht. Ich will nur, daß immer alles geschieht, was ich will.« Dann verkündete er auch meine Reaktivierung.

Seefehlner war jeweils nur ein paar Stunden in der Oper, aber niemand hätte es gewagt, ohne seine Einwilligung etwa den zweiten Knaben in der »Zauberflöte« umzubesetzen. Seefehlner hätte auch Generaldirektor der Donaudampfschiffahrtsgesellschaft sein können, und sie hätte glänzend funktioniert. Er hatte absolutes Führungstalent.

Seefehlner krönte mit seiner Berufung nach Wien eine fabelhafte künstlerische Laufbahn. Er kam aus Berlin, wo er Direktor der jetzigen Deutschen Oper war, nach langen Jahren als Vizedirektor der Wiener Staatsoper unter Karl Böhm und Herbert von Karajan und einer zur Geschichte Österreichs gehörenden Tätigkeit als erster Nachkriegs-Generalsekretär des Wiener Konzerthauses, wo er dem künstlerischen Nachholbedürfnis der ersten Nachkriegsgeneration die Welten der unbekannten Moderne eröffnete. Seine universelle Bildung war nicht auf die Musik beschränkt – er hatte eine perfekte Ausbildung als Pianist –, sondern umfaßte auch die bildenden Künste. Ich werde nie seine improvisierten Führungen durch die Kirchen und Schlösser der Toscana vergessen, als wir mit der Wiener Staatsoper bei den Mai-Festspielen in Florenz mit »Ariadne« unter Zubin Mehta gastierten.

Bei den Gastspielen der Staatsoper in Japan, die ich mit Vorträgen an verschiedenen japanischen Universitäten begleitete, lernte ich durch Seefehlner die Parallelen zwischen japanischer Kunst und europäischer Renaissance sowie europäischem Barock verstehen. Nicht viel anders erging es

Staatsoperndirektor Dr. Egon Seefehlner fragte mich oft bedeutungsvoll um meinen Rat und tat dann das genaue Gegenteil. Das von mir verlangte Statistenhonorar für diese Sitzungen lehnte er pflichtgemäß aus Einspargründen ab.

mit meiner Horizonterweiterung durch ihn, als die Wiener Staatsoper an der Semperoper in Dresden und der Lindenoper in Berlin gastierte.
In der Seefehlner-Zeit fand 1979 die SALT-Konferenz in Wien in Anwesenheit der Präsidenten Breschnew aus der Sowjetunion und Jimmy Carter samt Familie aus den USA statt. Ihr Besuch war bei uns in der Oper für einen bestimmten Tag angekündigt. Seefehlner war hocherfreut, bis er das Programm für diesen Tag feststellte. »Palestrina« von Hans Pfitzner ... ein richtiges Stück für diese Gelegenheit? Seefehlers genialer Improvisation gelang es, die für den übernächsten Tag unter Karl Böhm angesetzte Neuinszenierung von Mozarts »Die Entführung aus dem Serail« um zwei Tage vorzuverlegen und den Großen der Politik darzubieten. Wir alle, auch ich, hatten unsere Dienstsitze der Riesenentourage zur Verfügung zu stellen. Von wo aus aber konnte ich die Premiere hören? Da dachte ich mir – es ist zumindest wert, es zu versuchen, und ich stellte mich frech an die Rückwand der Mittelloge, wo die Großen der Weltprominenz saßen, die ich solcherart beobachten konnte. Niemand warf mich hinaus. Was für ein Versagen der Sicherheitsbeamten! Während der Vorstellung sprach Breschnew, bereits sehr schwerhörig, störend laut mit seinem Stab hinter ihm. Neben ihm, in der ersten Reihe, saßen Jimmy Carter und seine Gattin Rosalynn. Beide reagierten wie hochmusikalische Normalbesucher. Wenn es etwas langweilig erschien, zeigte sich das auch in ihren Gesichtern. Wenn es herrlich war, leuchteten ihre Augen. Carters Tochter, die kleine Amy, saß eine Reihe hinter den Eltern und mußte während dieses Abends wiederholt auf die Toilette geführt werden. Seefehlner gab mir den Auftrag, den Dirigenten Karl Böhm in der Pause zu Präsident Carter zu bitten. Da antwortete mir Böhm: »Gehen S', Prawy, sagen S' eahm schöne Grüße von mir. Ich dirigier' eh im Herbst in Washington, da soll er mich besuchen, jetzt, während der Oper, hab ich keine Zeit.«
In der Pause erwies sich Carter als unendlich taktvoll. Breschnew ging samt Entourage. Um ihn nicht als unmusikalisch oder unhöflich zu blamieren, verschwand auch Carter samt Familie, so daß alle glaubten, es wäre noch eine SALT-Sitzung spät nachts. Endlich konnte auch ich sitzen.
Das war nicht unsere einzige Begegnung mit Präsident Carter in der Seefehlner-Ära. Wir gastierten im Kennedy Center in Washington unter anderem mit »Salome«, mit Präsident Carter samt Familie in der Ehrenloge. Kurz vor Beginn der Vorstellung klappte etwas mit dem Aufbau der Dekoration nicht. Der Direktor der Washington Opera, mein alter Freund Martin Feinstein, bat mich, vor den Vorhang zu treten und das

> STAATSOPERNDIREKTOR A. D. EGON SEEFEHLNER ERINNERT SICH ...
>
> Ich war ein Lotte-Lehmann-Verehrer – wenn sie nur den Mund aufgemacht hat, sind mir die Tränen gekommen – und er ein Jeritza-Anhänger. Prawys Standpunkt ist etwa, daß er eine ganze wohlgeordnete »Tosca«-Vorstellung für ein mitreißendes Gebet, gesungen von der Jeritza, hergibt.
> Prawy soll ja in der Claque aktiv gewesen sein. Staatsoperndirektor Clemens Krauss hat versucht, die Claque abzuschaffen, und ich vermute, daß es daran liegt, daß Prawy nicht gut auf ihn zu sprechen war.
> Als ich 1976 die Wiener Staatsoper übernahm, habe ich Prawy sofort geholt, damit er seine Matineen auf der Opernbühne macht.
> Wenn ich damals allein über die Kärntner Straße gegangen bin, hat mich vielleicht jeder Zehnte gegrüßt – gut, ich war der Operndirektor. Wenn ich mit Prawy gegangen bin, hat uns jeder Zweite gegrüßt. Er ist halt Mr. Opera.
> Ich glaube, wenn einem »Die Frau ohne Schatten« nicht gefällt, kann auch Marcel Prawy nichts daran ändern. Er hat »Otello« popularisiert und »Turandot«. Aber in einen »Wozzeck« geht heute genauso niemand hinein wie vor fünfzig Jahren.
> Prawy hat den Sinn der Kunstform Oper, auch der Wiener Oper, international populär gemacht. Und, was ganz wichtig ist: Er konnte die großen Politiker aller Parteien für die Oper mit seiner direkten Art erwärmen.

Publikum und den Präsidenten »ein paar Minuten lang« improvisiert auf englisch zu unterhalten. Ich tat es. Es dauerte eine Stunde, bis der Vorhang aufging. Nachher besuchte uns Carter hinter der Bühne. Es war wenige Wochen vor den amerikanischen Präsidentschaftswahlen. Hans Beirer, der den Herodes sang, war Amateurhandleser, nahm Carters Hand und prophezeite: »Ich lese aus Ihrer Hand: Sie werden wieder gewählt.« – »Tell it to the others«, konterte Carter. Gewählt wurde Ronald Reagan ...
Damals half ich über Wunsch von Karl Böhm als Übersetzer bei einer Pressekonferenz in Washington aus. Der berühmte Kritiker der »New York Times«, Howard Taubman, fragte den Dirigenten, warum er bei seinem Konzert eine Mozart-Symphonie mit vierzehn Geigen gespielt habe, ob das nicht stilistisch zuviel sei. Ich hatte Böhms unvergeßliche

Antwort zu übersetzen: »Mit so vielen Geigern kann man leichter piano spielen.« Eine tiefe Weisheit.
Seefehlner und Böhm. Einmal gastierte die Wiener Staatsoper in Prag mit »Ariadne« unter Böhm. Seefehlner, Böhm und ich standen vor dem Hotel Intercontinental, und Böhm, der das Nörgeln so gut konnte wie dirigieren, mäkelte an den Planungen und versuchte verzweifelt, irgend etwas zu finden, was nicht stimmte. Seefehlner gelang es, Böhm zum Schweigen zu bringen. Böhm murmelte nur: »Na, irgend etwas wird schon schlecht organisiert sein.« Dann blickte er auf mich, den er recht gern hatte, erinnerte sich an die vielen Gerüchte über seine ehemaligen rechten Ausflüge, wollte mir eine Freude machen und sagte: »Wissen S', wo ich jetzt hinpilgere? Wie immer, zum Grab vom Rabbi Löw.« Ich wollte unbedingt das Sensationsbild mit meiner Kamera festhalten, Böhm bei Rabbi Löw. Seefehlner wollte mit mir arbeiten und ließ mich nicht fort. Ich habe nie festgestellt, ob unser lieber großer Karl Böhm wirklich zu diesem Grab gegangen war ...

Seefehlner war ein charmanter, liebenswerter, gebildeter, absolutistischer Allein-Regent. Manchmal berief er Sitzungen der Direktion ein – den Pressechef Gotthard Böhm, viele andere, auch mich. Er fragte uns alle über unsere Meinung zu irgendeinem Plan und entschied sich sofort für das Gegenteil unseres Votums. Ich habe damals gefragt, ob wir nicht für solche Sitzungen Anspruch auf ein Statistenhonorar hätten. Einfluß hatte niemand – vielleicht ein bißchen Gotthard Böhm, der mir übrigens Jahre zuvor im Restaurant »Rauchfangkehrer« als erster die Freudenbotschaft gebracht habe, es werde eine Direktion Seefehlner mit Böhm und mir geben.

Manchmal erschlich ich mir heimlich eine gewisse Einflußnahme auf die Direktion. An anderer Stelle erzähle ich von der Rückkehr Karajans an das Dirigentenpult durch die Vermittlung von Seefehlner, nachdem der Maestro 1964 als künstlerischer Leiter in Unfrieden ausgeschieden war. Im Laufe der neuen Tätigkeit hatte Karajan unserem Egon einen »Lohengrin« fast versprochen, mit einem uns nicht sehr genehmen Darsteller der Titelrolle. Aber wir engagierten ihn, dem Großen zuliebe. Wenige Wochen vor dem besprochenen Datum sagte Karajan ab. Wir standen nun da. Was tun? In diesen Wochen gab es auf dem Programm die »Lohengrin«-Serie, und auch »Luisa Miller« mit Placido Domingo. Ich rief auf eigene Faust (und Rechnung) Placido in Amerika an, und wir arrangierten den Plan für einen Totalwechsel: Keine »Luisa Miller«, dafür einige »Lohengrin« mit Placido. Ich war stolz, daß Seefehlner einmal den Plan eines anderen, nämlich meinen, akzeptierte ...

Inzwischen war es uns auch unter Seefehlner gelungen, das Projekt »Mass« zu verwirklichen. Das unendlich schwere Werk wurde in meiner Übersetzung von dem Premierendirigenten der Washingtoner Uraufführung geleitet (Maurice Peress). Nach »Mass« an der Staatsoper gab es großen Jubel, aber auch Buh-Rufe. Bernstein nahm sie auf der Bühne als Komponist entgegen, ich als Übersetzer. Ich wollte gerne von der Bühne verschwinden, aber Bernstein war nicht wegzubringen. Seine »love« umspannte die ganze Welt, auch diese wenigen Buh-Rufe seines Künstlerlebens. Ich war glücklich, daß ich helfen durfte, daß nun auch Leonard Bernstein zu den Großen der Ära Seefehlner gehörte. Jeder Operndirektor hat Feinde. Ich glaube, Egon Seefehlner hatte keine.

Lorin Maazel wurde 1982 Operndirektor in Wien. Ich schätze ihn als einen ganz großen Dirigenten. Aber ob er sich wohl selbst als Operndirektor so richtig heimisch gefühlt hat? Zu Maazel hatte ich ein sehr korrektes, sehr oberflächliches Verhältnis. Zu viele Reibeflächen stießen gegeneinander. Maazel hatte keine Erfahrung als Operndirektor, war sehr oft abwesend, war persönlich nicht sehr zugänglich und konnte (oder wollte) nicht delegieren. Von seinem nicht uninteressanten Vizedirektor Michael Horwath trennte er sich bald, dieser wurde dann ein erfolgreicher Schallplattenproduzent von Opernraritäten. Eine köstliche Erinnerung bewahre ich an die von Maazel als neue Pressechefin eingesetzte ehemalige PR-Dame des Hotels Bayerischer Hof in München, die bezaubernd schöne Gräfin Sophie Czernin. Eines Tages lief sie aufgeregt zu mir: »Marcel, Marcel, du mußt mir helfen, ich habe nur zehn Minuten Zeit, Lorin hat mich beauftragt, ihm kurz einen Zettel zu verfassen, was in der Wiener Oper so alles gespielt wurde, bevor er Direktor war. Marcel, also was wurde da alles gespielt?«

Maazel hat großartige Abende als Dirigent gegeben, für mich war der Höhepunkt ein Strawinsky-Ravel-Ballettabend, auch »Tannhäuser« und »Turandot« waren ausgezeichnet, wenig geglückt war »Carmen« – komischerweise erinnere ich mich aus seiner Direktionszeit am liebsten an die Neuproduktion von Verdis »Simon Boccanegra« mit den Staatsoperndebüts von Claudio Abbado als Dirigent und Giorgio Strehler als Regisseur.

Natürlich habe ich auch in seiner Zeit meine großen Matineen gemacht, und er tat auch manchmal mit. Doch ich war sehr gekränkt, als er mir einmal sagte: »Ich schätze deine Matineen. Sie gehören zur Staatsoper. Ebenso wie diese Tabaktrafik, die wir unten im Gebäude haben.« Als Maazel im Sommer 1995 in Salzburg einen musikalisch wunderbaren

»Rosenkavalier« dirigierte, sprachen wir miteinander. Er hatte das Trafikgespräch vergessen ... dabei ist er berühmt für sein phänomenales Gedächtnis! Einmal hatten wir ein interessantes Gespräch. Kenner meiner Matineen wissen, daß ich gerne große Künstler, auch der Vergangenheit, in der Loge habe und sie vom Publikum begrüßen lasse. Maazel fragte: »Wozu das alles? Was haben diese Künstlerbegrüßungen mit einer Operneinführung zu tun?« – Ich antwortete: »Sehr viel. Wenn das Publikum einmal etwa die geliebte (1996 verschiedene, Anm.) Ljuba Welitsch in der Loge begrüßt hat, kommt es in eine so gehobene Stimmung, daß ich mir damit erhöhte Aufmerksamkeit für das Ernste erkaufe, das ich nach der Begrüßung über die Oper zu sagen habe.« Wen ich begrüße und wann ich begrüße, ist bei mir nämlich Gegenstand raffinierter Vorausplanung.

Bald umschlang Maazel als Operndirektor eine Ranke von unschönen Intrigen. Maazel, der grandiose Künstler, war nicht ganz unschuldig daran. Bald warf er das Handtuch. Ich war gerade in Monza bei Milano und drehte eine Fernsehdokumentation über Piero Cappuccilli, als ich

Ljuba Welitsch, die unvergeßliche Salome, war eine kluge Gesprächspartnerin bei Vorträgen (hier »Wiener Dramatische Werkstatt«).

von Maazels Demission und der Wiederernennung meines verehrten Egon Seefehlner erfuhr. Ich reiste sofort nach Wien zu seiner Begrüßung und fuhr dann zurück nach Monza, wo Cappuccilli und ich gefährliche Runden auf der Autorennbahn für die Kamera drehten. Viel später setzte ein schwerer Autounfall der Karriere des Grande Piero ein jähes Ende. Die charmanten Details dieses Direktionswechsels hörte ich erst später. Als Robert Jungbluth dem damaligen Unterrichtsminister Helmut Zilk von der Demission Maazels berichtete, sagte Zilk: »Gleich her mit dem Seefehlner!« Nun hatte Seefehlner seit dem Ende seiner ersten Direktionszeit noch ein Zimmer im Bundestheaterverband in der Goethegasse 1. Als Jungbluth nun Seefehlner eiligst zu sich bat, wollte dieser auf keinen Fall kommen, weil er dachte, Jungbluth wolle ihm sein kaum benütztes Ausgedinge-Zimmer wegnehmen. Dann kam er, und Jungbluth begrüßte ihn mit »Willkommen, Herr Staatsoperndirektor«. Wieder einer der vielen glücklichen Tage in Egons Leben.

Ich beschwor Egon Seefehlner, der mit einer Dirigentenstarparade in seiner Direktion aufwarten konnte: Karajan, Mehta, Böhm, Solti, Stein usw.: »Bernstein fehlt mir, Bernstein muß her ... Egon reiste nach Italien, konnte aber Bernstein nicht sprechen. Da erreichte ich Egons Zustimmung zu einem verrückten Plan. Bernsteins einzige große Oper »A quiet place« sollte als amerikanisches Gastspiel, nicht unter der Leitung des Komponisten, an der Mailänder Scala gastieren. Ich schlug vor, hinzufahren und Lenny zu garantieren, daß wir das Stück gastieren lassen, egal ob in Mailand erfolgreich oder nicht. Als »Gegenleistung« erbaten wir ein Konzert Bernsteins in der Staatsoper. All dies entwickelte sich viel rasanter, als ich gedacht hätte. »A quiet place« war beim Scala-Gastspiel erfolgreich. Bernstein sagte nicht nur zu, in Wien an der Staatsoper ein Wagner-Konzert zu dirigieren, sondern »A quiet place«, neu umgearbeitet, neu produziert, selbst in Wien zu dirigieren. Es sollte das einzige Bühnenwerk seines Schaffens (außer einem Ballett) bleiben, das er selbst geleitet hat. Nun blieb noch ein Hindernis – die Staatsoper gastierte in dieser Periode in Japan mit Orchester in großer Besetzung, also fehlte in Wien unser Orchester. Ich habe damals einen Plan vorgeschlagen, den Egon akzeptierte: Es sollte das erste und einzige Mal werden, daß das ORF-(jetzt RSO-)Orchester (von dessen Qualitäten sich Bernstein durch Aufnahmen überzeugte) in der Staatsoper spielte. Die Proben Lennys mit dem Orchester im Großen Sendesaal des ORF in der Argentinierstraße werde ich nicht vergessen, weil er wirklich bei diesen Proben experimentierte – er ließ Takte probeweise von

Die Premiere des Films »Otello« habe ich an der Staatsoper konferiert (1986). Es war der Beginn der Direktion Claus Helmut Drese (r.), daneben Star-Regisseur Franco Zeffirelli und Placido Domingo.

verschiedenen Instrumenten spielen und komponierte gleichzeitig um. Eine bedeutende Zäsur erfuhren beide Häuser, als 1986 Claus Helmut Drese, damals Operndirektor in Zürich, die Direktion der Staatsoper und der gefeierte Bariton Eberhard Wächter jene der Volksoper (nach Karl Dönch) übernahm. Drese war ein reiner Tor, wie Parsifal. Er hatte keinerlei Ahnung von dem, was man in Wien zu erwarten hat. Er kam ohne Hausmacht, ohne eigenen Stab, ohne Club, ohne Sport, ohne Freundeskreis. Und sogar ohne Kaffeehaus. Er war von Anfang an allein und vom ersten Tag an vom Direktorentod gezeichnet. Claudio Abbado wurde sein Musikdirektor.

Drese, den ich sehr mochte, gehört unter allen Direktoren, die ich in meinem Leben kennengelernt habe, zu jenen, die philosophisch am meisten über das Thema Oper nachgedacht hatten. Wenn man etwa Drese über den Sinn des Balletts von »Idomeneo« um halb elf am Ende einer Vorstellung gefragt hat, hat seine Antwort eine Stunde gedauert; drunter kam man nicht weg. Aber es wurde eine gescheite Stunde, die man nicht bereut hat.

Man hat Drese immer wieder nachgesagt, er sei provinziell. Das Gegenteil stimmt ... Er ist ein absoluter Weltmann. Er hat stets gewußt, was alles auf der Welt vorgeht. Er wußte genau, wie eine bestimmte Inszenierung in Rio de Janeiro ausschaut. Und hat eine profunde literarische Bildung.

Drese hat unendlich interessante Abende gebracht: »Viaggio a Reims« von Rossini unter Abbado, eine unbeschreibliche Neuentdeckung in grandioser Besetzung, mit Montserrat Caballé als Tiroler Jodlerin und einem Heer von Weltstars. Franz Schuberts »Fierrabras« (Abbados Lieblingsprojekt) hat mein (falsches) Schubertbild total verändert. Ich hatte immer nur gedacht: Schubert konnte keine Oper schreiben. Seit »Fierrabras« weiß ich, hätte Schubert ein gutes Buch gehabt, hätte er sogar dramatisches Talent zeigen können. Und Debussys »Pelléas und Mélisande« unter Abbado!

Drese macht sich ein wenig über meine Charakterisierung lustig, aber ich bleibe dabei: Er ist ein Horizonteröffner. Plötzlich wurden einem Zusammenhänge klar, die man zuvor nicht durchschaut hatte. Und wenn was schiefgelaufen ist, so waren das Kleinigkeiten. Viele mögen hier an die

Staatsoperndirektor Ioan Holender mit mir. Wir sind seit ungefähr dreißig Jahren befreundet. Meine Freundschaft umfaßt auch seine Familie, seine bezaubernde Mutter und seine schöne und talentierte Frau Angelika. Unsere Freundschaft kann nie in Brüche gehen, denn wir wissen beide zu viel voneinander.

»Don-Giovanni«-Inszenierung von Luc Bondy unter Abbado im Theater an der Wien denken, die man dann nicht in das Haus am Ring übersiedeln konnte. Das hat man Drese unter vollem Intrigeneinsatz vorgeworfen, um seinen Sturz zu beschleunigen. 1955 übersiedelte fast das ganze Repertoire der Staatsoper aus dem Ausweichquartier des Theaters an der Wien in das wiedererrichtete Haus. Sei es drum, nehmt alles nur in allem.

Dreses kleiner Fehler: Er war regiehörig. Selber ein leidenschaftlicher und neidloser Regisseur, liebte er nur die ganz modernen Regisseure. Und was ich von vielen dieser Spezies halte, ist mir in diesem Buch sogar ein eigenes Kapitel wert.

Am Ast Dreses wurde schon gesägt, als der neue Direktor noch nicht einmal im Haus war. Ich sagte damals, so viele Sägen kann es gar nicht geben, um den Bedarf der Sägenden zu decken. Und er hat das gar nicht bemerkt, nicht gefühlt. Dann aber war er unendlich gekränkt, als sich das Gerücht bewahrheitete: sein Vertrag würde nicht verlängert werden. Die Umstände der Intrigen waren beispiellos. Bei einem Routinebesuch bei Frau Unterrichtsministerin Hilde Hawlicek erfuhr er, daß seine Nachfolger bereits ernannt waren. In seinem Buch »Im Palast der Gefühle« schreibt er darüber. Schade. Überall sonst, wo Drese als Direktor gewirkt hatte, hatte er allerbesten Ruf hinterlassen: in Wiesbaden, in Köln, in Zürich: Überall hatte man hohe »Dresezeiten« gefeiert. Nicht in Wien. Man tat Drese Unrecht.

Seine Nachfolger waren 1991 das Duo Eberhard Wächter mit Ioan Holender als Vize. Mit beiden war ich seit unzähligen Jahren befreundet. Wächter kannte ich seit seinen Anfängen als Sänger; ich habe ihn zum Musical gebracht, bei mir hat er in »Annie, get your gun« gesungen, 1957, neben Max Lorenz und anderen Opernstars. Wächter hätte ohne Holender die Oper nie führen können. Wächter war in Wien eine unendlich beliebte Repräsentationsfigur, und er kannte auch – ganz im Unterschied zu Drese – tout Vienne, toute l'Autriche, tout alles. Als Volksoperndirektor hatte er das Haus zu einer Art Familienbetrieb gemacht, dem sein ganzes Herz gehört hat. Den internationalen Sängermarkt aber kannte er nicht. Im Gegensatz zu Holender, der diese Welt in sensationeller Weise handhabt.

Das Unerwartete, Unfaßbare ereignete sich an jenem 29. März 1992, den ich nicht vergessen werde. Es war ein Sonntag. Vormittags um elf gaben Otto Schenk und ich eine Matinee in der Wiener Staatsoper, eine Wohltätigkeitsveranstaltung für die Hebräische Universität in Jerusalem, organisiert und erdacht vom Ehepaar Peter und Ellen Landesmann.

Staatsoperndirektor Eberhard Wächter war anwesend. Nachher gingen wir zu einem festlichen großen Lunch in das Hilton. Am Schluß, so gegen 15 Uhr, saßen wir an einem Tisch: Generalkonsul Dimitri Pappas aus Salzburg, Eberhard Wächter, Otto Schenk, Senta Wergraf. Einer nach dem anderen ging, als letzter Eberhard, der mir sagte, er mache einen kleinen Spaziergang mit seiner Frau im Wienerwald. Dann ging auch ich. Um 18 Uhr erreichte mich ein Telefonat von Senta Wengraf mit der unglaublichen Nachricht, Eberhard wäre auf diesem Spaziergang einem Herzschlag erlegen.

Nach dem tragischen Ereignis wurde Ioan Holender Alleindirektor der Staatsoper und der Volksoper. Letztere erhielt erst 1996 ihre theoretische und teilweise praktische Unabhängigkeit unter Klaus Bachler, bis dahin Intendant der Wiener Festwochen.

Die Karriere des Ioan Holender, die ich von den ersten Tagen an miterlebt habe, ist sensationell, im Grunde voll berechtigt. Da kommt ein in Wien völlig unbekannter Zuwanderer aus Temesvar/Rumänien, hängt eine mittlere Sänger-Karriere in Klagenfurt usw. an den Nagel und wird innerhalb weniger Jahre ohne Hilfe von außen, nur durch eigene Tüchtigkeit, der Allmächtigste der Sängeragenten und schließlich Direktor der Staats- und der Volksoper. Man erwartete von dem an Vermittlungsprozente von astronomischen Stargagen gewöhnten Exagenten ein Startheater der Spitzengagen. Das Gegenteil trat ein, und Holender propagierte die Wiederherstellung des seit der Doktrinen Herbert von Karajans zerbrochenen Ensembletheaters. Es war auch gescheit, dies zu propagieren, denn das Wort Ensembletheater hat in der Öffentlichkeit magischen Klang. Es war aber ebenso gescheit, das Gegenteil zu tun, denn erstens will es das Publikum im Grunde nicht, und zweitens ist es undurchführbar, denn Ensembletheater Wiener Tradition bedeutet die langfristige Anwesenheit der größten Lieblinge. Wie einst Jeritza, Lehmann, Tauber, Slezak, Schöffler, Kunz, Seefried, Schwarzkopf, Güden, Della Casa, müßte ein neues Ensembletheater die langfristige Anwesenheit von Domingo, Pavarotti, Norman, Behrens, Freni, Gruberova beinhalten. Aber Holender ist ein unerreichter Weltexperte des Sängermarktes. Das ist ihm das wichtigste. Im Grunde sind ja auch mir die Sänger das wichtigste.

> »Wenn wir mehr Prawys hätten, dann hätten wir keine Probleme mit den Kultur-Einschalt-Ziffern!«
> *ORF-Generalintendant Gerhard Zeiler*

> ### Der Zuhörer, dem man zuhören muss
>
> Manche meinen, die Wiener Oper gibt es erst seit Marcel Prawy. Ich meine, ohne ihn ist diese Wiener Oper wirklich schwer vorstellbar. Niemand anderer würde sich trauen, Johann Strauß mit Robert Stolz oder Wagner mit Korngold zu vergleichen. Wenn aber Prawy dies tut, glaubt man ihm. Er ist der anregendste Gesprächspartner, obwohl – oder gerade weil – man selbst nicht zu Wort kommt, ihm nur zuhören kann.
>
> *Ioan Holender*

Ich übertreibe vielleicht, aber ich glaube, wenn ein junges Mädchen in Tschetschenien bei der Matura das Gebet der Tosca in der Schule singt, weiß Holender schon vor dem hohen B, wie ihre Stimme ist.
Es gelang ihm das langfristige Engagement mancher ganz ausgezeichneter neuer Leute, und einige seiner Entdeckungen wurden – wie Natalie Dessay und Andrea Rost – bereits echte Weltstars und zählen nach alter Terminologie als Gäste, nicht als Ensemblemitglieder. Oft glaubt man, in der Oper wäre nichts los, aber manche der beim breiten Publikum unbekannten, komplizierten, meist aus dem Osten kommenden Namen gehören neuen, hervorragenden Künstlern.
Holender kann persönlich reizend nett sein. Er machte mich zum Ehrenmitglied der Volksoper. Als ich krank war, erschien er als einer der ersten Besucher (ebenso wie Placido Domingo) im Krankenhaus. Dann kann es vorkommen, daß er einen in der nächsten Minute nicht grüßt. Niemals zuvor haben menschliche Wärme und wilder Cäsarenwahn so erfolgreich in einer Brust gewohnt.

> ### -chen und -lein
>
> Du neigst, wie man in der Fachsprache sagt, zu Diminutiven, das heißt: Du verkleinerst Namen durch Anhängen der Silben -chen oder -lein. Eberhardchen war der Staatsoperndirektor, Springerlein ist die andere Variante – was jedoch nicht ausschließt, daß es fallweise auch Springerchen und Wächterlein heißen kann.
>
> *Georg Springer, Generalsekretär des Bundestheaterverbandes*

Meine Staatsopern-Matineen mache ich nicht mehr allein, sondern – was mir gar nicht unlieb ist – alternierend mit fachkundigen Kollegen. Sonst? Natürlich schmerzt es mich, wenn etwa vergessene Opern meiner Jugendzeit ausgegraben werden, die ich auswendig kenne, die aber den Gestaltern der Neuproduktion total unbekannt sind und ich nicht mithelfen darf. »Der Prophet« etwa …! Oder »Hérodiade«.
Holender ist vor Intrigen geschützter als seine Vorgänger. Er ist der erste Operndirektor, der mit Gewerkschaft und Gruppen (Orchester, Technik, Chor usw.) nicht kämpft, sondern von ihnen gestützt wird. Er ist im Haus verwurzelt.
Holenders Vertrag läuft bis zum Jahre 2002, und ich bin davon überzeugt, er wird als ausgezeichneter Direktor in die Geschichte des Hauses eingehen.
Über seine Zukunftspläne weiß ich nichts. Vielleicht bleibt er länger. Ich habe den geheimen Verdacht, er will nicht Direktor der Met in New York werden, sondern König von Rumänien. Sicherlich wird er für seine Krönungsfeier gute neue Sänger entdecken. Übrigens – ich habe schon einen König von Rumänien gekannt. Als ich mit Kiepura und Eggerth 1941 bei einer Opernstagione in Havanna, Hotel Nacional, war, wollte Kiepura mit dem polnischen Filmagenten Karol sprechen, der auch dort wohnte. Die Telefonistin weigerte sich, die Verbindung herzustellen. Sie glaubte, Jan wolle mit Rumäniens Exkönig Karol sprechen, der ebenfalls im Hause logierte – mit seiner Freundin Magda Lupescu. Es kam zu einer kurzen Begegnung in der Halle.
Jetzt ist Holender Ehrenbürger von Temesvar, neben anderen Würden, auch Präsident des rumänischen Vereins zum Schutze streunender Hunde. Wäre ich ein rumänischer streunender Hund, würde er mir sicher erlauben, ihn darauf aufmerksam zu machen, daß in unserer »Walküre« nach »Winterstürme wichen dem Wonnemond« ein Schneesturm ausbricht und Brünnhilde in »Siegfried« nicht vom Feuer umgeben, daher von jedem raubbar ist.
In diesem Sinne, Holenderchen, ein ehrliches toi, toi, toi für Deine Zukunft.

19. KARAJAN

»... als ich, der Gott ...«
(Die Walküre)

Innerhalb zweier Jahre ist unsere Welt um zwei geliebte Einsame ärmer geworden. 1989 haben wir Herbert von Karajan verloren, und im Jahre darauf Leonard Bernstein. Aber die Einsamkeit Leonard Bernsteins war versteckt hinter zahllosen Küssen, die er liebevoll verteilt hat. Die Einsamkeit Karajans war offen, fast furchterregend zur Schau getragen. Freunde Bernsteins nannten ihn Lenny. Der engere Kreis um Karajan (hatte er Freunde?) nannten ihn »der Chef« (ausgesprochen: der Scheff). Manchmal gelang es mir, ein Eckchen dieser Einsamkeit zu durchstoßen. Dann kam ein glänzender Erzähler zum Vorschein, ein Formulierer entzückender Anekdoten, und man konnte sich krumm lachen mit ihm.

Einmal sprachen wir über meinen geliebten Richard Strauss. Der »Scheff« erzählte mir, daß er in Berlin während der Nazizeit die »Elektra« dirigiert hat. »Am Schluß kam Richard Strauss zu mir in die Garderobe und sagte: ›Herr von Karajan, das haben Sie wunderbar dirigiert.‹ Ich antwortete: ›Meister, das ehrt mich sehr. Aber eigentlich wäre mir eine echte Kritik von Ihnen wertvoller.‹ Darauf sagte Strauss: ›Kommen Sie halt morgen zum Mittagessen zu mir.‹«

Nun, Karajan kam zu Strauss, wie besprochen, und der Meister erklärte: »Schauen Sie, Herr von Karajan, ich habe das Stück vor beinahe vierzig Jahren geschrieben, und dirigiert habe ich es das letztemal vielleicht vor fünf, sechs Jahren. Ich kenne es nicht mehr sehr gut. Ich glaube, was Sie gemacht haben, war sehr schön. Aber ich lese im Programm der Berliner Oper, daß Sie die ›Elektra‹ während der nächsten beiden Monate noch ein paarmal dirigieren. Da komme ich so in circa sechs Wochen wieder. Vielleicht können Sie's dann besser.«

Von den meisten Menschen, die sich als »Freunde« Herbert von Karajans bezeichneten, hatte ich das Gefühl, sie wären Hochstapler und Aufschneider. Ich hätte es nie gewagt, mich als Freund Karajans zu bezeichnen. Trotzdem bin ich unendlich stolz darauf, daß es zwischen uns eine äußerlich lose, aber innerlich nicht ganz unenge Beziehung gegeben hat. Sie beruhte auch darauf, daß ich ihn zum Lachen bringen konnte.

Karajan hatte die künstlerische Leitung der Wiener Staatsoper 1964 zurückgelegt. Es gelang, was nicht leicht war, Staatsoperndirektor Egon Seefehlner und dem Generalsekretär des Bundestheaterverbandes Robert Jungbluth, ihn als Dirigenten und Regisseur zurückzuholen. Er begann 1978 mit »Il Trovatore«. Vor der Vorstellung saß Karajan im Dirigentenzimmer auf dem Sofa. Im Gänsemarsch kamen die Wichtigen herein, angeführt von Seefehlner und Jungbluth, und zuletzt (als Unwichtigster) kam ich.
Alle hielten wunderbare Ansprachen. Für Karajan war das entsetzlich, er haßte das und wußte nicht, wie er die »Würdenträger« loswerden sollte. Da winkte er mit einem Kopfnicken dem anwesenden Orchesterwart – ein Zeichen, er möge die »Trovatore«-Partitur bringen. Karajan vergrub seinen Kopf in die Noten, die er sowieso auswendig kannte – das war für uns das Zeichen zum Abmarsch. Nach den Regeln des Gänsemarsches war ich wieder der letzte. Es war für mich so unglaublich komisch, festzustellen, daß Karajan nur auf die erste Seite der Partitur starrte (Schlagwerk solo!) – da drehte ich mich um, ging zu ihm und sagte ihm: »Bitte, vergessen Sie nicht, der Anfang ist in E-Dur.« Er brüllte vor Lachen und klopfte mir mit dem Zeigefinger auf die Schulter, ein Geheimzeichen seines Wohlwollens.
Einige Tage vorher war es zum einzigen gemeinsamen Auftreten von Karajan und mir in der Staatsoper gekommen. Zwei, drei Tage vor der Premiere verlangte er eine zusätzliche Probe. Die war aber laut Probenplan nicht mehr möglich. Also kam Robert Jungbluth auf die Idee, eine Abendvorstellung zu streichen und statt dessen die Probe anzusetzen.
An diesem Abend stand »Lucia di Lammermoor«, ich glaube mit Edita Gruberova, auf dem Programm. Natürlich hat das Publikum von dieser Veränderung des Spielplans nichts gewußt, war darauf eingestellt, die Gruberova als »Lucia« zu sehen, zu hören. Natürlich wurde den Leuten angeboten, die Eintrittskarte gegen Geld umzutauschen. Davon aber machten nur sehr wenige Gebrauch, die meisten wußten nichts von der Änderung.
Die Sänger des »Trovatore« waren übler Laune, denn man hatte ihnen nicht gesagt, daß bei dieser Probe Publikum anwesend sein werde. Nun, die Probe begann. Franco Bonisolli als Manrico war nicht besonders bei

---

Nun reicht Ihr Ruhm in die Stratosphäre ...

Herbert von Karajan

Stimme, und vielleicht war es eine Folge seines Ärgers, daß im Laufe des Abends seine Stimme zunehmend schwächer wurde. Und mitten während der Arie »Ah si ben mio«, vor der Stretta, warf er sein Schwert wütend und voller Wucht in Richtung Karajan, hat diesen damit aber Gottlob nicht getroffen. Bonisolli brach die Arie ab und verließ die Bühne, Karajan ließ das Orchester weiterspielen. Allein.
An eben diesem Tag war der Direktor des Hauses, Egon Seefehlner, auf Dienstreise und wähnte, daß in der Staatsoper routinemäßig »Lucia« gespielt werde. Also, so dachte ich, muß *ich* was tun. Ich schlich mich sofort an den dirigierenden Karajan heran und flüsterte ihm zu: »Herr von Karajan, bitte, wir wollen jetzt unbedingt einen Skandal vermeiden. Ich werde nach dem Aktschluß von der Bühne eine Ansage machen, daß die Sache ruhig zu Ende geht.«
Und während er weiterdirigierte, flüsterte er: »Sie werden keine Ansage machen, und nach dem letzten Takt dieses Aktes verlasse ich das Haus.«
Da erklang schon die Stretta ohne Tenor: tam ta ra ta ta – tamtaratatata ... Wenn das geschieht, gibt es großen Skandal, schoß es mir durch den Kopf. Ich begab mich sofort auf die Bühne, hörte die letzten Takte der Stretta – ohne Gesang. Und noch während des Nachhalls stand ich auf der Bühne vor dem Publikum und begann mit meiner Rede: »Wir danken Herbert von Karajan.«
Jetzt war er hier festgenagelt, konnte nicht weggehen. Und ich setzte fort: »Bei der Oper ist es wie bei einem Stierkampf: Einmal siegt der Stier, einmal der Torero. Sie alle haben von Karajan einen wunderbaren ›Ring des Nibelungen‹ gehört, Bruckner und Beethoven. Aber wer von Ihnen hat schon eine Stretta gehört mit Karajan solo, ohne Sänger. Tamtaratatata! Sie werden noch Ihren Kindern und Kindeskindern erzählen können, daß Sie diesen einmaligen Abend erlebt haben. Tamtaratatata!«
Karajan begann zu strahlen, das Publikum applaudierte, Bonisolli kam auf die Bühne, ohne zu singen, stand einfach da. Und irgendwann ging die Sache zu Ende.
Bonisolli sprang endgültig aus. Ich wurde mit einem Privatjet des Zeitungsmoguls Ludwig Polsterer nach Mailand geschickt, um Placido Domingo zu holen, der gerade »Manon Lescaut« mit Sylvia Sass an der Scala probierte. Er hatte zugesagt einzuspringen (die Premiere mit TV wurde um zwei Tage verschoben) – es war für ihn ein besonderer persönlicher Triumph, denn die Wiener Staatsoper hatte stets Domingo als Premierenbesetzung gewünscht, aber Karajan hatte einmal eine grandiose Stretta von Bonisolli gehört (er war ein echter C-Tenor) und hatte

sich daher auch für ihn entschieden. Dann aber war er überglücklich mit Placido.

1993 habe ich große Fernsehsendungen über Karajans Leben gestaltet und an unzähligen Orten sein Dasein im Detail recherchiert. Da fiel mir auf, daß er ein großer Unbekannter war, den jeder nur ansatzweise kannte. Ich erforschte seine Jugendzeit – als er noch Begleitmusik im Stummfilmkino dirigierte, als Fußballtormann volontierte und öffentlich am Klavier Robert Stolz und Jazz spielte.

In Salzburg habe ich eine Dame gefunden, die Karajan einmal sehr nahe gestanden ist. Er hat sie auch in späten Jahren noch manchmal besucht. Ich habe sie gefragt, was ihrer Meinung nach Karajan am meisten interessierte. Sie antwortete wie aus der Pistole geschossen: »Religionsphilosophie.« Und zeigte mir dicke Schmöker in französischer Sprache zu diesem Thema, in die Karajan höchstpersönlich seine Reflexionen eingetragen hatte.

In den späten zwanziger Jahren war er fünf Jahre lang in Ulm engagiert gewesen – und dort noch nicht entdeckt worden. Der alte Orchesterwart dieses Theaters, Fritz Kaiser, lebte damals noch und meinte: »Der andere Dirigent, Otto Schulmann, war eindeutig besser.« Ein Stück heute vergessener Zeitatmosphäre. Karajan wurde von allen in Ulm als vollkommen unpolitisch bezeichnet. Der andere Dirigent, sein Kollege Schulmann, so wurde uns erzählt, leitete eine Nazizelle, ließ Hitlerschriften lesen und machte Nazipropaganda. Als Hitler an die Macht kam, leitete er eine Jubelversammlung und nahm gleichzeitig Abschied. Er sagte, er sei Jude, und emigrierte nach den USA. Auch das gab es, die jüdischen Nazis. Nach dem Krieg fand ihn Karajan in Amerika ganz verarmt und verschaffte ihm eine Rente der Bundesrepublik.

Doch in Aachen, seiner nächsten Wirkungsstätte, war Karajan von allem Anfang an der musikalische Gott. Bei meinen Recherchen habe ich nach Menschen gesucht, die sich an damals noch lebendige Erinnerungen erhalten hatten, und fand einige. Dort berichtete mir Frau Marlie Krings: »Er war so ein lustiger Kerl! So komisch! Und Witze erzählen konnte der! Einmal läutete er in tiefer Nacht und fragte: ›Wissen Sie, woran die Post verdient? Ein Brief kostet 20 Pfennig und darf 20 Gramm wiegen. Die meisten wiegen weniger. An der Differenz verdient die Post.‹«

Interessant war, daß aus keinem der vielen Gespräche, die ich mit Menschen aus dem damaligen Umkreis Karajans geführt habe, hervorgegangen ist, daß er sich auch nur im entferntesten politisch betätigt hätte.

Keine Spur. Und bisweilen trifft man in Aachen heute noch Leute, die sich erinnern wollen, daß der Maestro sogar antinationalsozialistische Äußerungen getan hätte. Bei den Details bin ich skeptisch.
Eine Geschichte, die mir von einem Solocellisten, der in Karajans Orchester gespielt hat, erzählt wurde, machte in Aachen die Runde. Da soll er ein nicht existierendes Stück auf das Programm gesetzt haben, also – das Beispiel ist von mir erfunden, weil ich mich nicht erinnere, welches es wirklich war ... etwa: Schumanns »fünfte Symphonie«. Jeder von uns weiß aber, daß Schumann nur vier Symphonien komponiert hat. Karajan soll unter diesem Titel die »Italienische« des damals verbotenen Juden Felix Mendelssohn-Bartholdy gespielt haben. Ich persönlich kann nicht glauben, daß das in Deutschland nicht aufgeflogen wäre ...
Derselbe Herr wollte auch einen Ausspruch Karajans gehört haben, als er sich bei einer Probe über das Orchester ärgerte: »Kaum haben Sie die Juden fortgeschickt, schon können Sie nicht mehr anständig spielen.«
Karajan war Mitglied der NSDAP geworden, weil dies die Voraussetzung dafür war, um in Aachen die Stellung eines Generalmusikdirektors zu erhalten. Amerikanische Forscher haben nachgewiesen, daß seine Mitgliedsnummer vordatiert worden war, um ihn sozusagen als »alten Kämpfer« und nicht als Konjunkturritter auszuweisen.
Dennoch hat Karajan von dieser Mitgliedschaft keinen weiteren Gebrauch gemacht; seine Begegnungen mit den Nazigrößen wurden vor allem durch seine erste – den meisten von uns auch namentlich unbekannte – Ehefrau vermittelt. Es war dies die damals in Aachen sehr, sehr populäre Operettendiva Elmi Holgerlöf. Auch heute noch, nach Jahrzehnten, gilt in Aachen »det Elmi«, wie sie dort gekannt wurde, als singulär und unerreichbar. Gemeinsam gearbeitet haben die beiden in der »Fledermaus«-Premiere, Silvester 1936. Als alte Dame war Elmi in Anif bei Salzburg Babysitter bei den beiden Töchtern aus Karajans dritter Ehe mit der schönen Französin Eliette.
Elmi Holgerlöf war als junge Künstlerin am Theater in Meiningen engagiert gewesen und hatte sich dort mit einer Kollegin sehr angefreundet, Emmy Sonnemann. Diese Dame wurde in der Folge Ehefrau des Reichsmarschalls Hermann Göring, des Herrn über die preußischen Theater. Elmi sagte also zu Emmy: »Du, ich bin mit einem richtigen Musik-Phänomen verheiratet. Er heißt Karajan. Erzähle doch davon deinem Mann ... Er soll ihn nach Berlin holen.«
Wie auch immer, Karajan kam über Empfehlung von Göring nach Berlin und dirigierte mit triumphalem Erfolg einige Konzerte der Berliner

> ### Arroganz und Dummheit fernhalten
>
> Ich wünschte, daß er das Wissen, das er im Leben und aus der Kunst gesammelt hat, noch lange für uns leuchten läßt, und daß es ihm auch weiterhin gelingt, Arroganz und sogar auch Dummheiten von der Oper fernzuhalten.
>
> *Gottfried von Einem*

Philharmoniker, mehr ließ deren Chef Wilhelm Furtwängler nicht zu. Und Furtwängler stand auch im Wege, als Karajan an der Berliner Oper Triumphe feierte. Nach einigen Vorstellungen war auch dort Schluß.
Die Behauptung, Karajan wäre unter den Nazis Dirigent Nummer eins gewesen, ist lächerlich. Er war damals ein Geheimtip. Hitler wollte nur Furtwängler und dann lange niemanden, denn Furtwängler war die einzige internationale Größe, die ihm im Musikbereich noch verblieben war. Auch aus den Tagebüchern des Reichspropaganda-Ministers Goebbels geht hervor, daß Hitler mehrfach abfällige Bemerkungen über Karajan hatte fallen lassen.
Und dann hat es jene oft zitierte »Meistersinger«-Vorstellung in Berlin gegeben, die Karajan dirigierte und in der ein »Schmiß« nach dem anderen geschah – und das in einer Festvorstellung für den jugoslawischen Prinzregenten in Anwesenheit des »Führers und Reichskanzlers«. Ursache dieser schrecklichen Vorstellung war, daß der Darsteller des Hans Sachs, Rudolf Bockelmann, nicht nur Milch oder Wasser getrunken hatte. Seine Gesangs- und seine darstellerische Leistung waren daher auf ein Minimum reduziert. Hitler soll wütend gewesen sein und gesagt haben: »Da kommt dieser Zwerg aus Wien und bildet sich ein, alles auswendig dirigieren zu müssen. Hätte er sich doch eine Partitur hingelegt, dann wäre das alles nicht passiert ...«
Ein Augen- und Ohrenzeuge dieser Aufführung hat mir erzählt, beide wären schuld an dem Debakel gewesen: Bockelmann war betrunken. Und Karajan habe geschmissen. Dieser Zeuge war der damalige junge Chordirektor. Er hat uns 1996 verlassen. Sein Name: Gottfried von Einem.
Karajan hatte in Berlin zu Kriegsende keine Stellung mehr gehabt. Bei den Philharmonikern kam er nicht mehr hinein; die Berliner Oper war ausgebrannt. Und als sie wiedererrichtet war, kam Wilhelm Furtwängler wieder zurück, Generalintendant war Heinz Tietjen. Damit war für

Karajan kein Platz. Damals hat er die Staatskapelle dirigiert, das Orchester der Staatsoper, das zweite Orchester von Berlin. Er galt allerdings immer als Geheimtip. Kurz vor Kriegsende ging er nach Mailand, hungerte auch dort, und seine zweite Frau Anita half mittels Dolmetscharbeiten zu überleben und umsorgte ihn aufopfernd.
Italienische Partisanen und ihre Anhänger haben sich damals vehement gegen Karajan eingesetzt, nicht nur gegen ihn allein, sondern gegen alles Deutsche, da wurde kein Unterschied gemacht: ob Österreicher, Deutscher, deutschsprechender Jude, 1945 war das egal. In Triest haben ihn die Engländer dann ein wenig beschäftigt, vor allem über Intervention des späteren Direktors der Triestiner Oper, Raffaelo de Banfield, eines bekannten Komponisten, mit dem sich die Karajans dann befreundeten. Es folgten die Verbotsjahre: Karajan war als Dirigent gesperrt. In dieser Zeit entstanden aber viele Plattenaufnahmen mit dem von Walter Legge gegründeten Philharmonia Orchestra London. Diese begründeten später seinen Ruhm, sofort nach Aufhebung seines Verbots.
Ich habe schon darüber berichtet, daß ich nach dem Zweiten Weltkrieg US-Besatzungsmitglied in Wien und verantwortlich für die angloamerikanische Wochenschau »Welt im Film« war. Ich glaube, es war ein bißchen mein Verdienst, daß diese kaum über Politik, aber sehr intensiv über Kultur berichtete. In diesem Zusammenhang zeigte ich auch Herbert von Karajans ersten Nachkriegs-Auftritt in Salzburg mit »Orpheus und Eurydike« von Gluck.
In der ersten großen Verbotszeit war ihm jeglicher öffentlicher Auftritt untersagt – wegen seiner NS-Parteimitgliedschaft. Ich habe von vielen Details authentische Kenntnisse, zumal ich mit seinem Vernehmungsoffizier befreundet war. Dieser Henry Alter unterstand dem US-Offizier Ernst Lothar, den wir alle noch als bedeutenden Regisseur und letzten Vorkriegsdirektor des Theaters in der Josefstadt im Gedächtnis haben.
Henry Alter, einst Student in Wien, war als »Nichtarier« in die USA emigriert, dort in die Army eingetreten, und vernahm nach 1945 als Mitglied der amerikanischen Besatzungsmacht in Österreich Künstler, die an die Partei angestreift waren oder mehr. Sein Arbeitsplatz war im siebenten Wiener Bezirk, in der Seidengasse 13, wo heute die Zeitung »Kurier« beheimatet ist. In meiner Fernsehdokumentation berichtete Henry im selben Zimmer, in dem er Karajan verhört hatte. Karajan riß damals sogleich das Wort an sich, sagte: »Sie wollen mich hier verhören? Ich beantworte Ihnen gleich einige Fragen vorweg. Erstens – ich habe in der Nazizeit in Berlin eine Vierteljüdin geheiratet, Anita Gütermann,

DIREKTION
DER SALZBURGER FESTSPIELE

Salzburg, 17.8.1956.
Hofstallgasse 1
Telefon: 2021-2023
Telegramm-Adresse: Festspiele Salzburg

Herbert von Karajan

An
Herrn Marcel P r a w y ,
W i e n 9 , Staatliche Volksoper.

Sehr geehrter Herr P r a w y !

Ich habe anlässlich meiner Anwesenheit im Juni l.J.
"Kiss me Kate" gesehen und möchte Ihnen sagen, dass
mir das Stück und die Inszenierung ganz ausserordent-
lich gefallen haben.
Ich wünsche Ihnen für Ihre weiteren Musicals ebenso
viel Erfolg und bin mit den

besten Grüssen

Ihr

Herbert von Karajan besuchte – ohne mein Wissen – 1956 meine »Kiss me, Kate«-Produktion und äußerte seine Zustimmung: »ganz außerordentlich gefallen ...«

meine jetzige Frau. Sie wissen ja, daß das gar nicht so leicht war. Bitte, protokollieren Sie das nicht zu meinen Gunsten. Denn das war selbstverständlich meine Pflicht.« Karajan hat sich dann während dieses Verhörs selber richtiggehend niedergemacht.

Am Schluß sagte ihm Henry Alter, Karajan müsse jetzt noch vier Wochen in Wien verbleiben. Karajan: Er habe aber für diese vier Wiener Wochen nichts zu essen; Alter möge ihm doch fünf Kilogramm Kartoffeln senden lassen.

Karajan erhielt die verlangten fünf Kilogramm Kartoffeln. In der Folge entwickelte sich zwischen ihm und Alter, der seit dem letzten Konzert Karajans vor dem Verbot sein Fan war, eine Freundschaft. Und als Karajan später schon große Karriere gemacht hatte und mit den Berliner Philharmonikern auf einer Amerikatournee war, haben die beiden einander in Chicago wiedergesehen und aßen im allen Deutschen bekannten Bismarck-Hotel die berühmten *German pancakes*. Und als Alter nach dem gemeinsamen Mittagessen den Scheck ziehen wollte, meinte Karajan: »Heute bin ich dran. Sie haben mir ja damals die fünf Kilogramm Kartoffeln geschickt!«

Je weniger prominent die Menschen in der öffentlichen Hierarchie sind, um so besser sprechen sie von Karajan. Der bei allen Stammgästen des Hotels Kempinski in Berlin so beliebte Chefportier großer, alter Schule, Herr Willi Ruof, der die Tragödie eines unheilbar schwerstkranken Sohnes erlebt, wird nicht müde zu erzählen, wie Karajan in weltweiten Telefongesprächen nach ärztlicher Hilfe für diesen Sohn gesucht hat.

Er war einsam. Aber ich habe verstanden, daß er es liebte, angerufen zu werden. Rief man in seinem Haus in Anif an, hieß es, er wäre in seiner Villa in St. Moritz. Dort wurde man nach St. Tropez verwiesen, wo er eben auf seiner Jacht Helisara herumirrte. Dann aber kam der große Augenblick – man bekam ihn ans Telefon. Aber auch er hat mich oft nach meinen Opernsendungen im Fernsehen angerufen.

Unsere Telefongespräche dauerten oft stundenlang, und ich bereue nicht, daß sie mich auch viel Geld gekostet haben. Karajan war 1988 bei den Vorarbeiten zu Verdis »Maskenball«, den er für die Salzburger Festspiele 1989 eingeplant hatte. Irgendwann vorher klingelte einmal in meiner Wohnung in Miami, wo ich oft den Winter über Opernseminare geleitet habe, das Telefon.

»Hier Karajan.« Natürlich war ich sehr aufgeregt, sagte: »Ich habe das Zimmer voller Leute, muß sie erst rausschmeißen. Ich rufe in fünf

Minuten zurück.« Keiner meiner Gäste glaubte mir, daß Karajan am Telefon war.

Dann telefonierten wir zwei Stunden lang. Karajan, der natürlich im Gestrüpp der theoretischen Geschichte der Oper nicht so sattelfest war wie ich, erkundigte sich bei mir, wie das mit dem »Maskenball« nun wirklich sei: Spielt man ihn nun, wie seinerzeit von der Zensur verlangt, in Boston, oder in Schweden? Wodurch unterscheiden sich die Fassungen? Ich hatte eben eine Fernsehproduktion zu diesem Thema in Italien und Schweden abgedreht und war der Überzeugung, daß die schwedische Version falsch ist und daß man sie nicht spielen sollte. Ein großer Schwede übrigens ist da ganz der gleichen Meinung wie ich: der Weltstar Nicolai Gedda. Übrigens hat Verdi eine schwedische Version des Stücks wohl geplant, aber nie geschrieben: Erst war es Pommern, dann Boston.

Dennoch habe ich Karajan geraten, das Stück unbedingt, wie heute leider Mode, in Schweden spielen zu lassen, wenn er nicht von der Presse zerrissen werden wollte. Aber König Gustav III. von Schweden, um den es hier geht, war ein sehr bedeutender Mann. Er schuf eine vorbildliche Sozialgesetzgebung, er war auch ein Dichter, dessen Stücke sogar am Wiener Burgtheater erfolgreich aufgeführt wurden. Wo man das Stück in Schweden spielen läßt, wird er zu einem historisch falsch gezeichneten Allerwelts-Operntenor degradiert.

Karajan sagte mir dann, er würde mir die hohen Telefonspesen ersetzen, und bat mich, auf seine Kosten sofort nach meiner Rückkehr zu ihm nach Salzburg zu kommen und die Sache noch mit »Maskenball«-Regisseur John Schlesinger zu besprechen. Man beschloß, die schwedische Version zu spielen.

Die Besprechungen in Salzburg werde ich nie vergessen. Sie fanden im großen Festspielhaus statt, während Karajan Regieproben zu »Tosca« abhielt. Da hatte ich Gelegenheit, mir über seine vielgeschmähten Regiearbeiten Gedanken zu machen. Karajan kannte das Stück bis in seine letzten, intimsten Details unvergleichlich besser als so viele gepriesene Starregisseure. Ich kann nicht verschweigen, daß er bei der Umsetzung auf die Bühne manchmal Schwierigkeiten hatte. Nur, die Welt hat für alles Platz. Wenn so viele werkverstümmelnde Regisseure ihre Pest verbreiten und wir das zulassen, dann hat auch das Gegenteil Sinn, die Karajan-Regie: herrliche Bühnenbilder von Günter Schneider-Siemssen, prachtvolle Kostüme, schöne, wenn auch oft nicht helle Beleuchtung, und Menschen, die nie gegen die Musik agieren. Das Geld für Telefon

und die Salzburg-Reise habe ich nie bekommen, aber ich habe es nie bedauert, denn ich wurde um eine kostbare Erinnerung reicher.
Ein Jahr danach war er tot. Er starb während der »Maskenball«-Proben. Die Aufführungen hat er nicht mehr dirigiert. Das Fernsehen hat im Hinblick auf die Musik etwas Großes geleistet: Wir dürfen Dirigenten von vorne erleben. Wir haben Karajan von vorne erlebt, sein verklärtes Gesicht; aber auch das schreckliche Leiden seiner Todeskrankheit.
Ich denke nun besonders an sein einziges Neujahrskonzert, 1986, das einer seiner großen Wünsche gewesen war und auf das er sich monatelang wie ein Anfänger vorbereitet hatte. Er hat nur dieses eine Neujahrskonzert dirigiert, Bernstein kein einziges.
Karajans magisches Wort war »Schönheit«; Schönheit des Klanges, Schönheit der Frauen, Schönheit der Regie. Bei manchen gilt das heute als unmodern und wurde ein Angelpunkt zur modischen Karajan-Demontage. Gérard Mortier, der geschäftige, geschwätzige, glücklose Intendant der Nach-Karajan-Festspiele in Salzburg, erklärte in seiner verhaßten allsommerlichen Luftbeschmutzung, er habe nach dem altmodischen Karajan die Moderne eingeführt. Wahr ist das Gegenteil. Karajan war ein kühner Revolutionär, stets seiner Zeit voraus – er hat die Originalsprache an der Wiener Staatsoper und die Opernbesetzungen mit Sängern aus der ganzen Welt eingeführt, war als Pionier der Musik in den Medien und Pionier der Moderne in Salzburg. Seine Salzburger Festspiel-Dramaturgie war einfach und groß: die bedeutendsten Musiker spielen die schönsten Sachen – auf Grund der Weite seines Weltbildes reichte dies von »Tosca« und »Trovatore« bis zur Radikalmoderne seiner Zeit in teilweise triumphalen Produktionen im Festspielhaus (Orff, Berio, Cerha, Penderecki usw.)
Nichts davon gibt es mehr. Die Moderne ist zumeist in einen Ghetto-Konzertzyklus mit dem schrecklichen Namen »Zeitfluß« (der an eine Geschlechtskrankheit erinnert) verbannt. Als der prominente Literat der Fernsehsendung »Literarisches Quartett« bei den Richard-Strauss-Tagen in Garmisch 1995 dozierte, wie elend Richard Wagners Dichtung zu »Tristan und Isolde« wäre, habe ich ihn erst attackiert und dann »mild und leise« gelächelt. Die weniger prominente Dame dieser Sendung nannte in einer führenden Zeitung Deutschlands die Karajan-Jahre Salzburgs die »lange Karajan-Agonie«. Ich hoffe, daß am nächsten Tag noch mehr Blumen und Kränze als gewöhnlich auf dem so bescheidenen Grab auf dem Friedhof von Anif lagen.
Karajan war eine charismatische, hypnotisierende Persönlichkeit, die

das Urteil der Menschen so lange zum Gott gemacht hat, bis er selber geglaubt hat, daß er einer ist, und durch das Schicksal belehrt werden mußte, daß er ein Mensch ist.

Die Welt, in der wir Musikliebende leben, ist seit seinem Tod leerer geworden. Ich freue mich, daß ich ein verständnisvoller Bewunderer seiner Kunst sein durfte, und ich bin dafür dankbar, daß ich von Herbert von Karajan auch persönlich ein ganz kleines Eckchen miterleben konnte.

Die Füllfeder, mit der ich dies schreibe, stammt aus seinem Nachlaß.

20. Die drei Tenöre

»O so-ho-ho-ho-ho-le mio«

Zunächst möchte ich betonen, daß ich die drei Tenöre und auch »Die drei Tenöre« liebe. Unter den sogenannten Progressiven ist es heute Mode, dieses Spektakel scheel anzusehen. Lächerlich. Warum sollen sich drei große Künstler nicht diese charmante Extravaganz leisten? Auf so eine Idee muß man erst einmal kommen! Hätte in meiner Jugend jemand den Einfall gehabt, Benjamino Gigli, Richard Tauber und Jan Kiepura zusammenzuspannen? Das wäre auch eine Sensation gewesen. Außerdem gibt es viel Seriöses bei den Auftritten der »drei Tenöre«. Es dirigieren immer Weltdirigenten, wie etwa Zubin Mehta oder James Levine. Die Spezial-Orchestrationen von Hollywoods Stararrangeur Lalo Schifrin sind hochoriginell. Und die drei Stars ziehen ja nicht einfach ihr Repertoire ab, sondern bringen ein spannendes und amüsantes Programm quer durch alle Sparten – auch das muß man können.
Der dauernde Erfolg hat alle Prognosen Lügen gestraft. Die Konzerte fanden schon in so vielen Städten statt (Rom, Los Angeles, Tokio, München usw.), unzählige Menschen sahen sie im Fernsehen, unzählige haben die Videos zu Hause, und trotzdem kommen zu den Auftritten immer gegen siebzigtausend Menschen, wie zu Pop-Veranstaltungen. Frank Sinatra strahlte im Publikum, als er seine Lieder so hörte. Und jedermann wartet auf Pavarottis Triller bei »O sole mio« und auf Domingos und Carreras Imitation. Billige »Vermarktung«? Quatsch. Jeder Mensch, ob Angestellter, Kaufmann oder Künstler, jeder hat das Recht, aus seinem Talent so viel Geld herauszuholen wie drinsteckt. Den dreien wird ja nichts geschenkt. Sie werden vom Publikum bezahlt und nicht vom Steuerzahler. Und niemandem gelang bis jetzt auch nur ein ähnlicher Erfolg. Also, weitermachen!
Kennengelernt habe ich José Carreras natürlich bei seinen wunderbaren Opernauftritten und Konzerten. Er hat ganz ungewöhnliche, hochgestochene Konzertprogramme. Besonders gern habe ich jenes mit zum größten Teil unbekannten Liedern von Komponisten, die man heute – wie ungerecht! – als »zweite Klasse« ansieht: Gounod, Massenet, Zandonai, Mascagni, Leoncavallo. Die Freude näherer persönlicher Bekanntschaft – für die ich seinem *personal representative*, Fritz Krammer,

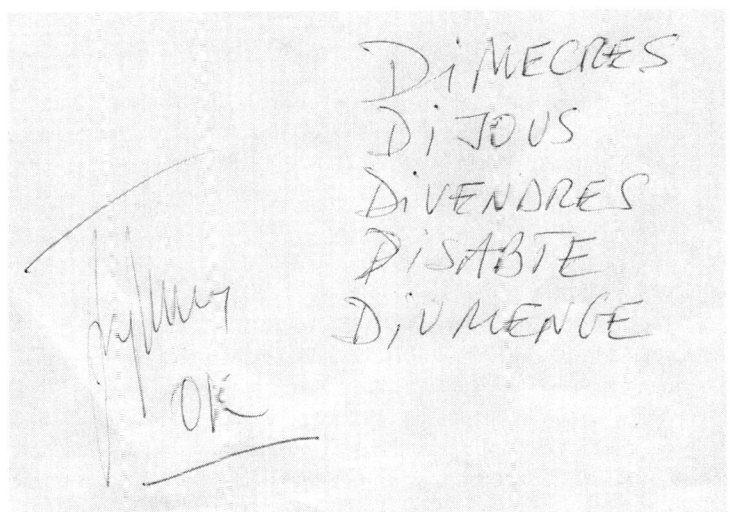

Katalanische Sprachenstunde bei José Carreras. José gibt mir handschriftlich die Wochentage auf Katalanisch: Avui es dimecres dijous – heute ist Mittwoch, Donnerstag usw. Links unterschrieb José.

danke – begann, als ich einige Wochen mit ihm reiste, um ein Fernsehporträt seiner Persönlichkeit und Kunst zu gestalten.
Er war damals noch verheiratet, mit einer sehr interessanten Dame, einer Universitätsprofessorin, und lebte in Almettla bei Barcelona. Carreras ist ein großer Künstler und ein hochgebildeter Mensch. Wie interessant war es, mit ihm das Picassso-Museum zu besuchen! Er hat mir auch sehr viel über seine Heimat Katalonien erzählt. Über ihre besondere Rolle in der spanischen Geschichte. Das war in den Zeiten der Franco-Diktatur die Heimstadt demokratischen Empfindens. Geheimsymbol dieser Wunsch-Demokratie war der Fußballverband Barcelona, dem die anfeuernden, nicht unpolitischen Rufe »Barsa! Barsa!« der Zuschauer galten. Es blieb ein Ruf Josés.
Ich habe erst durch José gelernt, wie verschieden das »catalán« vom kastilischen Spanisch ist, eher verwandt mit dem Südfranzösisch der Gegend zwischen Marseille und den Pyrenäen. Aus den Sprachstunden mit José habe ich noch einiges behalten.
Die ganze Welt nahm Anteil an seiner grausamen Leukämie-Erkrankung und an dem Wunder seiner Heilung. Er ist seither ein anderer

> ## Marcello Finalmente
>
> Er ist mehr als ein Freund. Er ist eine Autorität für alles, was Musik betrifft. Und das wunderbarste bei Marcel – Marcello – ist: Er liebt alle, und alle lieben ihn. Musik ist sein Leben, und auch das Theater ist ein Teil seines Lebens. Ich liebe dich, wie jeder in der Oper dich liebt.
>
> *Placido Domingo*
> *(»Marcello finalmente«, ein Zitat aus »La Bohème«,*
> *ist Placido Domingos Spitzname für Marcel Prawy.)*

geworden, ernster, seelisch profunder. Seiner Stimme hat die Krankheit überhaupt nicht geschadet. Er singt vielleicht heute besser als je zuvor. Aber der Charakter seines Singens ist ein anderer geworden. Waren früher die rein lyrischen Rollen (von Donizetti bis Puccini) seine Stärke, so sind heute seine wahren Glanzrollen jene, die das dramatische Fach streifen – »Carmen«, »Bajazzo«.

Einmal brachte mich meine Anhänglichkeit zu José in eine vertrackte Situation. Er bat mich, eine Wohltätigkeitsveranstaltung zugunsten der von ihm geschaffenen weltweiten Leukämie-Stiftung in der Alten Oper von Frankfurt zu konferieren. Als ich ankam, wollte ich ihn gleich sprechen und erfuhr zu meinem Entsetzen, daß er nicht da war – sondern in Japan. Seine Anwesenheit war nicht ausdrücklich angekündigt, aber sein Name stand als jener der Stiftung so groß auf den Plakaten, daß man mit ihm rechnete. Was sollte ich tun? Hatte ich faule Äpfel zu erwarten? Da erdachte ich einen Meisterplan. Ich sah, daß zahllose große Künstler (darunter auch Giuseppe Taddei) der Einladung Josés gefolgt waren. Das Programm würde sicherlich sehr lange dauern. Wann sollte ich das Nichtkommen von José ankündigen, um die faulen Eier entgegenzunehmen? Ich versuchte also einfach, das Programm endlos zu dehnen. Ich ermutigte die Künstler zu Zugaben und interviewte alle unendlich lange, bis es nach Mitternacht wurde und jedermann schon nach Hause wollte. Erst dann bat ich das Publikum, unserem José liebe Grüße nach Japan zu senden, spielte eine von mir selbst einmal in Tokio gemachte Piraten-Kassette von José in »Carmen« – das Publikum jubelte.

Einmal habe ich eine Bemerkung zu José Carreras gemacht, die mir nachher taktlos erschien. José, geschieden, ist immer von wie im Repertoiretheater laufend umbesetzten Damensoli umgeben. Einmal rutschte es mir heraus: »José, weißt du, wer mir von allen Carreras-Mädchen am besten gefällt? Deine geschiedene Frau ...«

Meine persönlichen Erinnerungen an Luciano Pavarotti sind eng mit meiner Wahlheimat Miami verbunden, wo ich so oft und gerne Seminare für die Oper gebe. Pavarotti ist dort ein Lokalheiliger, weil sein Debüt in den USA eine Vorstellung der Miami Opera mit »Lucia di Lammermoor« an der Seite von Ioan Sutherland vor deren gemeinsamer Australien-Tournee gewesen war. Diese Leidenschaft Miamis für Luciano war nicht immer leicht zu bewältigen. Da wollte ich einmal für ein Wagner-Fest, das ich 1983 zur 100. Wiederkehr seines Todestages im herrlichen tropischen Park des Schlosses Vizcaya veranstaltete, im besten Schallplattengeschäft das »Lied an den Abendstern« aus »Tannhäuser« möglichst gesungen von meinem lieben Bernd Weikl kaufen. Der Verkäufer gab mir die Arien-Platte »Bravo, Luciano« mit Pavarotti-Arien. Nach einem pietätvollen Blick auf die LP verlangte ich neuerlich das »Lied an den Abendstern« mit Weikl und erhielt vom Verkäufer eine LP »The great Pavarotti«. Als ich nun neuerlich, etwas energischer, meinen »Abendstern« reklamierte, erinnerte sich der Verkäufer durch meinen Akzent an die durch Präsident Jimmy Carter nicht ganz zur Freude der Bevölkerung durchgeführte Einwanderungserleichterung für Kubaner und sagte grimmig: »Also, Sie wollen den Pavarotti nicht? Leute wie Sie hätte Jimmy niemals nach den USA kommen lassen sollen.« Ich kaufte die Pavarotti-Platte und hatte keinen Abendstern für mein Konzert.

Das war noch relativ erträglich. Unangenehmer war es bei meiner Mietwohnung. Ich lebe in Miami immer in einer herrlichen Wohnung im schönsten Apartmenthaus der Trauminsel Key Biscayne vor der Küste. Als ich wieder einmal nach Miami kam, bedeutete mir mein Makler, daß die Hausfrau mir diese Wohnung nicht mehr vermieten wolle, »wegen der Platten«. Ich erwiderte, daß mir die Dame, eine Opernnärrin, die Benutzung ihrer großen Schallplattensammlung ausdrücklich erlaubt hatte. Schön und gut, antwortete der Makler, aber wohin stellen Sie nach dem Hören die Pavarotti-Platten? Genauest und perfekt alphabetisch, antwortete ich, zwischen Paganini und Puccini!« Darauf der Makler: »Genau das will die Dame nicht. Pavarotti-Platten gehören nicht in das Alphabet.« Darauf ich: »Gut, ich mache mit den Pavarotti-Platten auf dem Nachtkästchen eine Art Luciano-Hausaltar. Bekomme ich jetzt die Wohnung?« Und der Makler: »Okay. Aber kein Kreuz auf dem Altar. Es sind Juden!«

Einmal sang Pavarotti in der sogenannten »Arena« von Miami. Ein häßliches Gebäude im gefährlichsten Viertel, aber nirgendwo sonst hätte man die zu erwartenden gigantischen Publikumsmengen unterbringen können. Die fabelhafte Managerin Judy Drucker, die alle Weltstars nach Miami bringt, hatte auch dieses Ereignis gemanagt. In der ganzen Gegend waren alle Preise erhöht, sogar die Gebühr für den Parkplatz – auf meine erstaunten Fragen sagte der schwarze Parkwächter nur: »Pavarotti!«

Die Preise im Konzert waren gestaffelt. Ich hatte durch Pavarottis Manager, meinen lieben Tibor Rudas, zwei wunderbare Karten, die ich befreundeten Luciano-Fans schenkte, und kaufte mir, wie in meinen Studententagen, den billigsten Sitz, hinter dem Orchester – es dirigierte Leone Magiera, der geschiedene Mann von Mirella Freni – und hinter Pavarotti.

Für 500 Dollar gab es einen Vorkonzertempfang, bei dem Pavarotti, wie offiziell und ausdrücklich betont wurde, nicht anwesend war. Die Party war gesteckt voll. Man zahlte für die Luft, die Luciano hätte atmen können.

Nach dem Konzert gab es ein Festdinner, »Pavarotti anwesend«, für 2500 Dollar. Zahlte man 5000 Dollar, wurde einem garantiert, »to sit at the same table with Luciano Pavarotti and enjoy the conversation with this great artist« (am selben Tisch mit Pavarotti zu sitzen und die Unterhaltung mit dem großen Künstler zu genießen). Das tat eine Dame, nachher nahm sie sich einen Anwalt und verlangte die 5000 Dollar zurück. Der Tisch sei so endlos lang gewesen, daß sie sich mit Pavarotti nicht hätte unterhalten können. Pavarotti ersetzte ihr großzügig diesen Betrag und lud sie zu seinem nächsten Konzert ein.

Pavarotti hat seiner Stimme das allerschwerste Fach erspart. »Otello« sang er bis jetzt nur im Konzert und auf Platte. Aber als »Andrea Chénier« hatte er schon an der Met einen großen Erfolg.

Pavarottis Liebesleben ist immer reiches Futter für die Klatschspalten der Regenbogenpresse – Scheidung von seiner Manager-Gattin? Heirat mit seiner Sekretärin? Ein Glanzpunkt des Pavarotti-Tratsch-Klatsches ist folgendes Gerücht: Luciano wohnt mit einer schönen Sängerin in einem Hotel in London, zwei Zimmer nebeneinander, mit Verbindungstür. Luciano hatte der Schönen einen Pelz gekauft, der noch in seinem Zimmer aufgebreitet prangt. Da klopft es an der Tür, unangemeldet kommt aus Modena seine Frau, sieht den Pelz, sagt: »Danke, Luciano, daß du so nett an mich gedacht hast«, nimmt den Pelz und fährt wortlos zurück nach Modena. Ich mische mich in Klatsch nie ein.

Ich habe Luciano Pavarotti von einer durchaus ernsten Seite kennengelernt. Vor seinen großartigen Wiener Premieren von »Aida« und »Maskenball« nahm er an meinen Matineen in der Staatsoper teil. Es hätte wirklich genügt, wenn er gekommen wäre und ein paar freundliche Worte gesagt hätte. Er nahm aber den seriösesten Anteil. Bei »Maskenball« bat ich die Sängerin (Gabriele Lechner), eine Arie aus der heute kaum bekannten Oper von Auber nach dem gleichen Sujet »Le bal masqué« zu singen, und Pavarotti ließ sich genau über diese Oper informieren. Bei der »Aida«-Matinee sprach Bernd Weikl (Amonasro dieser Produktion) lange und sehr interessant auf deutsch: Pavarotti wurde nicht müde, sich jedes Wort von mir übersetzen zu lassen.

Pavarotti kann sehr schlagfertig sein. 1996 fragte ihn in Wien bei einer Pressekonferenz ein Grazer Journalist: »Was machen jetzt Ihre Töchter?« Seine Antwort: »Wenn Sie Töchter haben, wissen Sie, was die jetzt machen?«

Einmal habe ich sehr über ihn gelacht, er kann sehr komisch sein. Unser »Hals- und Beinbruch« heißt auf französisch »merde«, das bedeutet Sch ... Ich kam vor einer Vorstellung in seine Garderobe und sagte »Merde!« Pavarotti antwortete mit einer kleinen Verbeugung: »Freut mich! Pavarotti!«

Meine privaten Beziehungen sind am engsten zu unserem Placido Domingo. Jeder glaubt, alles über ihn zu wissen, und trotzdem – wie wenig weiß man wirklich! Er ist sicherlich sowohl als Sänger als auch privat eine der ungewöhnlichsten Erscheinungen, die mir je begegnet sind.

Also, Sie wissen ja alle, daß er singt – und dirigiert. Gut. Ich habe dirigierende Sänger lang vor ihm erlebt. Richard Tauber war auch ein sehr guter Dirigent. Probenlos hat Tauber Vorstellungen im Theater an der Wien dirigiert, wenn ihm eine Operette gefallen hat. Domingo ist ein *Sänger*dirigent, er weiß, wann die Sänger atmen, er weiß, was die Sänger wollen, und er liebt, was die Sänger tun. Das gilt auch für Werke, die er auf der Bühne nicht singt. Zum Beispiel eines der Stücke, das für den Dirigenten zu den schwersten überhaupt zählt: »Die Fledermaus«. Die meisten unserer Dirigenten lesen beim Dialog mit, und wenn's zum Einsatz der Musik kommt, geben sie das Einsatzzeichen. Bei Domingo gibt es keinen Blick in ein Textbuch. Er schaut auf die Bühne, und irgendwie weiß er, wann der Musikeinsatz kommt. Er weiß überhaupt alles.

Er hat mir so viel Freude bereitet. Einmal konnte auch ich ihm eine bereiten. Bei der Weltausstellung in Sevilla 1992, wo ich Vorträge hielt und Fernsehaufnahmen machte, dirigierte Domingo in dem für die Weltausstellung neu errichteten Opernhaus »Carmen« mit Kollegen

José Carreras als José und Teresa Berganza als Carmen. Domingo machte als Dirigent beim Ensemble der Verehrer Carmens im ersten Akt (»... propos d'amour«) eine ganz originelle Nuance. Ich lief in der Pause in sein Künstlerzimmer und spielte sie ihm am Klavier nach. Er hat sich diebisch gefreut.
Staatsoperndirektor Egon Seefehlner hat einmal zu ihm gesagt: »Also, Herr Domingo, da können wir doch im Juni des nächsten Jahres drei ›Otello‹-Vorstellungen machen, am liebsten mit der Freni als Desdemona.« Sagt Domingo, ohne in ein Büchlein zu schauen: »Dann geht's erst nach dem 17. Juni, weil die Freni am 16. aus Buenos Aires zurückkommt.«
Er kennt nicht nur seine eigenen Termine, sondern auch die von allen anderen. Seine musikalische Kenntnis ist unglaublich. Einmal sollte ich eine Fernsehsendung über den Komponisten Walter Jurmann machen, der gemeinsam mit Bronislaw Kaper für Jan Kiepura einen Weltschlager geschrieben hat: »Ninon, lach mir einmal zu.« Es war mein Wunsch, daß Domingo das singen sollte. Domingo hat mir gesagt, er kenne das Lied

Von Luciano Pavarotti ließ ich mir bei einer Premierenfeier im Wiener Hilton ohne Groll die Pasta von meinem Teller wegessen, obwohl ich sie, offen gestanden, gerne selbst verzehrt hätte. Oh Luciano!

nicht und wolle es hören. Dazu hatten wir ein Rendezvous um 13 Uhr auf der Probebühne der Staatsoper, ich spielte ihm die alte Platte mit Jan Kiepura vor. Domingo hörte sich das an. In dem Augenblick, als die Platte zu Ende war, kam jemand von der Direktion und bat Herrn Domingo in ein anderes Stockwerk zu einem Telefonat aus Barcelona. Domingo: »Bitte, warte einen Moment, ich komme gleich zurück.« Ich habe gewußt, »gleich zurück« bedeutet bei Domingo drei Stunden.
Nach nur eineinhalb Stunden kam er zurück, setzte sich an das Klavier und spielte dieses Lied nach. Nicht hundertprozentig korrekt, aber immerhin zu neunzig Prozent. »Hör einmal zu, statt F-Dur singe ich G-Dur. Dann mache ich einen Terz-Sprung hinauf; das muß man so arrangieren. Drei Takte spielt das Orchester allein, am Schluß singe ich noch ein hohes B.«
Er hat sich sein eigenes Arrangement ausgedacht. Aber bitte, wann? Er hat um 13 Uhr das Lied zum ersten Mal gehört und dann telefoniert. Für mich grenzt das ans Mysteriöse.
Ein anderes Beispiel: Wir hatten in der Direktion Seefehlner 1979 eine Konzertaufführung der Oper »Il Giuramento« von Mercadante in der Staatsoper angesetzt, ein Werk, das nicht einmal Fachleute kennen. Der Tenor Peter Dvorsky war mit der Hauptrolle besetzt. Die Aufführung sollte am Sonntag stattfinden. Am Donnerstag sagte Peter Dvorsky krankheitshalber ab. Wir haben gewußt, daß niemand diese Partie in so knapper Zeit erarbeiten könnte. Damit schien die Produktion gestorben zu sein.
Am selben Tag tauchte Domingo auf. Ich hatte keine Ahnung gehabt, daß er überhaupt in Wien war. Er betrat mein Büro in der Staatsoper und bat, mein Telefon benützen zu dürfen. Danach erfuhr ich von ihm, daß er in den folgenden drei Tagen Schallplattenaufnahmen habe. »Und am Sonntag geht's nach Barcelona, und danach nach New York.« Ich wollte bloß einen dummen Spaß machen und sagte: »Placido, am Sonntag kannst du nicht abreisen, denn am Sonntag singst du bei uns doch: ›Il Giuramento‹.« Domingo: »Was redest du für einen Unsinn? Erstens, was ist ›Giuramento‹? Was singe ich bei euch am Sonntag? Nichts!«
Ich spielte die Qualitäten des Mercadante ein bißchen hoch. Domingo verabschiedete sich, kehrte aber nach einer halben Stunde zurück und bat um den Klavierauszug. Er nahm ihn mit. Da überlegte ich: Wird er wirklich einspringen? Ausgeschlossen! Jedenfalls berichtete ich sofort meinem Direktor Seefehlner. Der drauf: »Ich nehme das ernst!«
Er bat Domingo zu sich. »Hören Sie mal zu, Egon«, sagte Domingo,

Als Udo Jürgens (1. v. r.) in meiner Revue »Robert Stolz – Servus du« an der Volksoper auftrat, brachte ich ihn als Gast in meine Staatsopern-Matinee anläßlich des Jubiläums »25 Jahre Placido Domingo in Wien« (Mitte). Zu Placidos Rechten seine Gattin Marta geb. Ornelas (ehemals bekannte Sängerin, jetzt Regisseurin), zu seiner Linken die Sopranistin Mara Zampieri.

»wenn meine Aufnahmen bis Samstag ordnungsgemäß fertig sind und wenn ich wirklich nur eine Probe am Samstag Nachmittag machen muß, singe ich euch am Sonntag euer ›Giuramento‹.«
Domingo sang »Il Giuramento«. Während alle seine Kollegen (es war eine glänzende Besetzung, darunter Mara Zampieri bei ihrem Staatsoperndebüt) von den Notenständern abgelesen haben, blickte Domingo stets nur aus dem Augenwinkel in die Noten und agierte fast frei, als hätte er sein ganzes Leben nichts anderes als »Giuramento« gesungen. Was für eine Raub-Plattenpressung wurde das!
Eine ganz andere, sympathische Geschichte: Wir hatten an der Staatsoper »Andrea Chénier« angesetzt: am 1. und am 4. September 1986, Domingo hatte uns informiert, aus terminlichen Gründen nur die erste Vorstellung singen zu können. Daher wurde für den 4. September der Tenor Giuliano Ciannella engagiert. Am 1. September, bei den Schlußverbeugungen, sagt mir Placido hinter der Bühne: »Wenn ihr wollt, kann ich auch am 4. September singen.« Das müsse ich erst dem Direk-

tor melden, antwortete ich. Darauf Domingo: »Mach das nicht, ich hab' mir's überlegt, das ist nicht sehr nett gegenüber dem Kollegen Ciannella; vergessen wir die Sache.«

Am Morgen des 4. September hat Ciannella abgesagt. Es gelang uns mit Hilfe von Domingos Sohn, der in Wien Musik studiert hat, Domingo auf irgendeinem Flughafen aufzutreiben. Er kam nach Wien und hat auch diese Vorstellung gerettet. Placido junior ist jetzt erfolgreicher Filmkomponist in Hollywood. Bei dem Weihnachtskonzert, das Placido mit Carreras und Natalie Cole 1995 in Wien im Austria-Center sangen, war das Lied des Sohnes, »Navidad«, der große Hit. Seine Mutter, Placidos Gattin, war als Marta Ornelas eine erfolgreiche Sängerin und hat 1995 mit Puccinis »La Rondine« in Bonn ihr Debüt als Regisseurin gegeben.

Ungewöhnlich ist die vorbildliche Höflichkeit Domingos. Er sollte einmal in einer meiner Staatsopern-Matineen mitwirken und hat mir ein paar Monate vorher seine Zusage in Aussicht gestellt. Als er dann wieder einmal in Wien war, wollte ich ihn an diesen Termin erinnern. Aber er selbst kam auf mich zu, sagte, ja, das kann ich machen. »Aber du beginnst immer um elf, ich kann erst um zwölf.« Auch das hatte er nicht vergessen. Domingo hat auch sehr hohe künstlerische Interessen. So vergab er zum Beispiel Aufträge für Opern, die er für sich schreiben ließ. Ich selber habe eine davon gesehen, die mir sehr gut gefallen hat. Komponist war der inzwischen verstorbene Zarzuela-Schöpfer Federico Moreno-Torroba; diese Auftragsoper hieß »El Poeta«. Domingo hat sie in Mailand gesungen. Bei Gian Carlo Menotti bestellte er die Oper »Goya« und sang darin. Domingo hat sehr viel Herz für Zarzuela, wie auch ich: Noch etwas, was uns verbindet. An dieser Bindung hat auch sein Wiener Vertreter, Herr Peter Hofstötter, mit dem ich sehr befreundet bin, Anteil.

Domingos Mutter, eine bildschöne Frau, war unter dem Namen Pepita Embil die große Diva der Zarzuela. Er wurde überhaupt in eine Zarzuela-Familie hineingeboren. Der Vater war Leiter, Schauspieler und Komiker der Truppe. In Madrid gab es einmal eine Vorstellung der Zarzuela »Dona Francisquita« mit Placido als Dirigent und Vater und Mutter auf der Bühne. Aufgetreten sind sie vor allem in Mexiko; und dort hatte Placido auch seine erste Ausbildung als Pianist. Er hat damals auch schon mit seiner Mutter gesungen, da war er noch ganz jung – und Bariton. Auch davon gibt es eine Raubpressung. Die Altistin Mignon Dunn, Star der Met, hat mir einmal erzählt, daß der junge Domingo einer der besten Korrepetitoren ihres Lebens gewesen wäre.

Domingo beschäftigt sich auch intensiv mit vielen Themen der Musik. Wir hatten in der Wiener Staatsoper eine Matinee zu einer Premiere von »Andrea Chénier«, Regie Otto Schenk, Domingo in der Titelrolle. Er sprach in dieser Matinee über die Prinzipien des Verismo und dessen Gesangstil. Und erklärte seine Auffassung, daß es falsch wäre, daß man da schreien oder brüllen oder schluchzen müsse. Auch Verismo sei eine Art Belcanto. Er kam zu einer interessanten Überlegung, die mich erst verblüffte; und dann dachte ich: Donnerwetter, da hat Placido aber recht! Er sagte nämlich: »Denke an die Stilelemente des Verismo. Was ist daran neu? Ist dir je aufgefallen, die meisten Arien bei Verdi sind Arien einer einzigen Stimmung. Etwa ›Di provenza‹ (›Hat Dein heimatliches Land‹) in der ›Traviata‹, oder ›Celeste Aida‹ (›Holde Aida‹). Erst im Verismo wechseln die Stimmungen. Die Arien erzählen eine Story, wie die erste Arie in ›Andrea Chénier‹ das ›Improvviso‹. Oder wie zum Beispiel ›Ridi Pagliaccio‹ (›Lache, Bajazzo‹). Das war mir vor diesem Gespräch mit Domingo nie aufgefallen.

Da denke ich an ein kleines Erlebnis, das ich in Miami hatte: Wir spielten »Andrea Chénier«, Domingo wurde damals am 21. Januar mit einer Geburtstagsfeier geehrt, ich wurde am gleichen Tag Ehrenbürger von Miami. Also feierten wir gemeinsam.

In der Vorstellung sang der Bariton Vincente Sardinero den Gérard, Placido war Chénier. Sie wissen ja, Amerika ist in zwei Parteien geteilt. Republikaner und Demokraten vertragen sich, aber Domingo- und Pavarotti-Fans liegen einander in den Haaren. Neben mir saß ein Ehepaar, sie war Pavarotti-Anhängerin, er Domingo-Enthusiast. Beide haben die Oper nicht gekannt. Das Werk beginnt nämlich mit der Arie des Gérard. Sardinero sang ganz lang »T'odio casa dorata«, (»Ich hasse dich, vergoldetes Haus«). Da beugt sich der Mann zu seiner Frau und sagt: »Na, hörst du? Ich habe dir immer gesagt, der Domingo ist besser.«
Ich bin stolz darauf, daß ich Placido einmal ein bißchen hineingelegt habe. Wir hatten in der Staatsoper 1992 eine Matinee »25 Jahre Domingo in Wien«. Ich habe diese Veranstaltung geleitet. Einen Tag vorher war eine Party beim amerikanischen Botschafter, bei der ich Placido traf. Er bat mich: »Ich bitte dich, ich bin eben bei den Proben, laß mich bei der Matinee wenig sprechen, frag mich nur Sachen, wo ich mit Ja oder Nein antworten kann. Und bitte auch kein Klavierspiel, kein Singen.« Natürlich hatte ich mir sehr gewünscht, daß er Klavier spielt und daß er singt. Aber ich konnte ihn nicht darum bitten, versprochen ist versprochen. Da habe ich mich bei der Matinee selber ans Klavier gesetzt und seine

Zarzuela-Lieblingsmelodie mit Absicht falsch gespielt. Es war »No puede ser« aus »La Tabernera del puerto« von Sorozabal. Da, da, da ... Er war entsetzt über mein falsches Spiel, lief zum Klavier und spielte es richtig. Und jetzt habe ich gesagt: »Ja, du, mir fehlt da beim Text ein Wort, weißt du noch ...?« Ich kann sehr gut Spanisch, jetzt aber brachte ich die Wörter durcheinander. Placido, entsetzt – nein! das geht doch ganz anders, nämlich so – und hat die Arie voll ausgesungen und sich selber am Klavier begleitet. Das Publikum tobte.
Als ich nach einem Unfall im Wiener Böhler-Krankenhaus in Pflege meines verehrten Oberarztes Dr. Pelinka lag, machte ich einmal die Augen auf – an meinem Krankenbett standen Placido Domingo und Peter Hofstötter. Ich war sofort gesund.

21. ÜBER DAS HÖREN VON MUSIK

»Musik ist eine heilige Kunst.«
(Ariadne auf Naxos)

Man muß weder ein großer Anatom noch ein bedeutender Physiker sein, um zu verstehen, daß unsere Sinne nur durch unser Gehirn zur Wirklichkeit werden. Die Augen sehen, die Ohren hören, aber erst das Gehirn macht bewußt. Es schafft das Zusehen, das Zuhören. Sie sitzen offenen Auges da, und plötzlich fragt Sie jemand, ob Sie nicht bemerkt haben, daß eben ein großer Hund vorbeigegangen ist. Sie waren da, haben geschaut, haben aber nichts gesehen, weil Sie an etwas völlig anderes gedacht haben. Sie kennen die vorwurfsvolle Feststellung Ihres Partners: »Du hast mir überhaupt nicht zugehört.« Natürlich hat das Ohr registriert, was der oder die Liebe gesprochen hat, aber das Hirn hat es nicht in sein Internet aufgenommen. Musik kann erst erfaßt werden, wenn sich das Hören mit dem Ohr zum Zuhören mit dem Gehirn vertieft.

Was geschieht nun in uns, wenn wir zuhören? Im Konzerthaus oder in der Oper hören wir über unsere Ohren in unserem Gehirn der Musik zu, die von dort zum Herzen geht. Das einzige wirklich Wichtige, das, was Töne zu Musik macht, ist, daß sie zum Herzen gehen. Wenn das Herz nicht bewegt wird, ist Musik keine Musik. Auf dem Papier niedergeschriebene Noten, die gespielt nicht ans Herz rühren, bleiben nichts als bekritzeltes Papier, mag sie unser Intellekt auch »interessant« finden. Interessante Musik interessiert nicht …

Gehen wir nun einmal davon aus, daß Sie ein Maximum aus einer klassischen Symphonie herausholen wollen. Was müssen Sie dazu wissen? Ich selber bin ein Gegner von zu wenig, aber auch von zu viel Vorbereitung. Man sollte wichtiges Basiswissen haben, ohne damit das Gesamterlebnis in Frage zu stellen. Sie wissen – beziehen wir uns auf unsere klassische Symphonie –, daß sie Sonatenform hat: eine Einleitung, ein Hauptthema, Seitenthemen, die variiert und wiederholt werden. Wie verhilft Ihnen dieses Wissen nur zum Erlebnis Musik? Nicht immer ist es eine Hilfe, in der Partitur mitzulesen, weil sie die Aufmerksamkeit vom Ohr auf das Auge lenkt. Ich will Ihnen einen kleinen Trick verraten, muß aber zugeben, daß ich selber Jahrzehnte gebraucht habe, bis ich draufgekommen bin. Ich lese beim Zuhören nur so lange Partitur oder Klavierauszug mit, bis ich die Struktur des Werkes begriffen habe. Ab diesem Zeitpunkt konzentriere ich mich auf das Gehörte.

Das heißt: Ich kenne das erste Thema, ich kenne das zweite Thema, ich ahne voraus, was der Komponist mit diesen Themen machen wollte. Ich will mich aber überraschen lassen. Daher lege ich die Noten weg, um zu erleben, was sich aus dieser Basis in mir entwickeln wird. Allerdings ist es schwer und erfordert viel Routine, den richtigen Takt zu finden, wenn Sie später wieder mitlesen wollen: Warten Sie also auf Generalpausen oder, im Notfall, auf das Ende des Satzes. Legen Sie zwischen die betreffenden Seiten vorher Zettel ein.

Es gibt ein absolutes Musikerlebnis jenseits von dem gerade gespielten Werk. Es ist eine unendliche Freude, wenn Sie zuhören und sich ohne Bezug auf dieses Werk einfach fragen: Kann ich den Klang von Flöte und Klarinette sicher unterscheiden? Hier war die Ouvertüre zu Rossinis »Barbier von Sevilla« mit dem steten Holzbläserwechsel mein Lehrmeister. Ich wollte nur den absoluten Klang verstehen und habe vermieden, auf die Musiker oder in die Partitur zu schauen. Wie klingt eine Oboe? Oder: Wie klingt die Oboe zusammen mit der Harfe? Wie klingt das Cello gemeinsam mit der Klarinette?

Da gibt es keine Grenzen. Meinem Freund Peter Weiser verdanke ich die unübertreffliche Definition von »la musique« aus der »Encyclopédie française« des 18. Jahrhunderts: »Eine Folge von Tönen, die dem Ohr angenehm klingt.« Oh weh, was fällt da alles nicht darunter ...

Das Orchester soll man als eine Gruppe von Individuen erfassen. Wie schön ist es, wenn man realisiert, wie wenig man weiß und wieviel man noch zu lernen hat. Sie glauben, eine Arie aus einer Oper, ein Lied aus einer Operette auswendig zu können? »La donna è mobile« aus »Rigoletto«, »Dein ist mein ganzes Herz« aus »Das Land des Lächelns«. Wissen Sie wirklich, was denn da die Oboe macht, was die Klarinette, und wo das Cello pizzicato spielt? Ich sage Ihnen: Ein Leben genügt nicht, um eine einzige Arie wirklich zu kennen: Die erwähnten Beispiele waren einfach – wie wäre es bei Wotans Abschied und Feuerzauber aus der »Walküre«? Dies glauben doch auch viele von uns auswendig zu können.

Wenn Sie ein Werk erst fünfmal gesehen und gehört haben, ist der folgende Rat für Sie irrelevant. Aber bei der zehnten »Tannhäuser«-Vorstellung mag es sehr reizvoll sein, den ganzen Abend etwa der zweiten Klarinette zu widmen. Daraus ergibt sich ein völlig neue Verhältnis zum

Werkverständnis. Wichtig ist dazu, von seinem Platz aus das Orchester voll zu übersehen. Diese Plätze sind leider nicht zahlreich, aber sie helfen einem, Auge, Ohr und Gehirn auf das gewählte Thema zu koordinieren. Von diesen Plätzen aus sieht man die Partitur nicht auf dem Papier, sondern im Orchestergraben, man braucht nicht mitzulesen, denn man nimmt wahr, wann die Oboen spielen und wann die Geigen oder die Klarinetten. Ich habe unendlich viel dazugelernt, seit ich meinen Dienstsitz in der Wiener Oper in der Direktionsloge im ersten Rang gerade über dem Orchester habe. Ich versuche auch, in anderen Theatern immer so zu sitzen. Denn wenn man das Orchester so sieht, drängen sich die Fragen auf: Was ist der Sinn der Sitzordnung (sie wechselt von Werk zu Werk, oft auch von Dirigent zu Dirigent)? Was klingt von links, was von rechts? Wie klingen Instrumentengruppen, und wie vermählen sich Instrumente mit der menschlichen Stimme? Welche Instrumente spielen bei einer Arie das gleiche, was der Sänger singt?

Daraus eröffnen sich gewaltige Einblicke in das Werk der Meister – und in das der Nicht-Meister. Nur wenige verstanden die Begleitung der menschlichen Stimme: Hans Hotter erzählte mir, er habe in der Uraufführung des »Friedentags« von Richard Strauss die Rolle des Kommandanten gesungen. Der Komponist hat nicht dirigiert, war aber bei den Proben und sagte: »Herr Hotter! Was strengen S' Ihna denn so an? Schau'n Sie doch, was ich da im Orchester geschrieben habe! Man wird Sie nie hören! Warten Sie auf Ziffer (so und so), da muß man Sie hören!« Ganz interessant ist es, herauszuhören, welche Instrumente immer hörbar, und welche nicht immer hörbar sind. Denn jeder von uns weiß, daß aus einem Orchester von fünfzig oder einhundertzwanzig Musikern einzelne Stimmen kaum einzeln für das Ohr wahrnehmbar sind. Das will der Komponist auch nicht; ihm geht es um den Gesamtklang. Gewisse Instrumente allerdings sind immer hörbar. Dazu zählt zuallererst die Piccoloflöte, die bei Verdi so wichtig ist. Auch ein Pizzicato wird immer gehört. Selbstverständlich planen die großen Meister das genau ein.

Große Theaterkomponisten sind auch beim Einsatz des Orchesters sparsam. Bei Werken, für die ein Komponist ein Riesenorchester vorgeschrieben hat, etwa »Die Frau ohne Schatten« von Richard Strauss oder Wagners »Meistersinger« sitzen über hundert Musiker im Orchester, doch ist ein großer Teil dieser Oper Kammermusik. Es musizieren oft nur kleine Gruppen. Nur bei schlechten Theaterkomponisten lärmen immer alle.

Die Welt hat viele große Komponisten hervorgebracht, aber nur sehr wenige Theaterkomponisten. Das ist der gravierende Unterschied. Schubert steht in der Reihung der Komponisten unendlich weit oben; aber Leoncavallo ist als Theaterkomponist besser. Vielleicht ist Hindemith ein größerer Komponist als Mascagni – auf der Bühne glüht Mascagni, Hindemith ist lahm.

Wie wenige Theaterkomponisten gibt es? Vielleicht nicht mehr als zehn: Mozart, Rossini, Wagner und Verdi, Richard Strauss, Puccini und einige mit nur einem Werk (Bizet, Mascagni, Leoncavallo, Weber.) Theaterkomponisten komponieren auch die Regie vor. Nicht-Theaterkomponisten verstehen das nicht. Der Theaterkomponist inszeniert über die Musik, er schreibt in Tönen vor, wie lange Tristan seine Isolde anblickt, wie lange Tosca zum Auftritt braucht, er weiß, wie lange ein Gedanke dauert. Doch nur die allerwenigsten Komponisten beherrschen das. Große Theaterkomponisten sind oft Meister in Handlungslosigkeit. Der Schluß des ersten Aktes von »Rosenkavalier« ist ein großer Monolog, und jeder Takt eröffnet neue Dimensionen der Seele. Oder denken Sie an Richard Wagner, den größten Meister des Nichtgeschehens auf der Bühne. Da singt etwa der Hans Sachs in den »Meistersingern« seine Monologe: Äußerlich tut sich nichts, aber de facto bewegen sich Welten. Was geschieht da alles in den Pausen, zwischen den einzelnen Gedanken, Sätzen! Oder bei den langen Monologen des Gurnemanz im »Parsifal«. Wie arg ist es, wenn Regisseure das nicht verstehen und glauben, hier durch künstliches Geschehen beleben zu müssen.

Ich persönlich meine ja, daß im Musikdrama fast alles von Richard Wagner erfunden wurde, er regt uns wirklich auf, macht uns betroffen, läßt uns Schicksalen nahegehen. Und Strauss hat das fortgesetzt.

Wagners große, wichtige Erfindung ist das Leitmotiv. Es wurde bereits von Carl Maria von Weber, von Meyerbeer vorausgeahnt, aber erst Wagner hat es tatsächlich eingesetzt. Er gibt dadurch seinem Zuhörer eine wunderbare Gelegenheit zu aktiver Mitarbeit. Seine Leitmotive sind leicht zu behalten, oft wie populäre Trompetensignale. Er veränderte sie dauernd, und sie werden dadurch für uns wie Familienmitglieder, die man in allen ihren verschiedenen Gestalten immer wieder sucht, zu finden hofft oder unerwartet trifft.

Die Wagner-Familie – auch sie dient dem, was uns Leben bedeutet: Freude mit Musik.

22. Regietheater, das Gift der Oper

»Wigalawaia?« – »Hojotoho!«
(tantiemenpflichtige Bearbeitung)

Der Opernregisseur

Ich bin der Opernregisseur
und reise weltweit hin und her,
wo Opernhäuser mir erlauben,
die faden Opern zu entstauben.

Ich bin, bei Gott, nicht musikalisch.
Gesang erscheint mir rein bestialisch,
ich will Musik ja gar nicht hören –
das würde die Regie nur stören.

Doch spiele ich modern Theater:
In Tschernobyl spielt die Traviata,
der Radames erscheint befrackt,
die Mimi stirbt im ersten Akt.

Dem Rosenkavalier geb ich erst Sinn
durch den versklavten Neger in Alt-Wien.
Doch spielt den Walzer ein Grammophon,
erkenne ich nicht einen Ton.

Meine »Tosca«-Proben? Ich erwarte
einen Schließtag nur für »Vissi d' arte«.
Um dazu die Schräge zu montieren,
kann man drei Tage gar nix probieren.

Die Opern brauch ich nicht verstehn,
ich bin ja herrlich telegen.
Denn niemand merkt davon eine Spur,
um Mitternacht, bei »Treffpunkt Kultur«.

Drum bleib ich Opernregisseur –
ein andrer Job ist mir zu schwer.

M. P.

»Schöne Worte sind nicht wahr, wahre Worte sind nicht schön«, so meinte Lao-tse. Regietheater ist ein vom Regisseur dominiertes und diktiertes Theater. Für die Opernwelt ist es das, was Aids für den menschlichen Körper ist.

Es ist die Aufgabe des Regisseurs, das vom Autor verfaßte Stück dem heutigen Publikum klar und verständlich zu erzählen. Wenn er unverständlich erzählt, womöglich unverständlicher als das Stück selbst, hat er versagt. Wenn er das Stück anders erzählt, als vom Autor erdacht – wenn man etwa on seiner Launen die Inhaltsangabe des Werkes umschreiben muß –, wurde das Publikum betrogen und hat das Recht, das Geld für die Eintrittskarte zurückzuverlangen. Die künstlerische Freiheit des Regisseurs in der optischen Darstellung geht so weit wie die des Dirigenten in der Musik.

Der Regie kam in der Operngeschichte immer Bedeutung zu. Viel davon ist heutigen Regisseuren oft unbekannt, oder egal. Wie sieht das Bühnenbild aus, um jede Phase der Handlung verständlich erspielbar zu machen? Wie schafft man effektvolle Auftritte? Wie beleuchtet man, damit eine Frau schön aussieht? Wo steht ein Sänger, damit seine Stimme am schönsten klingt?

Wo, wie heute so oft, der Regisseur die Rollen besetzt, womöglich auch noch den Dirigenten aussucht, wird es gefährlich. Wo er Stücke nach seinem Willen und Gefühlen verändert, und all das mit einer oft sehr mangelhaften Kenntnis nicht nur der Musik, sondern des Stoffes und des Textes, haben wir einzugreifen. Dazu gibt es mehr Möglichkeiten, als wir ahnen. Selbstredend gilt, was ich sage, für die großen Meisterwerke der Oper, nicht für obskure Ausgrabungen von dubiosen Erfolgen oder Mißerfolgen aus vergangenen Zeiten.

Arnold Schönberg zum Regietheater

Ich wollte den neuen Beherrschern der Theaterkunst, den Regisseuren, möglichst wenig überlassen ... all das liegt heute sehr im Argen, und die Eigenmächtigkeiten dieser Hilfsorgane werden nur von ihrer Kulturlosigkeit übertroffen.

(Brief vom 12. September 1931 an Anton von Webern hinsichtlich der szenischen Instruktionen für »Moses und Aron«)

Wie kam es zur Regie-Hölle von heute? In der Welt, wie ich ich sie noch in meiner Jugend kannte, hat sich jedermann in erster Linie für neue Stücke interessiert. Das Umformen des Bekannten war unbedeutend, niemand hat sich damit auseinandergesetzt.

Es hat mich damals nicht interessiert, und es interessiert mich auch heute nicht, wie jemand den »Figaro« *auffaßt* (so heißt dieses beliebte Modewort). Es ist ein Stück der französischen Vor-Revolutionszeit, bei dem der Dichter Lorenzo Da Ponte Kaiser Josef II. versprochen hat, es politisch zu entschärfen. Punktum. Mehr ist an *Auffassung* nicht drin.

Während der letzten sechzig, siebzig Jahre sind aber nur mehr wenige publikumswirksame Opern geschrieben worden. Daher öffnete sich für die Regisseure nie geahnter Freiraum nach dem Motto: »Wenn ich nicht durch Neues herausgefordert werde, so erfinde ich halt meinen eigenen Lohengrin!« Das Angenehme für die Regisseure ist dabei in der Regel, daß die Komponisten sich in die Inszenierungen nicht mehr reinmischen können, weil sie bereits gestorben sind.

Wie entstehen aber bleibende Welterfolge? Puccini hat zum Beispiel zu seinen Lebzeiten selbst oder durch vertraute Spione prominente Produktionen seiner Werke zu Beginn der Regiearbeiten kontrollieren lassen. So wollte er immer wissen, ob die Regie das »Wunder« am Ende seiner »Schwester Angelica« seinen Instruktionen gemäß darstellte. Und er verbot zum Beispiel jede Modernisierung seiner »Tosca«. Nie hätte er die heute oft erscheinenden Scarpias in Naziuniform zugelassen.

Da man in der Folge nicht an jedem Theater immer und überall das identische Erscheinungsbild der bekannten Werke wollte und sich auch der Zeitgeschmack zu ändern begann, war es dann ein kurzer Weg bis zur Erkenntnis der Regisseure, daß man mit verrückten Totaländerungen und -bearbeitungen Schlagzeilen machen kann. Schlagzeilen machen berühmt. Bearbeitungen bringen Tantiemen.

Begonnen hat diese Entwicklung mit einem genialen Mann: mit Wieland Wagner, der aber überall in der Opernwelt lauter kleine, nicht geniale Wieland Wagnerln gezeugt hat. Seine Mutter Winifred, an der es viel berechtigte Kritik gibt, hat einmal dem Regisseur Syberberg im TV folgendes erzählt, was ich hier aus dem Gedächtnis wiedergebe: Wieland, meinte sie, sei ein hochbegabter Mann. Nach dem Krieg hatten sie kein Geld, wollten aber natürlich wieder Bayreuther Festspiele machen. Wieland zog sich an den Bodensee zurück, war unansprechbar, hat nachgedacht. Und eines Tages hatte er eine Lösung gefunden und begann zu inszenieren. Auf seiner Bühne war nichts, ganz und gar nichts, lediglich ein paar Lichtstrahlen.

> EIN SACHLICH RATENDER FREUND
>
> Einen Mann wie Marcel Prawy lernt man nicht kennen: man kennt ihn. So erinnere ich mich auch nicht eines bestimmten Anlasses, der ihn und mich zusammenführte. Wir sind über schier zahllose Jahre hinweg miteinander verbunden, und er ist mir nicht nur ein sachlich ratender und beobachtender, sondern darüber hinaus ein persönlicher Freund geworden, den ich schätze und dem ich danke.
> Das einzig Unglaubwürdige an Marcel Prawy ist, daß er heuer angeblich 85 Jahre alt wird.
>
> *Wolfgang Wagner*

Warum das alle Leute für einen neuen Wagner-Stil gehalten haben, konnte Winifred nie verstehen. Zumal sie immer geglaubt hat, daß es, wenn die Zeiten besser würden, wieder Bühnenbilder geben würde.

Wieland Wagner hatte ein eminentes malerisches Talent, über das seine Nachäffer nicht verfügten. Ich denke an seinen Wiener »Lohengrin« 1965. Der erste Akt spielte wie unter dem Dach eines herrlichen blauen gotischen Doms. Man hat sich bei diesem schönen Anblick gar nicht mehr gefragt, was denn ein gotischer Dom im Lohengrin suche. Dadurch haben sich die Leute daran zu gewöhnen begonnen, daß Schauplätze in der Oper unwesentlich sind. Unwesentlich, ob die Handlung in Freien spielt oder in einem geschlossenen Raum. Egal, ob Walkürenfelsen, Nürnberg oder Walhall: Für fast alles stand jene riesige flache Scheibe, auf der sich alles abspielte.

Doch wo kein Schauplatz existiert, versteht man die Handlung nicht. »Schön« und »richtig« sind verschiedene Dinge. Nur schön *plus* richtig ist perfekt. »Hören wir halt nur auf die Musik«, lautete die artikulierte Resignation ...

Was Wieland Wagner, bei allen Zweifeln, doch großartig konzipiert hatte, stellte sich in der Folge als der erste Schritt in die Hölle heraus.

»Traviata:
Alfred und Vater Germont sterben,
Violetta überlebt.«

Brüssel, Maurice Béjart

»Madama Butterfly im Bordell!«

Houston, Ken Russell

Denn äußerlich war die leere Wieland-Bühne leicht zu imitieren. Leichter, als richtig zu inszenieren.
Noch immer wird als weltbekanntes Beispiel für Regietheater Patrice Chéreaus Bayreuther »Ring« aus dem Jahre 1976 zitiert. Chéreau ist im Gegensatz zu sehr vielen seiner Kollegen des Regietheaters ein bedeutender Künstler und großartiger Menschenführer. Der Schock dieses ersten »Smoking«-Rings ist verflogen. Heute kann man in vielen Städten, die den »Ring« machen, schon eine Smoking-Leihanstalt eröffnen. Dabei haben die meisten gar nicht die erste Bayreuther Inszenierung Chéreaus gesehen, sondern nur die aus dem Jahre 1981 stammende Fernsehaufzeichnung. In diesen fünf Jahren hat der weise Wolfgang Wagner als Leiter der Bayreuther Festspiele immer wieder Änderungen durchgesetzt; dann tat der brillante Fernsehregisseur Brian Large noch ein übriges: »Das und das zeigen wir nicht, dafür aber das groß ...« Den Rest kennen wir: Die Inszenierung wurde ein TV-Welterfolg. Wenn man sie heute sieht, kommt sie einem vor wie aus längst vergangenen Tagen. Vielleicht war diese Art von Regie ein wichtiger Zwischenschritt, wie die Inszenierungen von Wieland Wagner – die heute auch wie ein interessantes Relikt von gestern wirkten. Wie rasch altert dies!
Ken Russell hatte eine Reihe hervorragender Filme gemacht, unter anderem auch »Tschaikowski«. Vielleicht hatte Lorin Maazel als Wiener Staatsoperndirektor ihn deshalb eingeladen, bei uns »Eugen Onegin« zu inszenieren. Ich glaube, Russells einzige Bühnenerfahrung vorher war in den USA »Madama Butterfly«, im Bordell spielend. Bald darauf legte Maazel die Direktion nieder, und sein Nachfolger, Egon Seefehlner, hat zu Russell gesagt: »Wir haben hier bereits einen sehr guten ›Eugen Onegin‹, noch gar nicht abgespielt. Machen Sie für uns etwas anderes, machen Sie doch Gounods ›Margarethe‹ (›Faust‹).«
Russel kannte zu diesem Zeitpunkt das Stück nicht, hat aber zugesagt und wollte sich damit bald beschäftigen. Und kurze Zeit später erreichte die Direktion der Wiener Oper folgendes, ungefähr so lautendes, historische Telegramm Russells aus Houston/Texas: »I found out how to make this opera playable.« Ich habe entdeckt, wie man diese Oper »spielbar machen« kann. Nicht nur Opernliebhaber wissen, daß es sich dabei um eine der populärsten, meistgespielten Opern aller Zeiten handelt.

»Margarethe als Taubstummenlehrerin«

Wien, Ken Russell

Und das war Russells Konzept: Margarethe muß eine Nonne sein, denn die Verführung eines jungen Mädchens sei heute nicht mehr interessant. Nach der Premiere war klar, daß die Verführung der Nonne nicht interessant war. Margarethe wurde allerdings nicht nur Nonne, sondern auch … Taubstummenlehrerin!

Ein Blick in Russells erstes Bild: Mephisto führt Faust die Vision Gretchens vor; Faust verliebt sich in das Double Gretchens, eine Tänzerin als Taubstummenlehrerin. Eine solche braucht aber auch Taubstumme. Da es bei Gounod keine Taubstummen gibt, bekam Valentin, Gretchens Bruder, zwei taubstumme Kinder. Leider hat der ahnungslose und altmodische Komponist Charles Gounod keine Taubstummenmusik komponiert.

Da sitzt dann das arme Gretchen am Spinnrad, singt ihr Lied vom König von Thule, kann aber nicht spinnen, weil sie an den das Spinnen illustrierenden Musikstellen Valentins Kindern Taubstummenunterricht gibt. Als dazu noch Mephisto (Ruggero Raimondi) seine Notdurft an einer Madonnenstatue verrichten mußte, da wirkte bald reinigend der göttliche Segen der Verschlampung im Repertoirtheater. Nur noch ein Wort zum Schluß der Oper, der ja in einer normalen Inszenierung höchst effektvoll ist, eine Apotheose über Goethes Wort »gerichtet – gerettet«. Ungefähr zehn Tage vor der Premiere war ich in der Probe und stellte fest, daß sich gerade an diesem Höhepunkt auf der Bühne in Russells Inszenierung gar nichts tat. »Sagen Sie mir doch einmal, bitte«,

---

IMPROVISATION NACH PLAN!

Don Marcel! Von Regisseur zu Regisseur sage ich und bekenne es neidlos in voller Bewunderung: Sie sind ein großer Regisseur und nicht nur – aber gerade – bei Ihren Veranstaltungen. Vor allem, weil Sie etwas gewagt haben, was dem Theater zu sehr verlorenging, nämlich die Improvisation. Die geistig blitzende, geistreiche Inspiration nach einem minutiös ausgearbeiteten Plan.

Götz Friedrich, Generalintendant, Deutsche Oper, Berlin

»Aida mit Hitler-Film!«

(Freiburg, Siegfried Schönbohm)

fragte ich den Regisseur, »das ist doch die Schlüsselstelle des Ganzen ...« Entwaffnend antwortete er mir: »Ja? Bitte zeigen Sie mir mal die Stelle im Textbuch.« Ich habe dieses Gespräch nicht zu Ende geführt.
In Freiburg im Breisgau habe ich 1981 eine von Siegfried Schönbohm inszenierte »Aida« gesehen, in der statt des Triumphmarsches im zweiten Akt eine Leinwand gespannt wurde, auf der ein Film mit Hitler- und Mussolini-Aufmärschen zu sehen war; dazu erklang eine Schallplatte mit dem Triumphmarsch unter Toscanini: Adam Fischer, Generalmusikdirektor dieses Hauses, hatte sich geweigert, diesen Teil der Inszenierung zu dirigieren. Wie immer, so gab es auch da Leute, die in aller Öffentlichkeit meinten, das sei doch hochinteressant und tief durchdacht ...

»Aida ist eine Mumie!«

(Frankfurt, Hans Neuenfels)

Eine andere »Aida«, eine Hans-Neuenfels-Inszenierung in Frankfurt, war vom Regisseur in Hollywood angesiedelt. Radames war, ich glaube Hollywood-Star, Aida erst eine einbalsamierte Mumie, dann Stubenmädchen. Nicht weniger nachdenklich stimmte auch die Florentiner »Rigoletto«-Inszenierung des berühmten russischen Regisseurs Juri Ljubimov, in der unser aller geliebter Piero Cappuccilli die Titelrolle singen sollte. Cappuccilli war also in der Stadt angekommen, und man unterrichtete ihn über das Regiekonzept: Vor allem wurde ihm gesagt, Rigoletto habe keinen Buckel. Auf der Bühne sah man eine Statue von Hitler, in der Mitte eine von Stalin, und rechts Mao tse-tung. Cappuccilli wollte raus aus diesem Wahnsinn, doch das war gar nicht so einfach. Denn ein Sänger hat nicht das Recht, wegen eines Regiekonzeptes abzusagen. Mit einem gewichtigen Argument, zu dem wir, seine Freunde, ihm dann geraten, kam er aus der Sache raus: »Was ist das für ein Stück, ich kenne es nicht.

»Rigoletto ohne Buckel vor Statuen Hitlers, Stalins, Maos.«

(Florenz, Juri Ljubimov)

Ich bin für Rigoletto engagiert, aber das ist nicht Rigoletto. Sie haben meinen Vertrag gebrochen.«
Derselbe Ljubimov inszenierte 1985 in der Basilica San Marco in Mailand szenisch die »Mathäuspassion« von Johann Sebastian Bach. Ich glaube mich zu erinnern, daß sich das folgendermaßen abgespielt hat. Bei den Proben hielt er einen russischen Klavierauszug des Werks in Händen, neben ihm stand eine Übersetzerin. Zeigte Ljubimov auf die Altistin – Ortrun Wenkel, die grandiose Bayreuther Erda und meine teure Freundin, und bellte eine kurze russische Anordnung, die von der Übersetzerin in Fast-Zärtlichkeit übertragen wurde: »Der Herr Regisseur stellt an das Fräulein das freundliche Ersuchen, die Nummer 16 einzutönen ...«
Sagt die Sängerin schüchtern: »Ja, ja, aber bitte, die Nummer 16 ist Chor allein.«
Verärgerte, kurze Worte des Regisseurs, Übersetzung: »Der Herr Regisseur ersucht das Fräulein ergebenst und höflichst, Nummer 26 einzutönen.«
Die Sängerin, schon mutiger: »Bitte, Nummer 26 ist die Arie des Tenors.«
Nach einem Wutausbruch läßt der Regisseur die Sängerin ihre Nummer selbst wählen.
Die Dame sagt: »Meine Arie ist ›Erbarme dich!‹ Nummer 47.«
Russische Kommentare, deutsche Übersetzung: »Sie sehen hier als Dekoration vor dem Altar eine Eisdecke, die an den Rändern schmilzt. Dieses Schmelzen sind die Tränen der Welt über den Tod unseres Heilands und Erlösers, Jesus Christus. Schreiten Sie nun höflichst vor Ihrer Arie zum Eis, damit sich die Tränen der Welt mit Ihren Tränen bei der Arie vermählen.«
Daraufhin die Sängerin, todesmutig: »Bitte, wenn ich die Arie singe, ist Jesus noch gar nicht tot.«
Damit wurde die Probe abgebrochen. So, oder so ähnlich, wird's wohl gewesen sein ...
In der bekannten Peter-Sellars-Inszenierung des »Don Giovanni«, die wir im österreichischen Fernsehen 1991 sahen, sind Giovanni und Leporello Zwillingsbrüder, schwarze Zwillingsbrüder. Sellars hat mir erzählt, er hätte Jahre gesucht, bis er diese singenden schwarzen Zwillingsbrüder gefunden hatte. Damit wird die ganze Oper – außer dem Gag des Kleidertausches zu Beginn des zweiten Akts – sinnlos. Die Oper kann gar nicht ablaufen, da schon bei der Registerarie Leporellos

»Mimi stirbt vor dem ersten Akt.«

(*Wien, Berlin, Harry Kupfer*)

im ersten Akt Donna Elvira in dieser Inszenierung ihn für Giovanni halten könnte. Bei vielen Starregisseuren fand ich die souveräne Verachtung des Textes ebenso stark wie die der Musik.
Noch ein Gedanke. Warum nennen wir eigentlich »Regietheater« fast immer nur jene Inszenierungen, die wir nicht wollen und nicht die, die uns begeistern? Wieso ist der phänomenale »Ring des Nibelungen« der Met in der Inszenierung von Otto Schenk nicht Regietheater? Oder die klassische »Bohème«, die Franco Zeffirelli 1963 an der Mailänder Scala herausgebracht hat und dann in Wien? (Bei der Premiere in Wien unter Herbert von Karajan schickte man das Publikum nach Hause, weil der Betriebsrat gegen den von Karajan eingesetzten Maestro als Souffleur protestierte. Das System des »Maestro suggeritore« ist in Italien allgemein gebräuchlich.) Ist der unvergleichliche »Simon Boccanegra«, den Giorgio Strehler an der Mailänder Scala und in Wien gezeigt hat, nicht Regietheater? Ich finde sogar, daß mir die Existenz von Zeffirellis »Bohème« an der Wiener Staatsoper, wo Mimi natürlich am Schluß stirbt, Interesse an Harry Kupfers Version an der Volksoper, wo sie am Anfang stirbt, ermöglicht hat. Gäbe es in *einer* Stadt nur die verfremdete Version, hätte sie keine Existenzberechtigung.
Die Auswüchse des Regietheaters sind im Grunde eine Geburt des deutschen Raumes, wo es die höchsten öffentlichen Subventionen gibt und man daher nicht unter dem Erfolgsdruck der nichtsubventionierten Welt steht, wo man dafür keine Sponsoren fände.

Wann ist ein Regisseur gut?

Ich setze Regisseuren Widerstand entgegen, die keine Ideen haben und sich nur wichtig machen wollen. Sie fürchten, daß sie niemand beachtet, wenn sie eine normale Inszenierung abliefern. Für mich hingegen ist ein Regisseur dann gut, wenn er das sogenannte »Normale« spannend umsetzen kann …

Renato Bruson

Die großen Konservativen, etwa Schenk-Strehler-Zeffirelli, sind aus der deutschen Opernwelt de facto ganz eliminiert. Schenk hat mir gesagt, er würde um kein Geld der Welt seinen New Yorker Sensations-»Ring« bei uns wiederholen, wegen der sicheren Angriffe von seiten der Avantgarde-Presse. Durch das Regietheater der üblen Sorte – also der nicht werktreuen – trat auch das Phänomen auf, daß die Inhaltsangaben in den Programmen nicht mehr stimmen. Denn diese werden ja in den meisten Fällen nicht vom Regisseur verfaßt, sondern einem Opernführer entnommen. Und dieser bezieht sich ja in der Regel auf das Originalwerk. De facto müßten in einem Opernprogramm bei solch einer Inszenierung zwei Inhaltsangaben angeboten werden unter den Titeln: »Wie es wirklich ist« und »Was dagegen heute gespielt wird«.
Ich habe für Regie-Verfremdungen durchaus Verständnis, wenn sie an der Essenz des Werkes nichts ändern. Jonathan Miller versetzte den »Rigoletto« in das Milieu der amerikanischen Mafia, was im Libretto zwar nicht vorgesehen ist, dem vernünftigen Ablauf des Stückes aber nicht im Weg steht.
Interessant fand ich auch George Taboris »Bajazzo« an der Wiener Kammeroper, wo er gleichsam als Dokumentation einer wahren Geschichte gespielt wurde. Die »echte« Handlung wurde da auf deutsch gesungen, das Spiel im Spiel auf italienisch. Eine interessante, wenn auch keine allgemeingültige Idee.
Wieland Wagner gilt in Bayreuth als großer Neuerer, sein Bruder Wolfgang hingegen als Konservativer. Gerne denke ich an eine eindrucksvolle, von Wolfgang Wagner inszenierte Produktion der »Meistersinger« im Jahre 1981. Da war Beckmesser (Hermann Prey) von allem Anfang nicht die grotesk komische Figur, sondern ein seriöser, sympathischer Bewerber um Eva. Ein eleganter Mann, durchaus »in Betracht kommend«, aber eben durch den Ritter von Stolzing (Siegfried Jerusalem) ausgestochen.
In dieser Inszenierung steckte noch eine Königsidee: Ganz am Schluß des Stückes, während des Chores »Ehrt eure deutschen Meister«, entdeckt Sachs (Bernd Weikl) Beckmesser in der Menge, holt ihn lächelnd zu sich, und die beiden »Verlierer« gehen wie alte Freunde ab. Eine zu Tränen rührende Szene. Das nenne ich Regie! Denn die beiden werden in der nächsten Woche wieder nebeneinander in der Katharinenkirche sitzen und den Meistergesang üben; warum sollten sie denn lebenslange Feinde bleiben?
Wagner ist das Lieblingsopfer der Regie-Perversionen, denn er ist so

> ÜBER EINEN MÜNCHENER »IDOMENEO«
>
> ... entweder läßt der Regisseur das Meeresungeheuer aus den Fluten auftauchen, wie es im Original-Libretto steht; das hätte den Vorteil, daß das Publikum wüßte, was sich abspielt, und nicht, wie diesmal, beim Abholen der Mäntel, darüber rätseln müßte ... oder es ist ihm das Ungeheuer zu blöd – dann muß er eben den Stoff ins Zeitlose überhöhen (Pistole! – und das im Trojanischen Krieg), muß im Programmheft erklären, daß das alles ›exemplarisch ist ... bis hin zu Auschwitz‹.
>
> *Herbert Riehl-Heyse*

groß, daß er alles aushält. Was bei »Tristan« geht, wäre bei »Andrea Chénier« ganz unmöglich. Wer sich ernstlich für Wagner-Inszenierungen interessiert, sollte einen Besuch im untersten Stockwerk der Villa Wahnfried in Bayreuth nicht versäumen. Da sieht man Bühnenmodelle der Inszenierungen vom Anfang der Festspiele 1876 bis zur heutigen Zeit. Vieles aus den alten Tagen finden wir heute überladen, hypertroph (so ganz Unrecht hatte Wieland nicht!), überwuchernd. Aber immer stimmt die Dramaturgie des Bühnenbildes: Wo steht der Sänger? Welchen Raum hat er für seine Gänge? Wie ermöglicht das Bühnenbild, daß sich Handlung und Musik frei entfalten?

Wir sündigen mit dem Unfug des Regietheaters an der nächsten Generation. Wir selber, die noch den »Normalzustand« gesehen haben, wissen ja: dort, wo der Soldat jetzt marschiert, dorthin gehört das Wasser von Rheingold. Wir wissen's ja noch, aber die nächste Generation? Wenn einer den »Ring« von soundso gesehen hat, so erwartet er beim nächsten »Ring« von dem nächsten Regisseur ein neues Stück, so wie wir Jungen einst von Richard Strauss nach der »Frau ohne Schatten« das »Intermezzo« erwartet haben. Denn eine neue Inszenierung ist heute fast so etwas wie ein neues Stück. Der Weg ins Chaos ist vorprogrammiert. Es gibt Regisseure, die können's nicht normal; und es gibt welche, die könnten's sehr wohl normal, wollen aber auf den Tagesruhm des Andersseins nicht verzichten.

Harry Kupfer ist ein wirklich bedeutender, von mir hochgeschätzter Regisseur. Er hat in Graz mit wunderschönen Inszenierungen begonnen, mit einem spannungsreichen »Giovanni«, einem beeindruckenden »Wozzeck«, einer packenden »Elektra«. Aber damit wurde er nicht berühmt. Ich verehre Kupfer auch, weil er ein Superprofi ist, ein Beherrscher seines Handwerks. Wenn er im Haus ist, kann man ruhig schlafen, so gut klappt alles. Sein Ruhm begann aber erst, als er sich stetes Gesprächsthema bildende, wilde Dinge einfallen ließ.

Wir spielten in der Oper Pendereckis »Schwarze Maske«. Vorher hatte ich eine Einführungsmatinee in der Oper zu halten, zu der ich auch den Regisseur des Stücks, Harry Kupfer, eingeladen hatte. Seine Regie war hervorragend. Zu Beginn bat ich ihn, die etwas komplizierte Handlung zu erzählen. Und Kupfer tat es brillant. An einem gewissen Punkt sagte er: »Und dann stirbt der Bürgermeister.«

Da unterbrach ich ihn und fragte: »Sagen Sie bitte, Herr Kupfer, könnte der Bürgermeister nicht gleich am Anfang sterben?«

Kupfer, kopfschüttelnd: »Lieber Prawy, ich will Sie nicht beleidigen, aber das ist keine gescheite Frage. Wie kann der Bürgermeister am Anfang sterben, zuerst muß er doch noch das und das erleben ...«

Darauf ich: »Nein, Herr Kupfer. Ich habe nämlich auch Ihre ›Bohème‹ gesehen, und da beginnt die Oper mit dem Begräbnis der Mimi.«

Er: »Da ist die Situation doch anders.«

Ich intervenierte: »Herr Kupfer, mir fällt was auf, da liegt ein Klavierauszug der ›Schwarzen Maske‹, auf dem gedruckt steht: Text nach Gerhart Hauptmann von Harry Kupfer. Halten Sie es für möglich, daß Sie bei sich etwas nicht zulassen, was Sie mit Puccini tun?«

Ich erklärte ihm noch: »Ich will ja Ihre Arbeit in Schutz nehmen, und mir gefällt es ja, daß der Bürgermeister so spät stirbt. Ich will nur den Harry Kupfer vor allen künftigen Harry Kupfers schützen.« Seither sind wir die besten Freunde.

Kupfers Berliner »Carmen« war auch sehr verändert, »auf das Wesentliche reduziert«, aber, auf dem Programmzettel stand: »Version von Harry Kupfer.« Damit war er jeder Verpflichtung zur Werktreue enthoben. Unter solchen Umständen wäre man allerdings versucht, in der Oper anzurufen und zu fragen: »Schön, aber wann spielen Sie wieder ›Carmen‹?«

Die Freiheit des Regisseurs endet, wenn man wegen einer Inszenierung die Inhaltsangabe der Oper ändern muß. Der Wagner-Forscher Peter Wapnewski hat bei dem von August Everding zur Eröffnung des Prinzregententheaters in München geleiteten Symposions, an dem ich teilgenommen habe, den Begriff »Werktreue« peinlich falsch, aber sehr komisch so definiert: »Werktreue ist die schlechte Vorstellung, die Sie in Ihrer Jugend gesehen haben und immer wieder sehen wollen.«

> ## WENN REGISSEUREN WUNDER SUSPEKT WERDEN
>
> Warum schicken viele Eltern ihre Kinder in den »Lohengrin« als deren erstes Opernerlebnis? Dort geschieht ein Wunder, der Schwanenritter kommt im Nachen, von einem Schwan gezogen, und nie darf man ihn befragen, woher er komme, wes Namen er sei. Heute ist vielen Regisseuren jedes Wunder suspekt, unser rationales Zeitalter verträgt keine transrealen Ereignisse. Und so läßt mancher Regisseur das ganze Geschehen von Elsa träumen, auf daß er sich nicht mit dem Phänomen Wunder auseinandersetzen muß.
>
> August Everding

Ich würde sofort kapitulieren, wenn ein Regisseur meint: »Das ist ein wunderbares Werk, und um es auch heute noch als wunderbar begreifen zu können, muß man dies und das verändern.« Diese Einstellung fand ich bisher selten. Meist höre ich von Regisseuren, daß dieses ungeliebte Werk schwach und krank sei, und der große Regisseur es retten müsse ...

»Rheingold mit Naziaufmarsch!«

(Nizza, Daniel Mesguich)

Beispiellos ist meine Erinnerung an einen »Ring des Nibelungen«, der 1988 in Nizza gelaufen ist und dann nach Paris übersiedelte. Der Regisseur hieß Daniel Mesguich. Zu den herrlichen Es-Dur-Orgien des Anfangs von »Rheingold« spielen vor dem Vorhang Kinder. Eines von ihnen findet einen Helm, ein Schwert, eine Uniform. Das Kind bekleidet sich damit, beginnt zu marschieren: dieses Kind, der künftige Nazi ... Es marschiert und marschiert und marschiert. Dazu das Es-Dur der Rheinwogen ... Und vom Beginn des »Rheingold« bis zum Ende der »Götterdämmerung« war dieser Teufel von einem Kind auf der Bühne präsent. Siegfried erweckt Brünhilde; neben ihm das Kind. Ein Kind, das später allerdings bekehrt werden soll – im Gegensatz zum unbelehrbaren Nazi Siegfried.

»Götterdämmerung spielt am Judenfriedhof!«

(Paris, Daniel Mesguich)

Der dritte Akt der »Götterdämmerung«, in dem Siegfried ermordet wird, spielt auf einem jüdischen Friedhof. Siegfried singt seine Erzählung, auf dem hebräisch beschrifteten Grabstein des »Juden« Mime sitzend.
Derselbe Regisseur wurde gebeten, aus terminlichen Gründen während der »Rheingold«-Proben auch die mit denselben Sängern besetzte Szene Wotan-Fricka der »Walküre« zu stellen. Die »Walküre«-Premiere sollte wenige Wochen später stattfinden. Was sagte dazu der Regisseur: »Nein, leider, die ›Walküre‹ kenne ich noch nicht.«
In Nizza erntete Mesguich eine ungeheure Buh-Orgie für diese Arbeit. In Paris aber haben manche bereits behauptet: »Hochinteressant, durchdacht, ein neues Konzept.« Mir ist es immer verdächtig, wenn ich das Wort »Konzept« höre.
Ich habe vorhin eine meiner Lieblingssängerinnen zitiert, Ortrun Wenkel. Sie sang 1990 ihre erste ausgezeichnete Herodias in »Salome« bei dem von Gian Carlo Menotti geleiteten Festival von Spoleto. Zwei junge Regisseure hatten gemeinsam die Idee, das Stück nicht zu Zeiten Johannes des Täufers anzusiedeln, sondern in einem deutschen Wohnraum der unmittelbaren Vorhitlerzeit. Mit entsprechenden Bildern an der Wand. Jochanaan kam nicht aus einer Zisterne, sondern zeitgemäß bekleidet aus dem Nebenraum. Herodias erschien mit einer Zigarette auf einem langen Zigarettenspitz à la Mistinguette und sollte betrunken sein. Sie hatte sich auch an das Klavier zu setzen und, die Musik von Richard Strauss zerhauend, herumzuklimpern. Menotti sagte mir damals: »Marcello, ist das nicht komisch – die ganze Welt ändert sich laufend, nur die Avantgarde bleibt immer gleich.«
Ich verehre Gian Carlo Menotti sehr, uns verbindet seit langen Jahren eine schöne Freundschaft. Er ist ein glänzender Komponist, Librettist – und Salon-Entertainer. Einmal erzählte er mir, als er seine Bank um eine Anleihe zum Ankauf des Schlosses in Schottland, das er jetzt bewohnt, bat, habe die Bank abgelehnt, weil sie erforscht habe, daß seine finanzielle Lage ihn dem Untergang nahe brächte. Worauf Menotti antwortete: »Wenn ich schon auf der Titanic fahren soll, dann erste Klasse!«
In diesem Zusammenhang muß ich ein Erlebnis wiedergeben, das ich mit einem besonders geschätzten und lieben Freund hatte, mit Götz Friedrich, dem Generalintendanten der Deutschen Oper Berlin. Er gehört zu den wahren Meisterregisseuren unserer Zeit. Seine Wiener Inszenierungen von »Moses und Aron«, »Erwartung«, »Herzog Blaubarts Burg« sind Höhepunkte modernen Theaters. Aber auch er will

manchmal »dazugehören«. Vielleicht fand er seine eigenen fabelhaften konservativen »Meistersinger« in Stockholm nicht wild genug. Mit viel Geschick habe ich verursacht, daß bei ihm Korngolds Oper »Die tote Stadt« aufgeführt wurde, und mit dieser Berliner Aufführung wurde auch die europäische Korngold-Renaissance eingeleitet. Begonnen hatte es damit, daß ich während eines Gastspiels der Wiener Staatsoper in Tokio Karan Armstrong – privat Frau Friedrich – in einem Bankettzimmer unseres Tokioter Hotels die Gesamtaufahme der Oper unter Erich Leinsdorf vorspielte und ihr die Doppelrolle der Marie-Marietta in dieser Oper mit allen Jeritza-Nuancen richtig vormimte. Karan Armstrong war so fasziniert, daß sie sofort ihren Mann anrief: »Bitte, kannst du das mit mir machen!« Er machte. Nicht nur für Karan, für die ganze Opernwelt, und glänzend.

Über seine Einladung habe ich in Berlin den Einführungsvortrag gehalten. Unmittelbar nachdem ich in der Stadt angekommen war, sprach mich der Dirigent der Vorstellung an, Heinrich Hollreiser, und bat mich: »Prawy, können Sie nicht Götz Friedrich beeinflussen! Wir lieben ja alle diesen großen Regisseur. Aber am Schluß der Oper macht die Pistole so viel Lärm über der Musik, dort, wo der Paul sich umbringt.« Ich sagte zu Heinrich Hollreiser: »Das kann ich mir nicht vorstellen, denn der Paul bringt sich in diesem Stück nicht um. Er schreitet in ein neues Leben und damit ins Happy-End.« Nein, meinte Hollreiser, der Paul bringt sich in dieser Vorstellung um.

Es gelang mir, Götz Friedrich zu überzeugen, den Schluß lautlos zu halten. Aber er blieb dabei: Paul hat sich umzubringen. Ich habe mit meinem verehrten Freund Götz Friedrich dieses Thema Stunden über Stunden diskutiert, habe ihm gesagt, daß dies doch eine Happy-End-Musik wäre. »Schauen Sie«, sagte ich zu Friedrich damals, »was der Wagner wirklich wollte, wissen wir beide nicht. Aber den Korngold kannte ich genau, ich weiß, was er wollte!«

Antwortete mir Friedrich: »Lieber Freund, als Korngold diese Oper komponierte, war er zwanzig. Damals hat er sein eigenes Werk selber noch nicht verstanden.« Sehr ernst aber fügte er hinzu: »Glauben Sie nicht, daß ich meine Arbeit zu leicht nehme. Ich nehme sie sogar sehr ernst. Ich habe mich mit einem berühmten Psychiater beraten, der mir erklärt hat: Nach alldem, was der Paul in der toten Stadt erlebt hat, kann er sich nur umbringen ...«

Natürlich ahnte ich, um welchen Psychiater es sich gehandelt hat, und konfrontierte diesen mit seiner Meinung bei einem abendlichen

Gespräch in unserem gemeinsamen Urlaubsort, dem Vollererhof bei Salzburg. Es war ein Opernfreund, der berühmte verstorbene Erwin Ringel.
So lautete mein abschließendes Statement: »Sie haben sich mit dem Ringel unterhalten, ich mich mit dem Korngold.« Doch Friedrich gab nicht nach, und Paul hat sich umgebracht. Friedrich und ich blieben wunderbare Freunde. Die Oper wurde ein Triumph, auch für Frau Armstrong und James King als Paul. Und für Friedrich.
Gibt es eine Rettung, oder gibt es keine? Alle Opernfreunde wissen, wie oft man darüber nachdenkt. Wäre eine Verlängerung der urheberrechtlichen Schutzfrist – jetzt ist der Schutz bis siebzig Jahre nach dem Tod des Autors wirksam – ein Ausweg? Nein. Erstens beträfe er nur geschützte und nicht bereits frei gewordene Werke, wie Mozart oder Wagner. Außerdem hat es sich gezeigt, daß bei Regieverbrechen weder Autoren noch Verleger von ihren Rechten Gebrauch machen. Sie ärgern sich, sie weinen, aber sie wollen meistens doch nicht auf die Tantiemen der Inszenierung verzichten. Sie schreiten, hat die Erfahrung gelehrt, nicht ein.
Daher liegt es an uns, am Publikum, einzuschreiten Ich habe von meinem alten Jusstudium noch so viel bewahrt, daß ich weiß: Man kann sein Eintrittsgeld vom Theater zurückverlangen. Nicht bei Inszenierungen, die uns bloß nicht gefallen, nein. Aber wenn ein Stück vollkommen werkfremd erzählt wird. Noch dazu, wenn einem im Theater ein Buch mit dem richtigen Text verkauft wird. Ein Anwalt müßte solche Fälle für den gesamten deutschen Raum in die Hand nehmen. Viel wurde darüber diskutiert, ob nur die gesungenen Worte oder auch die szenischen Anweisungen dem Urheberrecht unterliegen.
Im »Fliegenden Holländer« tötet Senta am Schluß ihren Liebhaber Erik und ihren Vater Daland – in der Inszenierung von Michael Simon in Darmstadt. Geld zurück! Mimi stirbt am Anfang der »Bohème«? Geld zurück! Man kann sogar ruhig sagen, daß es einem gefallen hat – es war nur leider ein anderes Stück als angekündigt, daher: Geld zurück. Siegfried stirbt am Judenfriedhof? Wunderbar, vielleicht. Jedenfalls aber: Geld zurück. Rigoletto ohne Buckel? Was für eine tolle Idee! Leider

---

»Senta erschießt Daland und Erik.«

Michael Simon in Darmstadt

> Gründgens hat gesagt: Jetzt kommt die Zeit des Regietheaters. Und das bedeutet so viel wie: kein Theater, denn das ist eine Selbstbeweihräucherung einiger Vollidioten.
>
> *Heinz Reincke in TV-»Künstlerleben«, 25.August 1996*

nicht das angekündigte Stück, daher: Geld zurück! »Rosenkavalier«: Schauplatz U-Bahn. Wunderbar. Geld zurück!

Nur das würde den Theatern imponieren. Sie müßten verfolgt werden von zahllosen Klägern, die auf gerichtlichem Weg ihre Eintrittsgelder zurückverlangen. Vielleicht nur fünf Mark für einen Stehplatz. Da das Theater sein Publikum unter falschen Vorspiegelungen anlockt, um ihm Geld für etwas herauszureißen, wofür es nie gezahlt hätte, wäre ernstlich zu prüfen, ob da nicht der strafrechtliche Tatbestand des Betruges gegeben ist. Ein und derselbe Anwalt müßte das für alle durchführen. Wie ist das eigentlich im Restaurant? Sie bestellen ein Wiener Schnitzel, also erwarten Sie Fleisch mit Panier. Sollten Sie es ohne Panier bekommen, weil der Koch moderne Ansichten über die altmodische Panier beim Wiener Schnitzel hat, dann mag Sie das interessieren – jedenfalls werden Sie nicht zahlen. Warum also für Siegfried auf dem Judenfriedhof?

Viele Operetten sind moderner als deren Modernisierungen. In der Wiener Volksoper mutierte der Regisseur Klaus Maria Brandauer, mit vollem Recht weltweit gefeiert als Schauspieler in Theater und Film, Lehárs »Das Land des Lächelns« in ein nachtschwarzes Spektakel, bei dem man – zum ersten Mal bei diesem Werk – weder weinen noch lachen konnte und glaubte, einer Parodie auf ein Stück von Elfriede Jelinek beizuwohnen.

Nicht immer sind die Regisseure schuld, wenn etwas schiefgeht, und nicht immer kann man Geld zurückverlangen. Wie war es denn, als der tote Scarpia sich erhob, um seiner Tosca, Galina Wischnewskaja, das Feuer zu löschen, das an ihrer Perücke durch Berührung mit den Kerzen entstanden war? Gleich nachher hat er sich ja brav wieder als Toter hingelegt (Kostas Paskalis). Und wie war es, als Cavaradossi nicht erschossen wurde, weil das Erschießungskommando ein Fußballmatch im Fernsehen ansah und aufzutreten vergaß? Nicola Martinucci lief geistesgegenwärtig unerschossen ab, und als Tosca erwies sich Montserrat Caballé als grandiose Schauspielerin bei ihren Ausbrüchen über der nicht existierenden Leiche ... Zu so vielem Erlebtem gesellt sich auch *relato refero:* Bei einem Aufenthalt in meinem geliebten Maspalomas im Januar

1997 erzählten mir Hotelgäste im herrlichen Park des Hotels Oasis zwischen frei herumstolzierenden Pfauen vom dunklen, nachtschwangeren, schwanlosen »Lohengrin« an der Berliner Staatsoper (Inszenierung: Harry Kupfer) mit vielen Buh-Rufen aus dem Publikum und viel Beifall in der Presse. Und von einer neuen »Rusalka« an der Berliner Komischen Oper (Inszenierung: Christine Mielitz), in der der Komponist Antonin Dvořák selbst auftritt und die Rolle des Wassermann singt.

Zwischen den Pfauen lagen (den »Bajazzo« studierend) unser René Kollo und mein Staatsopernkollege Hans Christian (samt Gattin Monika), der lange Jahre hindurch ein Monopol als ausgezeichneter Darsteller des Selim Basa in der »Entführung aus dem Serail« und als Haushofmeister in »Ariadne auf Naxos« hatte. Er erzählte von seinem Gastspiel als Haushofmeister in Rom (1990), in einer Inszenierung von Francesca Zambello. In der Proszeniumsloge saßen im Kostüm Kaiser Franz Josef und Gattin Sisi, die dann auf die Bühne sprang und selbst – mit einem Totenkopf in der Hand – die Ariadne spielte. Und von einem anderen Gastspiel in dieser Rolle, 1988 in Köln, in einer Inszenierung des von mir hochverehrten Jean-Pierre Ponnelle, die mit einem Feuerwerk und dem Selbstmord des Komponisten auf offener Bühne endete. Die jetzt grassierende Mode, »Ariadne« im Entstehungsjahr (1916) spielen zu lassen, ist schon deshalb lächerlich und sinnlos, weil Zerbinetta und ihre Gruppe dann keineswegs ihre Commedia dell'arte gespielt hätten, sondern »Die lustige Witwe« oder »Die Csardasfürstin«.

Ich habe bereits so weit resigniert, daß es mir im Grunde wurscht ist, was an Regie-Irrsinn bei Festspielen gezeigt wird, denn es verschwindet dort sowieso bald. Nur im Repertoiretheater, wo eine ganze Generation damit aufwachsen muß, hat so etwas keinen Platz. Viele große Komponisten, wie Verdi für »Aida«, Boito für »Mefistofele« usw., ließen durch ihre Verlage eine »Disposizione Scenica« drucken – mit genauesten Regievorschriften für jeden Takt.

Wie heil ist dagegen die Welt des Musicals! Als ich als erster begonnen habe, diese Form des Musiktheaters auf dem Kontinent zu produzieren, mußte ich unterschreiben, daß am Original inklusive Regiekonzept nichts verändert werden darf. Damals habe ich mich über diese Kleinkariertheit geärgert, weil ich noch keine Ahnung von den zukünftigen Bedrohungen durch das Regietheater hatte. Damals empfand ich es als ärgerlich, daß ein Glas Wasser, das in New York zwei Zentimeter von der Tischkante entfernt gestanden ist, auch bei uns zwei Zentimeter von der Kante entfernt zu stehen hatte.

Sie können nicht das Musical »Cats« (Katzen) von Andrew Lloyd Webber einfach in »Dogs« (Hunde) verwandeln. Aber wenn es von Richard Wagner wäre, könnten Sie ruhig auch Krokodile oder Ameisen draus machen.

Beim Musical bedeutet das keine Abwertung, sondern eine Aufwertung des Regisseurs. Beim Musical ist der Regisseur genauso Mitautor wie der Librettist und der Komponist. Keine Änderung an Text, Musik, Regie. Es ist daher unmöglich, in »Phantom der Oper« Frosch-Witze oder den Donauwalzer einzulegen. Und das ist auch ein Garant des Erfolges. Phantasielosigkeit? Vielleicht hat es der Producer der Originalversion, die ja meist den Welterfolg erspielt hat, doch ein bißchen besser gewußt. Und wer von unseren selbsternannten »Verbesserern« hat Welterfolge erschaffen?

23. Die Zukunft der Oper

»... erwarte die genialischen Werke unserer Zeit.«
(Capriccio)

Meine Gedanken zur Oper kann man nur akzeptieren, wenn man meine Definition der Oper akzeptiert. Von den etwa 50.000 geschriebenen Opern gilt sie für etwa hundert.
Eine Oper ist musikdramatisches Geschehen mit einer Geschichte, die unser Gefühlsleben bewegt, und einer Musik, deren nachsingbare Melodien unser Leben verändern.
Wenn eines dieser Elemente fehlt, ist das kein Verdammungsurteil, es kann sich trotzdem um ein bedeutendes, interessantes, wichtiges, diskussionswürdiges Werk handeln, nur – es ist keine Oper. Das Geschehen muß dramatisch sein. Das bedeutet nicht etwa äußerlichen Lärm-Klimbim. Wagners »Parsifal« ist wahrhaftig dramatisch, obwohl das äußere Geschehen fast null ist. Es muß unser Gefühlsleben angesprochen werden. Wo der Intellekt, aber nicht das Gefühlsleben angesprochen ist, wird es problematisch. Sollten Sie meine Definition der Oper für kitschig halten, so denken Sie an Richard Strauss, der einmal sagte: »Solche Treffer wie das Arabella-Duett und das Rosenkavalier-Terzett gelingen nicht immer. Muß man siebzig Jahre alt werden, um zu erkennen, daß man eigentlich zum Kitsch die beste Begabung hat?!«
Vom Herzen zur Theaterkassa führt eine mystische Verbindung. Herz fehlt mir mit einem so bedeutenden Werk wie »Moses und Aron« von Arnold Schönberg. Nachsingbare Melodien halte ich für essentiell. Das bedeutet keinesfalls eine Nur-Rigoletto-Apotheose, denn »Wozzeck« ist fast durchwegs nachsingbar – »Soldaten, Soldaten« – »Mädel, was fängst du jetzt an« – »Lasset die Kleinen zu mir kommen«.
Ich gebe zu, daß mir ein Wort von Otto Schenk dabei nicht aus dem Sinn will: Ist es wahr? Jedenfalls gibt es zu denken: »Wenn wir heute in einer neuen Oper eine schöne, neue Melodie kennenlernten, würden wir sie nicht akzeptieren, sondern als ›gestohlen‹ abservieren.«
Für unerläßlich halte ich die Forderung an die Oper, eine »Veränderung unseres Lebens« zu bewirken. Wir sind lebenslang mitgealtert mit der Marschallin (»Rosenkavalier«), lebenslang mitgestorben mit Isolde (»Tristan und Isolde«). Es gibt »Nachtmahl«-Opern und »Nicht-

Nachtmahl«-Opern. Nach unserem ersten »Tristan« konnten wir nicht zum Nachtmahl gehen, wir liefen dreimal um die Ringstraße und gönnten uns vielleicht ein Sandwich im Automatenbuffett, dem damaligen Äquivalent zur heutigen Cafeteria. Die Lieblings-»nach-Tristan«-Stationen waren in der Wiedner Hauptstraße nahe der Oper und auf der Rotenturmstraße.

Eigentlich sind alle Opern, die meiner Definition entsprechen, sogenannte Nummernopern, Opern mit Einzeltiteln. In meiner Jugend also solche Nummern, die auf einer der damals üblichen kurzen Schellackplatten Platz fanden. Wir dürfen das nicht äußerlich, wir müssen es innerlich nehmen. Die Nummern müssen nicht pompös aufhören wie in den Belcanto-Opern der Vor-Verdi-Zeit. Sie können auch ineinander übergehen.

Fast alle Opern meiner Definition sind Schlageralben: »Walküre«, »Frau ohne Schatten«, »Tristan«, »Elektra«. Opernmelodien werden nicht nur Teil unseres Denkens, sie werden fast ein Teil unseres Körpers. Mir gehen die meisten der großen Opernmelodien täglich im Kopf herum: »Tosca«, aber auch »Palestrina«. Sie sind unsere treuesten Begleiter bei Tag und Nacht, im Wachen, im Träumen, in Wachträumen.

Meine Definition engt den Kreis der Opern sehr ein, spricht aber hochinteressanten Nichtopern ihren Wert nicht ab.

Wie steht es aber heute mit der Schaffung neuer Opern, die meiner Definition entsprechen? Man sollte dazu auch den Opernerfolg definieren. Für mich ist er dann gegeben, wenn zahllose Theater weltweit ihre Spielpläne ändern, um die neue Oper zu spielen, und sie eine sehr lange Zeit von den Spielplänen nicht verschwindet. Ich habe noch Erstaufführungen erlebt, die Ewigkeit wurden, wie »Turandot« (1926), und die auch zur Opernwelt gehörenden brillanten Eintagsfliegen wie Kreneks »Jonny spielt auf« (1927).

Heute ist die äußere Welt der Oper heiler als je zuvor. Immer mehr neue Opernhäuser werden errichtet, was auch mit den Zerstörungen der Kriegszeit zusammenhängt. Die meisten Opernhäuser sind oft ausverkauft. Es gibt weniger leere Sitzplätze als früher. Opern wurden ein Teil der internationalen Tourismusmaschinerie.

In Wien verachten wir keineswegs Käufer von Karten, die gar nicht wissen, was gespielt wird; im Gegenteil, wir sind stolz etwa auf Besteller aus Südamerika, die schreiben, sie wären an bestimmten acht Tagen in Wien und wollen an fünf Tagen in die Oper gehen, egal, was man spielt. Sie sind kostbare Kundschaft.

Vielleicht sollte ich nun den Advocatus diaboli spielen. Wie oft lese ich, die Oper wäre tot und durch das Musikdrama ersetzt worden. Stimmt nicht das genaue Gegenteil? Wenn die Oper ein in jeder Phase verständliches musikalisches Drama sein soll, dann ist etwa Donizettis »Lucia di Lammermoor« ein wahres Musikdrama, denn – vorausgesetzt, Sie beherrschen die Aufführungssprache – durch die Rezitative verstehen Sie jeden Augenblick der Story. Die größten Titanen der Operngeschichte, wie Wagner, Verdi, Strauss, sind nicht in jedem Augenblick textverständlich. Ist also vielleicht »Lucia« ein Musikdrama, und »Elektra« eine Oper? Unsinn! Ich lehne prinzipiell diesen Unterschied »Oper – Musikdrama« völlig ab. Alle unseren Herzen nahestehenden Werke sind beides.

Ich glaube fest an die Zukunft von Ober- oder Untertiteln in der Oper. Sie vertiefen das Erlebnis. Allerdings verfolgt mich ein Schreckensgedanke: Da die Opern heute sosehr durch CDs populär werden, wird man in der Zukunft auch auf der Bühne Opern mit Mikros singen? Wird man die geliebte Stimme auf der Bühne ebenso hören wollen wie auf der CD? Würde das Mikrosingen auf der Bühne neue Horizonte eröffnen? Könnte plötzlich eine interessante Soubrette, der das Volumen fehlt, die Isolde singen? Schluß damit, zurück zur Realität von heute!

Vielleicht interpretiert man es als Lebenszeichen des modernen Opernbetriebes, daß so viele Auftragsopern geschrieben werden. Aber wie viele davon erreichen eine Zweitproduktion? Skeptisch bin ich immer bei Aktionen, die irgendwie nach »Förderung« klingen. Wo gefördert wird, da ist etwas krank. Aber es soll gefördert werden, denn auch Kranke sollen geheilt werden.

Was mich interessieren würde, wäre die Frage, ob alle Errungenschaften der Moderne an Harmonie, neuen Instrumenten, Elektronik, sich bei einer neuen Oper mit nachsingbarer Melodie vereinigen ließen. Das wünsche ich mir bei einem Opernauftrag als Bedingung.

Viele der heutigen modischen Strömungen lehne ich ab. Das vieldiskutierte Spiel auf »Originalinstrumenten« sagt mir gar nichts. Nicht nur, daß ich den Klang langweilig finde (diese glanzlosen Streicher!), ich halte das Prinzip eo ipso für falsch. Unsere Welt ist heller und lauter geworden als die Welt des achtzehnten Jahrhunderts. Musik ist ein Teil der Lebensform. Neue Instrumente wurden von der Komponisten immer gleich eingesetzt. Welche Cembalo-Konzerte wurden nach der Erfindung des Hammerklaviers noch geschrieben? Wenn Sie alte Musik auf alten Instrumenten spielen wollen, müssen Sie in diese Lebensform

voll einsteigen, mit der Pferdekutsche ins Büro fahren, zu Hause bei Kerzen-, Öl- oder Talglicht lesen. Sie dürften auch keine Hamburger essen, aber das werden Sie leichter verschmerzen als das Fehlen von Auto, Telefon und elektrischem Licht.
Sicher verlangt unsere Zeit eine zeitgemäße Opernform. Denken Sie an die unendlichen Veränderungen in der Operngeschichte. Erst die Mitte des 19. Jahrhunderts brachte eine ganz große Revolution in der Operngeschichte, nämlich daß der Sänger singen muß, was der Komponist geschrieben hat. In der Zeit der alten Belcanto-Opern waren die Improvisationen der Sänger über die geschriebenen Noten nicht nur geduldet, sondern gefordert. Wie schwärmte Mozart, wenn seine Susanna »allerliebste Variationen« über ihre »Figaro«-Arie sang. Ist dies heute noch denkbar? Ich habe dem von mir sehr verehrten Dirigenten Nikolaus Harnoncourt gegen den warnenden Rat meiner Freunde, weil er fälschlicherweise als Superpurist gilt, bei einer gemeinsamen Matinee in der Wiener Staatsoper die Arie der Königin der Nacht aus Mozarts »Zauberflöte«, nach der Jahrhundertwende gesungen von der spanischen Koloraturdiva Marisa Galvany, vorgespielt – sie verändert alle Notenwerte und alle Tempi in jedem Takt, ist, wie das in alten Tagen gang und gäbe war, fast eine Mitkomponistin –, und der strenge Maestro war ehrlich begeistert. Ich mußte ihm diese Kassette beschaffen.
Die Reduktion der Macht der Sänger ist ein wichtiges Element der Operngeschichte. Und wie ist es mit dem heutigen Starrummel? Den hat es in der Oper immer gegeben, er gehört dazu, ich möchte ihn nicht missen. Nur hatte er sich früher mit dem Rummel um die neuen Erfolgsopern das Feld zu teilen. Heute regieren die »drei Tenöre«. Gigli, Kiepura und Tauber hatten die Konkurrenz von Richard Strauss.
Zeitgenössische Komponisten schreiben oft, ohne an das Publikum zu denken. Mehr noch, sie verachten es bewußt. Ich lehne das ab. Ich fühle mich auch als Publikum.
In der Demokratie besteht das Publikum aus potentiellen Wählern, deren Urteil wir an der Wahlurne schätzen und umwerben. Warum soll deren Stimme in der Kunst nicht zählen? Die allermeisten großen Werke wurden vom Publikum sehr schnell verstanden – oft schneller als von den Fachleuten. Ich kenne vereinzelte Fälle von Spätentdeckung, wie »Boris Godunow«. Das sind die Ausnahmen. Es gab ein Pro und Contra, aber keine Gleichgültigkeit. Ehen wurden geschieden, weil der eine für, der andere aber gegen Wagner war. Wagner, der durch die Johann-Strauß-Familie in ihren Pop-Konzerten in den Gärten Wiens populär

gemacht worden war. Wenn ein Werk jahrzehntelang vom Publikum abgelehnt wird, kommen mir Bedenken. Wer hat recht – das Werk oder das Publikum?
Bei dem Medien-Überangebot von heute gibt es die Nachfrage nicht mehr. Daher stockt das Angebot. Früher war die Oper auch Tagesware. Heute steht man unter Geniezwang, um sich durchzusetzen. Bei weiterem Nachdenken über unser Thema kommen einem ketzerische Gedanken – einer mag sogar patriotische Gefühle verletzen. Es mag schockierend sein, aber Österreich hat in der Produktion neuer Opern keine führende Rolle gespielt. Es gibt keine einzige Oper von wirklichem Weltformat, bei der Text und Musik von einem Österreicher stammen. Natürlich zählen wir Mozart zu den Österreichern, obwohl sein Salzburg damals nicht zu Österreich gehört hat. Seine wichtigen Textdichter sind aber der Bayer Emanuel Schikaneder und der Venetianer Lorenzo Da Ponte.
Richard Strauss war Münchner. Alban Berg verwendet Büchner und Wedekind, Gottfried von Einem in seinen wichtigsten Werken Büchner, Kafka, Dürrenmatt.
Wir akzeptieren Beethoven als Österreicher, aber zwischen seinem »Fidelio« (1805 nach einem Stück des Franzosen Jean Nicolas Bouilly) und der »Fledermaus« (1874 nach einem französischen Lustspiel von Meilhac und Halévy) gab es bei uns kein musikalisches Bühnenwerk von Bedeutung, denn hier zählen ja Nestroy und Raimund nicht mit. In derselben Zeitperiode hatte Deutschland Weber und Wagner, Frankreich die Grande Opéra mit Meyerbeer und Halévy, Italien Rossini, Bellini, Donizetti, Verdi. Zu den Problemen des Publikums mit der zeitgenössischen Oper gibt es eine grausame Theorie. Und in manchen Augenblicken bin ich leider fast bemüht, sie zu teilen. Alles auf Erden ist wie ein Mensch, es wird geboren, wächst, wird alt, stirbt. Geschah dies nicht mit den griechischen Tempeln, den barocken Schlössern, den gotischen Domen? Wir bewundern sie, aber bauen wir sie nach? Nein. Nach dieser Theorie entsteht Kunst dort, wo sie aus dem täglichen Leben erwächst. Gehört die Sucht nach der neuen Oper noch zu unserem täglichen Leben? Leben wir nicht vielleicht in einem geliebten Museum, dessen Ausstellungsstücke »Don Giovanni«, »Lohengrin« und »Rosenkavalier« heißen? Ein schrecklicher, aber bestechender Gedanke. Aus vollem Herzen glaube ich an eine Entwicklung, die zerstörend in die tiefste Seele der Musik eingegriffen hat: die sogenannte sexuelle Revolution und die »freie Liebe«. Die Seele der Musik ist die

Werbung des Mannes um die Frau, der Weg zum »boy meets girl«. Seit dies so leicht geworden ist, ist der Musik ihre tiefste Essenz entzogen worden. Heute denkt man bei »Che gelida manina«, ob der Tenor gut ist. Früher, bei »Wie eiskalt ist dies Händchen« streichelte der Junge die Hand seines Mädchens.

Das Musical hat das Erbe der Oper übernommen. Natürlich gibt es eine ewige Welt-Inflation der Dinge, die auch hier nicht haltmachen konnte. Der Dollar und der Schilling von heute sind viel weniger wert als früher, und die meisten Musicals sind schlechter als die guten alten Opern. Aber hier lebt noch, was man an der Oper von früher geliebt hat. Das Neue! Man lacht und weint, es wird gelebt, geliebt, gestorben, und man merkt sich die Melodien. Der Siegeszug des Musicals marschiert in eine Leere ein, die ihr das Fehlen populärer neuer Opern geöffnet hat. Wobei man die letzte Entwicklung des Musicals nicht außer acht lassen darf. Die Rolle der Musik wurde immer unbedeutender. Sie gehört heute halt irgendwie dazu.

Die alten Musicals waren reich an herrlicher Musik. Andrew Lloyd Webber hat das Eine-Melodie-Musical erfolgreich erfunden: Manchmal ist diese eine Melodie großartig, so gut wie eine Puccini-Arie, etwa »Memories« aus »Cats« oder »Don't cry for me, Argentina« aus »Evita«.

Die letzten Jahre brachten lange Läufe der »Ohne-Melodie«-Musicals, deren Komponistennamen dem breiten Publikum immer unbekannt bleiben. In den Jahren von »My fair Lady« (1956) und der unvergleichlichen »West Side Story« von Leonard Bernstein (1957) konnte man noch Bernsteins Worten glauben: »Das Musical ist keine moderne Form der Operette, sondern der embryonische Vorläufer einer zukünftigen amerikanischen Oper, die noch auf ihren Mozart wartet.« Sie wartet bisher vergeblich. Eine der wenigen Prophezeiungen dieses genialen Mannes, der die Geschichte (bis jetzt) nicht recht gegeben hat. Ist die Oper als neue Werke schaffende Kunstform einem anderen glanzvollen Rausch erlegen?

Wie gerne würde ich dieses Kapitel mit dem guten Rat schließen: Glauben Sie nichts, was darin steht. Aber bedenken Sie einmal: Die Bregenzer Festspiele spielen 1997 den ganzen Sommer lang Gershwins »Porgy and Bess« (1935). Welche andere, nach 1935 geschriebene Oper könnte man einen ganzen Sommer lang spielen?

24. Carlos Kleiber

»Hab mir's gelobt, ihn lieb zu haben ...«
(Der Rosenkavalier)

Es gibt, glaube ich, niemanden, der Carlos Kleiber nicht zu einem der ersten fünf Dirigenten der Welt rechnet. Und nicht wenige meinen, er sei nach dem Tod Karajans und Bernsteins Nummer eins.
Kleiber ist eine merkwürdige Persönlichkeit, eine phänomenale Mischung aus genialer Begabung und bizarrer Lebensform, und das sowohl in seinem Privat- wie auch in seinem Künstlerleben. Es dürfte derzeit keinen Dirigenten geben, der praktisch von allen Musikkritikern so sehr in den Himmel gehoben wird. Und über dessen Eskapaden die Magazine so ausführlich berichten.
Er sagt Konzerte ab, kommt nicht, sitzt monatelang zu Hause oder in der exjugoslawischen Heimat seiner Frau ohne Telefon, dirigiert nicht, auch astronomische Gagen locken ihn nicht. Und wenn es ihm Spaß macht, dann kommt er, dirigiert, bisweilen mit sehr langer Probenzeit, dann wieder fast ohne Probe. Und es wird immer herrlich.
Im Jahre 1994 hat Kleiber nach einer wirklich langen Probenzeit eine großartige Neueinstudierung des »Rosenkavalier« an der Wiener Staatsoper geleitet. Präzise zwanzig Jahre vorher dirigierte er denselben »Rosenkavalier« als Repertoirevorstellung ohne Probe.
Ich habe Kleiber in meinem ersten Jahr an der Wiener Volksoper flüchtig kennengelernt. Er führte ein Schattendasein als Korrepetitor, galt aber allgemein als außerordentlich begabt. Gerüchte, er habe als Korrepetitor das Haus verlassen, weil er meine Musicals nicht spielen wollte, hat Carlos strikte dementiert. Wir alle wußten, daß er der Sohn des legendären Dirigenten Erich Kleiber ist, der 1925 in Berlin die Uraufführung von Alban Bergs »Wozzeck« dirigiert hatte. Der weltberühmte Vater Kleiber war, als die Nazis in Deutschland die Macht ergriffen, nach Südamerika ausgewandert. In La Plata hat sein Sohn Carlos sein Debüt gehabt. Die kometenhafte Karriere führte ihn dann über Düsseldorf, Zürich, Stuttgart, München und bis zu einem gewissen Grad auch über Wien an die Met und wieder nach Hause, nach München.
Später, als ich Chefdramaturg der Staatsoper unter Direktor Gamsjäger wurde, hatte ich das Glück, mit Kleiber recht intensive Gespräche zu

führen. Gamsjäger gelang es damals, Kleiber für eine Neueinstudierung von Richard Wagners »Tristan und Isolde« im Jahre 1972 zu gewinnen. Meine Aufgabe war es zuvor gewesen, die vertraglich festzulegenden künstlerischen Voraussetzungen abzusprechen. In dieser Zeit hatte ich Gelegenheit, den Maestro besser kennenzulernen und sein Freund zu werden.

Es begann damit, daß wir nicht wußten, wo wir einander treffen sollten. Er wohnte in der Nähe Stuttgarts, ich war in Bad Wiessee am Tegernsee, in der Gegend von München. Karajan hatte durch einen Kuraufenthalt in Trudel Hardiecks Jägerwinkel in Wiessee zu einer gewissen Popularität des Ortes beigetragen, der ungefähr in der Mitte zwischen Kleibers und meinem Aufenthaltsort lag.

Kleiber war einverstanden, fragte: »Wirst du mich abholen lassen?«
»In Ordnung, ich lasse dich mit dem Auto abholen.«
Carlos Kleiber: »Was hast du denn für einen Wagen?«
»Einen Chrysler«, sagte ich.
»Das geht in Ordnung.«

Ich schicke also meinen Fahrer los. Und als dieser zurückkam, war der Wagen leer: »Der Maestro hat sich geweigert einzusteigen.«
Zehn Minuten später kam Kleiber mit seinem eigenen Auto. Ich fragte ihn, wieso.
»Du hast mir nicht gesagt, daß du einen französischen Chrysler hast. Chrysler kenne ich nur als einen amerikanischen Wagen, und in den wäre ich eingestiegen.« Bald darauf verschwand der französische Chrysler vom Markt. Hatte der Maestro recht gehabt?

Und dann begannen außerordentlich interessante Gespräche über die »Tristan«-Interpretation. Gemeinsam war uns dabei, daß für uns beide »Tristan« vielleicht das größte und wichtigste aller musikalischen Bühnenwerke ist. Unsere Diskussion konnte gar kein Ende finden. Dabei hat er mir auch erzählt, wie genau er bei den Vorbereitungsarbeiten den Quellen nachgeht, wie sehr er sich mit der Originalpartitur beschäftigt. Er machte mich in diesem Gespräch auch auf eine Stelle der Oper aufmerksam, die in der Bühnenpraxis stets fehlerhaft gesungen wird: »... des Quelles sanft rieselnde Welle« – Isolde, Anfang des Zweiten Akts – wird stets mit einer Quint hinunter gesungen. Er hatte in der handschriftlichen Originalpartitur festgestellt, daß es nur eine Sekund sein darf.

Viele Jahre später, 1994, als er bei uns in der Staatsoper den »Rosenkavalier« dirigierte, habe ich ihm, unsere Gespräche von damals in Erinnerung bringend, ein Briefchen hinterlassen mit der »Tristan«-Stelle in meiner Notenschrift, hatte aber die Sekund vergessen und eine Terz gekritzelt. Seine schriftliche Antwort: »Lieber Marcello, du bist natürlich ein Schatz und auch ein Genie. Aber von ›Welle‹ aus ›Tristan und Isolde‹ hast du keinen blassen Schimmer, es ist nämlich weder eine Quint, wie fast immer gemacht, und keinesfalls eine Terz, sondern es ist eine Sekund, und das habe ich genau im Autograph nachstudiert.«

Kleiber ist einer der ganz großen Archiv-Nutzer, und leider einer der ganz wenigen. Denn wir haben in der Wiener Staatsoper ungeheure, leider ungehobene Schätze liegen, zum Beispiel die Originalpartitur der ersten »Walküre«, die Hans Richter 1876 in Bayreuth und dann in Wien dirigiert hat. Darin stehen Eintragungen Richters nach Instruktionen von Wagner. Mir ist es bisher nicht gelungen, auch nur einen »Ring«-Dirigenten dazu zu bringen, das anzuschauen.

Jeder, der sich im Opernbetrieb ein wenig auskennt, weiß, daß es unmöglich ist, jede Vorstellung in der gleichen Orchesterbesetzung zu spielen. Das Orchester hat seinen eigenen Turnus, und daher muß man danach trachten, daß die meisten wenigstens bei möglichst vielen Proben anwesend sind. Damit müssen Dirigenten leben, auch wenn das für sie nicht immer angenehm ist. Kleiber war wahrscheinlich der letzte Dirigent, dem ich im Auftrag des Direktors vertraglich zusicherte, daß der Orchesterturnus so angelegt werden müsse, daß bei allen Proben und Vorstellungen stets dieselben Musiker spielten.

Dann hatte er in Wien zu proben angefangen. Einmal ruft er mich um Mitternacht zu Hause an: »Bitte, komm augenblicklich zu mir ins Hotel Sacher.«

Ich mache mich frisch, kleide mich an, fahre ins Sacher. Er kommt sofort zur Sache: »Bitte, erklär mir die Rechte, die mir nach meinem Vertrag beim Wechseln der Musiker zustehen.«

Ich erkläre ihm, daß laut Vertrag die Musiker nicht wechseln dürfen.

Kleiber: »Morgen früh kommt eine andere zweite Oboe!«

Ich fragte ihn, was ich seiner Meinung nach, um Mitternacht, dazu tun sollte. Den mir unbekannten zweiten Oboisten suchen und aus dem Bett holen, ihm sagen, daß er morgen um zehn nicht zu kommen brauchte?! Und was war mit dem vorgesehenen Oboisten? Vielleicht war er krank, vielleicht gestorben. Was sollte ich tun?

Kleiber regte sich überhaupt nicht auf, sagte mir nur: »Marcello, ich wollte dir nur eines sagen: Du weißt, diese Wiener Philharmoniker spielen so einmalig, das macht gar nichts, laß ruhig den anderen kom-

men.« Selten in meinem Leben habe ich freudiger meinen Schlaf geopfert.
Kleiber weiß ganz genau, daß er als schwierig gilt. Ich erinnere mich an »Carmen«-Proben 1978 in vollkommener Ruhe, in totalem Frieden. Da kam Kleiber einmal in mein Büro: »Sag einmal«, fragte er mich, »ich möchte etwas wissen: Warum seid ihr alle in der Direktion so ruhig? Hast du keine Angst, hat der Direktor keine Angst? Ihr wißt doch, wer ich bin, ihr wißt doch, daß ich schwierig bin, einer, der alles stehen läßt, der abfährt, plötzlich nicht mehr da ist. Es erstaunt mich, daß von euch keiner Angst hat.«
Kleiber dirigiert außerordentlich selten. Dabei könnte er weltweit dreimal täglich zu Spitzengagen auftreten. Er will es nicht. Mit Geld kann man ihn nicht locken. Karajan (den Kleiber sehr bewundert hat; er war bei vielen Proben Karajans in Salzburg anwesend) hat einmal gesagt: »Der Kleiber hat zu Haus eine Tiefkühltruhe. Und nur, wenn sie leer ist, dirigiert er!« Auch Karajan bewunderte Carlos.
Kleiber dirigiert auf ganz besondere Weise, und zwar im Konzert völlig anders als in der Oper. Bei Konzerten dirigiert er praktisch nicht, es ist beinahe eine mystisch-hypnotische Einflußnahme einer genialen Persönlichkeit auf das Geschehen im Orchester. Er dirigiert in sehr leisen Wellenbewegungen, insbesondere mit der linken Hand. Es sind keine Tempi, die er da angibt, auch nicht Einsätze. Es ist ein fast sakraler, mythischer Akt, der da geschieht.
Ich erinnere mich an den Philharmonikerball 1994. Ich war wie immer im Einzugskomitee, und dann saß ich da vorne auf einer der Stufen, in unmittelbarer Nähe des grandiosen Dirigenten, den man dort von vorne sieht. Man spielte die »Zigeunerbaron«-Ouvertüre von Johann Strauß. Ich sah ihm in die Augen, habe mir gedacht: Wie ist es möglich, daß diese Zeichengebung funktioniert? Wieso beginnen sie alle gleichzeitig? Wieso halten sie minutiös präzise die Pausen? Ich fragte mich: Kann das bei einem nicht so großartigen Orchester wie den Wiener Philharmonikern überhaupt funktionieren? Geschehen da auch die Kleiber-Wunder?
Anders funktioniert das in der Oper, viel klarer, verständlicher, er setzt intensiv die rechte Hand ein; und mitunter meint man, er würde mit seinem Stab – wie einst Hans Knappertsbusch – mitten ins Orchester hineinstechen.
Mit Knappertsbusch gemeinsam hat er auch, daß er mitten in den Begrüßungsapplaus hineindirigiert, wenn ein Stück *forte* oder *fortissimo* beginnt wie »Elektra«. Beim leisen Beginn von »Lohengrin« geht das

nicht. Die linke Hand des Opern-Dirigenten Carlos Kleiber liegt meist auf der Brüstung.

Angesprochen darauf, warum er so selten dirigiere, antwortet er immer, er sei voller Selbstzweifel. Er sage ab, wenn er an der Gültigkeit dessen, was er mache, nicht glaube.

Diese unberechtigten Selbstzweifel äußert er fast übertrieben stark in der Zusammenarbeit mit Sängern, vor allem dann, wenn bei Klavierproben seine Magie noch nicht so zu greifen scheint, wie abends mit dem Orchester bei der Vorstellung.

Kleiber geht ganz von der Sprache aus, das Wort ist ihm heilig. Daher ist für ihn der erste »Rosenkavalier«-Akt wirklich eine Konversationskomödie: Er kann sehr leise, sehr sensibel Sänger begleiten; das Publikum versteht also bei ihm ein Maximum des Bühnengeschehens auch über das Wort; er deckt nie zu, er öffnet. Er bringt Worte zu allerhöchstem Ausdruck, und die allerkleinste Phrase wird verständlich. Die Sänger lieben ihn.

Kleiber hat ein ganz großes inneres und ein ganz kleines äußeres Repertoire. Auch deshalb gibt es bis jetzt nur eine sehr überschaubare Anzahl von Plattenaufnahmen im Handel. Unübersehbar aber sind bei Kleiber die Raubpressungen, die »inoffiziellen« Piraten-Mitschnitte.

Ich bin mir nicht sicher, ob Kleibers diesbezügliche elitäre Einstellung wirklich richtig ist. Es ist schon zu verstehen, daß ein so genialer Mann auf dem Standpunkt steht, nur das Allerbeste soll, von ihm sanktioniert, überleben.

Wenn ich nun denke, daß in zwei, drei Generationen der Mythos Karajan mit einem Futter aus unendlich vielen Aufnahmen genährt wird, so werden es beim Mythos Kleiber sehr wenige sein. Hoffentlich bleibt der Mythos trotzdem erhalten.

Kleiber ist ohne jede Frage eine der interessantesten und auch, mit großem Tiefgang bei allem Bizarren, eine ganz außergewöhnliche Erscheinung. Als ich mit ihm im Jahre 1972 verhandelt habe, hatte man große Angst, daß er absagen würde. Heute überlegt man, wann dieser Ruhm begonnen hat: in Stuttgart, in München, in Bayreuth? Ich weiß, daß er schon damals Aura, Charisma hatte.

Eine der schönsten Kleiber-Reminiszenzen ist »Carmen« in der Zeffirelli-Inszenierung an der Wiener Staatsoper. Kleiber hat das Orchester völlig unorthodox gesetzt, ballte alle Bläser, Holz und Blech, an einem Ort rechts von ihm zusammen und erreichte damit ganz besondere neue Klangwirkungen.

Damals saßen einmal während der letzten Proben Zeffirelli, Domingo, die Obraztsova (Carmen), ich und vielleicht auch Kleiber in der Kantine beisammen. Plötzlich sagt Domingo zu Zeffirelli: »Franco, wir haben das Schlußduett noch nie probiert.«
Zeffirelli war in keiner Weise beunruhigt: »Ich habe da eine wunderbare Idee. Diese Carmen hat sich in den Don José verliebt, weil er ihr imponiert: Er läßt sich für sie einsperren. Und dann will sie einen Schmuggler aus ihm machen. Dazu ist er nicht fähig. Da verachtet sie ihn. Im richtigen Augenblick kommt Escamillo, den sie wieder bewundert. Wir machen das so: Ein einzigesmal imponiert der Don José der Carmen wieder – sie verliebt sich in ihn noch einmal, wenn er sie tötet.«
So wurde dieser Liebestod auch gespielt, die wenigen Male mit Domingo und der Obraztsova. Bei späteren Vorstellungen ist die Idee schon verschwunden gewesen, so etwas können Assistenten den anderen Besetzungen nicht beibringen. Für mich war das Erleben der Entstehung dieser Produktion Kleiber/Zeffirelli der »Carmen« unvergeßlich. Kleiber ist ein Mann der Frauen. Ein schöner Mann. Umschwärmt von den Damen. Manches erlebt man in der Phantasie mit. Bei den Proben zu »Carmen« an der Wiener Staatsoper 1978 wollte er plötzlich, daß statt der angesetzten Elena Obraztsova die bildhübsche, als Zweitbesetzung vorgesehene Stefania Toczyska, für deren Reize er offensichtlich nicht ganz unempfindlich war, die Premiere singt. Diese Dame hat inzwischen eine fabelhafte Karriere gemacht. Wir sagten dem Maestro, die gewünschte Umbesetzung wäre aus vertraglichen Gründen unmöglich. Als wegen der häufigen Abwesenheiten Obraztsovas der Regisseur Franco Zeffirelli sich zwei Tage später auch die Zweitbesetzung für die Premiere wünschte, sagte ich dem Maestro, nun stünden die Chancen für die Erfüllung seines Wunsches viel besser. Darauf lehnte der schöne und heiß begehrte Carlos plötzlich aufgeregt und fast böse die Zweitbesetzung für die Premiere ab. Was war in diesen zwei Tagen zwischen den beiden vorgefallen? Honni soit qui mal y pense ...

25. »JA, DAS STUDIUM DER WEIBER IST LEICHT ...«

»Ganz ohne Damen geht die Chose nicht«
(Nach Csárdásfürstin)

In meinem Leben haben Frauen stets eine große Rolle gespielt. Aber wenn ich darüber erzählen soll, tu' ich mir dabei gar nicht leicht. Von allem Anfang an war mir klar, daß ich kein Mann zum Heiraten bin. Denn wer würde schon so ein Monstrum, wie ich eines bin, mit solchen Lebensgewohnheiten, mit solch seltsamen Vorlieben, heiraten wollen? Denn, woran zerbrechen die meisten Ehen? Nicht an den großen Dingen, sondern am Alltag.

Jede meiner möglichen Ehen wäre schon wegen meines geliebten Radios zerbrochen, denn ich habe zeitlebens keine Frau getroffen, mit der ich hätte Radio hören können. Singt da etwa die Birgit Nilsson »Isoldens Liebestod«, so drehe ich ganz laut auf; das hält keine aus ..

Auch die ganz großen Schwärmerinnen sind da nicht ausgenommen. Singt im Radio in der von mir geforderten Lautstärke etwa José Carreras einen wundervollen Don José, heißt es sofort: »Stell leiser! Es stört die Unterhaltung.«

Hier lauert der Konflikt: Warum soll ich das Radio leiser stellen? Ich habe das in meinem ganzen Leben nicht begriffen. Das Radio muß so laut eingestellt sein, wie die Musik im Konzertsaal, in der Oper ertönt. Dort verstehen Sie ja auch (Gott sei Dank) nicht, wenn Ihr Nachbar während der Gralserzählung etwa fragt, wie lange das Ding noch dauere. Lautes Radio – Scheidungsgrund.

Aber meine Gewohnheiten sind noch viel komplizierter: Ich lasse nämlich mehrere Radios gleichzeitig spielen, damit die ganze Wohnung von Klang erfüllt ist. Böse Gerüchte verbreiten die Unwahrheit, daß jedes etwas anders spielt. Welche Frau hält das aus?

Gehen wir einmal nicht von mir aus, sondern von einer Dame, die ich Jahrzehnte lang kenne, liebe und verehre, und deren Rat ich auch akzeptiere: von der ausgezeichneten Schauspielerin Senta Wengraf. Sie begann ihre Karriere als österreichischer Film-Jungstar, hatte große Erfolge im seriösen Repertoire (etwa Schnitzler und Hofmannsthal bei Gustaf Gründgens), macht viel Fernsehen und ist jetzt Mitglied des Theaters in der Josefstadt. Zwischen uns herrscht die seltenste Beziehung der Zugehörigkeit und des seelischen Vertrauens.

Ich selber glaube ja, daß ich immer da bin, wenn man mich wirklich braucht, und daß ich im Ernstfall gar nicht schlampig sein kann. Senta aber meint, daß ich in mir unwichtig erscheinenden Dingen des Alltagslebens schon nachlässig wäre. Wenn ich also, so gehen die Gerüchte, mit einer Dame an einem bestimmten Platz ein Rendezvous habe, und wenn es dann regnet, und ich bin zu spät dran, dann denke ich vielleicht an den »Rosenkavalier« von gestern, aber nicht: die Arme steht im Regen ... Ich kann das nicht glauben, aber wenn diese Aussage aus so liebevoll befugtem Munde wie dem der Senta stammt, wage ich nicht anzunehmen, daß es sich dabei um eine Unwahrheit handelt.

Senta wird oft von Freunden beneidet, »mit dem Prawy« Musik erleben zu können. Aber wie sieht, laut Senta Wengraf, ein Opernbesuch mit mir aus? Man verabredet sich. Dann rufe ich (sagt sie) an, daß ich sie leider nicht abholen kann, sie soll doch allein in die Oper kommen. Was für sie heißt: Auto aus der Garage, bei der Oper Parkplatz suchen, und nachher retour.

In der Oper selbst sitzt sie natürlich nicht neben mir, denn ich habe einen offiziell lebenslangen Dienstsitz in der Direktionsloge und darf dorthin niemanden mitnehmen. Dann – die Pausengewohnheiten. Richard Strauss ist verständnisvoll. Bei »Elektra« oder »Salome« gibt es keine Pause. Kompliziert wird es bei den dreiaktigen Wagner-Opern. Hier muß ich anmerken, daß ich nicht allzu viele Partnerinnen habe, die mit mir in eine Wagner-Oper gehen möchten. Da kann es ganz leicht vorkommen, daß ich mich um die Dame in den Pausen nicht so richtig kümmern kann, wie sie es verdient. Ich würde sie ja sehr gerne auf ein Glas Sekt einladen, auch wenn ich selber Antialkoholiker bin; aber in der Regel gehe ich in der Pause hinter die Bühne, weil vielleicht Hildegard Behrens singt, die in meiner nächsten Fernsehsendung zu tun hat. Vielleicht habe ich sie dazu einiges zu fragen, oder ich will einfach sagen, wie schön heute die »Todesverkündigung« im zweiten Akt der »Walküre« war.

Also, in den Pausen hatte sich die Dame allein durchfretten müssen, und nun hofft sie, daß man vielleicht nachher noch gemeinsam ausgeht, oder zumindest, daß ich sie nach Hause bringe. Das ist leider nicht möglich, denn ich mache den ersten Teil des Applauses in meiner Dienstloge mit, und an einer bestimmten Stelle (eigentlich stets dann, wenn der Dirigent sich verbeugt) begebe ich mich abermals hinter die Bühne, spreche mit

Senta Wengraf, seit ihrer Hauptrolle im ersten österreichischen Nachkriegsfilm »Glaube an mich« in zahllosen Filmen (Regie Antel, Marischka, Cziffra) österreichischer Jungfilmstar, spielte in den folgenden Jahren Theater in Deutschland (Repertoire: besonders Schnitzler und Hofmannsthal) bei Gustaf Gründgens in Düsseldorf und an den Münchener Kammerspielen, wurde daraufhin ständiges Mitglied des Wiener Theaters in der Josefstadt und spielte in vielen Fernsehserien. In meinem Leben habe ich ihr unendlich viel zu verdanken.

> ## DER MARCY
>
> Als ich ihn kennenlernte, war er in amerikanischer Uniform. Ich dachte mir: Der ist nur schön, und sonst gar nichts. Dann habe ich seine treue Freundschaft in langen Jahren schätzen gelernt. Er ist warmherzig, gebildet und hat ein unglaubliches Gedächtnis – Computerhirn!
> Wenn man krank ist, zersprargelt er sich.
> Aber er ist nicht lebensklug und hat keine Menschenkenntnis. Auch ist er vollkommen unfähig, seinen eigenen normalen Alltag zu meistern. Er ist weder imstande, seine Wohnung wohnbar zu halten, noch Sommer und Winter zu unterscheiden. Wenn man ihm im Januar sagt: »Zieh dich warm an!«, dann trägt er noch im August den Wintermantel.
> Seine Begeisterung für die Musik und alles, »was drum- und dranhängt«, hat eben die eine Hälfte seines Hirns so vollgepfropft, daß dafür die andere Hälfte leer geblieben ist.
>
> *Senta Wengraf*

den Künstlern, beglückwünsche sie, hab' ihnen auch manchmal zu sagen: »Bitte, wirken Sie bei meiner nächsten Staatsoper-Matinee mit.« Das wäre ja für die begleitende Dame abermals ein Problem, denn es ist von der Direktion nicht gerne gesehen, wenn man Hausfremde hinter die Bühne mitnimmt. Also hätte die Dame mindestens eine halbe Stunde lang in einem Restaurant allein zu warten, meistens in meinem Café Sacher, wohin ich dann zum Unglück oft auch noch einige Sänger mitbringe. Ich höre, daß meine verehrte Freundin Senta Wengraf all dies, was hier gesagt wurde, auch so meint. Und wenn dem so ist, kann auch ich an der Wahrheit ihrer Worte nicht zweifeln.
Wie gerne würde ich mich ändern! Aber, wenn die Freni singt …?
Ich bewahre ein sehr liebevolles Gedenken an eine hochinteressante Dame, mit der ich in meinen amerikanischen Emigrationsjahren sehr befreundet war. Lillian Moore war Solotänzerin der Metropolitan Opera in New York und später freischaffend als Tänzerin und Choreographin an amerikanischen Opernhäusern. Ich habe sie 1939 kennengelernt, als Kiepura an der Zoo Opera in Cincinnati sang, das waren Freilichtvorstellungen im Tiergarten, wobei die Musik immer vom Brüllen der Löwen oder Heulen der Wölfe begleitet wurde. Lillian ist auch

Lillian Moore, Tänzerin der Metropolitan Opera, Choreographin und Buchautorin über Tanzgeschichte, gehörte zum engen Freundeskreis meiner amerikanischen Emigrationsjahre.

Autorin eines noch heute als führend betrachteten Buches über die Geschichte des Tanzes in Amerika, und wenn ich die Grundfiguren des Tanzes kenne (Arabesque, Attitüde, Pirouette), so verdanke ich das ihr. Meine Freundschaft umfaßte die ganze Familie, ihren Mann, Mr. David Maclay von der Public Library, New York, und ihre Eltern Dr. William und Mrs. Madge Moore, in deren Villa in Stamford ich schöne Weekends verbracht habe. Etwas bedrückt mich sehr. Vor einigen Jahren bat mich ein Biograph um Informationen über Lillian. Der Brief folgte mir auf meinen vielen Reisen von Ort zu Ort und ging verloren, so daß ich nicht reagieren konnte. Schade, Lillian hätte es verdient. Unser Tagesprogramm nannten wir unseren »goose plan«, denn wenn unsere Wiener Haushälterin vor dem Krieg, Frau Agnes Merwald, uns eine Gans kaufte, dann machte sie einen »Gansplan«, das heißt, welche Teile zu Mittag, welche abends, welche warm und welche kalt verzehrt werden sollten.

Lillian starb sehr jung, als ich mit der Armee in Europa war. Sie hat etwas testamentarisch angeordnet, was später oft geschah, mir aber damals einen entsetzlichen Eindruck machte: Verbrennung, keine letzte Ruhestätte. Ihre Asche wurde in das Meer gestreut. Ich hätte gerne Blumen auf ihr Grab gelegt.

Ich habe mit Damen die merkwürdigsten Dinge erlebt. Man ist ja sehr stolz, wenn man einer Frau gefällt. Und ich habe vielleicht gefallen, denn ich stelle heute beim Blättern in alten Fotos fest, daß ich gut ausgesehen habe, damals. Es ist merkwürdig, daß mir das nie bewußt war.

Nun, konkret: Da geht es um eine sehr gute bundesdeutsche Schauspielerin, die auch eine sehr gute Regisseurin ist. Gemeinsam mit ihr fuhr ich im Auto zu den Bayreuther Festspielen, um ihr meinen über alles geliebten Wagner nahezubringen. Aber diese Dame hatte eine merkwürdige Eigenschaft, die manche Frauen in vielerlei Variationen haben: eine leichte Form von weiblichem Sadismus. Dieser besteht unter anderem darin, daß sie als Mitfahrerinnen im Auto nie zum chauffierenden Partner, sondern stets zum »Gegner« halten. »Siehst du nicht, der hinter dir will vorfahren, laß ihn doch!« Wenn ich aber selbst mit der Höchstgeschwindigkeit fahre, kann er hupen, Zeichen machen, wie er will. Ich lasse ihn nicht vorfahren. Beziehungskrise.

Und eine weitere Eigenschaft, die ich bei Damen immer wieder finde: Sie legen es darauf an, jeweils in der allerletzten Sekunde im Theater einzutreffen. Ich hingegen trachte, daß ich so früh wie möglich da bin, schaue mir die Leute an, lese das Programm genau, auch wenn ich das Stück noch so gut kenne. Ein Unterschied von Theater und Kino: Theater ist ein Gemeinschaftserlebnis, man kommt früh. Im Kino kommt man pünktlich.

Mit meiner damaligen Herzensdame war ich also auf dem Weg zum Bayreuther »Tristan«. Das Liebesdrama aller Liebesdramen! Carlos Kleiber war der Dirigent, und ich hatte es sehr eilig, weil ich möglichst früh dort sein wollte. Sie möglichst spät. Da hat sie mir die Schicksalsfrage gestellt: »Wer ist dir lieber, der Tristan oder ich?« Wie aus der Pistole geschossen, antwortete ich: »Der Tristan.« Was leider das Ende der Beziehung bedeutete. »O sink hernieder, Nacht der Liebe ...«

Ich war einmal mit einer bildschönen Regisseurin in Miami. Gemeinsam unternahmen wir mit dem Flugzeug einen kleinen Ausflug nach Haiti.

Bei der Ankunft auf dem Flughafen kümmerte ich mich um das Gepäck. Als ich zurückkam, waren wir zu dritt. Denn sie hatte inzwischen einen Schwarzen kennengelernt, der ihr offensichtlich sehr gut gefallen hat. Glauben Sie mir, ich habe nichts gegen Schwarze. Viele, wie William Warfield, dieser herrliche Porgy in Gershwins Oper »Porgy and Bess«, gehören zu meinen allerliebsten Freunden. Oder Robert Guillaume, der bei mir den »Sportin' Life« in »Porgy« an der Volksoper gesungen hat; oder Leontyne Price, die weltberühmte Sopranistin; und vor allem Hubert Dilworth und meine herrliche Olive Moorefield, die ich zum Musicalstar an der Wiener Volksoper gemacht habe ... Nein, ich brauche keine Beweise. Aber dieser Schwarze, der jetzt meine Dame angesprochen hatte (oder sie ihn?), nun, ich habe mich nicht wirklich zu einer Beziehung zu diesem neuen Familienmitglied entschließen können. Die Dame jedoch, mit der ich bis nun zu zweit unterwegs zu sein glaubte, sagte mir: »Bitte, bestelle für uns drei Plätze im besten Restaurant.« Frage ich: »Wieso drei Plätze?« Sie antwortet: »Der Serge geht natürlich mit.« Habe ich halt drei Plätze bestellt. Inklusive Serge.
Gemeinsam besuchten wir nun eine Voodoo-Show, das ist eine haitianische Veranstaltung mit lebend geköpften blutigen Hühnern, entsetzlich. Sonderbarerweise hat sich aber unser Dritter im Augenblick gar nicht für meine Freundin interessiert, er blickte gebannt auf das Hühnergeschehen. Gottlob wurden wir den Haitianer im Laufe des Abends los.
Der nächste Tag aber verlief für mich nicht einfach: Meine Begleiterin wollte um jeden Preis den dunklen Herrn vom Vortag wiederfinden. Ich tat mir da nicht leicht, weil für unsereinen alle Schwarzen in Haiti ungefähr gleich aussehen. Umgekehrt soll es ja ähnlich laufen.
Meine Freundin kannte nur seinen Vornamen und irgendeine Kontakt-

---

OLIVE MOOREFIELD ERINNERT SICH

Eine größere Gruppe saß nach einer Vorstellung von »Porgy and Bess« im Restaurant Falstaff neben der Volksoper. Wir unterhielten uns angeregt über Belcanto, Marcel hielt einen seiner faszinierenden Vorträge, plötzlich kommt eine wunderschöne junge Frau herein und sieht sich ratlos um. Ich sage zu Marcel: »Schau mal, wie hübsch die ist.« Er dreht sich um und sagt: »Um Gottes willen, das ist meine neue Freundin. Ich habe sie in der Oper vergessen!«

Telefonnummer. Die telefonische Kommunikation war schwer, zumal in Haiti neben der lokalen Sprache ein französischer Dialekt gesprochen wird, der auch für einen Menschen mit perfekten Französischkenntnissen nur sehr schwer verständlich ist. Nach vielen vergeblichen Versuchen gab sie auf. Da sie aber eine Frau von großer Phantasie war, schlug sie mir vor: »Du, Liebster, heute ist doch der große Karnevalsumzug, den die ganze Bevölkerung von Haiti mitmacht. Da werden wir an einer Straßenecke stehen und warten, bis Serge vorbeikommt.«
Ob das gelingen würde, einen unter Abertausenden Ähnlichen herauszufinden? Wir standen also an einer Straßenecke unter Tausenden. Alle paar Minuten rief sie: »Da ist er, da ist er!« Doch der fremde Mann reagierte nie, weil er auch nicht Serge war. Immer wieder die gleiche Szene. »Da ist er, mein Serge!« Es war wieder nicht Serge.
Alle trugen sie haitianische Uniformen mit künstlichen Köpfen und Umhängen. Kurzum, der Mann war nicht zu finden. Der Abend endete mit dem Rückflug nach Miami und war für *my fair lady* enttäuschend gewesen. Für mich nicht: Ich habe dort zum ersten Mal diesen berühmten Karnevalsumzug gesehen, vielleicht unter etwas sonderbaren Umständen. So etwas kann jeder Frau passieren. Aber meine Begleiterin war in erotischen Dingen ein Genie. Ein Jahr später war dieser Haitianer Gast bei meiner Freundin in Deutschland. Sie hatte ihn später wirklich gefunden. Wie ist ihr das gelungen? Verachtet mir die Meister und Meisterinnen nicht!
Auf einer anderen Reise mit derselben Dame haben wir einmal in einem Luxushotel auf Madeira gewohnt. Meine Dame ging zur Massage, und diese hat endlos, endlos gebraucht. Viele, viele Stunden lang. In der Zwischenzeit hatte ich mehrere Madeira-Führer gelesen, hochinteressant, portugiesische Geschichte, das Grab von unserem letzten Kaiser Karl, schändlich ungepflegt. Und die Dame kam und kam nicht zurück. Ich verstehe nichts von Massagen, es schien mir aber seltsam, daß sie so lange brauchen können. Und endlich erschien die Dame doch, erzählte, daß sie einen phänomenalen Masseur gefunden habe, einen wunderbaren Menschen; und ob ich Möglichkeiten wüßte, wie man diesen sofort nach Deutschland bringen könnte. Meine Bemühungen waren null. Und dies bedeutete wieder eine ernste Krise in dieser Beziehung.
Anders verhielt sich die Sache mit meiner Delphindame. In Miami (das ich sehr liebe und wo ich auch Ehrenbürger bin) habe ich eine bezaubernde junge Frau kennengelernt; sie arbeitete im Seeaquarium, einer großen Sehenswürdigkeit der Stadt und unendlich groß, vielleicht acht-

ORF-TV »Seinerzeit«: In Teddy Podgorskis (3. v. l.) berühmter Show machte ich einige Male zu Silvester, auch Klavier spielend und »singend« mit. Meine berühmten Partner waren Otto Schenk (1. v. r.), Fritz Eckhardt (3. v. r.), Peter Alexander (2. v. l.), Heinz Holecek (1. v. l.)

mal so groß wie das Wiener Palmenhaus in Schönbrunn. Man sieht dort allerhand Wassertiere, auch Delphine. Mein Flirt war Trainerin der Delphine für Wassershows.

Sie war Emigrantin aus Deutschland und bekannte mir, großes Heimweh zu haben. »Ich möchte zurück nach Deutschland«, sagte sie. »Sagen Sie, wie ist denn dort die Arbeitsmöglichkeit mit Delphinen?«

Habe ich ihr schüchtern beigebracht: »Ich weiß nicht, ob Ihr Beruf mit den Delphinen dort große Chancen hat.«

In meiner Jugendzeit war ich sehr schüchtern. Als ich 1936 im Wiener Rosenhügel-Studio bei den Dreharbeiten zu dem Film »Opernring« (»Im Sonnenschein«) mit Jan Kiepura arbeitete, habe ich mich richtig in eine bildhübsche Dame verschaut. Diese Dame war auf Grund ihrer Schönheit als Starstatistin und Episodendarstellerin in vielen Filmen eingesetzt. Ich habe es nie gewagt, sie anzusprechen, aber ich habe mir ihren Namen gemerkt: Liselotte Nekut, Tochter eines Kameramannes.

Als ich nun vor wenigen Jahren in der populären Fernsehshow »Seinerzeit« von Teddy Podgorski neben Otto Schenk, Peter Alexander, Heinz Holecek und Fritz Eckhardt Gast war, da spielte ich am Klavier meinen Lieblingsschlager von damals, »Ich hätte dich so gerne noch einmal allein gesehen«, und erzählte von meiner Verliebtheit in Liselotte, die ich 1936 nicht anzusprechen gewagt hatte. Sie meldete sich, sah immer noch reizend aus – und wir hatten unser erstes und einziges Gespräch beim Kaffee im Sacher.

Mit den Frauen meiner Kindheit und frühen Jugend war es anders. Eigentlich haben wir alle nur Opernheldinnen geliebt: Elsa (wie waren wir auf Lohengrin eifersüchtig; und wie froh waren wir, daß ihre Frage ihn vertrieb); die Elisabeth (wie empört waren wir darüber, wie Tannhäuser mit ihr umging). Neben den Figuren liebten wir – aus der Entfernung – die Sängerinnen. Wir waren ihre imaginären Liebhaber.

Es gab viele, und stets wechselnd. Da war einmal Margit Angerer, eine bildhübsche Frau, und verheiratet mit dem bekannten Spediteur Schenker. Ihr Debüt hatte sie 1926 in Verdis »Macht des Schicksals« gegeben. Gemunkelt hatte man damals, die Angerer wäre mit dem Dirigenten des Abends, dem Herrn des Hauses, engst befreundet gewesen, mit Franz Schalk. Man prophezeite ein Fiasko der protektionsreichen Society-Lady; es wurde ein Triumph. Mit Sicherheit war sie nach heutigen Begriffen keine große Sängerin der Italianità; aber sie hatte ungeheuren Ausdruck, ein bezauberndes Wesen auf der Bühne; und am Erfolg war auch das damals (so unglaublich das scheint) für Wien neue Stück beteiligt gewesen.

Die Angerer blieb ein Publikumsliebling in Wien, sang zahlreiche Partien; etwa in der »Bohème«, in »Schwanda, der Dudelsackpfeifer«, »Die ägyptische Helena« und »Rosenkavalier«. Mangels großer Technik hatte ihre Stimme bald nicht mehr jene glanzvolle Form wie zu Anfang gehabt.

In London habe ich einmal einen Einführungsvortrag zur »Fledermaus« für die Covent Garden Opera gehalten, die Zubin Mehta dirigiert und in der Kiri Te Kanawa die Rosalinde gesungen hat. Sie und die Angerer waren dabei. Ich habe noch Spuren ihrer Schönheit im Gesicht wiedererkannt. Nur hatte sie inzwischen überall recht stattliche Pölsterchen angesetzt.

Auf Distanz geliebt habe ich auch Rose Pauly, die wahrscheinlich größte »Elektra« meiner Jugend und eine phänomenale »Salome«. Sie sang auch das italienische Repertoire sehr gut. Ich habe ihre Santuzza geliebt und ihre Tosca. Sie war mit einem gewissen Herrn Dresen verheiratet, der angeblich der Nazipartei nahestand. Er war Inhaber jenes Hotels Dresen in Bad Godesberg bei Bonn, in dem Hitler im Jahre 1938 mit

Neville Chamberlain zusammengetroffen ist. Danach verkündete der Brite, er habe »Frieden für alle Zeit« von Hitler erreicht ...
Rose Pauly, eine Jüdin, hat sich bald von diesem Mann getrennt, war mit einem Ägypter zusammen (verheiratet?), von dem sie ein Kind hatte, und wurde endlich Gattin eines Arztes, Dr. Fleischer, in Israel. Ich habe sie in Wien oft nach Hause begleitet – sie hat am Petersplatz gewohnt. Nicht vergessen werde ich folgende Situation: In den USA wurde im Krieg der Abgang von Schiffen nach Palästina (Israel hat es ja noch nicht gegeben) aus Sicherheitsgründen geheimgehalten. Die Pauly wollte aber unbedingt zu ihrem Mann, der in Palästina lebte. Ich habe damals ihr wunderbares Konzert in der Taon Hall gehört und fand sie seltsam erregt. Während des Konzertes hatte man sie verständigt, ihr Schiff nach Palästina ginge noch in derselben Nacht. Ich habe mit ihr noch korrespondiert; gesehen habe ich sie nie mehr.
Und meine Birgit, die bezaubernde Schwedin: Wie schön war unser gemeinsamer Urlaub in Triest. Aber ich spielte eben wieder Radio, am Strand, Maria Callas sang die Wahnsinnsarie aus »Il Pirata« von Bellini. Sie ist sehr lang. Als sie aus war, fand ich neben mir statt Birgit einen Zettel von ihrer Hand, sie wäre nach Griechenland abgereist, per Schiff. Nach Jahrzehnten traf ich sie wieder, als Frau eines Arztes in New York. In meiner Jugend hatten alle weiblichen Wesen, die ich bewunderte, eines gemeinsam: Sie waren allesamt sogenannte »Jerger-Mädchen«. Das heißt, jedes Rendezvous platzte, wenn Alfred Jerger, der schöne Mann der Staatsoper, irgendwo auftauchte. Da hatten wir alle ausgespielt.
Und nun nur kurz zu einem heiklen Thema, das aber hier angesprochen werden soll, weil es immer wieder auftaucht: Manche Leute rechnen mich nicht nur zu den Homosexuellen, sondern sie kolportieren gerne solche Gerüchte. Dazu muß ich sagen: Ich persönlich habe nichts gegen Homosexuelle, ich bin mit einigen befreundet. Aber dieses Gerücht ist im Hinblick auf mich einfach falsch. Ich habe nicht einmal bisexuelle Gelüste, wie man sie gerne Leuten nachsagt, die etwa allein ins Theater gehen, die man also nie in Begleitung sieht. Und ich gehe vor allem dann gerne allein ins Theater, wenn ich ein Stück erst kennenlernen muß, wenn ich mich damit intensiv auseinandersetzen will. Das habe ich vielleicht noch von meiner Stehplatzzeit als junger Mensch, wo man ja auch stets allein hinging und allein einen ganzen Abend lang dastand. Mein Stehplatznachbar Paul Singer hat einmal über mich gesagt: »Jetzt macht er der Musik ein Kind.«
Aber, wenn man älter wird, verändern sich auch ein bißchen die Bezie-

hungen zu Frauen. Natürlich lernt man noch immer ab und zu in einer Opernpause eine Dame kennen, meint, Feuer gefangen und ein Feuerchen entzündet zu haben. Man vereinbart ein Treffen nach der Oper. Aber in der zweiten Pause – nehmen wir an, in einer Wagner-Oper –, da erinnert sich die Dame plötzlich, daß sie vergessen hätte, nachher sowieso jemanden zu treffen; oder sie sagt, morgen ganz zeitig in der Früh zum Zahnarzt zu müssen, oder die Großmutter käme noch in dieser Nacht aus Ungarn. Bei mir wurden mit zunehmendem Alter die Ausreden der Damen immer origineller. Ein Don Giovanni wurde ich nie, auch bei den Damen bin ich stets nur »der Prawy« geblieben.

26. STUNDENHOTEL. OHNE DAMEN

»Ich weiß – nicht auf der Wieden – ein großes Hotel ...«
(Nach Benatzky)

Es ist meine Überzeugung, daß wir unsere Wohnungen nur lieben, weil wir es uns nicht leisten können, im Hotel zu wohnen. Mein Traum wären vier Zimmer im Sacher. Das bräuchte ich zum Wohnen, Arbeiten, für Bibliothek, Platten, Videos und für Gäste. Das kostet um die zehntausend Schilling täglich; wer kann sich das leisten? Ein Zwischenstadium wären Apartment-Hotels mit Bedienung und einem Restaurant, das auch in den Zimmern serviert. Ich bin aber schon deshalb ein Fachmann für das Wohnen, weil ich in meinem ganzen Leben nie eine normale Wohnung bewohnt habe.
Schon als Kind bin ich ein unsteter Wanderer zwischen verschiedenen Domizilen gewesen. Ich war erst am Möllwaldplatz in Wien-Wieden zu Hause, übersiedelte nach der Scheidung meiner Eltern zur Großmutter väterlicherseits in die Rathausstraße in den ersten Bezirk. Bald danach habe ich in der Alserstraße logiert, auf Nummer 45. Ich habe heute keine Ahnung mehr, wie es in dieser Wohnung ausgesehen hat, aber ich weiß sehr genau, daß ich damals den »Zarewitsch« mit Richard Tauber gehört habe.
Mein nächstes Domizil lag in der Wiedener Schleifmühlgasse, das war Ende der zwanziger Jahre, und ich war Jura-Student. Damals schwärmte ich für den indischen Dichter mit dem eindrucksvollen Bart, Rabindranat Tagore, der wiederholt Wien aufsuchte, dessen Vorlesungen ich lauschte und dessen Bücher ich in der Buchhandlung Reichmann erwarb und verschlang. Noch heute liebe ich sein »Postamt«. Dann zog ich mit Vater und Stiefmutter in die Salesianergasse. Im selben Haus wohnte die gute Staatsopernaltistin Dora With.
Meine nächste Adresse in Wien hieß: Dürergasse 18. Gegenüber wohnte der damals lokal bekannte Komponist Guido Peters, mit dem ich von Fenster zu Fenster fachsimpelte. In diesem Haus logierte ich bis zu meiner Emigration, und irgendwann einmal, als ich für eine Show »Lehmanns Adreßbuch« aus dem Jahre Schnee durchforstete, entdeckte ich, daß im selben Hause einst Robert Stolz gewohnt hatte. Ich entging meiner Bestimmung nie.

Als ich dann Sekretär Kiepuras wurde, war ich stets weltweit unterwegs und lebte nur mehr mit ihm in Hotels. Auch während meiner amerikanischen Emigration habe ich nie eine Wohnung gehabt, immer nur Untermietzimmer oder Hotels. Ich habe eine Wohnung nie vermißt. Nach meiner Rückkehr nach Wien habe ich als Mitglied der amerikanischen Besatzungsmacht verschiedene Zimmer zugewiesen bekommen. In der Folge verbrachte ich meine Nächte in diversen Untermietzimmern, und jetzt wohne ich in einer schönen Villa im Wiener Nobelbezirk Grinzing. Wobei ich zwischendurch wieder in diverse Hotels umziehe, meist ins Sacher oder ins Intercontinental.
Ich habe zum Begriff Wohnung wenig Zugang. Wer an einer Wohnung hängt, hängt an einer Fiktion ... Natürlich verstehe ich die Sentimentalität, wenn da der Großvater und der Vater gewohnt haben. Ich verstehe auch, daß eine Familie mit Kindern eine Wohnung braucht. Aber ein Single, ein Junggeselle?
Wohnung ist eine überlebte Lebensform. Jeder sollte sein Leben so einteilen, daß die positiven Kräfte, die in ihm stecken, am besten zur Geltung kommen. Ich selber will meine Arbeitskraft, solange ich sie noch habe, dem widmen, was ich zu geben habe. Und das heißt: gewisse Dinge zu studieren, zu produzieren, zu reproduzieren. Ich möchte möglichst wenig Zeit mit jenen Dingen verlieren, von denen ich nichts verstehe und die mich bei dieser Arbeit stören. Ich will mich nicht mit verstopften Wasserleitungen und der Behebung von Kurzschlüssen beschäftigen, ich will nicht nachdenken, wie ich in der Küche Ameisenschwärme loswerde. Das sollen geschulte Fachleute machen, die das Hotel liefert. Will man wirklich als Dilettant in der Küche herumwerkeln? Wie schön ist es, das Zimmerservice anzurufen und zu sagen: »Bitte ein Wiener Schnitzel auf Zimmer 318.« Ich will all meine Kraft dafür einsetzen, meine mir bestimmte Arbeit zu tun, um damit den Mitmenschen Freude zu machen. Und mir.
Das moderne Lebensrezept lautet: möglichst wenig besitzen, möglichst viel verdienen. Ich bin dem Geld nie nachgelaufen, es kam immer von selber zu mir, ich wurde zwar niemals reich, aber ich habe immer anständig verdient. Geld an sich war mir nie das Wichtigste. Leider aber habe ich mir auf Dauer nie jenen Lebensstil leisten können, den ich mir leiste. »Ich möchte so leben können, wie ich lebe«, heißt ein altes Witzwort. Alles, was man besitzt, ist eine Belastung. Das Haben macht Schwierigkeiten. Haben Sie ein Wochenendhaus am Semmering? Dann müssen Sie sich darum sorgen, daß nicht eingebrochen wird, daß die Versicherun-

gen nicht ablaufen, daß im Winter die Heizung funktioniert . . Und ein Wochenende in Venedig wird nicht möglich, weil man sich dort Sorgen über sein Wochenendhaus am Semmering macht.

Meine Art zu Wohnen wurde über die Medien populär, weil meine Nylonsackerl-Sammlung telegen Lächeln, Zorn oder Bewunderung hervorruft. Darüber hat man sich oft lustig gemacht, aber niemand konnte mir eine bessere Möglichkeit der Selbstorganisation empfehlen. Ich habe sehr, sehr viele Bücher, Schallplatten, Akten, CDs, Videos. Und jedes Thema ist bei mir in einem beschriebenen Plastiksack. Ich habe oft am Tag vier oder fünf verschiedene Sachen zu machen. Vielleicht habe ich eine Einladung meines Freundes Dr. Robert Werba, um irgendwas über eine Oper im Hörfunk zu erzählen. Auf dem Plastiksack steht drauf: *ORF Hörfunk*. Danach bin ich vielleicht in der Staatsoper und bereite meine nächste Matinee über Bernstein vor. Auf dem Plastiksack steht dann: *Bernstein*. Dann im Fernsehen ...

So geht es weiter. Am Abend werden die einzelnen Tüten aufgelöst, neu bestückt, neu beschrieben. Bei der Unzahl meiner Fernsehsendungen, Vorträge, Schriften wuchs die Nylonsackerl-Sammlung bedrohlich. In meiner Phantasie erschreckt mich manches Sackerl mit einem gespenstisch höhnischen Grinsen. Wie die alte Gräfin ihrem Hermann im Schlußakt von Tschaikowskis Oper »Pique Dame«.

Wohlmeinende Freunde haben mir gesagt: Um Gottes willen, hör auf mit den Plastiksäcken, wir schenken dir einen Lederkoffer. Aber ich antworte stets: Schenk mir über zweihundert Lederkoffer, denn ich arbeite mit über zweihundert Plastiktaschen. Wenn man mir zweihundert Lederköfferchen schenkte, die jeweils so leicht zu tragen wären wie Plastiksäckchen; auch so leicht zu beschriften; und wenn sie auch nur so wenig Platz einnehmen – dann entscheide ich mich für die Ledertaschen. Aber Sie und ich wissen, daß das so nicht funktioniert.

In meiner Wohnung lagern also bis zu zweihundert Plastiktäschchen. Die Küche ist für mich der unnötigste aller Räume, weil ich ja überhaupt nie zu Hause esse. Auf diesbezügliche Fragen antworte ich, ein bißchen übertrieben: »Das letztemal, als ich zu Hause gegessen habe, war 1936. Und es war nicht besonders gut.«

Da ich also als Junggeselle nie koche, ist meine Küche ein geradezu idealer Lagerraum für weitere Plastiksäcke. Wenn meine Haushaltshilfe das Bett machen will, erfordert das eine Bergtour über die Sackerln. Bei meinem Posteinlauf von täglich sechzig Briefen vermehren sich die Sackerln wie die Kaninchen. Meine Freunde sagen mir, daß auch mein

Wunschtraum des Apartment-Hotels mit Restaurant durch die Sackerln a priori zum Scheitern verurteilt wäre. Dennoch schwärme ich weiterhin für ein Apartment-Hotel, mit Restaurant unten, und die Zimmer gefüllt mit nur neunzig Plastiksäcken.

Essen war für mich nie ein Problem, obwohl befreundete Prawy-Kenner meine Eßgewohnheiten als eher ungewöhnlich bezeichnen. Sitzende Mahlzeiten, auch vornehme Dinners, mag ich nicht. Wo immer möglich, drücke ich mich. Und wenn es liebe Freunde sind, komme ich halt nach dem Nachtmahl. Vornehme Restaurants sagen mir wenig. Ich esse sehr gerne stehend in Delikatessengeschäften, wie etwa beim Ziegler in der Krugerstraße. Als ich damit begonnen habe – mein Kollege dort war der berühmte Dirigent Horst Stein –, wurde ich scheel über die Schulter angesehen. Heute ist das Essen in Delikatessengeschäften sogar »in«; diese Lokale haben oft auch Tische und Stühle.

Ich bin wählerisch. Am wenigsten schmecken mir die vornehmen Sachen. Was einen französischen Artikel hat, ist mir verdächtig – etwa statt Brathuhn »le poulet«. Was einen französischen Beinamen hat, ist mir verdächtig – etwa »à la Béarnaise«. Es wird schon einen Grund haben, warum man die wahre Natur verschleiert. Mir schmecken nur wenige Sachen: Brathuhn, Maroni, Salzburger Nockerl, Oblaten vom Zauner in Ischl, gewisse amerikanische Kuchen (mit dem herrlichen Zitronenkuchen *Lemon meringue pie* versorgt mich unsere amerikanische Botschafterin, die schöne und talentierte Mrs. Swanee Hunt). Schokolade habe ich gerne, und Gefrorenes – in der Saison gehe ich fast täglich zum Eissalon Salek in der Sechsschimmelgasse. Meine Idee, diesen Eissalon mit Maroniständen zu verbinden, mit beliebten Sängern als Maroniverkäufer, fand keine Gegenliebe. Der Salon ist nahe der Volksoper – ich hätte mir das so schön vorgestellt: An einem Maronistand verkauft der Peter Minich, an einem anderen die Ulrike Steinsky, am dritten der Michael Heltau, am vierten Senta Wengraf. Ich selbst verkaufe nicht, ich komme nur jeden Abend, um zu kassieren. Herr Salek hatte die Kühnheit, mir zu sagen, davon verstünde ich einen Schmarren, ich sollte bei der Oper bleiben.

Ich liebe Stofftiere, und ich besitze davon unzählige. Und das, obwohl ich weiß, daß es zahlreiche psychologische Studien gibt, die diese Leidenschaft als geistige Verirrung ausführlich untersucht haben. Was für ein Studienobjekt wäre ich!

Ich kaufe Stofftiere, und ich lasse sie mir schenken. Meine Lieblinge sind Esel. Davon habe ich sicherlich schon einhundertfünfzig Exemplare. Ich habe sie auch in Porzellan, in Ton, in Öl. Eseln gehören zu den schönsten Tieren, die es gibt.

Vor vielen Jahren verbrachte ich einmal einen Sommer im Salzburger Hotel St. Rupert. Im Garten dieses Hauses lernte ich zwei unvorstellbare Esel kennen. Ich habe ihnen ins Antlitz geblickt. Seit langem haben meine Esel Gesellschaft. Da gibt es einen Igel, ein Wildschwein, einen Koala-Bären, einen Löwen.

Meine Tiere nehmen Persönlichkeit an. Dann wird plötzlich gesagt: »Dem Igel ist heute kalt, eigentlich sollte er sich einen Mantel anziehen.« Senta Wengraf meint – als Miteigentümerin vieler dieser Tiere –, ihm genüge sein Fell. Die Tiere haben Namen. Kasimir, Adalbert, Anneliese. Manche sind adelig. Das Wildschwein ist Wagnerianer und heißt Siegfried von Borstenvieh. Aus Taiwan stammt (wie so viele der Tiere) Kasimir von Koala-Lumpur, der Koala-Bär. Einmal fragte Senta: »Sind unsere Tiere eigentlich für die EU?«

Vielleicht habe ich doch eine eigene Wohnung: Wenn ich die Staatsoper betrete, habe ich das Gefühl, meine *eigentliche* Wohnung zu betreten. Im Grunde geht es mir bei allen Opernhäusern der Welt so. Und das Hotel Sacher, in dem ich einen Stammtisch im Café habe, betrachte ich als mein Büro. Ich bin im echten Büro ein schlechter Verhandler. Es inspiriert mich nicht. Ich brauche den Duft des Kaffees. Wenn ich einmal in der Oper untertags zwei Stunden freier Zeit habe, bekomme ich im Sacher immer ein Zimmer und schlafe ein wenig: Das Sacher ist eben mein Stundenhotel. Ohne Damen.

27. Peter Dusek:
Der Quoten-Kaiser

Er ist als »Mister Opera« eine singuläre Erscheinung: Niemand anderer hat sich so total mit der Welt der Oper identifiziert und kann auf einen ähnlichen Erfahrungsschatz verweisen. Und das gilt auch für den »Freund der leichten Muse«: für den Wegbereiter des Musicals in Europa, für den Botschafter der Operette und auch der unsterblichen Schlagermelodien eines Robert Stolz, für den Freund des Chansonniers Michael Heltau, und von Milva, und den Fan von Tina Turner.

Aber Marcel Prawy ist auch eine Medien-Star. Sein »Opernführer«, seine Serie »Auf den Spuren von ...«, seine Show-Abende aus dem Linzer Brucknerhaus, seine live übertragenen Matineen aus der Staatsoper oder vom Rathausplatz anläßlich der Festwocheneröffnung: Das alles waren und sind Beispiele, wie Kultur im Fernsehen auch zu »Quoten-Hits« führen kann. Und lange bevor dieser Begriff entstand, war »Marcello« Prawy bereits das, was man als einen TV-Mega-Star bezeichnen kann.

Dabei widerlegt Prawy mehrere Gesetze des Fernsehzeitalters: Angeblich haben ältere Menschen vor der TV-Kamera keine Chance. Prawy ist mit seinen inzwischen fast 85 Jahren der Inbegriff dessen, was man »jugendliche Begeisterungsfähigkeit« trotz einiger Falten bezeichnen könnte.

Außerdem war der »Opernführer der Nation« nie ein »gestylter, aalglatter Moderator«. Prawy war immer Prawy, unverwechselbar, enthusiastisch – voll liebenswerter Charakteristika. Sein weißer Smoking ist nicht immer faltenlos, die Hände »zappeln« mitunter, das scharfe »S« ist ein wenig stimmhaft, und wenn »Marcello« ans Klavier geht, dann ist der Anschlag nicht immer 100prozentig, und als Sänger hätte er kaum Spitzengagen erzielt. Und doch: Das macht das Phänomen Prawy aus. Diese Mischung aus »Stegreiftheater« und geradezu hypnotischem »Glaubenseinsatz für Oper, Operette und U-Musik« fasziniert das Publikum seit mehr als 30 Jahren in Österreich und Deutschland. Marcel Prawy überlebte jede ORF-Reform, war schon ein Star, als man noch Schwarzweißprogramme übermittelte, und ist dennoch auch ein Medienphänomen, das es wert ist, einmal im Detail studiert zu werden. Denn auch dieser Erfolg läßt sich erklären. Nur mit dem Phänomen

»telegener Opernnarr« kommt man nicht aus, und das Geheimnis des Erfolges beginnt bei einer Gabe, die man bei einem Apostel der E- und U-Musik gar nicht sofort vermuten würde. Marcello Prawy interessiert sich für Technik – insbesondere für die Entwicklung der Informationstechnologie. Das hängt wohl mit seiner zweiten, seiner »echten« Geburt in der US-Emigration zusammen und vermutlich auch mit seinem »Schlüsselerlebnis« mit Jan Kiepura bei den Dreharbeiten zum Film »Zauber der Bohème«(1937). Sein Tenoridol war ein Opern- und Kino-Star und verbreitete seinen Ruhm über Schallplatte, Radio und in den USA bereits via Fernsehen. Und der junge Prawy, der vom Vater zum Jus-Studium mehr oder weniger »gezwungen« worden war, war von dieser Welt der Lichtkegel und Tonaussteuerung von Anfang an in seinen Bann gezogen. Noch heute hält er sich bei Live-Auftritten an Spielregeln, die ihm sein Idol, sein Vorbild und erster »Chef« in den dreißiger Jahren verraten hatte.

Und Marcel Prawy analysiert noch heute, was einen erfolgreichen Werbe-Clip ausmacht oder warum eine Rock-Lady wie Tina Turner oder TV-Mega-Stars wie Peter Alexander oder Udo Jürgens so zeitlos populär sind. Marcel Prawy und die Faszination der Technik und ihrer ständigen Weiterentwicklung – das ist eine Seite des »Quoten-Kaisers«, die Telegenität ist ein anderer Aspekt; und der ungeheure Fleiß, ein ganzes Spinnennetz an Informationen dann auf eine einfache Formel zu bringen – das ist der dritte Aspekt, wenn man sich der TV-Popularität des Mannes zuwendet, die angeblich 1965 begonnen hat. Aber wie so oft in der Biographie von »Mister Opera« hat auch der relativ späte Start des »Opernführers« (Prawy war damals bereits 55 Jahre »jung«) eine entscheidende Vorgeschichte.

AUF DEN SPUREN EINES PHÄNOMENS

Festwochenauftakt im Mozart-Jahr 1991: Vor dem Wiener Rathaus hat sich zu nächtlicher Stunde eine unübersehbare Menschenmenge zusammengefunden, Fernsehkameras übertragen live ein Ereignis der Sonderklasse:

Applaus brandet auf, als der schlanke ältere Herr in etwas zerknittertem Dinner-Jackett erstaunlich agil die Riesenbühne betritt. Und da ist er auch schon: Mister Opera, der Opernkavalier Marcel Prawy. Zur Begrüßung schenkt er dem zigtausendköpfigen Publikum sofort eine überraschende Perspektive: »Stellen Sie sich vor, wie Mozart diesen Platz gesehen hätte!« Der Raum ist erobert, dem Zuhörer gehen die Augen auf, der Zuschauer ist bereit zu lauschen. Ein Kavalier mit altösterreichischem Charme, dem der jugendliche Schalk aus den Augen blitzt, dessen ausdrucksstarke Gestik und bisweilen sympathische Nachlässigkeit seine totale Konzentration verbirgt. Auf dem Rathausplatz zieht er wieder einmal alle Register seines Könnens: Für ihn schlüpfen Helmut Lohner in die musikalischen Federn Papagenos und Ann Murray in die seidenen Kniehosen des Amadeus, marschieren Stars in einer Listung alphabetischer Parade auf, die von Francisco Araiza über Lucia Popp bis zum Stadtvater Helmut Zilk reicht. Und doch steht einer nicht bloß alphabetisch im Zentrum: nein, nicht »Marcello«, sondern Mozart. Marcel Prawy oder die Kunst, dem Komponisten zu dienen, Stars zu präsentieren und dabei selbst zum Star zu werden. Es sind nicht nur seine humorvollen Anekdoten, seine etwas schrullige Sonderlichkeit: Von Marcel Prawy lassen sich die Großen der Bühne zum Experimentieren überreden, lernen Noten, die bisher in den tiefsten Winkeln geheimer Archive geschlummert haben. Vor dem Rathaus ließ er Musik von Mozarts Sohn singen! Er ist ein Rattenfänger, ein »Brennender«, ein unkonventioneller TV-Entertainer, der Einschaltziffern beim Fernsehpublikum auslöst wie sonst nur Hugo Portisch oder der von Prawy geschätzte Musikantenstadl.

Doch wie lebt ein solcher Fanatiker des Reichs der Melodie, der an einem Tag wie der Festwochen-Gala vormittags im Theater an der Wien eine seiner berühmten Matineen absolvierte? Wie begann die Karriere des »Opernführers der Nation«, der in sechs Sprachen arbeitet und über seine Lehrjahre als Sekretär von Jan Kiepura zu erzählen beginnt, so oft er nur kann? Gab es eine Kindheit von »Marcello«, die noch nichts mit jenen Stehplatzjahren zu tun hat, die ebenfalls zum Reservoir der Erinnerungen gehören, die Marcel Prawy in seine rund 400 Fernsehsendungen einfließen ließ? Oder, anders gefragt, aus welcher Energiequelle speist sich der unverminderte Enthusiasmus dieses Junggesellen, der sich zum Motto gewählt hat: »Wenn man älter wird, muß man sich die Latte immer höher legen! Nur so kann man das Müdewerden bekämpfen!« Solche Thesen aufzustellen ist eine Sache, sie auch zu realisieren, eine andere. Und so haben in den letzten Jahren viele Autoren und Verlage Marcel Prawy gefragt, ober er nicht eine Selbstbiographie verfassen wolle. Die Antwort kam stets wie aus der Pistole geschossen: »Was soll die Leute interessieren, was ich außerhalb der Oper oder des Musicals

erlebt habe? Ich bin weder Komponist noch Sänger, weder Dirigent noch Direktor ...« Diese Antwort bekam auch der Verein der Freunde der Wiener Staatsoper, als er vor rund zehn Jahren Marcel Prawy als Interview-Gast in seine Veranstaltungsreihe »Opernwerkstatt« einladen wollte. »Wer interessiert sich schon für mich allein – soll ich dir ein Geheimnis verraten: die Leute kommen nur, weil ich immer so viele Bühnenlieblinge in meine Matineen einbaue ...« Die Verhandlungen dauerten damals Monate, bis sich Marcel Prawy »breitschlagen« ließ, dann rannten die Opernfans so, als ob gleichzeitig Domingo und Pavarotti im Gespräch aufgeboten würden. Doch bei diesem ersten biographischen »Versuch« gelang es dem gelernten Juristen Dr. Prawy, allen Fragen über den Menschen hinter dem »Opernkavalier« sehr geschickt auszuweichen. Im Laufe der folgenden Jahre ergaben sich dann viele Gelegenheiten, Marcel Prawy aus Perspektiven kennenzulernen, die nicht ganz in das selbstfabrizierte Bild des Mannes passen, dessen Identifizierung mit dem Musiktheater angeblich keinen Freiraum zuläßt. Da gab es etwa die Entdeckung des »Wochenschau-Redakteurs«: Parallel zur Hugo-Portisch/Sepp-Riff-Mammutserie »Österreich I« bzw. »Österreich II« baute ich ein computerunterstütztes TV-Archiv auf. Eines Tages stand Marcel Prawy im Zimmer: »Ich habe nach dem Krieg jahrelang die Entstehung der US-Wochenschau »Welt im Film« betreut; habt Ihr davon etwas aufgetrieben?« Ein kurzer Blick auf den Bildschirm genügte: Da waren sie alle aufgelistet, die Beiträge über die Besatzungssoldaten und über die Hilfslieferungen der UNRRA und dazwischen sehr viel Kultur: Karajan dirigiert erstmals in Salzburg, Robert Stolz kehrt nach Österreich zurück, Albert Bassermann gastiert ... »Das sind alles Beiträge, die ich selbst getextet habe!« strahlte der Opernführer der Nation, der mir bei dieser Gelegenheit auch erzählte, Schallplatten produziert und beim US Army Forces Network einen »Deutschkurs für US-Soldaten« geleitet zu haben.
Aber da war noch eine andere Begegnung, die mir einen unbekannten Prawy, einen vom tragischen Schicksal heimgesuchten Menschen näherbrachte. In meinem Hauptberuf als Historiker trachte ich nicht nur die Medienkoffer zur österreichischen Zeitgeschichte heraus – ein Projekt, durch das ich mit Hugo Portisch zu kooperieren begann. Auch die Neuauflage des Theresienstädter Totenbuches war eine jener Aktivitäten, die mich seit den »Holocaust-Begleitmaßnahmen« im Jahr 1978 mit dem düstersten Kapitel der Menschheitsgeschichte konfrontierte. Da blätterte plötzlich Marcel Prawy in dieser »Fibel der Unmenschlichkeit«

und entdeckte den Namen seiner Großmutter Ida Mankiewicz ... Mit Tränen in den Augen gab er mir das Buch zurück und sagte: »Eine Postkarte aus Theresienstadt war das letzte Lebenszeichen, das ich von meiner Großmutter erhielt. Weißt du eigentlich, daß sie mit mir viel über meine Opernleidenschaft diskutierte? Sie war eine Angehörige jener Generation, für die Gustav Mahler noch ein Modernist, ein Revolutionär war ...«

Spätestens seit dieser Begegnung ließ mich die Frage: Wer ist dieser Marcel Prawy wirklich? nicht mehr los. Der glühende Wagnerianer, der durch seinen Club-2-Auftritt mit Hans-Jürgen Syberberg ebenso in die Schlagzeilen kam wie durch seinen Konflikt mit Hans Weigel, hat einen Teil seiner Familie in den Konzentrationslagern des Dritten Reiches verloren. Die Konfrontation dieses Mannes mit seiner eigenen, schmerzlich verdrängten Geschichte, die Jahre der Emigration und die Nachkriegsrückkehr – das alles gehört auch zum Kapitel »Vergangenheitsbewältigung«. Denn der Inbegriff altösterreichischer Charaktereigenschaften denkt englisch und schreibt in sein Terminbuch: »Call Dusek, cancel Embassy«, wenn er sich daran erinnern will, daß er mich anrufen und eine Einladung zu einem Botschafts-Dinner absagen möchte. Marcel Prawy ließ sich erst nach vielen »historisch-therapeutischen Sitzungen« zu seiner Selbstanalyse überreden, und die ungeheure Materialflut, die einem in der Prawy-Wohnung in Wien 19, Gustav-Tschermak-Gasse entgegenschlägt (oder, genauer, sich in unzähligen Nylonsäckchen verbirgt), war im Vergleich zu der »Entdeckungsfahrt in die verdrängte, vergessene und unterschätzte Vergangenheit« unbedeutend; das Hauptproblem, das sich jedem Prawy-Rechercheur stellt, lautet: wann hat Marcel Prawy überhaupt Zeit? Die Treffen mit dem Vielbeschäftigten fanden um 8 Uhr früh in der Staatsoper statt (zu einem Zeitpunkt, wo nur die Portiere und die Reinigungsfrauen anwesend sind), sie fanden nach Premierenfeiern um Mitternacht und in den wenigen Erholungstagen im Kurhotel Vollererhof nahe Salzburg ihre Fortsetzung, in der Garderobe und auf den Gängen vor den Sologarderoben, beim Warten auf die Stars der Oper.

Denn Marcel Prawy ist tatsächlich ein Ruheloser, einer der Menschen, die ihr Hobby zum Beruf machen, der nur in den wenigen Schlafstunden unterbrochen wird. Diese kurze Unterbrechung findet in den frühen Morgenstunden zwischen drei Uhr nachts und sechs Uhr früh statt und – wenn irgendwie möglich – auch noch in ein bis zwei Stunden am Nachmittag. Der Rest des Tages wird mit Telefonaten rund um den

Erdball und in mehrere Organisationszentren des Superaktivsten in Österreich verbracht; mit dem Studium neuer Dokumente, dem minutiösen Vorbereiten der nächsten Auftritte – wobei die Hauptarbeit immer schon Monate vor dem Gang ins Rampenlicht passiert, sowie mit dem Besuch von Opern- und Konzertaufführungen. Er baut dabei auch seine Mahlzeiten und sonderlichen Eßgewohnheiten (»Ich könnte von Brathuhn, glacierten Maronis und Eis leben ...«) ein. Die Stunden, in denen er mit Senta Wengraf, seiner langjährigen Herzensdame und Hauptbegleiterin, über Themen diskutiert, die einmal nichts mit der Oper zu tun haben, besitzen Seltenheitswert.

Die scheinbare Chaotik, die man beim Betreten seiner Archiv-Wohnung und bei seinen ständigen Terminverschiebungen zu spüren vermeint, ist in Wahrheit genauest organisiert; nicht von einem üblichen Büro mit Sekretärin: Da gibt es ein ganzes Netz an Mitstreitern, die in der Ferne werken und fallweise zur Stelle sind. Frau Artmüller etwa, oder die Erfinderin des Prawy-Telefonbuches Karin Las, die nicht nach dem Alphabet, sondern nach den Prawy-Assoziationen Adressen und Telefonnummern ablegt (»dicker Mann, den ich im Zug nach Bayreuth kennengelernt habe ...«), aber auch der jüngst verstorbene Chauffeur Josef Hartner (jetzt betreut ihn in seinem Sinne wunderbar Herr Albert Reh), die 81jährige Bedienerin, die dafür bezahlt wird (und ihren Dienst nicht quittieren darf), daß sie die Nylonsäcke nicht in Unordnung bringt ...

Haupterkenntnis Nummer zwei: Sosehr die jahrzehntelange Arbeit dieses ehemaligen Chefdramaturgen der Wiener Staatsoper in visuellen Medien vor sich ging, die eigentliche Welt des Opernführers ist eine Welt der Klänge: Marcel Prawy hat ein musikalisches Gedächtnis, das selbst hochrangige Musiker verblüfft. Wenn er einmal eine Melodie gehört hat, dann kann er sie praktisch nach dem ersten Hören wiedergeben. Ich habe erlebt, wie er unbekannte Opernraritäten den einstigen Dirigenten vorgesummt hat, die die Aufführung vergessen hatten. Und als wir zu Georg Kreisler fuhren, um ihn mit Erinnerungen in den Kriegsjahren zu konfrontieren, brachten wir dem großen Kabarettisten und Satiriker Kreisler Notengrüße mit, in denen eine Melodie notiert war, die Georg Kreisler nur ganz wenige Male – 1943/44 – aufgeführt hatte und die Prawy höchstens zweimal gehört haben konnte. Durch diesen Gruß aus dem Gestern fielen dem Autor von Nummern wie »Gemma Tauberln vergiften« seine eigenen Anfänge ein. Prawy hatte die Komposition Kreislers bis auf kleine rhythmische Ungenauigkeiten exakt über fast fünfzig Jahre behalten.

Man kann entdecken, daß all die vielen konkreten, anschaulichen Anekdoten, die Prawy so berühmt gemacht haben, den Versuch eines Menschen darstellen, als Repräsentant der Welt der Hörenden den Menschen in der Welt des Schauens und Beobachtens eine andere Dimension zu erschließen. Marcel Prawy und die Welt des Scheins, die Welt der optischen Reize, das ist wie das Verhalten von Columbo-Detektiv Peter Falk in der Wohnung des Täters. Wenn man mit dem »Professore« zusammen ist, dann hat man oft das Gefühl, er blickt in sich selbst hinein, er nimmt die Umwelt gar nicht wahr. Aber dann auf einmal merkt man, daß er irgendwo etwas beobachtet hat, das ins Gespräch einfließt, eine neues hübsches Mädchengesicht an einem Tisch weit weg, ein Detail einer Inszenierung eines Moderegisseurs oder – zur Verblüffung des Interviewpartners, der soeben mit akustischen Details im Vortrag von Richard Tauber konfrontiert wurde – Beobachtungen aus der Welt der Fernseh-Werbung: »Diese kleinen verdichteten Spots haben mich immer fasziniert«, schießt Prawy los. »Das sind höchst gekonnt gestaltete kurze Kunstwerke, die immer eine Botschaft auf den Punkt bringen, weil sie die Zuseher zu einer Tat, dem Kauf, verleiten wollen.«

Wenn er in der Hochschule seine Studenten zur Verzweiflung bringen wollte, dann hat er sie das »Rheingold« in einer Minute nacherzählen lassen oder den »Don Giovanni« in zwei Minuten. Diese Faszination der Werbewelt gehört ins Kapitel US-Neugeburt ebenso wie zum Augen-Detektiv à la Peter Falk, der aus der Welt der Hörenden kommt. Und diese genaue Beobachtungsgabe ist mit der akustischen Merkfähigkeit in Richtung Melodie gekoppelt: »Ich spiele Klavier immer nur mit der rechten Hand, die die Melodie vorgibt, meine linke Hand ist nicht nur technisch unvollkommen – bei komplizierten Arrangements läßt mein Gedächtnis auch gewisse trübe Flecken zu«, bekennt ein Mensch, dessen Musikalität außergewöhnlich in jeder Hinsicht ist und dessen Lernfähigkeit und Lernbesessenheit dieses Talent noch ins Unermeßliche steigert.

Das Wirken dieses Missionars der »Hörenden« in der Welt der »Sehenden« ergibt fast notwendigerweise eine »Urfeindschaft« gegenüber den Auswüchsen des modernen Regietheaters. »Ich bin überhaupt nur bereit, dieses Buch zu beginnen, wenn ich nicht nur über mein Kinderfräulein Lina Kastenhuber berichten, sondern auch mein Credo und Anti-Credo über die Welt der Oper zu Papier bringen kann.« Das Ergebnis ist unzweifelhaft. Marcel Prawy hat in Richtung Regietheater immer wieder »loszulegen« begonnen – auch schon beim Opernensemble

Tante Hedi, meine geliebte Tante Hedi, die Schwester meines Vaters, Baronin von Gutmann, dann Baronin von Wurzian, hat nach dem Ableben meiner Mutter mit viel Liebe ihre Stellung eingenommen. Sie wohnte ständig im Sacher, von wo ich – mit nachher eingeholter Genehmigung von Frau Elisabeth Gürtler – dieses Bild entwendet habe.

am Beginn seiner Opern-Fixierungs-Jahre in der Saison 1926/27. Und die Erinnerungen an die verdrängte »freudlose Kindheit« waren immer wieder verblüffend. Licht ins Dunkel des Vergessens brachten akustische Erinnerungen: »Ich war immer wieder in den Sommermonaten auf Schloß Tobitschau nahe Olmütz in der Tschechoslowakei. Und ich höre noch die Hufe der Pferde, die vor die Kutsche gespannt waren, mit der ich von der Bahn abgeholt wurde. Diese Pferdehufe klangen in der zweiten Hofdurchfahrt anders. Halt, ich bin dort auch mit dem Pferd ausgeritten!« Marcel Prawy, ehemals Marcell von Frydmann, hoch zu Roß, an der Tafel seiner Schloßherrin und Lieblingstante Hedi von livrierten Dienern umgeben; Klein-Marcel, das Kind, das unter den Spannungen der Eltern litt, Scheidung, Selbstmord der Mutter, Trennung von einer Schwester, die heute in den USA lebt; der Philosoph und Mathematik-Liebhaber, der aus einer großbürgerlichen Familie stammt, die ihre Beziehungen zum Judentum auf den Nullpunkt reduziert hatte und die prinzipiell keinen Alkohol zu sich nahm, daran hat er sich bis heute gehalten. »Wenn Hitler nicht gekommen wäre, hätte ich mich vielleicht längst taufen lassen – die katholische Kirche hat mich allein durch ihre musikalische Festlichkeit angezogen«, meint heute Marcel Prawy, der auch sein nie entwickeltes Verhältnis zum Judentum neu zu über-

Schloß Tobitschau (heute Tovacov) bei Prerau in Mähren hatte meine geliebte Tante Hedi, Baronin von Wurzian, von ihrem ersten Gatten, Baron von Gutmann, als Wohnsitz bekommen. Dort erlebte ich als Junge wunderbare Ferien, zu Ostern bekam ich manchmal lebende Kaninchen. Leo Janáček schrieb ein Lied über Tovacov, das ich in einer Fernsehdokumentation über sein Leben singen ließ.

denken beginnt: »Ich war vor kurzem zum erstenmal in der Kultusgemeinde«, erzählt er, »und bin dabei, ein kleines Büchlein über das Wesen der jüdischen Religion zu lesen.«

Es ist aber auch die Geschichte eines Mannes, der länger als andere brauchte, um seine Berufung zu finden. In einem Alter, in dem andere eine Familie gründen, begann er in den USA seine »zweite Geburt«; mit 40 wurde er als Moderator entdeckt, mit 45 als Dramaturg der Volksoper engagiert, mit 65 – zu einem Zeitpunkt, zu dem andere in den Ruhestand treten – wurde er erst an die Staatsoper in jene Funktion geholt, die er noch heute rund um die Uhr ausfüllt: Dramaturg und Producer, Entertainer und Unterhaltungs-Aufklärer. Er hat wohl auch deshalb in seinem 85. Lebensjahr jene Vitalität, die andere oft nicht einmal mit 40 aufbringen, weil er seine ganze Lebenskraft erst so spät entfalten konnte. Und weil dieser Mann des Hörens, der so gut beobachten kann, auf den Siegeszug des Fernsehens warten mußte, damit seine Stunde schlagen konnte.

Marcel Prawy, der Spätberufene, hat aber eine Seites seines Charakters nie verkümmern lassen: seinen unbändigen Humor, der Schalk sitzt ihm im Nacken: »Gibt es Menschen, die Sie nicht leiden können?« Auf solche Fragen kommt es wie aus der Pistole geschossen: »Ja, liebende Frauen, die mich heiraten wollen und die ich wegen einer Opernvorstellung im Regen vergesse, oder Steuerberater, die immer wissen wollen, welche Ausgabe zu welcher Einnahme gehört. Dabei ist es zum Staunen des Finanzamtes so, daß ich meine heute nicht unbescheidenen Honorare immer schneller für die ausgefallensten Noten, Platten oder Fotos ausgebe, allein meine Telefonrechnung geht ins Astronomische«, lacht »Il Professore«, der dann verrät, daß er sich seine endlosen Telefonate etwa mit den USA nur leisten kann, weil er eine Kreditkarte eines Schweizer Unternehmens sein eigen nennt, mit deren Hilfe er in den USA zum Ortstarif stundenlange Gespräche führen kann.

28. Was mir so im Kopf herumgeht ...

»Warum so furchtbar aufgeregt?
Wir werden alle in den Sarg gelegt ...!«
(Nach Kurt Tucholsky)

Das ist ein Lieblingszitat von Senta Wengraf, die mit Recht findet, daß wir vom Theater uns selbst viel zu wichtig nehmen. Leisten wir wirklich so viel für die Menschheit? Natürlich die großen Schöpfer ausgenommen – aber sonst? Leistet ein Arzt, ein Ingenieur, ein Pilot nicht mehr für die Allgemeinheit als ein Künstler? Wahrscheinlich lassen die herrlichen Palmen von Maspalomas auf Gran Canaria, in dem Prachtpark des Hotels »Oasis«, wo ich – umgeben von frei umherspazierenden Pfauen – schreibe, meine Gedanken so irre umherschweifen. Die Pfauen! Erst hier habe ich gelernt, daß es den einfachen weißen Pfau gibt, den »pavo comun«, den schillernd bunten, räderschlagenden »pavo real«, den Königspfau – da ich mich gerne in die Seele von Tieren versetze, habe ich mich zu einem nicht existierenden »pavo imperial« (Kaiserpfau) ernannt. Pfaue kommen paarweise und schweigen, dann stoßen sie paarweise gleichzeitig Laute aus. Ob sie sprechen?
Was mache ich eigentlich hier? Jedenfalls nicht Urlaub, dieser Gedanke ist mir entsetzlich – unter fremden Leuten, mit zweifelhaftem Essen, pendelnd zwischen Eissalon, Strand und Hotelmahlzeit – nein, danke, eine Schreckensvision. Was ich liebe, ist Arbeit ohne Terminzwang, und das genieße ich hier, wenn ich in der freien Natur die letzten Seiten meines Buches schreibe und mich auf meine nächste Fernsehreise vorbereite, die in Italien und England die Hintergründe von »Romeo und Julia« in Literatur und Musik erforschen soll. Richtig Urlaub machen kann ich nicht. Ich kenne aber einen Weisen des Urlaubmachens, meinen innigst verehrten Freund Adolf Koller, Oberinspizient der Wiener Staatsoper. Wir sind ein langes Stück Weges gemeinsam gegangen, auch er war zuerst an der Volksoper, wir übersiedelten ungefähr gleichzeitig an die Staatsoper. Ich besuche ihn während der Vorstellungen immer in seinem Büro hinter der Bühne, wo wir fachsimpeln – wie wir glauben, auf höchstem Niveau. Adolf Koller nimmt die Landkarte, erforscht nach Büchern und dem Rat von Freunden unbekannte Gegenden, sucht sich dann irgendwo ein Hotel aus und genießt echten Urlaub. Seine theore-

tische Urlaubssuche war noch nie ein Hereinfall. Wir haben gemeinsam schöne Tage bei Triest und bei Sorrent verbracht.

Nun bin ich also auf einem urlaubsartigen Nichturlaub in Maspalomas gelandet. Auf den Kanarischen Inseln. Wo bin ich hier eigentlich? Politisch ist es Spanien, also Europa. Die Landschaft ist afrikanisch, die nächste Festlandküste ist Afrika. Bin ich also in Europa? Überhaupt – Europa?! In diesen Tagen bewegt dieses Wort alle Gemüter. Fühle ich mich als Europäer? Ich bin nicht sicher. Ich fühle mich als Österreicher. Aber auch als Amerikaner, weil mir dieses Land das Leben gerettet und mir die größten kulturellen Inspirationen gegeben hat. Ich fühle mich als Weltbürger. Ich weiß, daß Portugal ein herrliches Land ist, ich habe dort höchstens drei Tage verbracht, daher keine Nahbeziehung. In Jordanien, Israel, Ägypten habe ich länger gearbeitet, daher gibt es eine tiefere Nahbeziehung. Sicherlich ist die Zusammenarbeit der Europäer unendlich wichtig. Aber nicht auch mit den Afrikanern und Asiaten? Aber die Schwierigkeiten werden unendlich sein. Die Vereinigten Staaten sind da kein Vorbild. Dort sind die einzelnen Staaten stolz auf ihre Gleichheit, in Europa auf ihre Verschiedenheit.

Nur verstehe ich davon nichts, und damit hängt meine Einstellung zur Politik zusammen. Ich fühle mich als Demokrat und glaube an die vom Volke ausgehende Macht. Man muß zur Wahlurne gehen und dort nach seinen Vorstellungen in Parteienwahl oder Direktwahl die Voraussetzung für eine fachmännisch besetzte, hochqualifizierte Regierung bilden. Mit hohen Politikergagen, mit vielen Privilegien, um die erfolgreichsten Menschen des Landes in die Politik zu locken. Dann soll diese Regierung alles entscheiden. Wenn sie schlecht ist, soll sie bei den nächsten Wahlen verschwinden. In der Zwischenzeit soll sie alle Entscheidungen treffen, und ich will um nichts gefragt werden. Ich erwarte, daß die Regierung es besser versteht. Man soll mich nicht fragen, ob eine Au erhalten werden soll und ob man ein Atomkraftwerk braucht. Nicht einmal, ob man der EU beitreten soll. Das sollen die entscheiden, die es besser verstehen als ich. Wenn die Regierung durch den zuständigen Minister einen Staatsoperndirektor ernannt hat, möchte ich keine Volksabstimmung darüber, ob Domingo eine gute Besetzung für Tristan ist. Das soll der Direktor entscheiden. Wenn er schlecht ist, soll sein Vertrag nicht verlängert werden. Ich will auch nicht die schönsten Straßen, wie die herrliche Ringstraße, in kurzen Zeitabständen mit Plakaten verschandelt sehen. Und Banalitäten lesen wie »Österreich zuerst!« oder »Wien muß Wien bleiben«.

Es muß der heiße Dünenwind von Maspalomas sein, der mir diese Gedanken in die Schreibmaschine jagt. Ich mache mir über so viele Dinge Gedanken und erwarte, daß mich niemand darüber befragt und man versteht, daß all dies nicht mein Fach ist. Zum Beispiel die Steuern. Leiden wir Freiberufliche nicht alle unter denselben Qualen – Steuerbekenntnis, man hält alles für in Ordnung, dann Nachzahlung für lange Jahre vorher, dann Betriebsprüfung, dann Nachzahlung – und dann beginnt das Spiel von vorne. Ich wünsche mir die aktenlose Brutto-Besteuerung. Jeder Mensch soll in eine Klasse eingeteilt werden – je nach Alter, Familienstand, Zahl der Angehörigen etc. Dann entspräche der Klasse ein vorgeschriebener Prozentsatz vom Einkommen. Also zum Beispiel ein Mensch Klasse 41 hätte etwa 37 Prozent vom Einkommen zu zahlen und muß das bei Empfang der Verdienstsumme sofort auf ein Sonderkonto einzahlen. Keine weiteren Bekenntnisse, keine Abzüge. Mein verehrter, leider verschiedener Steuerberater, der Opernnarr Dr. Friedrich Smutny, hat mir immer gesagt, dies wäre zum Nachteil des Steuerzahlers. Ja, also um so besser! Wenn es zu meinem Nachteil ist, ist es zum Vorteil des Staates, also ist uns beiden gedient. Ich bin auch hier im Park umgeben von Zeitungen und Büchern, daher machen meine Gedanken wilde Sprünge. Ich lese – Es ist zehn Jahre her seit dem Tod von Helmut Qualtinger. Habe ich mir da Vorwürfe zu machen? Ich verstehe seine Bedeutung in der Geschichte des Kabaretts, aber ich weiß von den Problemen der Zusammenarbeit mit ihm, die alle seine Kollegen hatten. Und ich mußte ihn einfach aus der Volksoper entfernen. Er war »ein Gangster« in meiner Produktion des ersten Musicals »Kiss me, Kate« an der Volksoper 1956. Er hat seine Rolle nie wirklich gelernt, und hat ununterbrochen wie wild extemporiert. Noch dazu, hatte er eine ständige Kolumne in der Zeitung »Kurier« und hat in jenen Tagen, da wir als verschworene Musical-Gemeinde noch in der Öffentlichkeit viele Gegner hatten, sich in seiner Kolumne gegen uns gestellt. Im Restaurant »Falstaff« habe ich ihm mitgeteilt, daß wir uns trennen müssen. Ihm schien es bedeutungslos. Seine Nachfolger Kurt Preger, Herbert Prikopa, Friedrich Nidetzky waren alle um Klassen besser. Und Quasi hat seine Karriere auch ohne uns gemacht.

Ich liebe die romanische Welt. Der verstorbene Wiener Journalist Uwe Klaus hat meinen Spitznamen »Marcello« erfunden. Italien kenne ich noch besser als Spanien. Ich spreche beide Sprachen, aber gerade da hat man die Schwierigkeit, daß man immer aus der einen in die andere fällt. In Buenos Aires hielt ich im »Salon Dorado« des berühmten Teatro

Colamen »Marcello« erfunden. Italien kenne ich noch besser als Spanien. Ich spreche beide Sprachen, aber gerade da hat man die Schwierigkeit, daß man immer aus der einen in die andere fällt. In Buenos Aires hielt ich im »Salon Dorado« des berühmten Teatro Colón einen Vortrag über die Wiener Staatsoper, der auf spanisch angekündigt war. Die Zeitung schrieb nachher, ich hätte eine neue Sprache erfunden, das »Itañol«. Ich denke mit besonderer Liebe an alles, was mich mit Italien verbindet: an die herrlichen Opernvorstellungen in der Arena von Verona, an der Mailänder Scala, am Teatro dell'Opera in Rom, am Teatro Verdi in Triest, an meine Freunde in der Opernwelt. Und an meine eigenen Arbeiten – an die Produktion des ersten Musicals in Italien, »Kiss me, Kate«, 1959 in Triest als Freilicht-Produktion des fabelhaften Alfredo Sbisá, des Vizedirektors der Oper. An die Son-et-Lumière-Show »Der Kaisertraum von Miramare«, die im Schloßpark von Miramare seit 1960 noch immer in drei Sprachen läuft. Und an viele Fernsehproduktionen über italienische Opern, Operetten und Volkslieder. An zahllose Vorträge. Es war eine große Beglückung, daß mich der Präsident Italiens dafür zum Commendatore gemacht hat – und 1996 wurde ich auch Ehrenpräsident des reizenden neuen, von dem Schauspieler und Regisseur Gerhard Tötschinger gegründeten Festivals von Todi in Umbrien. Man nennt mich überall in Österreich »Professore«. Ich habe hier in Maspalomas auch Gelegenheit, an neuen Plattenprojekten zu arbeiten. Zwischen meiner Zeit in der Besetzung und meinem Eintritt in die Direktion der Volksoper, also etwa zwischen 1940 und 1955, habe ich viele Schallplatten gemacht, meist für die amerikanische Firma »Remington«, deren Gründer Donald und Wally Gabor aus New York zum ersten Mal eine Billigserie der neuerfundenen LPs herausgeben wollten. Manche Platten habe ich auch auf eigene Rechnung gemacht. Es gab ein Abkommen mit dem Niederösterreichischen Tonkünstlerorchester, dessen Büro auch meines wurde, Kolingasse 19. Da Senta Wengraf im selben Haus wohnte, die von mir entdeckte farbige Musical-Sängerin Olive Moorefield sich ihre Post an meine Adresse senden ließ, glaubte man in Wien, wir drei lebten in einer Kommune. Auf meinen Platten dirigierten große Dirigenten wie Fritz Busch und Vittorio Gui. Es sangen große Sänger wie Anton Dermota, Paul Schöffler, Astrid Varnay – und es gelangen mir auch hier Kuriositäten und Entdeckungen. Der Pianist Jörg Demus machte bei mir Platten, als er noch völlig unbekannt war. Ich machte die einzigen Operetten-Gesamtaufnahmen unter der Leitung ihrer Schöpfer Robert Stolz und Oscar Straus. Max Schönherr dirigierte viel Wiener Musik. Einmal sollte ich Lieder mit Paul Schöffler aufnehmen und am selben Tag Cellostücke mit dem berühmten Casals-Nachfolger Gaspar Cassadesamtaufnahmen unter der Leitung ihrer Schöpfer Robert Stolz und Oscar Straus. Max Schönherr dirigierte viel Wiener Musik. Einmal sollte ich Lieder mit Paul Schöffler aufnehmenon Richard Strauss. Auch Maria Jeritza sang ihre letzten Platten bei mir – »Stille Nacht« und »O Tannenbaum«. Jetzt arbeite ich an einer neuen Serie nach einer Idee von Robert Werba, dem Opernchef des Hörfunks, in Zusammenarbeit mit dem großen Sängerfachmann Gottfried Cervenka – sie heißt »Marcel Prawy erzählt« und soll die Basis für eine Platten-Opernführer-Serie werden.

Manchmal denke ich an meine ersten Einführungsabende für die Volksoper im Palais Palffy und sehe noch in der ersten Reihe meine Star-Zuhörer: Frau Edith Mock, später Gymnasialdirektorin und Gattin des Außenministers Dr. Alois Mock und Karlheinz Roschitz, später Kulturchef der »Krone«. Und ich lächle über die gegensätzlichen Gespräche über die neue Salzburger Intendanz mit Rolf Liebermann, deren Anhänger und Mitarbeiter, und Dr. Wilhelm Sinkovicz von der »Presse«, wie auch ich Autor eines Opern-Buches, der meine gegensätzliche Meinung zum Thema Salzburg teilt.

Ich photographiere gern und viel und nicht ganz schlecht. Eben lese ich in der Zeitung von den soeben erschienenen Erinnerungen des mit mir gut bekannten Ostexperten des Fernsehens, Professor Paul Lendvai. Mit mir hat er sich wahrhaftig als Ostexperte erwiesen. Wir fuhren beide, engagiert von einer amerikanischen Organisation, mit dem Orientexpreß nach Istanbul. Lendvai und ich hielten Vorträge im fahrenden Zug, und wir lauschten einander. Nach der Ankunft führte Lendvai uns sachkundig durch die Blaue Moschee – und ich fand, daß mein Photoapparat nicht funktionierte. Lendvai war rührend, er führte mich von einem obskuren orientalischen Photogeschäft zum nächsten. Plötzlich hatte er die Lösung des Rätsels. Er sagte: »Prawy! Sie haben keinen Film in der Kamera!« Wie alle Behauptungen Lendvais erwies sich auch diese als stichhaltig.

Jeder Blick auf die Palmen ruft in mir die Erinnerungen an mein geliebtes Miami wach, wo ich von 1976 bis 1991 alljährlich Opernseminare hielt und Ehrenbürger wurde. Ich habe in dieser herrlichen Stadt, die man bei uns für ein »Sonnenschein-plus-Gangster-Zentrum« hält, in der es aber ein gradioses Kulturleben mit Opern, Museen, Konzerten gibt, so viele liebe und teure Freunde. Da sind einmal Dr. Hans und Frau Ilse

Hannau – beide Exösterreicher, er war ein hoher Beamter der Schuschnigg-Zeit, wurde von den Nazis eingesperrt, emigrierte und machte in den USA eine große Karriere als Bestsellerautor von Landschafts- und Städtebüchern mit eigenem Text und eigenen Photographien. Da sind Mr. Lee und Frau Olga Robbin – meine Genossen im selben herrlichen Apartmenthaus auf der Insel Key Biscayne. Sie ist Tirolerin, er Amerikaner, ehemals Präsident der Duracell-Batterien-Gesellschaft, ein fanatischer Musikliebhaber und Sammler der unglaublichsten Autographen. Und auf seinem eigens dafür eingerichteten Klavier kann man noch die Original-»Piano Rolls« (Pianola)-Aufnahmen hören, auf denen die größten Komponisten, wie Mahler und Strauss, nach der Jahrhundertwende in Freiburg im Breisgau ihre eigenen Kompositionen aufnahmen. Wie oft denke ich an meine Freunde – auch an den Opernfreund und Amateurkoch Selwyn Weintraub, der mir ein wunderbares Geschenk gemacht hat: Ich interessiere mich sehr für Grammatik fremder Sprachen, auch der amerikanischen. Er schenkte mir ein Abonnement der Zeitschrift »Verbatim« über die Geheimnisse dieser völlig grammatikfreien, aus der Phantasie zu gestaltenden amerikanischen Sprache. Wer kann das erklären? »The sun is out« – die Sonne scheint. »The light is out« – das Licht leuchtet nicht! Und Robert Herman, der verstorbene Direktor der Oper, der Reiseguru Waldi Naujoks. Auch Miami wurde mir zur Heimat. Zur wievielten?
Manchmal stellt man sich die Frage, was man im Leben wirklich bedauert. Vielleicht das verworrene Familienleben meiner Jugend. Sicher auch, daß ich durch die Entfernung an meiner Schwester Edith und meinem Schwager John, an denen ich sehr hänge, vorbeilebe. Ich vermisse neben meiner nächsten Familie auch die geliebte Tante Hedi, Baronin von Wurzian, ehemals Baronin von Gutmann, und meinen Onkel Hans von Wurzian. Tante Hedi hat ständig im Sacher gewohnt. Sie hat mir in vielem die verstorbene Mutter ersetzt. Auf ihrem Schloß Tobitschau in Mähren und in ihrer Villa in Reichenau habe ich herrliche Ferien erlebt. Nun sind Worte des Dankes für die Mitarbeit an diesem Buch fällig. Es ist mir eine besondere Freude, daß zwei Freunde, die führend zu der fabelhaften Vereinigung der Freunde der Wiener Staatsoper gehören, mitgemacht haben. Da ist einmal der omnipräsente Präsident Dr. Peter Dusek, der sich durch die Einrichtung des Computerarchivs beim Fernsehen unsterbliche Verdienste geschaffen hat. Wenn man heute auf einen Knopf drücken kann und sofort herausspringt, welche Arie von welchem Sänger gesungen bei welchem Sender archiviert ist, dann verdan-

ken wir das Peter – er ist heute auch mein Kollege und macht ausgezeichnete Einführungen an der Staats- und Volksoper. Und Christoph Wagner-Trenkwitz, früher auch führend bei dieser Vereinigung, ist heute als Nachfolger von Dr. Richard Bletschacher indirekt auch mein Nachfolger als Chefdramaturg der Staatsoper. Er hat sein Büro neben meinem. Seine Mitarbeit war ebenso unersetzlich wie die Peters, als Schriftsteller und durch die Sammlung der Photos aus alten und neuen Tagen. Christoph ist auch Autor der ausgezeichneten Programmhefte der Staatsoper. Und Verleger Leo Mazakarini war weit mehr als Verleger. Er hat mit beispiellosem Einsatz und fanatischer Liebe, die ich ihm erwidere, die zahllosen Rundfunkkassetten, in denen ich über mein Leben für den Hörfunk bei Dr. Robert Werba, Hörfunk-Opernchef, erzählt habe, in eine Erstfassung gebracht, die meiner persönlichen Arbeit als Grundlage diente. Ich danke meinem Mitarbeiter an der Staatsoper, Herrn Paul Vetricek, für seine ausgezeichnete und sehr mühevolle Arbeit beim Auffinden von Daten, richtigen Namensschreibungen und endlosen Details. Und ich danke meiner geliebten langjährigen Sekretärin, Frau Heidrun Artmüller, der Gattin des Studienleiters der Staatsoper Conrad Artmüller, für ihre unglaubliche Betreuung in allen Dingen. Irgend etwas ohne Heidi? Undenkbar. Sie ist wunderbar und weiß mit liebevoller Phantasie, wann man zum Wohle des Ganzen das genaue Gegenteil von dem machen muß, um das ich gebeten habe. Danke, Heidi.

Und ich danke wieder Senta Wengraf, die mir stets zu dieser Arbeit Mut gemacht hat, obwohl das einleitende Zitat dieses Artikels ihr Glaubensbekenntnis ist.

Aber, ich habe für meinen Lebensinhalt noch vielen, vielen zu danken. Allen Komponisten, die große Musik geschrieben haben, quer durch die Sparten, von Richard Wagner bis Cole Porter, von Beethoven bis Robert Stolz, den Orchestern, die sie gespielt haben, allen voran den geliebten Wiener Philharmonikern, meinen Lieblingsdirigenten von Richard Strauss bis Riccardo Muti, von Herbert von Karajan bis Leonard Bernstein, von Wilhelm Furtwängler bis Zubin Mehta.

An meinem 85. Geburtstag gab es eine vom Fernsehen live übertragene Festmatinee in der Wiener Staatsoper, in der ich über mein Leben erzählte. Placido Domingo, José Carreras, Luciano Pavarotti, Udo Jürgens, Edita Gruberova und viele andere gratulierten auf Video. Der Höhepunkt war der unvergeßliche Augenblick, als Staatsoperndirektor Ioan Holender und Bundesminister Rudolf Scholten, beide mit Plastiksackerln, die Bühne betraten und einen witzigen, einstudierten Dialog sprachen. Dr. Scholten trug in seinem Plastiksackerl die Urkunde über die Verleihung des Großen Goldenen Ehrenzeichens für Verdienste um die Republik Österreich durch den Herrn Bundespräsidenten. In dem Sackerl war meine Lieblingsspeise, Schokolademaronis. Ich äußerte den Wunsch, vor Übernahme der Ehrenurkunde zwei Kastanien zu essen; und tat es auch.

Zu meinem achtzigsten Geburtstag gab es auch eine schöne Matinee mit Fernsehen in der Wiener Staatsoper, bei der Spitzenpersönlichkeiten der Politik und Kunst mitgewirkt haben. Dann ging es mit dem Auto nach Linz, wo Freund Karl Gerbel im Brucknerhaus die Abendfeier angesetzt hatte. Während der Matinee erfuhr ich von einer Tenor-Absage für den Abend, flüsterte dies gleich dem mitwirkenden James King ins Ohr, er setzte sich mit uns ins Auto und übte die Gralserzählung, die er abends in Linz einspringenderweise sang. Gerbel hat für diesen Abend einen originellen Titel erfunden. Da dieses Buch zu meinem 85. Geburtstag erschien, möchte ich diesen Titel aufrichtig, ehrlich und ohne jeden Hintergedanken an das Ende dieses Buches setzen:

HAPPY BIRTHDAY TO ME!

ANHANG

ZEITTAFEL

1911	29. Dezember, geboren in Wien als Marcell Frydmann Ritter von Prawy. Vater: Dr. Richard Frydmann Ritter von Prawy (1882–1942), später Ministerialrat im Verwaltungsgerichtshof. Mutter: Marie, geborene Mankiewicz (1889–1925)
1918	Schwester Edith geboren (später verheiratet mit Mr. John L. London, Denver, Colorado/USA)
1920	Scheidung der Eltern. Übersiedlung zur Großmutter väterlicherseits, Bertha, geborene Wormser
1921	Zweite Ehe des Vaters mit Marie, geborene Prokesch. Gymnasium (erst Piaristen-, dann Wasagymnasium)
1925	Tod der Mutter
1927	Tod der Großmutter Bertha
1929	Matura mit Auszeichnung (Wasagymnasium)
1929	Universität Wien, Studium der Rechtswissenschaften und (bei Egon Wellesz) Musik
1931	Tod der Stiefmutter
1934	Doktor der Rechtswissenschaften
1934–1936	Gerichtspraxis, Konzipient in Anwaltskanzlei. Nebenberuflich Assistent im Fremdsprachenbereich der Filmregisseure Augusto Genina und Carmine Gallone
1937–1943	Privatsekretär des Künstlerehepaares Jan Kiepura/Marta Eggerth. Weltweite Reisen
1939	Emigration nach USA
1942	Tod des Vaters in New York
1943–1946	Unteroffizier der amerikanischen Armee. Einsatz (meist Unterricht) in USA, in England, Paris, Bad Schwalbach, American University in Biarritz
1946–1950	»Military Civilian« der US-Besatzung in Wien. Tätigkeit: Unterricht. Produktion der Wochenschau »Welt im Film« und Filmzensur
1950–1952	Schallplattenproduktion in Wien im Auftrag amerikanischer Firmen
1952–1955	Produktion und Conférence von Shows über Amerika, erstmalig mit Musical-Fragmenten. »Kosmos«, Siebensterngasse. »Vienna English Theater«
ab 1950	Produzent und Präsentator von Hörfunkprogrammen
1954	Erstes Musical-Fernsehen in Deutschland, Hessischer Rundfunk, Frankfurt/Main

1955–1972	Direktion der Volksoper als Chefdramaturg
ab 1965	Produzent und Präsentator von Fernseh-Shows (Opernführer »Auf den Spuren von ...«)
1966–1977 und 1982–1986	Lehrbeauftragter an der Universität Wien, Institut für Theaterwissenschaften
ab 1972	Direktion der Staatsoper mit wechselnden Titeln: Chefdramaturg der Staatsoper (zeitweilig auch der Volksoper), Leiter des Bildungsprogrammes, Konsulent, Gestalter von Einführungsmatineen usw.
1973–1976	Alljährlich zwei Monate lang »Visiting Professor« der Yale University (New Haven, Connecticut), USA
1976–1982	Ordentlicher Professor an der Hochschule für Musik und Darstellende Kunst (Institut für kulturelles Management, Reinhardt-Seminar usw.)

In- und ausländische Auszeichnungen

- 1968 Goldene Kamera
- 1972 Ehrenzeichen für Verdienste um das Land Wien
- 1977 Ehrenkreuz erster Klasse der Bundesrepublik Deutschland
- 1981 Ehrenmitglied der Wiener Staatsoper
- 1983 Ehrenbürger von Miami
- 1984 Großer Preis für Volksbildung der Stadt Wien
- 1986 Ehrenring der Stadt Wien
- 1986 Premio Operetta der Stadt Triest
- 1986 Ehrenkreuz für Wissenschaft und Kunst erster Klasse
- 1986 Clemens-Krauss-Medaille
- 1987 Goldenes Doktorat der Universität Wien
- 1988 Verdienstorden der Volksrepublik Polen in Gold
- 1989 Großes Verdienstkreuz des Verdienstordens der Bundesrepublik Deutschland
- 1992 Bürger der Stadt Wien
- 1993 Ehrenmitglied der Wiener Volksoper
- 1993 Großes Silbernes Ehrenzeichen für Verdienste um die Republik Österreich
- 1994 Commendatore dell'ordine al merito della Repubblica Italiana
- 1995 Nicolai-Medaille in Gold der Wiener Philharmoniker
- 1996 Großes Goldenes Ehrenzeichen des Landes Steiermark
- 1996 Ehrenpräsident der Festspiele in Todi (Umbrien)
- 1996 Großes Goldenes Ehrenzeichen für Verdienste um die Republik Österreich
- 1997 Ehrendoktorat der Philosophischen Fakultät der Universität Wien

Matineen in der Wiener Staatsoper und im Theater an der Wien

1976/77
- 10. 10. 76   Die Trojaner (Berlioz)
- 14. 11. 76   Ariadne auf Naxos (Strauss)
- 12. 12. 76   Kabale und Liebe (von Einem)
- 9. 1. 77   Die Frau ohne Schatten (Strauss) (Lesung der Dichtung)
- 13. 3. 77   Norma (Bellini)
- 15. 5. 77   Herbert von Karajan an der Wiener Staatsoper
- 5. 6. 77   Erich Wolfgang Korngold zum 80. Geburtstag und 20. Todestag

1977/78
- 2. 10. 77   I Capuleti e i Montecchi (Bellini)
- 11. 12. 77   La Clemenza di Tito (Mozart)
- 19. 3. 78   Lucia di Lammermoor (Donizetti)
- 28. 5. 78   Der junge Lord (Henze)

1978/79
- 24. 9. 78   Die schweigsame Frau (Strauss)
- 8. 10. 78   Palestrina (Pfitzner)
- 8. 12. 78   Carmen (Bizet)
- 25. 3. 79   Parsifal (Lesung der Dichtung von Richard Wagner)
- 22. 4. 79   Don Carlos (Verdi)
- 10. 6. 79   Die Entführung aus dem Serail (Mozart)

1979/80
- 9. 9. 79   Il Giuramento (Mercadante)
- 30. 10. 79   Die Fledermaus (Strauß)
- 17. 2. 80   Falstaff (Verdi)
- 20. 4. 80   Der Liebestrank (Donizetti)

1980/81
- 9. 11. 80   Amahl und die nächtlichen Besucher und Hilfe, Hilfe, die Globolinks (Menotti)
- 16. 11. 80   Vor 25 Jahren ... (Egon Seefehlner im Gespräch über die Wiedereröffnung der Staatsoper 1955)
- 14. 12. 80   Attila (Verdi)
- 15. 2. 81   Mass (Bernstein)
- 15. 3. 81   Das Rheingold (Wagner)
- 26. 4. 81   Andrea Chénier (Giordano)
- 18. 6. 81   Wozzeck (Berg)

1981/82
- 20. 9. 81   Baal (Cerha)
- 18. 10. 81   La Cenerentola (Rossini)
- 15. 11. 81   Die Walküre (Wagner)
- 31. 1. 82   Macbeth (Verdi)
- 18. 4. 82   Die verkaufte Braut (Smetana)

1982/83
- 12. 9. 82   Gedenkmatinee Maria Jeritza
- 10. 10. 82   Tannhäuser (Wagner)
- 21. 11. 82   Pique Dame (Tschaikowski)
- 13. 2. 83   Die Meistersinger von Nürnberg (Lesung der Dichtung von Richard Wagner)
- 6. 3. 83   Rigoletto (Verdi)
- 5. 6. 83   Turandot (Puccini)

1983/84
23. 10. 83 Lulu (Berg)
 4. 12. 83 Manon (Massenet)
18. 3. 84 Simon Boccanegra (Verdi)
29. 4. 84 Aida (Verdi)

1984/85
16. 9. 84 Un Re in Ascolto (Berio)
14. 10. 84 Karl V. (Krenek)
10. 3. 85 Faust (Gounod)
19. 5. 85 Geburtstagskinder der Wiener Staatsoper
 2. 6. 85 Cavalleria Rusticana/Pagliacci (Mascagni/Leoncavallo)

1985/86
22. 9. 85 Maria Stuarda (Donizetti)
17. 11. 85 Erwartung/Herzog Blaubarts Burg (Schönberg/Bartók)
15. 12. 85 Die tote Stadt (Korngold)
26. 1. 86 Manon Lescaut (Puccini)
 6. 4. 86 A quiet place (Bernstein)
18. 5. 86 La Gioconda (Ponchielli)

1986/87
 7. 9. 86 Die schwarze Maske (Penderecki)
12. 10. 86 Un Ballo in Maschera (Verdi)
23. 11. 86 Werther (Massenet)
15. 2. 87 Idomeneo (Mozart)
 5. 4. 87 Rusalka (Dvořák)
 3. 5. 87 Otello (Verdi)
 7. 6. 87 Wozzeck (Berg)

1987/88
20. 9. 87 L'Italiana in Algeri (Rossini)
18. 10. 87 Der Rattenfänger (Cerha)
 8. 11. 87 Iphigénie en Aulide (Gluck)
17. 1. 88 Il Viaggo a Reims (Rossini)
31. 1. 88 Eugen Onegin (Tschaikowski)
28. 2. 88 Lotte Lehmann zum 100. Geburtstag
13. 3. 88 Die Zauberflöte (Mozart)
23. 5. 88 Fierrabras (Schubert) – im Theater an der Wien
 5. 6. 88 Pelléas et Mélisande (Debussy)

1988/89
25. 9. 88 Geburtstagsfeier für Leonard Bernstein
15. 1. 89 Chowanschtschina (Mussorgski)
 2. 4. 89 La Forza del Destino (Verdi)
 7. 5. 89 Die Entführung aus dem Serail (Mozart) – im Theater an der Wien
 4. 6. 89 Elektra (Strauss) mit Lesung des Textes von Hofmannsthal

1989/90
 1. 10. 89 Don Carlo (Verdi)
29. 10. 89 Matinee zum Gastspiel der Nationaloper Warschau (Teatr Wielki) mit Fürst Igor (Borodin), König Roger (Szymanowski), Gespensterschloß (Moniuszko)
10. 12. 89 Così fan tutte (Mozart)
14. 1. 90 Lohengrin (Wagner)
22. 4. 90 Die Soldaten (Zimmermann)
12. 5. 90 Don Giovanni (Mozart) – im Theater an der Wien

1990/91

16. 12. 90	Samson et Dalila (Saint-Saëns)
13. 1. 91	Lucio Silla (Mozart)
3. 3. 91	La Clemenza di Tito (Mozart)
14. 4. 91	Der ferne Klang (Schreker)
28. 4. 91	Zum 100. Geburtstag von Richard Tauber
11. 5. 91	Le Nozze di Figaro (Mozart) – im Theater an der Wien

1991/92

15. 9. 91	Giacomo Meyerbeer zum 200. Geburtstag
17. 11. 91	Katja Kabanova (Janáček)
29. 12. 91	Mein Operncredo – Marcel Prawy zum 80. Geburtstag
1. 3. 92	Gioacchino Rossini zum 200. Geburtstag
29. 3. 92	Unser Leben mit der Oper (mit Otto Schenk)
10. 5. 93	Pique Dame (Tschaikowski)
17. 5. 92	Placido Domingo – 25 Jahre an der Wiener Staatsoper

1992/93

6. 12. 92	Die Walküre (Wagner)
24. 1. 93	Gottfried von Einem zum 75. Geburtstag
21. 3. 93	Falstaff (Verdi)

1993/94

26. 9. 93	Leonard Bernstein
17. 10. 93	Il Trovatore (Verdi)
22. 5. 94	125 Jahre Wiener Staatsoper

1994/95

11. 12. 94	Fedora (Giordano)
5. 2. 95	Hérodiade (Massenet)

1995/96

3. 12. 95	Jérusalem (Verdi)

1996/97

29. 12. 96	(am 85. Geburtstag) Marcel Prawy erzählt aus seinem Leben
9. 2. 97	Mefistofele (Verdi)
11. 5. 97	Gustav Mahler als Hofoperndirektor
25. 5. 97	Oedipe (Ensecu)

1997/98

7. 12. 97	Rienzi (Wagner)
8. 2. 98	I Vespri Siciliani (Verdi)
17. 5. 98	Le Prophète (Meyerbeer)

1998/99

20. 9. 98	Erinnerungen an Leonard Bernstein (zum 80. Geburtstag)
18. 10. 98	Guillaume Tell (Rossini)
31. 1. 99	Die lustige Witwe (Lehár)
16. 5. 99	Palestrina (Pfitzner)

Matineen in der Wiener Volksoper

1991/92

22. 9. 91	Der Vogelhändler (Zeller)

1992/93

10. 1. 93	Gomorra (Gruber)
7. 2. 93	Giuditta (Lehár)

»GROSSE« PRAWY-SENDUNGEN

1966
11. 12. 66 Porgy in Wien

1968
16. 4. 68 Wien-Side-Story – Melodien von Leonard Bernstein

1969
20. 5. 69 Hundert Jahre Wiener Oper (I und II) – Geschichte der Wiener Staatsoper

1970
31. 5. 70 (Lehár-Show) Franz Lehár zum 100. Geburtstag

1972
16. 5. 72 Jan Kiepura – Der totale Star

1974
15. 8. 74 Das diamantene Hufeisen – Geschichten um die Metropolitan Opera
1. 12. 74 Giacomo Puccini 1858–1924 – Zum 50. Todestag

1975
24. 8. 75 Robert Stolz 1880–1975 – Zum 95. Geburtstag des Komponisten
26. 10. 75 Johann Strauß 1825–1899 – Zum 150. Geburtstag

1976
22. 1. 76 Giuseppe Verdi 1813–1901 – Zum 75. Todestag
3. 7. 76 Happy Birthday America

1977
12. 7. 77 und 19. 7. 77 Musik ist eine heilige Kunst (I und II) – Die Welt um Richard Strauss
22. 9. 77 Das Haus am Ring – Eine Sendung aus der Wiener Staatsoper
1. 11. 77 Nicolai Ghiaurov – Porträt

1978
7. 3. 78 Auf den Spuren von Mozarts Zauberflöte
23. 5. 78 Rund um das Musical
22. 8. 78 Leonard Bernstein – Ein Porträt (zum 60. Geburtstag)
1. 11. 78 Auf den Spuren von Richard Wagner

1979
25. 3. 79 Auf den Spuren Figaros
29. 5. 79 Auf den Spuren des Rosenkavaliers
16. 10. 79 Jean Pierre Ponnelle – Porträts
18. 11. 79 Auf den Spuren des Belcanto

1980
1. 6. 80 Hier sang Alt-Wien – Ein Wiener Theaterspaziergang
30. 10. 80 Auf den Spuren der Carmen
2. 10. 80 Jacques Offenbach
8. 12. 80 Die Wiener Volksoper – Operette am Währinger Gürtel

1981

8. 3. 81	Auf den Spuren des Falstaff
13. 9. 81	Auf den Spuren der Butterfly – Eine musikalische Japanreise
6. 12. 81	Selbstporträt eines Opernnarren

1982

21. 2. 82	Christa Ludwig – ein Sängerporträt
7. 3. 82	Romeo und Julia – Dichtung und Musik
31. 5. 82	Auf den Spuren der Tosca – Eine musikalische Italienreise
21. 11. 82	Orpheus – Leben und Legende
24. 12. 82	Walter Berry – Ein Sängerporträt

1983

1. 5. 83	Auf den Spuren von Johannes Brahms – Eine musikalische Reise
26. 6. 83	Auf den Spuren der Aida – Eine musikalische Ägyptenreise
21. 8. 83	Leonard Bernstein zum 65. Geburtstag – Ein Porträt
6. 11. 83	Mirella Freni – Porträt einer Sängerin
19. 12. 83	Vier Jahrhunderte Oper, Folge 1: Von den Anfängen bis Mozart

1984

5. 2. 84	Vier Jahrhunderte Oper, Folge 2: Italien im 19. Jahrhundert
29. 4. 84	Vier Jahrhunderte Oper, Folge 3: Deutsche Oper im 19. Jahrhundert
28. 10. 84	Renate Holm – Porträt einer Sängerin
19. 12. 84	Piero Cappuccilli – Ein Sängerporträt
22. 12. 84	Mit hohem C auf hoher See – Eine musikalische Mittelmeerkreuzfahrt

1985

19. 6. 85	Vier Jahrhunderte Oper, Folge 4: Die komische Oper
2. 10. 85	Vier Jahrhunderte Oper, Folge 5: Die Nationaloper
9. 10. 85	Vier Jahrhunderte Oper, Folge 6: Die Oper des 20. Jahrhunderts
13. 11. 85	Auf den Spuren von Mimi, Manon, Violetta – Ein Pariser Spaziergang

1986

5. 1. 86	José Carreras – Ein Sängerporträt
12. 2. 86	Das Jahrhundert der Operette, Folge 1: Die goldene Ära
2. 7. 86	Das Jahrhundert der Operette, Folge 2: Die silberne Ära
12. 11. 86	Auf den Spuren der Meistersinger
28. 12. 86	Auf den Spuren von Marcel Prawy – Große Prawy-Geburtstagssendung (75. Geburtstag)

1987

11. 3. 87	Das Jahrhundert der Operette, Folge 3: Operette kontra Tonfilm
17. 6. 87	Jules Massenet (1842–1912) – Meister der Belle Epoque

15. 7. 87	Peter Minich – ein Wiener Liebling	*1991*	
4. 10. 87	Auf den Spuren des Maskenballs	6. 1. 91	Mögen Sie Mozart?
		23. 6. 91	Puccini und seine Librettisten
6. 12. 87	100 Jahre Otello	17. 11. 91	Auf den Spuren von Rigoletto

1988

20. 3. 88	Unsere Staatsoper im Dritten Reich	*1992*	
		5. 4. 92	Wagner als Dichter
21. 8. 88	Lenny's Wien (Leonard Bernstein zum 70. Geburtstag)	28. 6. 92	Amerika – Stars and Stripes: Musik unter dem Sternenbanner
20. 11. 88	Auf den Spuren von Don Carlos – Eine musikalische Reise	2. 8. 92	Auf den Spuren von Leoš Janáček
		7. 11. 92	Joseph Schmidt – Zum 50. Todestag
11. 12. 88	Geheimnisse unserer Lieblingslieder, Folge 1		

1993

1989		4. 4. 93	Karajan – Folge 1: Der Unbekannte
12. 2. 89	Alfredo Kraus – Ein Sängerporträt	6. 6. 93	Karajan – Folge 2: Auf neuen Wegen
28. 5. 89	100 Jahre Verismo der Oper	29. 8. 93	Ein Fest für Bernstein (zum 75. Geburtstag)
18. 6. 89	Feier für Jan Kiepura (Geburtstagssendung)	24. 10. 93	Auf den Spuren von Verdi
25. 6. 89	Broadway Melodies (Aufzeichnung aus dem Brucknerhaus, Linz)	*1994*	
15. 10. 89	Geheimnisse unserer Lieblingslieder, Folge 2	12. 5. 94	125 Jahre Wiener Staatsoper – Eine Blitzgeschichte der Wiener Staatsoper
10. 12. 89	Auf den Spuren des Bajazzo – Eine musikalische Italienreise	8. 12. 94	Auf den Spuren von Giacomo Puccini

1990

4. 3. 90	Benjamino Gigli – der legendäre Tenor (1890–1957)	*1995*	
		29. 1. 95	Auf den Spuren der Salome
16. 9. 90	Verdi und Boito	30. 4. 95	Franz Lehárs Opernträume
28. 10. 90	Auf den Spuren von Boris Godunow	4. 6. 95	Melodien von Oscar Straus
11. 11. 90	Strauss und Hofmannsthal	8. 12. 95	Paris – Singende Stadt

1996

8. 4. 96	Musik am Mississippi
1. 11. 96	Auf den Spuren von Hoffmanns Erzählungen
24. 11. 96	Claudio Abbado – Die Stille nach der Musik

1997

17. 2. 97	Treffpunkt Kultur – Marcel Prawy präsentiert Weltstars im Konzerthaus
31. 3. 97	Auf den Spuren von »Romeo und Julia«
29. 5. 97	Mein Freund Erich Wolfgang Korngold

1997/98

13. 10. 97	Eintritt frei: Nixon in China (Matinee der Neuen Oper Wien, gemeinsam mit Hugo Portisch im Museumsquartier)
26. 10. 97	Schubert einmal anders
8. 12. 97	Auf den Spuren von Otello
1. 2. 98	Mit Marcel Prawy ins Jahr des Tigers (Das Chinesische Neujahrskonzert, Mitschnitt aus dem Großen Musikvereinssaal)
13. 4. 98	Auf den Spuren von Cavalleria rusticana
1. 6. 98	Im Reich der Turandot

1998/99

26. 10. 98	Erinnerungen an Leonard Bernstein (Zum 80. Geburtstag des Musikers, aus der Wiener Staatsoper)
15. 11. 98	»Wenn nicht die Hoffnung wär« (Die Joseph Schmidt Story)
28. 11. 98	Seinerzeit Spezial (Opernsachen zum Lachen)
8. 12. 98	Auf den Spuren des Wilhelm Tell
17. 1. 99	Lebenskünstler (Helmut Zilk im Gespräch mit Marcel Prawy)
17. 1. 99	Tatort: Nie wieder Oper
31. 1. 99	Opernführer-Matinee: Die lustige Witwe (live aus der Staatsoper)
5. 4. 99	Auf den Spuren der Traviata

OPERNFÜHRER

1965

3. 4. 65	Hoffmanns Erzählungen von Jacques Offenbach
25. 9. 65	Don Giovanni von Wolfgang Amadeus Mozart

1966

5. 3. 66	Die lustigen Weiber von Windsor von Otto Nicolai
21. 5. 66	Boris Godunow von Modest Mussorgski
1. 10. 66	Der Liebestrank von Gaetano Donizetti
13. 11. 66	Tiefland von Eugène d'Albert

1967

29. 1. 67	Salome von Richard Strauss

5. 3. 67	Pique Dame von Peter I. Tschaikowski
23. 4. 67	Madame Butterfly von Giacomo Puccini
21. 5. 67	Otello von Giuseppe Verdi
1. 10. 67	Rigoletto von Giuseppe Verdi
3. 12. 67	Der Evangelimann von Wilhelm Kienzl

1968
- 21. 1. 68 Die Zauberflöte von Wolfgang Amadeus Mozart
- 17. 3. 68 Der Barbier von Sevilla von Gioacchino Rossini
- 6. 10. 68 Die Meistersinger von Nürnberg von Richard Wagner
- 24. 11. 68 La Bohème von Giacomo Puccini

1969
- 16. 3. 69 Der Freischütz von Carl Maria von Weber
- 13. 4. 69 Die verkaufte Braut von Friedrich Smetana
- 6. 7. 69 Ein Maskenball von Giuseppe Verdi
- 28. 9. 69 Die Hochzeit des Figaro von Wolfgang Amadeus Mozart
- 9. 11. 69 Carmen von Georges Bizet
- 14. 12. 69 Falstaff (1. Teil) von Giuseppe Verdi
- 21. 12. 69 Falstaff (2. Teil) von Giuseppe Verdi

1970
- 26. 4. 70 Lulu von Alban Berg
- 28. 6. 70 Cavalleria Rusticana von Pietro Mascagni
- 26. 7. 70 Der Rosenkavalier von Richard Strauss
- 27. 9. 70 Der Bajazzo von Ruggiero Leoncavallo
- 22. 11. 70 Fidelio von Ludwig van Beethoven
- 27. 12. 70 Hänsel und Gretel von Engelbert Humperdinck

1971
- 10. 1. 71 Così fan tutte von Wolfgang Amadeus Mozart
- 7. 3. 71 Undine von Albert Lortzing
- 30. 5. 71 Don Giovanni von Wolfgang Amadeus Mozart
- 18. 7. 71 Aufstieg und Fall der Stadt Mahagonny von Kurt Weill
- 31. 10. 71 Hoffmanns Erzählungen von Jacques Offenbach
- 12. 12. 71 Zar und Zimmermann von Albert Lortzing

1972
- 30. 1. 72 Elektra von Richard Strauss
- 23. 4. 72 Die Entführung aus dem Serail von Wolfgang Amadeus Mozart
- 17. 9. 72 Lucia di Lammermoor von Gaetano Donizetti
- 1. 10. 72 Eugen Onegin von Peter I. Tschaikowski
- 22. 10. 72 Don Pasquale von Gaetano Donizetti
- 26. 11. 72 Wiener Blut von Johann Strauß

1973
- 14. 1. 73 Der Barbier von Sevilla von Gioacchino Rossini
- 25. 2. 73 Enrico Caruso

11. 3. 73	Die Fledermaus von Johann Strauß	16. 10. 77	Tosca von Giacomo Puccini
29. 4. 73	Boris Godunow von Modest Mussorgski	25. 12. 77	Arabella von Richard Strauss
26. 8. 73	Der Graf von Luxemburg von Franz Lehár		
11. 11. 73	Mass von Leonard Bernstein		
2. 12. 73	Turandot von Giacomo Puccini		

1978

- 6. 8. 78 Don Giovanni von Wolfgang Amadeus Mozart
- 1. 10. 78 Ein Maskenball von Giuseppe Verdi
- 3. 12. 78 Martha (Der Markt von Richmond) von Friedrich von Flotow

1974

- 3. 2. 74 Andrea Chenier von Umberto Giordano
- 17. 3. 74 Der Barbier von Bagdad von Peter Cornelius
- 27. 10. 74 Eine Nacht in Venedig von Johann Strauß
- 17. 11. 74 Otello von Giuseppe Verdi

1979

- 29. 4. 79 Tannhäuser von Richard Wagner
- 4. 11. 79 Das Mädchen aus dem goldenen Westen von Giacomo Puccini

1975

- 16. 2. 75 Salome von Richard Strauss
- 7. 12. 75 Der fliegende Holländer von Richard Wagner
- 26. 12. 75 Madame Butterfly von Giacomo Puccini

1980

- 13. 1. 80 Macbeth von Giuseppe Verdi
- 13. 4. 80 Il Trittico (Der Mantel; Schwester Angelika; Gianni Schicchi) von Giacomo Puccini
- 4. 5. 80 Hoffmanns Erzählungen von Jacques Offenbach
- 8. 6. 80 Don Carlos von Giuseppe Verdi
- 14. 9. 80 Gräfin Mariza von Emmerich Kálmán

1976

- 14. 3. 76 Rigoletto von Giuseppe Verdi

1977

- 16. 1. 77 Figaros Hochzeit von Wolfgang Amadeus Mozart
- 5. 6. 77 Erich Wolfgang Korngold
- 19. 6. 77 Ariadne auf Naxos von Richard Strauss
- 7. 8. 77 Norma von Vincenzo Bellini

1981

- 15. 3. 81 La Traviata von Giuseppe Verdi
- 7. 6. 81 Lohengrin von Richard Wagner
- 11. 10. 81 Gian Carlo Menotti zum 70. Geburtstag

31. 10. 81	Nico Dostal im Gespräch mit Marcel Prawy		22. 12. 85	Der Bajazzo von Ruggiero Leoncavallo
13. 12. 81	Margarethe von Charles Gounod			
27. 12. 81	Hänsel und Gretel von Engelbert Humperdinck		*1986*	
			4. 1. 86	Geburtstagswünsche für »Die lustige Witwe« und »Salome«

1982
- 10. 1. 82 La Bohème von Giacomo Puccini
- 28. 2. 82 Der Zigeunerbaron von Johann Strauß
- 4. 4. 82 Parsifal von Richard Wagner
- 26. 9. 82 Erinnerungen an Emmerich Kálmán
- 24. 10. 82 Elektra von Richard Strauss
- 12. 12. 82 La Cenerentola von Gioacchino Rossini

1983
- 9. 1. 83 Luisa Miller von Giuseppe Verdi
- 13. 2. 83 Ist das auch von Wagner? (Zum 100. Todestag von Richard Wagner)
- 17. 4. 83 Die Csardasfürstin von Emmerich Kálmán
- 18. 12. 83 Rigoletto von Giuseppe Verdi

1984
- 8. 4. 84 Manon von Jules Massenet
- 23. 4. 84 Der Freischütz von Carl Maria von Weber
- 30. 9. 84 Die verkaufte Braut von Friedrich Smetana
- 29. 12. 84 Simone Boccanegra von Giuseppe Verdi

1985
- 7. 4. 85 Cavalleria Rusticana von Pietro Mascagni

- 22. 3. 86 Don Carlos von Giuseppe Verdi
- 14. 6. 86 Il ritorno d'Ulisse in patria von Claudio Monteverdi/Hans Werner Henze
- 2. 8. 86 Theo Adam im Gespräch mit Marcel Prawy
- 2. 11. 86 Die Walküre von Richard Wagner
- 25. 12. 86 Giuseppe di Stefano zu Gast bei Marcel Prawy

1987
- 30. 5. 87 Egon Seefehlner zum 75. Geburtstag

1988
- 28. 2. 88 Lotte Lehmann zum 100. Geburtstag
- 4. 4. 88 Così fan tutte von Wolfgang Amadeus Mozart
- 17. 7. 88 Hoffmanns Erzählungen von Jacques Offenbach
- 15. 10. 88 Il trovatore (Der Troubadour) von Giuseppe Verdi
- 8. 12. 88 Pietro Mascagni zum 125. Geburtstag

1989
- 9. 4. 89 Eugen d'Albert zum 125. Geburtstag
- 4. 5. 89 Eine Studie mit Carlo Bergonzi
- 21. 5. 89 Samson et Dalila von Camille Saint-Saëns

11. 6. 89	Erinnerungen an Richard Strauss	14. 7. 90	Albert Moser zum 70. Geburtstag
29. 10. 89	La Gioconda von Amilcare Ponchielli		

1991

11. 5. 91	Gwyneth Jones zu Gast bei Marcel Prawy

1990

1. 4. 90	25 Jahre Opernführer – Ein Rückblick
20. 5. 90	Die Soldaten von Bernd Alois Zimmermann

1992

18. 4. 92	Carmen von Georges Bizet
11. 10. 92	Wagners Ring für Anfänger

Zu Marcel Prawys vielfältigen *Fernsehtätigkeiten im Ausland* gehören die lange Jahre laufende Serie »Ihre Melodie«, SFB Berlin, die Serie »Marcel Prawys Denkmalpflege« bei 3-Sat, Mainz. Mitwirkung beim Sender BBC, London. Zu Gast in der Sendung von Jacques Chancel »Le Grand Echiquieur« bei Antenne 3, Paris. Einzelne Opernführer produziert in Miami, Florida. Eine Live-TV-Sendung über »Turandot« und die chinesische Musik in Shanghai.

Seine **Hörfunktätigkeit im Ausland** war besonders aktiv in langen Serien über Oper/Operette/Musical beim Bayerischen Rundfunk (1959–1990) und bei der Radiostation WTMI in Miami.

Wer den »Opernführer der Nation« in komprimierter Form erleben möchte, hat die Möglichkeit, auf ein Ariola-Kauf-Video zurückzugreifen. Unter dem Titel »Operngala aus Wien« kann man Prof. Marcel Prawy mit Ausschnitten aus seinen besten Sendungen erleben. Ergänzt wird durch Live-Ausschnitte aus den ORF-Sendungen »Lieben Sie Klassik?« mit den berühmtesten Sängern und Sängerinnen der Wiener Staatsoper, von Placido Domingo, Luciano Pavarotti und José Carreras über Agnes Baltsa, Leonie Rysanek und Edita Gruberova bis Mirella Freni und Nicolai Ghiaurov. Im Fachhandel unter der Ariola-Bestell-Nr. 74321 167243.

Namenregister

A

Abbado, Claudio 28, 110, 197, 255, 258f.
Abraham, Paul 90
Adami, Giuseppe 85
Alexander, John 116
Alexander, Peter *331, 332*, 341
Allers, Franz 147
Alter, Henry 270, 272
Alwin, Karl 83, 85, 94
Anday, Rosette 40, 49, 83
Andrews, Julie 147
Angerer, Margit 203, 332
Annunzio, Gabriele d' 19, 230
Antel, Franz 325
Armstrong, Karan 306f.
Artmüller, Conrad 356
Artmüller, Heidrun 356
Aslan, Raoul 241
Auber, Daniel François Esprit 281

B

Bach, Johann Sebastian 299
Bacher, Gerd 231f.
Bachler, Klaus 162, 261
Bacquier, Gabriel 164
Balanchine, George 78, 118
Baltsa, Agnes 13, 28, 60
Banfield, Raffaelo de 270
Bartok, Béla 19
Bartolo, Ernest 25
Bassermann, Albert 90, 172, 343
Battle, Robert C. 141
Bauer, Robert 55, 128, 150
Bauer-Theußl, Franz 159
Baum, Kurt 52f., 78
Becker, Ida de 154
Beethoven, Ludwig van 37, 189, 191, 193, 231, 266, 315, 356
Behrens, Hildegard 33, 261, 326
Beirer, Hans 19
Béjart, Maurice 295
Bellini, Vincenzo 188, 315

Bennett, Mr. 52
Berg, Alban 52, 98, 223, 315, 317
Berganza, Teresa 282
Bergonzi, Carlo 224
Berio, Luciano 274
Berlin, Irving 95, 118, 131, 146
Bernhard, Prinz der Niederlande 71
Bernhardt, Sarah 61
Bernstein, Jamie 193
Bernstein, Leonard 13, 20, 28f., 66, 80, 110, 130, 136f., 144, 146, 148, 150, 153, 150, 163f., 176, 184, 186f., 189f., 192ff., 195ff., *195*, 199, 212, 221f., 233, 246f., 257, 264, 274, 316f., 337, 356
Berry, Walter 121, 190, 227
Bibl, Rudolf 159
Bierbaum, Otto Julius 169
Bing, Rudolf 66, 88, 185
Bitter, John 97
Bittner, Emilie 53
Bittner, Julius 53
Bittner, Otto 54
Björling, Jussi 19
Bletschacher, Richard 356
Bockelmann, Rudolf 269
Böhm, Karl 52, 55, 197f., 240, 251, 254, 257
Boito, Arrigo 309
Bondy, Luc 260
Bonisolli, Franco 265f.
Borge, Victor 194
Boskowsky, Willy *187*
Boué, Géori 101
Bouilly, Jean Nicolas 315
Boyer, Charles 92
Brahms, Johannes 39, 191
Brammer, Julius 204
Brandauer, Klaus Maria 308
Brazda, Dalibor 149
Brel, Jacques 210
Breschnew, Leonid 252
Brown, Ann 135

371

Brown, Debria *138*
Bruckner, Anton 200, 266
Brühl, Heidi 148
Bruson, Renato 300
Büchner, Georg 315
Busch, Fritz 353
Buxbaum, Friedrich 111

C

Caballé, Montserrat 160, 308
Cadek, Franz 129
Callas, Maria 57, 60, 128, 156, 188
Calloway, Cab 119
Cappuccilli, Piero 76, 194, 229, 256, 298
Capua, Ernesto di 228
Carreras, José 28, 55, 210, 224, 227, 276f., 282, 285, 323, 356
Carter Rosalynn 252
Carter, Amy 252
Carter, Jimmy 252, 277
Caruso, Enrico 59
Castro, Fidel 22
Cerha, Friedrich 167, 274
Cervenka, Gottfried 354
Ceska, Hilde 115
Chamberlain, Neville 333
Chapin, Schuyler 189
Chéreau, Patrice 178, 296
Chevalier, Maurice 81, 206, 210
Christ, Rudolf 242
Christian, Hans 309
Christian, Monika 309
Ciannella, Giuliano 284f.
Cilea, Francesco 158
Clipper, Albert *140*
Coertse, Mimi 170
Cole, Natalie 285
Corelli, Franco 164, 166
Cornelius, Peter 43
Corsaro, Frank 198
Csekö, Imre 231
Czepa, Friedel 211
Czernin, Sophie Gräfin 255
Czettel, Ladislaus 76
Cziffra, Geza von 325

D

Da Ponte Lorenzo 294, 315
Dal Monte, Toti 155f.
Dallapozza, Adolf 137, *139*, 190, 223
Debussy, Claude 19, 259
Decerf, Monsieur 100
Deiber, Paul Emil 226
Delibes, Leo 229
Della Casa, Lisa 261
Demus, Jörg 353
Demuth, Leopold 40
Dens, Michel 102
Dermota, Anton 353
Dessay, Natalie 262
Deutsch, Gretel 46
Dietrich, Margret 177
Dietsch, Pierre 234
Dilworth, Hubert 142, 149, 152, 154, 329
Dohnányi, Christoph von 123
Dokoupil, Hans 154
Dollfuß, Engelbert 22, 57
Domingo, Marta 285
Domingo, Placido 28, 55, 206, 247, 254, *258*, 261, 266f., 283ff., *284*, 286f., 322, 343, 351, 356
Domingo, Placido jr. 285
Dönch, Karl 149, 162, 258
Donizetti, Gaetano 158f., 161, 278, 313, 315
Doubek, Baron 82
Drake, Alfred 147
Drapal, Julia 129
Drapal, Ottokar 129
Drese, Claus Helmut 258, *258*, 260
Drucker, Judy 280
Duncan, Todd 135
Dunn, Mignon 285
Dürer, Otto 143
Dürrenmatt, Friedrich 315
Dusek, Peter 20, 340, 355
Dusika, Ferry 181
Dvořák, Antonin 309
Dvorsky, Peter 283

E

Ebenbauer, Erwin 32
Ebenstein, Heidi 38
Ebenstein, Schneider 38
Eckert, Andrea 32, 33
Edelmann, Otto 115
Eggers, Jörg 231
Eggerth, Marta 23, 70f. *75*, 77f., *79*, 80f., 83ff., 87f., 90, 92, 97, 117f., 167, 206, 209, 211f., 263
Eggerth, Muni 92
Einem, Gottfried von 167, 205, 269, 315
Elisabeth, Kaiserin 309
Embil, Pepita 285
Endler, Franz *177*
Engen, Keith *176*
Everding, August 30, 303f.
Eysler, Edmund 107

F

Falk, Peter 346
Fall, Leo 37, 114
Farkas, Karl 78, 97, 118
Fehring, Johannes 25
Feinstein, Martin 247
Ferencsik, Janos 193
Ferstl, Theo 129
Figl, Leopold 61
Fischer, Adam 298
Fischer, Betty 204
Fischer-Dieskau, Dietrich 18, 183
Flagstad, Kirsten 96
Flynn, Errol 114
Forst, Willi 107
Foster, Norman 121
Foster, Stephen 174
Franz I., französischer König 228
Franz Joseph I., Kaiser 20, 37f., 309
Freni, Mirella 227f., 261, 326
Freud, Sigmund 34
Freund, Gerhard 231
Friedell, Egon 205
Friedrich, Götz 116, 297, 305f.
Friedrich, Karl 63
Fritz, Otto 215, 241
Fritz, Wolfgang 17, 241
Frydmann, Bertha von 19, 38
Frydmann, Marcel 38ff., 68
Frydmann Ritter von, Richard 19, 21, 36, *39*, 41
Furtwängler, Wilhelm 41, 54f., 155, 269, 356

G

Gabor, Donald 353
Gabor, Wally 353
Gaines, Donna 141
Gallone, Carmine 22, 69, 211
Galvany, Marisa 314
Gamsjäger, Rudolf 28, 191f., 222, 246ff., 249f., 317f.
Gatti-Casazza, Giulio 238
Gedda, Nicolai 160f., 191, 273
Gerbel, Karl 29, 150, 198, 229, 357
Gershwin, George 24, 90, 119, 133ff., 136, 153, 160, 188, 203, 220, 225, 246, 316, 329
Gerstmann, Felix 90
Geszty, Sylvia 216
Ghiaurov, Nicolai 161, 228, 247
Gielen, Michael 242
Gigli, Benjamino 22, 29, 55, 68, 276, 314
Gilbert und Sullivan 202
Ginori, Gräfin 230
Giordano, Umberto 19
Gluck, Christoph Willibald 107, 270
Glück, Oskar 82
Goetz, Hermann 54
Goldmark, Carl 39
Goltz, Christel 115
Göring, Hermann 268
Gott, Karel 209
Gounod, Charles 101, 276, 297
Gratz, Leopold 246
Greenberg, David 83
Gregor, Hans 19, 238
Greisenegger, Wolfgang 177
Grist, Reri 189, *195*
Gruberova, Edith 236, 261, 265, 356
Gründgens, Gustav 323

Grünwald, Alfred 204
Grunwald, Anatol 204
Güden, Hilde 261
Gui, Vittorio 353
Guillaume, Robert *138*, 329
Gulda, Friedrich 120
Günther, Mizzi 204
Gustafson, Nancy 206
Gustav III., König von Schweden 273
Gütermann, Anita 270
Gutman, John 221
Gutmann, Wilhelm von 349
Gutmann, Hedi von 348

H

Habsburg, Otto von 98
Hadley, Jerry 206
Haertl, Karl 242f.
Haeusserman, Ernst 25, 107ff., 119, 175
Halévy, Ludovic 315
Hallstein, Ingeborg 216
Hamann, Brigitte 151
Hammerschlag, Peter 44
Hammerstein, Oscar 118, 137, 142
Hampson, Thomas 206
Handt, Herbert 230
Hannau, Hans 184f., 354f.
Hannau, Ilse 354f.
Hanslick, Eduard 111
Hardegg, Lola 46
Harlow, Jean 115
Harnancourt, Nikolaus 314
Harrison, Rex 147f.
Hartl, Karl 109
Hartner, Josef 345
Harwood, Lord 176
Hauer-Riedl, Robert *32*, 33
Hauk, Herbert 178ff., 225
Hauptmann, Gerhart 303
Hawlicek, Hilde 260
Heesters, Johannes 161
Heger, Robert 55
Heifetz, Jascha 114
Heilingsetzer, Frau 128

Heindl, Gottfried 28, 246
Heltau, Michael 31, 81, 148, 205, *208*, 210, 338, 340
Herman, Robert 185
Herz, Otto 76
Herzl, Theodor 30, 166
Heuberger, Richard 203
Hilbert, Egon 161
Hilfreich, Liesel 64
Hindemith, Paul 55, 242, 291
Höbling, Franz 42
Hoesslin, Walter von 60, 128ff., 131, 133, 143
Hoffmann, Paul 31
Hofmannsthal, Hugo von 18f., 323, 325
Hofstötter, Peter 285, 287
Holecek, Heinz *331*, 332
Holender, Angelika 259
Holender, Ioan 13, 162, 175, *259*, 260ff., 263, 356
Holgerlöf, Elmi 268
Hollreiser, Heinrich 306
Holm, Grete 215
Holm, Renate 170
Hoover, Herbert 77
Horinka, Maria 243
Horwath, Michael 255
Hotter, Hans 290
Hugo, Victor 228f.
Huismann, Maurice 154
Hunt, Swanee 338
Hurok, Sol 23, 89, 247

I

Illesberg, Tristan 160

J

Jahn Wilhelm 202, 238
Janáček, Leo 348
Jannings, Emil 172
Jaray, Hans 90, 151, 242
Jelinek, Elfriede 308
Jerger, Alfred 54, 333
Jeritza, Bibi 64
Jeritza, Maria 9, 13, 19, 47f., 50, 57ff.,

58, 61ff., 62, 64ff., 65, 67, 78, 112,
118, 126, 160, 165, 203, 221, 253,
261, 354
Jeritza, Suse 64
Jerusalem, Siegfried 301
Johnson, Alan 137
Johnson, Edward 88
Jones, Gwyneth 139
Josef II., deutscher Kaiser 294
Juch, Hermann 127f., 158, 168, 215,
240f.
Juliane, Kronprinzessin der Niederlande 71
Jungbluth, Robert 250, 257, 265
Jürgens, Udo 209f., 284, 341, 356
Jurmann, Walter 282

K

Kafka, Franz 315
Kaiser, Fritz 267
Kaiser, Ludwig 40
Kálmán, Charles 92
Kálmán, Emmerich 37, 90, 91, 92, 98,
107, 202, 208, 212
Kálmán, Vera 92
Kanawa, Kiri Te 66, 332
Kaper, Bronislaw 282
Karajan, Anita von 270
Karajan, Herbert von 20, 28, 53, 55,
107, 120, 125, 150, 156f., 167,
170f., 186, 215, 237, 244, 251, 254,
257, 260, 264ff., 267f., 270, 271,
272f., 275, 300, 317f., 321, 343,
356
Karajan, Eliette von 268
Karas, Anton 66
Karl I., österreichischer Kaiser 64,
330
Karl V., Kaiser 228
Kastenhuber, Lina 37, 346
Kaufmann, Sophie 22
Kennedy, Jackie 247
Kerber, Erwin 53
Kern, Jerome 118, 146
Kessler, Alice 209
Kessler, Ellen 209

Kienzl, Wilhelm 19
Kiepura, Jan 13, 16f., 23, 29, 50f.,
55, 60, 67, 68, 69ff., 70, 72ff., 73,
75ff., 75, 78, 79, 80ff., 83ff., 86f.,
89ff., 92, 94, 97, 100, 112, 114f.,
117f., 155, 165, 167, 171, 211f.,
240, 263, 276, 282f., 314, 326, 331,
336, 342
Kiepura, Jan jr. 81
Kiepura, Marian 81
Kindermann, Heinz 177
King, James 307, 357
Kirchschläger, Rudolf 13
Kittel, Hermine 50
Klaus, Uwe 352
Klausnitzer, Rudi 136, 150
Kleiber, Carlos 317ff., 320f., 328
Kleiber, Erich 317
Klemperer, Otto 112
Knappertsbusch, Hans 55, 320
Koch, Chorsänger 169
Koller, Adolf 249, 350
Koller, Dagmar 136, 248
Koller, Ernst 55
Kollo, René 309
Konetzni, Anny 55
König, Franz 192
Korngold, Erich Wolfgang 34, 46, 61,
63, 67, 110ff., 113ff., 113, 116, 126,
181, 221, 262, 306
Korngold, George 114
Korngold, Julius 111
Korngold, Lucy 112, 116
Kralik, Grete von 65, 169
Kralik, Heinrich von 65, 169
Krammer, Fritz 276f.
Kraus, Alfredo 13, 160, 227
Kraus, Heinrich 120
Krause, Grete 47
Krauss, Clemens 21, 47, 51f., 53ff.,
119, 203, 238, 240, 253
Kraut, Harry 195f.
Kreindl, Heinz 181
Kreisky, Bruno 234f.
Kreisler, Fritz 151
Kreisler, Georg 98f., 99, 101, 345

375

Krenek, Ernst 46, 54, 312
Krings, Marlie 267
Krips, Josef 55
Kubelik, Rafael 189
Kuchar, Erich 159
Kunz, Erich 261
Kupfer, Harry 300, 302f., 309
Kurz, Selma 203
Kutschera, Rolf 29, 136, 149f., 209

L

La Vallière, Madame 228
Ladis, Wladyslaw 81
Lambrecht, Heinz 154
Landau, Alice 42
Landesmann, Ellen 261
Landesmann, Peter 261
Lanner, Josef 19
Large, Brian 296
Las, Karin 345
Lechner, Gabriele 281
Legge, Walter 270
Léhar, Franz 19, 54, 58, 61, 82, 92, 131, 159, 161, 167, 184, 200ff., 203f., 208, 212, 226, 308
Lehmann, Lotte 34, 47f., 52, 62f., 67, 112, 203, 253, 261
Leininger, Carl 29
Leinsdorf, Erich 96, 176, 306
Leitner, Ferdinand 205
Lendvai, Paul 354
Lenny, Jack 222
Leoncavallo, Ruggiero 30, 276, 291
Leopoldi, Hermann 54
Lerner, Alan Jay 198
Levine, James 198, 276
Lewis, Brenda 25, 124f., *125*
Lewis, Earl 88
Liebermann, Rolf 354
Liewehr, Fred 25, 125, 131, 148, 194, 205
List, Emanuel 121, 182
Ljubimov, Juri 298f.
Lloyd Webber, Andrew 146, 151, 310, 316
Löbl, Karl 120ff., 220, 234

Loewe, Frederick (Fritz) 142
Lohner, Helmut 342
London, Edith 36, 102f., *105*
London, George 116, 222
London, John 36, 102, 106
Long, Avon 225
Lorenz, Max 124, 132f., *132*, 149, 260
Lorenz, Wolfgang 231
Lortzing, Albert 206
Lothar, Ernst 108f., 270
Low, Bruce 130
Löwinger, Guggi 159
Löwitsch, Klaus 25
Luccioni, José 101
Ludwig XIV., französischer König 87, 228
Ludwig, Christa 198, 226f.
Lupescu, Magda 263
Lustig-Prean Karl 239

M

Maazel, Lorin 210, 255ff., 296
MacCallum, Mr. 22
Mach, Kurt 217
Mackintosh, Cameron 144, 151ff.
Macku, Eduard 207, 216
Maclay, David 327
Magiera, Leone 228
Mahler, Gustav 19, 41, 111, 151, 190, 194, 200, 204, 355
Malfitano, Cathrine 206
Mandl, Hans 136
Mankiewicz, Hugo 19
Mankiewicz, Ida 19, 41, 344
Mankiewicz, Marie 36, *39*
Mansouri, Lotfi 144
Mao tse-tung 298
Maragliano, Luisa 160
Marboe, Ernst 25, 109, 120ff., *124*, 129f., 145, 148f., 155, 160, 174f., 188, 210
Marboe, Ernst Wolfram 25, 28, 120, 131
Marboe, Gertrud 120, *124*
Marboe, Peter 120
Marboe, Philipp 120

Marceau, Marcel 158
Marischka, Ernst 113, 125
Marischka, Hubert 202
Martinelli, Giovanni 92
Martinucci, Nicola 308
Märzendorfer, Ernst 191
Mascagni, Pietro 19, 60, 230f., 239, 276, 291
Massenet, Jules 101, 276
Mattoni, André von 244
Mauceri, John 192
Maximilian, Erzherzog 243
Mayr, Richard 54
Mazakarini, Leo 20, 74, 356
Mazzucato, Daniela 229
Mehta, Zubin 206, 251, 257, 332, 356
Meilhac, Henri 315
Mendelssohn-Bartholdy, Felix 268
Mendès, Catulle 233
Menotti, Gian Carlo 19, 220, 242, 285, 305
Mercadante, Saverio 283
Merrill, Nathaniel 138, *140*, 144, 149
Merwald, Agnes 327
Meschwitz, Lucia 206
Mesguich, Daniel 304
Meyerbeer, Giacomo 183, 191, 315
Michaelis, Renée 167
Mielitz, Christine 16, 309
Migenes, Julia 136f., *139*, 190, 209, 223, *223*
Milleker, Erich 183
Miller, Jonathan 301
Milva *208*, 209, 340
Minich 125, 148, 158f., 204, 209, 338
Mitropoulos, Dimitri 217
Mock, Alois 354
Mock, Edith 354
Moffo, Anna 12, 160
Molden, Fritz 192f.
Molinari Pradelli, Francesco 19
Molnár, Franz 136, 147
Monaco, del Mario 128, 156f.
Moniuszko, Stanislaw 60, 78
Monroe, Marilyn 57
Montealegre, Felicia 194

Moore, Liliar 326, *327*
Moore, Madge 327
Moore, William 327
Moorefield, Olive 25, 126ff., 130, *134*, 135, *138*, 140, *140*, 143f., 152, 154, 170, 217, 219f., 329, 353
Moralt, Rudolf 115
Moreno-Torroba, Federico 285
Morini, Albert 90
Morini, Erika 90
Mortier, Gérard 274
Moser, Albert 31, 78, 116, 135, 149, 159f., 162, 188, *213*, 221, 244ff., 250
Moser, Thomas 100, 206
Mottl, Felix 19
Mottl, Sonja 125, 154
Mozart, Wolfgang Amadeus 15, 85, 101, 111, 153, 186f., 190, 194, 241, 291, 307, 314, 316
Mrazek, Lilo 206
Müller, Silvia 207
Murray, Ann 342
Mussolini, Benito 22
Mussolini, Vittorio 84
Mussorgski, Modest 19, 182
Muti, Riccardo 185, 356

N

Nathansky, Alfred 44
Naujok, Waldi 355
Nekut, Liselotte 331
Nemeth, Carl 29, 209, *213*
Nemeth, Maria 173
Nestroy, Johann 241, 315
Neubrand, Heinz 25, 106, 129, 154
Neuenfels, Hans 298
Niccolai, Silvano 230
Nidetzky, Friedrich 352
Nilsson, Birgit 33, 57, 61, 154, 323, 333
Nordio, Mario 154
Norman, Jessye 261
Novotna, Jarmila 61, 82, 115, 203, 212
Nucci, Leo 193

377

O

Obraztsova, Elena 322
Offenbach, Jacques 42, 203, 227
Olszewska, Maria 50
Orff, Carl 274
Ornelas, Marta *284*, 285

P

Paganini, Niccolò 277
Paisiello, Giovanni 110
Papouschek, Helga 159
Pappas, Dimitri 261
Paskalis, Kostas 308
Paulik, Anton 127f., 131, *132*, 149, 157, 159, 207, 246
Pauly, Rose *203*, 204, 332f.
Pavarotti, Luciano 28, 55, 181, 261, 277, 279f., *282*, 286, 343, 356
Pechotsch, Josef 171
Peerce, Jan 160
Pelinka, Dr. 287
Pénault, Roger 74
Penderecki, Krzysztof 274, 303
Peress, Maurice 196
Périsson, Jean 234
Périsson, Jutta 234
Peters, Guido 335
Peters, Roberta 161
Petit, Roland 158
Picasso, Pablo 277
Piccaver, Alfred 49, *49*, 51, 60, 63
Pichler, Alexander 127f., 159, 241
Pichler, Ernst 154
Pirckmayer, Professor 175
Pluch, Barbara 32
Pluhar, Erika 31
Podgorski, Teddy *331*, 332
Politzer, Heinz 44
Pollak, Egon 55, 112
Polsterer, Ludwig 266
Ponnelle, Jean-Pierre 309
Popp, Lucia 161, *161*, 342
Porter, Cole 118, 146, 356
Portisch, Hugo 342f.
Preger, Kurt 125, 127, 131, 352
Preses, Peter 163

Prey, Hermann 301
Price, Leontyne 119, 245, 329
Přihoda, Vása 40
Prikopa, Herbert 125, 352
Prince, Harold 29, 144, 196
Prokesch, Marie 35
Puccini, Giacomo 14, 21, 30, 50, 58f., 67, 85, 90, 112, 137, 190, 208, 210, 230, 239, 277f., 291, 294
Puschacher, Maestro 236

Q

Quadri, Argeo 156ff., 168f., 171, 246
Qualtinger, Helmut 125, 152, 352

R

Raimondi, Ruggero 197, 297
Raimund, Ferdinand 241, 315
Raisa, Rosa 90
Randolph, James *140*
Ranninger, Janne 178f., 225
Ravel, Maurice 19, 31, 170, 245f.
Reagan Ronald 253
Rebroff, Iwan 209
Reh, Albert 345
Reichmann, Theodor 41
Reif-Gintl, Heinrich 74, 128, 155, 249
Reinhardt, Max 61, 130
Reining, Maria 115
Rennert, Günther 19
Resnik, Regina 61, 189
Ressel, Franzi 215
Réthy, Esther 206
Ricciarelli, Katia 207
Richter, Hans 116
Ricordi, Giulio 230
Riel-Heyse, Herbert 303
Riff, Sepp 343
Rimski-Korsakow, Nikolai 182
Ringel, Erwin 307
Rivière, Louis 22
Rizzoli, Verleger 84
Robbin, Lee 355
Robbin, Olga 355
Robbins, Jerome 186
Rode, Wilhelm 52

Rodgers, Richard 88, 128, 137, 142
Rogers, Ginger 19
Romance, Viviane 85
Roosevelt, Theodore 78, 98
Roschitz, Karlheinz 354
Rosé, Arnold 111
Rosen, Heinz 127ff., 131, 143f., 154
Rossini, Gioacchino 125, 158, 259, 291, 315
Rost, Andrea 262
Roswaenge, Helge 60
Rota, Nino 19, 205
Rott, Adolf 128, 168
Rudel, Julius 25, 127ff., 145, 149
Rudy, Heidelinde 231f., 235f.
Rünger, Gertrude 52
Ruof, Willi 272
Russell, Ken 296f.
Rysanek, Leonie 41, 61, 242

S

Sailer, Gerhard 249
Sallert, Ulla 130
Salmhofer, Franz 31, 127f., 130, 149, 155, 157, 159, 162, 168f., 215, 240ff., 243, *243*
Sanders, Byron 106
Sanzogno, Nino 19
Sardinero, Vincente 286
Sardou, Victorien 85
Sass, Sylvia 266
Sauter-Falbriard, Max 156
Savage, Archie *138*
Sbisà, Alfredo 154, 353
Scalfaro, Oscar Luigi 230
Schaenen, Lee *140*, 149
Schalk, Franz 50, 52, 54f., 67, 112, 203, 332
Scheib, Wilfried 171, 179, 223, 226
Schenk, Otto 28, 64, 163ff., 166ff., *166*, 169ff., 172, 193, 206, 244, 246, 249, 261, 286, 300f., 311, *331*, 332
Scheuer, S. H. 83
Schikaneder, Emanuel 315
Schipa, Tito 68, 156
Schipper, Emil 50
Schirmer, Ulf 198
Schlesinger, Fräulein 82
Schlesinger, Fritzi 46
Schlesinger, John 273
Schmidt, Joseph 61, 68
Schmidt-Gentner, Willi 108
Schneider, Magda 69
Schneider, Roland 197
Schneider-Siemssen, Günter 170, 192, 273
Schnitzler, Arthur 205, 209, 211, 323, 325
Schock, Rudolf 216
Schöffler, Paul 133, 261, 353f.
Scholten, Rudolf 230, 356f.
Schönberg, Arnold 19, 21, 41, 84, 293, 311
Schönbohm, Friedrich 298
Schönherr, Max 353
Schopenhauer, Artur 187
Schostakowitsch, Dimitri 124
Schubert, Anna-Luise 152
Schubert, Franz 37, 208, 213, 259, 291
Schulmann, Otto 267
Schumann, Elisabeth 50, 85, 94
Schumann, Robert 268
Schuschnigg, Kurt 82, 355
Schwarzkopf, Elisabeth 261
Sciutti, Graziella 161
Seefehlner, Egon 16, 31, 192, 194, 249ff., *251*, 252ff., 255, 257, 265f., 282f., 296
Seefried, Irmgard 261
Seery, Irving P. 62, 65
Seitter, Erich 175
Seligmann, Edwin 38
Seligmann, Luise 38
Seligmann, Otto *39*
Sellars, Peter 299
Semon, Eric 89
Semon, Gerald 89, 96
Serafin, Harald 207
Shakespeare, William 141, 191
Shaw, Bernard 212
Shehan, Vincent 61
Sibelius, Jean 190

Sieczynski, Rudolf 107
Simon, Michael 307
Sinatra, Frank 17, 276
Singer, Paul 46, 333
Sinkovicz, Wilhelm 354
Sirmai, Albert 134
Sittner, Hans 128, 174
Slezak, Leo 40, 48, *49*, 50f., 203, 211, 261
Smutny, Friedrich 352
Solti, George 28, 257
Sonnemann, Emmy 268
Sorozabal, Pablo 287
Spoliansky, Mischa 69
Springer, Georg 262
Stahl, Amelie 42
Stalin, Josef 298
Stankovski, Ernst 152
Stefano, Guiseppe di 156, 161, 244
Steffek, Hanny 246
Stein, Horst 257, 338
Steiner, Franz 38
Steinsky, Ulrike 338
Stieglitz, Otto 52
Stolz Robert 20, 29, 67, 69, 74, 78, 90f., 97, 106f., 118, 157, 202, 206ff., 209f., 212, *213*, 213f., 215f., 223, 241, 262, 267, 335, 340, 343, 353f., 356
Stolz, Einzi 211, 214ff.
Stolz, Lili 215
Stolz, Yvonne Louise 211
Strasser, Otto 193
Strauß, Johann 39, 113f., 203, 212ff., 242, 262, 320
Strauß, Johann Sohn 234
Straus, Oscar 38, 90, 159, 202, 208, 212, 353f.
Strauß, Robert 356
Strauss, Richard 13, 16, 38, 40, 43, 45f., 50, 55, 66, 101, 108, 112, 126, 152, 186, 200, 204, 240, 264, 290f., 302, 305, 311, 313f., 326, 354f.
Strawinski, Igor 19, 245
Strehler, Giorgio 154, 166, 209, 255, 300f.

Studer, Carmen 240
Sullivan, Ed 59
Summer, Donna 141
Suppé, Franz von 203
Sutherland, Ioan 277
Sved, Alexander 158
Swing, Raymond Graham 94
Syberberg, Hans-Jürgen 294, 344
Szell, Georg 34
Szigeti, Joseph 92

T

Tabori, George 301
Taddei, Giuseppe 278
Tagore, Rabindranat 335
Tajo, Italo 154
Taub, Leo 85
Tauber, Richard 20, 29, 34, 45, 51, 55, 67, 83, 99f., 114, 203, 261, 276, 281, 314, 335, 346
Temple, Shirley 61
Tennenbaum, Dr. 67
Tenner, Haide 231
Terkal, Karl *187*, 244
Terra, Carmine *139*
Thorborg, Kerstin 82
Tietjen, Heinz 269
Toscanini, Arturo 46, 48, 90, 155, 298
Tötschinger, Gerhard 185, 353
Tschaikowski, Peter I. 337
Turner, Tina 9, 340f.

U

Ujhely, Frau 38
Ursuleac, Viorica 52, 55

V

Valberg, Robert 73, 83f.
Valente, Caterina 209
Valtriani, Jeda 158
Vargas, Getulio 77
Varnay, Astrid 353
Venturini, Bruno 229
Verdi, Giuseppe 15, 52, 74, 158, 171, 188, 191, 202, 228f., 272f., 291, 309, 312f., 315

Vetricek, Paul 356
Vibach, Karl 30, 209
Visconti, Luchino 188
Vives, Amadeo 167
Vladarski, Viktor 175
Völker, Franz 52, 204
Voltaire 196
Vondrak, Ewald 28, 245
Vranitzky, Franz 13, 248

W

Wachtel, Leo 64
Wächter, Eberhard 122, 124, 162, 166, 209, 258, 260f.
Wagner, Richard 17, 15f., 32f., 37, 48, 50, 96, 116, 151, 185f., 190, 200, 234, 262, 277, 291, 306f., 310f., 313, 315, 318, 328, 334, 356
Wagner, Siegfried 239
Wagner, Wieland 294f. 301f.
Wagner, Winifred 294f
Wagner, Wolfgang 248 295, 301
Wagner-Trenkwitz, Christoph 19f., 356
Waldheim, Kurt 103
Wallerstein, Lothar 69
Walter, Bruno 53, 55f., 111f., 186, 203, 205, 212, 240
Wapnewski, Peter 302
Warfield, William 24, 119, *134*, 135f., 173, 245, 329
Warren, Leonard 19
Wassing, Annie 44
Weber, Carl Maria von 291, 315
Webern, Anton von 110, 293
Weck, Peter 136, 150
Wedekind, Frank 315
Weicken, Isabel 32
Weigel, Hans 344
Weigl, Karl 41
Weigl, Valerie 41
Weikl, Bernd 124, 136f., 248, 277, 281, 301
Weill, Kurt 119, 142
Weingartner, Felix von 42, 52, 55, 111, 202, 238, 240

Weintraub, Selwyn 355
Weiser, Elly 192f.
Weiser, Peter 184, 191ff., 289
Weizsäcker, Richard von 183
Welitsch, Ljuba 106, *256*
Wellesz, Egon 21, 203
Wengraf, Senta 17, 65, 261, 323f., *325*, 326, 338f., 353, 356
Wenkel, Ortrun 299, 305
Werba, Robert 59, 236, 337, 354
Werfel, Franz 19, 164
Werner, Emmy 33
Wessely, Paula 57, 143, 151, 215
Wilhelm, deutscher Kaiser 239
Windgassen, Wolfgang 171
Winkelmann, Helmut 41
Wischnewskaja, Galina 308
Wise, Patricia *195*
With, Dora 335
Witzelhuber, Prof. 44
Wobisch, Helmut 193
Woess, Kurt 239
Wolf, Hans 220
Wölffer, Hans 148, 244
Wolf-Ferrari, Ermano 19, 158, 170, 246
Woods, Arline *139*, 190
Wurzian, Hans von 104, 355
Wurzian, Hedi von *347*, 348, 355

Z

Zambello, Francesca 309
Zampieri, Maria 198, 284, *284*
Zandonai, Riccardo 19, 230, 276
Zeani, Virginia 156f.
Zednik, Heinz 166, 216
Zeffirelli, Franco 10, 166, 250, *258*, 300f., 321f.
Zeiler, Gerhard 231, 261
Zemlinsky, Alexander von 111
Ziegler, Edward 88
Zilk, Helmut 178ff., 257, 342
Zita, Kaiserin 97
Zschau, Marilyn 116, 126, 136, 221

BILDNACHWEIS

Michael Horowitz, Wien: Seite 11, 26 (oben); Ernest Bartolo: Seite 25; Traude Walek: Seite 26 (links unten), 27 (unten); Sepp Jäger, Frankfurt: Seite 26 (rechts unten); Archiv Marcel Prawy, Wien: Seite 27 (oben), 39 (3), 41, 42, 43, 49 (2), 58, 61, 68, 70, 72, 73, 75, 79 (2), 99, 103, 105, 113, 124, 125, 126, 138, 139, 161, 175, 184, 187, 197, 223, 243, 251, 256, 258, 327, 347, 348; Victor Mory, Wien: Seite 32; A. Barth, Wien: Seite 35; Elisabeth Hausmann, Wien: Seite 48, 134, 213; Bildarchiv der Österreichischen Nationalbibliothek, Wien: Seite 51, 203; Karl F. Schuster, Wien: Seite 65; Georgette Chadourne: Seite 91; Peter Rindl: Seite 132, 133; O. Wiesinger, Seite 140; ORF: Seite 166, 331; F. W. Scheidl, Wien: Seite 176; Lothar Sandmann, Wien: Seite 177, 182; Österreichischer Bundestheaterverband, Wien: Seite 208, 259, 271 (Foto Koller), 284 (Foto Werner); Pia Duesmann, Wien: Seite 195; Roman Zach-Kiesling: Seite 282; Archiv Senta Wengraf, Wien: Seite 325 (2, oben); Foto Zentrum, Wien: Seite 325 (unten). Bei einigen Fotos ist es nicht gelungen, die Rechteinhaber zu ermitteln. Diese werden gebeten, mit dem Verlag Kremayr & Scheriau in Verbindung zu treten.

Österreich – Land der Musik

Der Walzerkönig

Die Biographie des großen Musikers, das Bild seiner Epoche und das Portrait der Strauß-Familie, der legendären Walzerdynastie.

Der Liebling der Götter ...

Ein bewegendes Portrait des genialen Komponisten, dessen kurzes Leben von Höhenflügen und tiefer Tragik bestimmt war.

19/550

19/594

HEYNE-TASCHENBÜCHER

Ulrich Wickert

»Wir gehen jetzt erst mal um die Ecke ins Café de Flore, den ehemaligen Literatentreff, einen Café Crème und ein paar Croissants bestellen. Doch das ist eigentlich eine andere Geschichte.«

19/336

Und Gott schuf Paris
19/336

Der Ehrliche ist der Dumme
Über den Verlust der Werte
19/401

Das Buch der Tugenden
Ausgewählte Texte aus
Philosophie, Literatur, Recht,
Soziologie und Politik
Herausgegeben von Ulrich Wickert
19/599

Deutschland auf Bewährung
Der schwierige Weg in die Zukunft
19/675

Das Wetter
01/9763

**Über den letzten Stand
der Dinge**
01/10575

HEYNE-TASCHENBÜCHER